Exilforschung · Ein internationales Jahrbuch · Band 12

EXILFORSCHUNG

EIN
INTERNATIONALES
JAHRBUCH

Band 12
1994
ASPEKTE DER
KÜNSTLERISCHEN
INNEREN EMIGRATION
1933 – 1945

Herausgegeben im Auftrag der
Gesellschaft für Exilforschung / Society for Exile Studies
von Claus-Dieter Krohn, Erwin Rotermund,
Lutz Winckler und Wulf Koepke

edition text + kritik

Anschriften der Redaktion:

Prof. Dr. Erwin Rotermund
Fachbereich 13
Johannes Gutenberg-Universität Mainz
Welderweg 18
55128 Mainz

Prof. Dr. Lutz Winckler
Vogelsangstraße 26
72131 Ofterdingen

Die Deutsche Bibliothek – CIP-Einheitsaufnahme

Aspekte der künstlerischen inneren Emigration 1933 – 1945 /
hrsg. im Auftr. der Gesellschaft für Exilforschung von Claus-
Dieter Krohn ... – München : edition text + kritik, 1994
  (Exilforschung ; Bd. 12)
  ISBN 3-88377-486-3
NE: Krohn, Claus-Dieter [Hrsg.]

Satz: Design-Typo-Print GmbH, Ismaning
Druck und Buchbinder: Schoder Druck GmbH & CoKG, Gersthofen
Umschlagentwurf: Dieter Vollendorf, München
© edition text + kritik GmbH, München 1994
ISBN 3-88377-486-3

Inhalt

Vorwort		7
Michael Philipp	Distanz und Anpassung. Sozialgeschichtliche Aspekte der *Inneren Emigration*	11
Jürgen Schröder	»Es knistert im Gebälk«. Gottfried Benn – ein Emigrant nach innen	31
Elisabeth Fillmann	*PLN*-Dechiffrierungen. Verarbeitung konkreter Zeitrealität und Kritik der »Innerlichkeit« in Werner Krauss' satirischem Roman	53
Wulf Koepke	Die Ausweglosigkeit der Nicht-Emigration. Jochen Klepper und die Verfolgung eines Patrioten	70
Helmut Peitsch	Wolfgang Hoffmann-Zampis' *Erzählung aus den Türkenkriegen*	82
Hans Manfred Bock	Paul Distelbarths *Lebendiges Frankreich*. Ein Dokument verdeckter Opposition und verständigungspolitischer Kontinuität im »Dritten Reich«	99
Christian Klotz	»Gemeißelt unser Widerstreben«. Widerstandssignale in Rudolf Alexander Schröders Woestijne-Übersetzungen	114
Heidrun Ehrke-Rotermund	Camoufliertes Malen im »Dritten Reich«. Otto Dix zwischen Widerstand und Innerer Emigration	126
Hanns-Werner Heister	Karl Amadeus Hartmanns ›innere Emigration‹ vor und nach 1945. Die *Symphonische Ouvertüre »China kämpft«*	156

Hubert van den Berg	Die Ermordung Erich Mühsams. Stellungnahmen und Diskussionen deutscher Emigranten 1934 bis 1935	174
Jutta Held	Das Exil der deutschen Künstler in den dreißiger und vierziger Jahren. Zur Exilforschung	191
Michael Philipp	Auswahlbibliographie Innere Emigration	200

Rezensionen   217

Kurzbiographien der Autorinnen und Autoren   235

Vorwort

Trotz der repressiven Kulturpolitik des NS-Regimes entwickelte sich nach 1933 in Deutschland eine nonkonformistische Literatur von beträchtlichem Umfang. Sie ist seit der Auseinandersetzung über den Vorrang der inneren oder der äußeren Emigration, die Walter von Molo und Frank Thieß auf der einen, Thomas Mann auf der anderen Seite führten, höchst kontrovers diskutiert worden. Die »literarische Innere Emigration« wurde dabei durch allzu distanzlose, ja glorifizierende Bewertungen oft verzeichnet oder fiel polemischen Pauschalverurteilungen zum Opfer, bei denen man sich wenig um die spezifischen Kommunikationsbedingungen im »Dritten Reich« kümmerte. Eine breitere, vornehmlich ideologiekritische Aufarbeitung des Phänomens, die zu einer Differenzierung von literarischer Innerer Emigration und literarischem Widerstand führte, setzte in den siebziger Jahren ein, versandete im folgenden Dezennium jedoch wieder.

Der zwölfte Band des Jahrbuches *Exilforschung*, das bislang diese Materie ausgeklammert hat, möchte, da sich heute aus größerer historischer Distanz die Möglichkeit einer objektiveren Einschätzung des vielschichtigen Gegenstandes bietet, zur Wiederaufnahme der einschlägigen Diskussion beitragen. Die Einsicht, daß eine plane Alternative »Distanz und Opposition« oder »Mitläuferschaft und Kollaboration« der komplexen Realität des Lebens und Schreibens im »Dritten Reich« nicht gerecht wird, bestimmt bereits den einleitenden Aufsatz von Michael Philipp über die Möglichkeiten und Grenzen der innerdeutschen politischen wie künstlerischen Opposition in der Zeit von 1933 bis 1945. Philipp knüpft kritisch an den von der zeitgeschichtlichen Forschung (Martin Broszat) geprägten Begriff der »Resistenz« an und versucht, durch Berücksichtigung mentalitätsgeschichtlicher Faktoren wie des Wahrnehmungshorizontes der Zeitgenossen die Forschungsperspektive auszuweiten. Betont wird der ambivalente Grundcharakter der Inneren Emigration im Sinne einer »potentiellen Gleichzeitigkeit von oppositionellen und ns-konformen Momenten«: beweisen einerseits zahlreiche Werke die »moralische Integrität bzw. persönliche Selbstbehauptung« ihrer Verfasser und deren Bemühen um die Fortführung bürgerlich-humanistischer Kulturtraditionen, so finden sich andererseits »partielle Übereinstimmungen« mit der Ideologie des deutschen Faschismus, die sich für eine positive Repräsentation desselben im Ausland gebrauchen ließen.

Die erste Gruppe der Beiträge befaßt sich unter neuen Aspekten mit schon mehr oder weniger häufig als Innere Emigranten oder Autoren des Widerstandes behandelten Namen. Jürgen Schröder stellt Gottfried Benns

»Doppelleben« als Innere Emigration par excellence dar: totale Anpassung und Tarnung im zeitgeschichtlichen Alltag verbindet sich mit sublimem Rückzug in den »Geist« sowie mit einer ungewöhnlich aggressiv-brutalen Wendung gegen das »Dritte Reich« in der kunsttheoretischen und der lyrischen Produktion (*Monolog*) – einer Wendung, die ihn paradoxerweise in die Nähe der Positionen jener Exilautoren brachte, welche er 1933 (im *Brief an die literarischen Emigranten*) so scharf attackiert hatte. Den Bennschen Ausfällen steht der Roman *PLN. Die Passionen der halykonischen Seele* gegenüber, den der Romanist Werner Krauss, Angehöriger der Widerstandsgruppe Schulze-Boysen-Harnack, in der NS-Haft geschrieben hat. Krauss versuchte, wie Elisabeth Fillmann darlegt, die satirische Aggression in realitätsgerechten Widerstand zu überführen, wobei er konkrete Partikel zeitgeschichtlicher Wirklichkeit (Zeitungsartikel und anderes mehr) aufnimmt, reflektierend deutet und über die Analyse des Faschismus zu einer grundsätzlichen Kritik an der deutschen Innerlichkeits-Tradition kommt.

Markiert Benn eine Extremposition der Inneren Emigration und formuliert Krauss eine freilich stark chiffrierte Fundamentalopposition gegen das herrschende Regime, so ist der protestantische Dichter Jochen Klepper nur schwer den gängigen Gruppierungen zuzuordnen. Seine Bücher liegen, wie Wulf Koepke betont, quer zu den politischen Kategorien der Literaturgeschichtsschreibung dieser Epoche. *Der Vater* (1937), Kleppers höchst erfolgreicher Roman über Friedrich Wilhelm I. von Preußen, propagierte ein konservativ-christliches Staatsideal preußischer Prägung und bot für viele Kreise »guter Deutscher« die Möglichkeit der patriotischen Identifizierung, die eine rückhaltlose Option für das NS-System oder aber den Widerstand gegen dasselbe nicht zwangsläufig einschloß.

Die nächste Gruppe der Aufsätze enthält Namen, die in der Diskussion bislang relativ selten begegnet sind. Wolfgang Hoffmann-Zampis' *Erzählung aus den Türkenkriegen*, 1947 vom Freund des 1942 gefallenen Autors, Carl Friedrich von Weizsäcker, vorgestellt und damals von Stephan Hermlin und Peter Weiss emphatisch gelobt, wird von Helmut Peitsch ideologiekritisch untersucht. Gegen Weizsäckers 1987 vorgetragene Deutung als Geschichtsphilosophie der konservativen Opposition deutet Peitsch die besondere Darstellung der abweichenden Elemente des Textes überraschend, aber mit guten Gründen als Transformation in eine »Identifikation mit dem Faschismus«. Angesichts der klaren pazifistischen Intention von Paul Distelbarths Werk *Lebendiges Frankreich* (1936) kommen demgegenüber Fragen nach dem Verhältnis von Abweichung und Anpassung gar nicht erst auf. Dem auf Empathie beruhenden, höchst erfolgreichen Buch ging es, wie Hans Manfred Bock darlegt, darum, die seit 1870/71 in Deutschland vorherrschende negative Sicht Frankreichs abzulösen. Es entstand aus Distelbarths Engagement in den internationalen Aktivitäten der Kriegsteilnehmerverbände und berief sich auf den Friedenswillen der bäuerlichen und bürgerlichen Massen des Nachbarlandes. Distelbarth hat die nationalsozialistische Verständigungspropaganda beim Wort genommen; ein an sich naheliegendes Verbot wäre deren Selbstwiderlegung gewesen. Andererseits erfüllte das Buch, gegen die Absicht seines Autors, auch eine Art Alibifunktion für die im Zeichen der Kriegsvorbereitung stehende Politik des NS-Regimes und teilt damit das Schicksal aller im »Dritten Reich« erschienenen Bücher abweichender oder kritischer Prägung.

Dem im Zusammenhang mit Innerer Emigration und Opposition vernachlässigten Bereich der Übersetzung ins Deutsche wendet sich Christian Klotz in seiner Studie über Rudolf Alexander Schröder zu. Im Mittelpunkt steht dessen offensichtlich bewußt unrichtige Übertragung einer Strophe von Karel van de Woestijne – ein Verstoß wider besseres Wissen gegen alle Regeln adäquater Übersetzung, der als »zeitbedingtes Signal im Sinne ideeller Opposition gegen die nationalsozialistische Weltanschauung« aufzufassen ist. Zur Absicherung des originellen Ansatzes geht Klotz auf Schröders übrige Woestijne-Übertragungen in der Zeitschrift *Corona* sowie auf dessen besonderen »Widerstandstraditionalismus« ein.

Das im Aufsatz über Schröder thematisierte und in den vorhergehenden Beiträgen bereits gestreifte Phänomen der literarischen Camouflage oder der »verdeckten Schreibweise« (Dolf Sternberger) hat sowohl die Texte der Inneren Emigration als auch die des Widerstandes nachhaltig geprägt. Die »Verschiedenverstehbarkeit« getarnter und chiffrierter Texte trug ihren Teil dazu bei, daß die Auseinandersetzung über Sinn und Intention der literarischen Opposition bis heute strittig geblieben ist. Wie die beiden folgenden Untersuchungen zeigen, ist das Phänomen keineswegs auf die Literatur (und auf die oppositionelle Publizistik) der Zeit beschränkt. Eindrucksvolle Beispiele für camoufliertes Malen im »Dritten Reich« führt Heidrun Ehrke-Rotermund in ihrem Beitrag über Otto Dix vor. An dem bekannten Gemälde *Die sieben Todsünden* (1933) werden eine biographisch-aktualisierende, eine detaillierte dämonologisch-moralische Totalkritik am Nationalsozialismus sowie Ansätze zu einer politisch-sozialen Allegorie herausgearbeitet. Sind dieses Bild und weitere allegorische Gemälde als Zeugnisse des Widerstandes aufzufassen, so sind Dix' Arbeiten mit religiöser und landschaftlicher Thematik, in denen der mit Ausstellungsverbot Belegte seine Hoffnung auf Überstehen ausdrückte, eher der Inneren Emigration zuzurechnen. Wie Otto Dix war der Komponist Karl Amadeus Hartmann vom offiziellen Kulturleben der Jahre 1933 bis 1945 isoliert. Aus der umfangreichen Produktion Hartmanns greift Hanns-Werner Heister die Ende 1942 abgeschlossene *Symphonische Ouvertüre »China kämpft«* heraus und zeigt, wie der Komponist, über die partielle Negation christlicher, liberaler oder konservativer Dissidenten hinausgehend, dem Faschismus »ideell eine sozialistische Alternative entgegensetzt.« Die eingehende Analyse des auf einem Buch Sergej Tretjakows beruhenden Werkes wirft auch einen aufschlußreichen Blick auf dessen Nachkriegsrezeption: die Dominanz der unpolitischen »absoluten Musik« in der Ära Adenauer bewirkte eine die politische Programmatik verschweigende Kürzung des Titels (*Symphonische Ouvertüre*) und, auf der Ebene der verbalen Kommentare des Autors, die Fortführung der »Verdeckten Schreibweise«.

Jenseits der engeren Thematik des Bandes liegen Aufsätze von Hubert van den Berg über die Stellungnahmen deutscher Emigranten zur Ermordung Erich Mühsams und von Jutta Held über das Exil deutscher Künstler in den dreißiger und vierziger Jahren. Die verschiedenen Würdigungen, die Mühsams Persönlichkeit nach seinem gewaltsamen Ende im KZ Oranienburg gefunden hat, machen einmal mehr deutlich, daß das Exil kein monolithischer Block gewesen ist. Zwar gab es, wie van den Berg herausstellt, Versuche, einen für alle NS-Gegner gemeinsamen Nenner der Ehrung zu finden. Daneben wurde Mühsam jedoch als Vehikel für die Propagierung der eigenen politischen Sicht gebraucht; so neigten sozialdemokratische und kommunistische Kreise zur Ausblendung seines spezifischen Standortes, des Anarchismus. Jutta Held skizziert eine neue skeptische Phase der kunsthistorischen Exilforschung, in der sowohl die traditionelle westliche Sicht des Exils (»Siegeszug einer ästhetisch-formalen Weltkultur«) als auch die (frühere) östlich-marxistische Perspektive auf das Phänomen (Siegeszug »einer humanistischen Weltkultur«) in Frage gestellt wird. Diese von der Diskussion um die multikulturellen Gesellschaften beeinflußte kritische Thematisierung der Exilkunst, die insbesondere das jeweilige Verhältnis zwischen der Kultur des Herkunfts- und des Asyllandes problematisiert, hat auf Defizite der älteren Forschung aufmerksam gemacht, bedarf jedoch angesichts gewisser Tendenzen zur politisch-sozialen Entdifferenzierung ihrerseits der Korrektur. Der nächste Band des Jahrbuches, der sich mit Fragen der Akkulturation befaßt, wird Gelegenheit zur Fortführung der einschlägigen Diskussion bieten.

Eine *Auswahlbibliographie Innere Emigration* von Michael Philipp schließt die Reihe der Beiträge ab und will Anregungen zur weiteren Beschäftigung mit dieser Thematik geben. Der vorliegende Band enthält des weiteren erstmals einen Teil mit Rezensionen zur Exilforschung.

Michael Philipp

Distanz und Anpassung
Sozialgeschichtliche Aspekte der *Inneren Emigration*

I Zum Begriff der *Inneren Emigration*

Während es sich wohl nicht klären lassen wird, wer die Urheberschaft für den Ausdruck *Innere Emigration* beanspruchen darf, steht doch fest, daß es sich um eine zeitgenössische Begriffsprägung handelt, deren Gebrauch sich bereits für die Jahre 1933 bis 1945 belegen läßt.[1] Scheint die Verwendung des Begriffes zur Zeit des Nationalsozialismus innerhalb wie außerhalb Deutschlands zumindest hinsichtlich der Ablehnung des »Dritten Reiches« einen »Minimalkonsens zwischen Exil und Innerer Emigration«[2] anzudeuten, so ist der Terminus *Innere Emigration*, ja das Vorhandensein einer solchen überhaupt, nach 1945 Gegenstand kontroverser Diskussionen gewesen. Dabei kam es zu einer entscheidenden Bedeutungsverschiebung: hatte *Innere Emigration* in den ersten Jahren der NS-Herrschaft eine vielfach auch von Exilierten akzeptierte nicht-nationalsozialistische Position bezeichnet, so wurde der Ausdruck nach Kriegsende von den Nicht-Exilanten zur Rechtfertigung und Selbstentschuldung instrumentalisiert.

Eindrücklicher Beleg dieser umstrittenen Begriffsverwendung ist die als »große Kontroverse«[3] bezeichnete Auseinandersetzung zwischen Thomas Mann und vor allem Frank Thiess in den Jahren 1945/46. In dieser Diskussion – des einzigen öffentlichen Gespräches zwischen ›inneren‹ und ›äußeren‹ Emigranten, auch des einzigen Aufrufs zur Rückkehr von Exilanten, von Walter von Molo geäußert – fielen zahlreiche später oft zitierte Formulierungen, so etwa Thomas Manns Verdikt vom »Blutgeruch« der innerdeutschen Bücher der Jahre 1933 bis 1945 oder Thiess' Aussprüche, er wolle »niemanden tadeln, der hinausging« und »Wir erwarten keine Belohnung, daß wir unsere kranke Mutter Deutschland nicht verließen«.

Die Diskussion der Jahre 1945/46 scheiterte bereits in ihrem Ansatz an der Unfähigkeit beider Seiten, die jeweils andere zu verstehen, sich in ihr Lebensgefühl und ihre Erfahrungen hineinzuversetzen. Die starre Selbstgerechtigkeit vor allem Frank Thiess', seine Unfähigkeit zur Selbstkritik, seine Ignoranz und selektive Wahrnehmung lassen sich an vielen Beispielen belegen. Sie verhinderten ein aufrichtiges Gespräch; Thomas Manns Fehler dagegen war es im wesentlichen, die im nationalsozialistischen Deutschland erschienenen Bücher pauschal zu verdammen, sie mit dem Bannspruch, es sei besser, sie alle einzustampfen, zu belegen. Dieses absolute Urteil mußte die nicht emigrierten Autorinnen und Autoren sowie ihre Leser – soweit sie nicht nationalsozialistisch eingestellt gewesen waren – vor den Kopf stoßen. Was sie unter den Zwängen des »Dritten Reiches« als moralische Stärkung, als lebensnotwendigen Zuspruch erfahren hatten – die Literatur der *Inneren Emigration* –, hieß für Thomas Mann »die Verkommenheit beschönigen, das Verbrechen schmücken«. Bereits hier zeigt sich eine auffällige Diskrepanz zwischen subjektivem Empfinden der Rezipienten und gesellschaftlicher Wirkung – eine zentrale Problematik der *Inneren Emigration*.

Das Urteil Thomas Manns weist darauf hin, daß für die Zeit des Nationalsozialismus mehr als sonst zu gelten hat, Literatur nicht ausschließlich nach ästhetischen Gesichtspunkten, sondern auch in ihrem sozialgeschichtlichen Kontext zu betrachten. Der Begriff der *Inneren Emigration* kommt zwar aus dem Bereich der Literatur, meint aber ein gesellschaftliches Verhalten. In diesem Sinne wurde *Innere Emigration* als »geistige Haltung«[4] oder sogar als »Lebensform«[5] charakterisiert. Die Forschungsliteratur seit Ende der siebziger Jahre zeigt eine zunehmende Berücksichtigung sozialgeschichtlicher Fragestellungen[6] und ein Abrücken vom Primat der politischen Aussage einzelner Texte. Dieser Ansatz soll im folgenden unter Hintanstellung der ästhetischen Fragen der *Inneren Emigration* fortgeführt werden. Zentrale Aspekte sind dabei die literarischen Bedingungen im Nationalsozialismus, der Wahrnehmungshorizont der Zeitgenossen, die Fragen der Bewertung sowie zunächst die Problematik gesellschaftlichen Verhaltens im »Dritten Reich«.

II Das Phänomen der *Resistenz*

Die Bewertung der *Inneren Emigration* schwankte, so stellte Ralf Schnell fest, »zwischen emphatischer Betonung des Widerspruchspotentials und konsequenter Verurteilung des Anpassungscharakters«[7]. Das liegt vor allem an den problematischen Widersprüchlichkeiten und Mehrdeutigkeiten der Materie selbst, das liegt aber auch an der politischen Nachkriegsgeschichte und der Literaturrezeption nach 1945 in beiden deutschen Staaten. Die Auseinandersetzungen der Zeitzeugen bestimmte vor allem die Problematik von Kollektivschuld und Verantwortung, die (Literatur-)Wissenschaft suchte immer auch nach einer Definition des Begriffes. Dabei wurde teilweise ein bewußter oppositioneller Gehalt der Literatur als entscheidendes Kriterium angesehen oder, sofern ein »Verstummen« vorlag, sollte es sich bei diesem zumindest »um ein unmißverständliches, ja demonstratives«[8] gehandelt haben.

Die Betonung des demonstrativen und oppositionellen Aspektes entspricht der sinnvollen Absicht nach Eingrenzung des Phänomens und dem

Wunsch nach Eindeutigkeit, aber die Überbetonung oder gar Ausschließlichkeit dieses Kriteriums verkennt, daß die Gegnerschaft der *Inneren Emigration* oft genug nur partiell war und bisweilen nur mit einer bis zur Unkenntlichkeit reichenden Subtilität geäußert wurde bzw. werden konnte. Darüber hinaus sind vielfach ideologische Übereinstimmungen mit Teilen der NS-Ideologie zu verzeichnen und schließlich gilt, daß alle geduldete Literatur eine Funktion innerhalb der nationalsozialistischen Gesellschaft ausübte.

So wie der Begriff ›Exil-Literatur‹ in seiner heutigen Verwendung keineswegs in erster Linie einen antifaschistischen Gehalt einzelner Bücher bezeichnet[9], ist es auch sinnvoll, die Perspektive hinsichtlich der *Inneren Emigration* auszuweiten, denn der problematischen Lebenswirklichkeit im nationalsozialistischen Deutschland kann die Alternative Dissens und Opposition oder Mitläuferschaft und Kollaboration nicht gerecht werden. Die Problematik des Lebens und Schreibens unter einem diktatorisch-repressiven Regime ist zu vielschichtig, als daß sie in einem Schwarz-Weiß-Raster erfaßt werden könnte. Längst ist die totalitäre Faschismustheorie, die ein eindimensionales Beziehungsgefüge von Herrschaft und Unterdrückten konstruierte, obsolet geworden und einer differenzierten Untersuchungs- und Darstellungsweise gewichen.

Einen Ansatz auch zur Beschreibung der *Inneren Emigration* eröffnet das von Martin Broszat entwickelte Modell einer »Sozialgeschichte des deutschen Widerstands«, von deren drei Typen das als ›Resistenz‹ bezeichnete Verhalten der *Inneren Emigration* entspricht. Broszat legt seinen Ausführungen die Ansicht zugrunde, daß »die Geschichte des deutschen Widerstands (...) das Kehrbild der Geschichte der Nazifizierung der deutschen Gesellschaft« sei. Damit wendet er sich gegen die »häufig statische Gegenüberstellung von Widerstand und Nationalsozialismus«, die der »Prozeßhaftigkeit, Phasenveränderung und Interdependenz von NS-Herrschaft und Widerstand nicht gerecht«[10] werde.

Broszat unterscheidet drei Haupttypen des Widerstands, die er vor allem durch chronologische Zuordnung bestimmt. Als erste Phase des Widerstands gegen den Nationalsozialismus benennt er die Aktivitäten von Sozialisten und Kommunisten, die im wesentlichen bis 1934/35 reichten und »in gewisser Weise noch Fortsetzung der zum Teil bürgerkriegsähnlichen Konfrontation zwischen der sozialistischen Linken und den Nationalsozialisten«[11] vor 1933 waren. Als zweite Phase und zweite Trägergruppe gilt Broszat die *Resistenz* vor allem des Bürgertums, die er »am typischsten in der Konsolidierungs- und Erfolgsphase des NS-Regimes zwischen 1934/35 und 1940/41«[12] verkörpert sieht. Der Widerstand der konservativen Eliten ab 1938, kulminierend im Attentat vom 20. Juli 1944, stellt für Broszat die dritte Ausformung dar.

Unter dem zweiten Typus faßt Broszat »alle jene Formen der Verweigerung, des individuellen oder kollektiven Protestes bzw. der Dissidenz oder Nonkonformität, die sich gegen bestimmte zwanghafte weltanschauliche, disziplinäre oder organisatorische Maßnahmen und Zumutungen des NS-Regimes richteten«. Nach Broszat gehörte diese Form nicht zur »Fundamentalopposition«, da sie »sich nicht grundsätzlich gegen das NS-Regime richtete oder jedenfalls solche grundsätzliche Gegnerschaft nicht erkennen ließ, da sie in der Regel nur aus partieller Opposition bestand, keineswegs immer politisch motiviert war und häufig allein der Wahrung individueller und sozialer Interessen, der Aufrechterhaltung der Autonomie im kirchlich-religiösen, geistig-kulturellen, wirtschaftlich-sozialen oder im sonstigen beruflichen oder privaten Lebensbereich diente«. Gleichwohl komme ihr eine bestimmte Bedeutung zu, indem sie »gegenüber der tendenziell totalitären Ausdehnung des nationalsozialistischen Weltanschauungs- und Organisationsanspruchs Bezirke relativer Immunität und Selbstbestimmung zu erhalten vermochte, in denen nichtnationalsozialistische Wertetraditionen weiterhin zur Geltung kommen konnten«[13]. Dabei ist allerdings, was Broszat nicht ausreichend deutlich macht, zu betonen, daß Resistenz zunächst nicht unbedingt den »Vollzug der Nonkonformität«[14] meint, sondern die Disposition dazu, eben eine »geistige Haltung«[15].

Zu den zahlreichen Ausprägungen der Resistenz zählt Broszat etwa die »innere Emigration« derjenigen, die »ohne aktive Beteiligung am NS-Regime in eine unauffällige beruflich-soziale Existenz flüchteten und unter Aufrechterhaltung ihrer Gesinnung und zum Teil auch des Kontakts mit Gesinnungsfreunden eine attentive Haltung des Überleben- und Überdauernwollens einnahmen«[16]. Broszat benennt insbesondere Fälle von Regimekritik, die »durchaus geeignet waren, die allgemeine Atmosphäre der Regimeloyalität und damit auch die Zwecke des Regimes zu stören«[17]. Als Beispiel aus dem Kulturwesen führt er unter anderem die *Deutsche Rundschau* an, die Texte »ohne jeden nationalsozialistischen Einschlag, ja mit offensichtlich regimekritischer Tendenz veröffentlichen«[18] konnte.

Die politisch-gesellschaftlichen Rahmenbedingungen für die Resistenz hatten, wie Broszat ausführt, ihre Voraussetzungen in den Konstellationen unmittelbar nach dem 30. Januar 1933. Die konservativen Eliten in Staat und Gesellschaft hatten ihre bis dahin dem Nationalsozialismus entgegengebrachten Vorbehalte aufgegeben und sich weitgehend mit der NS-Regierung zu arrangieren versucht. Nach der von den Konservativen befürworteten oder zumindest akzeptierten gewaltsamen Ausschaltung des »sozialistischen Widerstandspotentials« konnten die Nationalsozialisten die Gleichschaltung der übrigen politischen Kräfte »mit sehr viel mehr Nachsicht und Toleranz« betreiben und sogar »einen gewissen Spielraum und Pluralismus von Meinungen und Richtungen zulassen«. In diesem staatlich gewährten und mehr oder weniger streng begrenzten Freiraum konnte die Literatur der *Inneren Emigration* geduldet werden.

Der Aktionsrahmen innerhalb eines »deformierten Spektrums« ließ einige Formen legaler Resistenz zu, die aber kaum argumentative Einwände gegen den Nationalsozialismus vorbringen konnten. Als Folge dieser Bedingungen führt Broszat an, daß hier Widerstand »vielfach nur gebrochen, unentschlossen und nicht genügend prinzipiell artikuliert wurde, häufig begrenzt und zum Teil auch neutralisiert durch gleichzeitige partielle Bejahung und Unterstützung des in den folgenden Jahren noch stark nationalkonservativ stilisierten Regimes«[19]. Für die Konsolidierungs- und Erfolgsphase des NS-Regimes erkennt Broszat sowohl einen »Zustand relativen Gleichgewichts zwischen den ordnungsstaatlichen und nationalkonservativen Kräften einerseits und der nationalsozialistischen Parteidynamik andererseits« als auch eine noch nicht eindeutige Bestimmbarkeit des Charakters und der Inhalte der NS-Politik. Damit ist der Wahrnehmungshorizont des größten Teils der Zeitgenossen in seiner Beschränkung wie in seiner Tendenz abgesteckt. Die *Innere Emigration* muß im Rahmen der hier skizzierten gesellschaftlichen Bedingungen betrachtet werden.

Das Phänomen der Resistenz ist problematisch und ambivalent, und Broszats Ausführungen haben heftige, zum Teil recht polemische Kritik gefunden. Plausible Einwände richten sich etwa gegen den Begriff ›Resistenz‹, der mit seinem Anklang an ›Resistance‹ die Konnotation des Widerstandes habe; treffendere Vorschläge zur Benennung dieses Phänomens lauteten »Dissens«[20] oder »loyale Widerwilligkeit«[21]. Der entscheidende Vorwurf an Broszat betrifft seine »Umwertung« des Widerstandes, das heißt die scheinbare Höherbewertung der passiven Resistenz gegenüber den aktiven Widerstandshandlungen. Ein weiterer Einspruch zielt auf das von Broszat angelegte Kriterium der »faktischen Herrschaftsbegrenzung« des Nationalsozialismus, die durch die Haltung der Resistenz kaum erreicht worden sei.

Trotz dieser Kritik sind Broszats Thesen für eine Beschäftigung mit der Problematik der *Inneren Emigration* sehr hilfreich, weil sie in ihrer Differenzierung gesellschaftlicher Zusammenhänge einen gültigen Interpretationsrahmen geben. Der sozialen Realität des Nationalsozialismus angemessen scheint eine Sichtweise, die als *Innere Emigration* im Sinne der Resistenz das weite Feld zwischen Widerstand und NS-Engagement bezeichnet, eine Haltung der zunächst passiven Distanz, die in individuell und phasisch unterschiedlichem Ausmaß zu Opposition oder Kooperation tendiert.[22]

Die Berechtigung für die Ausdehnung des Begriffs *Innere Emigration* zur Beschreibung einer Haltung der Resistenz ergibt sich auch aus den umfassenden totalitären Ansprüchen des NS-Regimes. Wer sich der staatlichen Indienstnahme der Literatur verweigerte, behauptete eine Differenz zum NS-Regime. Bereits die Ignoranz der von den Nationalsozialisten erhobenen

Forderung nach Zustimmung und Engagement war eine von einzelnen Autoren beabsichtigte und von den NS-Institutionen oft genug so interpretierte Absage an den Staat. »Nimmer duld' ich Gelassene. Schweigsame ähneln Verrätern«, läßt Friedrich Georg Jünger in seinem berühmt gewordenen Gedicht *Der Mohn* die Gestalt des nichtgenannten Diktators sprechen.[23]

Wesentlich ist freilich die Maßgabe, daß der Ausdruck *Innere Emigration* nur beschreibend, nicht im Sinne von ›Widerstand‹ wertend gebraucht wird. Unter einer solchen Prämisse wären aus sozialgeschichtlicher Sicht große Teile der nicht-nationalsozialistischen Literatur zur *Inneren Emigration* zu zählen. Nicht immer feststellbare Voraussetzung ist allerdings, daß die ›unpolitische‹ Literatur oder der gesellschaftliche Rückzug eine *Reaktion* auf die ideologischen Zwänge des Nationalsozialismus darstellt. Wie jede Begriffsausweitung bringt auch diese eine verallgemeinernde Unschärfe mit sich, zu der das Problem der Definition bzw. Eingrenzung kommt, weil sich dieser Begriff eher durch Unterlassen als durch Handeln erfüllt.

Abgrenzen läßt sich die Literatur der *Inneren Emigration* einerseits von konspirativen oder illegal verbreiteten Texten mit propagandistischem Charakter wie Flugblättern oder literarischen Satiren wie Georg Kaisers *Die Gasgesellschaft*[24], die zur Widerstandsliteratur gehören. Dort sind auch die Aktivitäten des Bundes Proletarisch-Revolutionärer Schriftsteller (BPRS) nach dem 30. Januar 1933 anzusiedeln. Ein Grenzfall ist hier die von Rudolf Pechel herausgegebene *Deutsche Rundschau*; diese erschien zwar bis zu ihrem offiziellen Verbot als legale Publikation, war aber von ihrer gesamten Anlage her als in erster Linie oppositionelles Periodikum konzipiert.

Die Abgrenzung zur anderen Seite ergibt sich etwa durch ein Bekenntnis der Autoren zum Nationalsozialismus durch Parteieintritt oder öffentliche Stellungnahme und die Akzeptanz oder Förderung durch NS-Institutionen.[25] Die Schwierigkeit dabei ist der nicht immer eindeutig bestimmbare Charakter der NS-Literatur, und gerade hier bestehen sowohl vom Ästhetischen wie vom Verhalten der Autoren fließende Übergänge. Nicht mehr zur *Inneren Emigration* kann etwa Ernst Bertram gezählt werden, ebensowenig Rudolf G. Binding, der sich 1933 zum Präsidenten der Akademie für Dichtung hatte wählen lassen. Im Sommer 1935 äußerte er gegenüber Stefan Zweig bei einem Zusammentreffen in der Schweiz Enttäuschung über den Nationalsozialismus. Nach diesem Gespräch urteilte Zweig: »Ein prachtvoller Mensch, dieser Binding. Aber ein Gedicht auf Hitler hat er eben leider doch gemacht!«[26]

Sicherlich gehört nur ein kleiner Teil der 5000 Schriftsteller, die im Jahre 1941 als Mitglieder der Reichsschrifttumskammer geführt wurden[27], zur *Inneren Emigration*, aber es ist sinnvoll, die Betrachtung über den bisherigen ›Kanon‹ von Autoren – Benn, Bergengruen, Carossa, Huch, Jünger, Klepper, Loerke, Schneider, Wiechert – auszudehnen.

III Zur nicht-nationalsozialistischen Literatur unter dem NS-Regime

Der Hintergrund jeder Auseinandersetzung mit der *Inneren Emigration* muß die Kulturpolitik des Nationalsozialismus mit ihrem Zusammenwirken von Repression und Förderung sein. Das differenzierte Instrumentarium der Unterdrückung, das von Zensur bis zur physischen Vernichtung reichte, ist hinlänglich bekannt, auch in seinen Konsequenzen. Die Exponenten einer avantgardistischen oder politisch linken Literatur waren unmittelbar nach dem nationalsozialistischen Machtantritt unter Lebensgefahr ins Exil gezwungen worden, andere wie Erich Mühsam oder Carl von Ossietzky wurden im Konzentrationslager inhaftiert. Die im »Dritten Reich« verbliebenen unbehelligten Autoren lassen sich – mit zahlreichen Ausnahmen – als völkisch-national, christlich, konservativ oder ›unpolitisch‹ charakterisieren[28], ein – wie von Broszat für den politischen Bereich geschildert – »deformiertes Spektrum«. Für diese nicht aus politischen oder rassenideologischen Gründen Verfolgten oder Bedrohten bestand keineswegs die Notwendigkeit einer »direkt ausgesprochene[n] Lebensentscheidung«[29] angesichts des nationalsozialistischen Machtantritts, von der Gottfried Benn im Frühjahr 1933 in seiner *Antwort an die literarischen Emigranten* gesprochen hatte – was aber nicht ausschloß, daß zahlreiche Autoren Hitlers Regierung begrüßt hatten. Benns eigene weitere politische Entwicklung in ihrer baldigen Abkehr vom Nationalsozialismus erweist allerdings, daß der Begriff »Lebensentscheidung« für die im »Dritten Reich« gebliebenen Autoren in seiner Reichweite kaum zutreffend ist. Daneben impliziert Benns Antwort an Klaus Mann die konkrete Alternative zwischen bejahendem Engagement für den Nationalsozialismus oder Exil bzw. Opposition. Aufgrund Benns damaligem Zeitempfinden und seiner kurzfristigen Begeisterung für den Nationalsozialismus ist diese Polarisierung erklärlich; als zeitbedingtes Phänomen muß sie berücksichtigt werden, als Forschungsansatz für den Bereich der *Inneren Emigration* ist sie aber unbrauchbar. Dazu kommt die Unentschiedenheit der NS-Kulturpolitik und die Widersprüchlichkeit der Aussagen miteinander konkurrierender nationalsozialistischer Kultur- und Überwachungsinstitutionen. Propagandaministerium, Reichsschrifttumskammer, Amt Rosenberg, Parteiamtliche Prüfungskommission und Reichssicherheitshauptamt gaben oft unterschiedliche, sich teilweise widersprechende Stellungnahmen ab. Gelegentlich waren von einem Schriftsteller einzelne Bücher verboten, während andere Werke desselben Autors toleriert wurden.

Die von Broszat für die Resistenz im Politischen festgestellte Unentschlossenheit und Mehrdeutigkeit gilt auch für die meisten Fälle der literarischen *Inneren Emigration*, für die verschiedene inhaltliche wie formale Optionen unterscheidbar sind, nämlich:

– ein grundsätzlicher Verzicht auf Publikationen, das Schreiben »für die Schublade«, häufig in Form von Tagebüchern, oder die eingeschränkte Öffentlichkeit von Privatdrucken für den jeweiligen Freundeskreis (Gottfried Benn); auch die nicht publizierte bzw. nicht publizierbare fiktionale Literatur aus Gefängnissen oder Konzentrationslagern gehört hierzu (Albrecht Haushofer); begrenzt und quantitativ weniger bedeutsam war die Möglichkeit anonymer oder pseudonymer Veröffentlichungen;[30]
– eine Literatur ohne irgendeinen intendierten Gegenwartsbezug und die Hinwendung zu ›unverfänglichen‹ Bereichen wie Kinder- und Reisebüchern, dazu zählt auch das Ausweichen in die Unterhaltungssektoren der Medien Film und Rundfunk oder in das Zeitungsfeuilleton (Axel Eggebrecht);
– die literarische Darstellung eines historischen oder überzeitlichen Idealzustandes als impliziter Vorwurf gegenwärtiger Mißstände oder die Konzeption von Trostbüchern als moralischer Zuspruch (Reinhold Schneider, Ernst Wiechert);
– camouflierte Systemkritik durch literarische Satire oder Schreiben »zwischen den Zeilen« (Friedrich Reck-Malleczewen oder Artikel in der *Deutschen Rundschau*).

Diese vier Optionen stellen die wesentlichen Varianten nicht-nationalsozialistischer ›legaler‹ Literatur im »Dritten Reich« dar. Sie setzen die Einhaltung einer bestimmten formalen und inhaltlichen Begrenzung voraus und beinhalten oder bekunden einen je unterschiedlichen Grad von Distanz und Anpassung. Sofern sie sich als Reaktion auf ideologische Zwänge ausmachen lassen, gehören sie zur *Inneren Emigration*; hinsichtlich ihres oppositionellen Gehaltes, ihrer politischen Bedeutung, sind sie freilich unterschiedlich zu gewichten.

Bei dieser Typologisierung handelt es sich um eine nachträgliche Einteilung, deren Eindeutigkeit der komplexen historischen Wirklichkeit oft nicht gerecht werden kann. Berücksichtigt werden muß auch, daß die Motivation eines Autors zu einer dieser Möglichkeiten oft nicht auf freiwilligen Entscheidungen nach grundsätzlichen Erwägungen beruhte, sondern durch äußere Zwänge bedingt war.

Alfred Andersch etwa, der allerdings vor 1933 noch nichts publiziert hatte, zog sich nach seiner zweiten Verhaftung völlig zurück: »Ich antwortete auf den totalen Staat mit der totalen Introversion«, heißt es in seinem 1952 erschienenen autobiographischen Bericht *Die Kirschen der Freiheit*. »Das war im Sinne Kierkegaards die ästhetische Existenz, marxistisch verstanden der Rückfall ins Kleinbürgertum, psychoanalysiert eine Krankheit als Folge des traumatischen Schocks, den der faschistische Staat bei mir erzeugt hatte.«[31] Auch ohne die direkte Konfrontation mit der Staatsgewalt kam es vielfach zu biographischen Wandlungen von Autoren, so die Wendung von Zustimmung zur Ablehnung bzw. zum Rückzug etwa bei Gottfried Benn oder die Entwicklung von subjektiver Politikferne zum Protest wie bei Ernst Wiechert. Spätemigranten wie Peter Gan (d. i. Richard Moering) und Georg Kaiser (beide 1938) dokumentieren das gescheiterte Bemühen des Verbleibens im »Dritten Reich«, Eugen Gottlob Winkler und Jochen Klepper begingen 1939 bzw. 1942 Selbstmord in Deutschland. Der Weg Ernst Glaesers, der 1939 aus dem Schweizer Exil zurückkehrte, zeigt, daß es auch Remigranten gab. Ist bei Hans Carossa von der schleichenden Vereinnahmung eines Autors durch das nationalsozialistische Regime zu sprechen, so wurde eine »zunehmende Staatsintegration«[32] der Angehörigen der ›Jungen Generation‹ festgestellt, die beim Machtantritt des Nationalsozialismus deutlich unter 30 Jahre alt waren, also der Jahrgänge ab 1906 wie etwa Wolfgang Koeppen, Günter Eich oder Karl Krolow[33]. Gerade für diese Autoren mußte das nationalsozialistische Kulturleben eine gewisse Normalität haben, innerhalb der sie sich orientierten und nach der sie ihre Lebensentwürfe ausrichteten. Ihr persönliches Verhalten und ihre literarischen Anfänge im »Dritten Reich« verdienen auch insofern Interesse, als diese das literarische Leben der frühen Bundesrepublik – im Gegensatz zu den meisten anderen Autoren der *Inneren Emigration* – maßgeblich prägten.

Die nationalsozialistischen Kulturinstitutionen bemühten sich mehr oder weniger intensiv, ihnen genehme Autorinnen und Autoren als neue Repräsentanten ›deutscher‹ Kultur zu gewinnen, sofern sich diese nicht von selbst in den Dienst des Nationalsozialismus stellten. Gerade auch im Falle der Literatur dürfen nicht die Anreize und Vorteile vergessen werden, die systemkonformen Schriftstellern zukamen. Neben der Möglichkeit finanzieller Einkünfte – nicht zuletzt eine existentielle Frage – bot das NS-Regime den von ihm hofierten oder den sich ihm andienenden Dichtern die Möglichkeit des Prestigezuwachses in Form von Ehrungen, Mitgliedschaften, Einladungen und gesellschaftlicher Resonanz – eine der nicht zu unterschätzenden Voraussetzungen literarischer Sozialität. Was unter anderen Bedingungen die Normalität einer Schriftstellerexistenz ausmacht, spielte sich unter der NS-Herrschaft oft genug in einer Grauzone von Kollaboration und Opportunismus ab.

Gibt es zahlreiche Fälle für die Überschreitung der Resistenz in Richtung auf eine Kooperation mit NS-Institutionen, so lassen sich auch – mitunter bei derselben Person – Versuche finden, ›Schlimmeres zu verhüten‹. So hat sich Hans Carossa für verfolgte Autoren wie den nach Gurs deportierten Alfred Mombert eingesetzt. Beispiele für öffentlichen Protest sind selten, aber erwähnenswert: mit seiner Stellungnahme gegen die Verhaftung Martin Niemöllers überschritt Ernst Wiechert die Grenze staatlich geduldeten Widerspruchs, die seine Vorträge in München noch knapp eingehalten hatten; die Folge war seine eigene Inhaftierung im KZ. Ricarda Huchs Austritt aus der Preußischen Akademie für Dichtung, eine großartige Geste mit eindrucksvoller Begründung der 1933 fast siebzigjährigen Autorin, war ein Einzelfall und blieb ohne Folgen, da die Öffentlichkeit nichts von diesem Schritt erfuhr.[34]

Frank Thiess bezeichnete 1946 Thomas Manns Rundfunkreden aus dem Exil als »Ansprachen, die jemand, der sich in der Freiheit befand, durch das Gitter eines Gefängnisses an die Insassen richtete, damit sie sich zusammentäten und ihre Wärter und Henker verjagten. Wie dies bewerkstelligt werden sollte, hat er uns nicht verraten.«[35] Daß dennoch Schriftsteller aus dem Bereich der *Inneren Emigration* zu aktivem Widerstand kamen, belegen etwa Adam Kuckhoff, Werner Krauss oder Günther Weisenborn. Für den größten Teil der ›inneren‹ Emigranten dürfte allerdings gegolten haben, daß sie ihre persönlichen Handlungsspielräume als gering und die Möglichkeiten effektiven Eingreifens als aussichtslos ansahen. Dafür kann der Tagebucheintrag Erich Ebermayers am Ende des Jahres 1935 stehen: »Befreiung kann nur noch von außen, nicht mehr von innen kommen. (...) Einzig und allein die Erschütterung eines Krieges kann jetzt noch das Nazi-Regime stürzen.«[36] Ebermayer sah sich und andere der in Deutschland gebliebenen Nicht-Nationalsozialisten als die »armen Insassen des trojanischen Pferdes«[37], im Dezember 1934 schrieb er unter dem Eindruck eines gegen ihn gerichteten Artikels: »Wie schwer haben wir es hier, im trojanischen Pferd, auszuhalten, um vielleicht eines Tages mit einem Rest von geistiger Freiheit, den wir uns bewahrt haben, den Befreiern, die von *draußen* kommen müssen, entgegen gehen zu können.«[38] Das Motiv der antiken Sage wäre allerdings nur stimmig, wenn von den »Insassen« die entscheidende Hilfestellung für die Hitlergegner ›extra muros‹ käme – dafür fehlte bei Ebermayer persönlich aber jeder Ansatz.

Auch Alfred Andersch, der 1933 als Funktionär des kommunistischen Jugendverbandes kurzfristig im Konzentrationslager Dachau inhaftiert war, sah die Schwierigkeiten individuellen Engagements: »Ich verzeichne den Prozeß der Introversion auch nur für Wissenschaftler, die am soziologischen Objekt der modernen Diktatur arbeiten. Einige von ihnen verwechseln sie mit Despotien alten Stils, etwa dem Zarismus. Sie lassen dabei die Rolle der Technik außer acht. Das technisch umfassend organisierte Gebilde aus Terror und Propaganda, der Planapparat neuen Systems, kann mit den Waffen des religiösen, humanistischen oder sozialistischen Widerstandes alter Art nicht bekämpft werden. Der illegale Flugblattdrucker oder Bombenwerfer ist, gemessen an der Gestapo oder dem Reichsministerium für Volksaufklärung und Propaganda, eine rührende Figur aus dem 19. Jahrhundert.«[39] Mit seiner Desertion im Sommer 1944, die für Andersch sein »ganz kleiner privater 20. Juli«[40] war, gelang es ihm allerdings, sich dem Machtbereich des Nationalsozialismus zu entziehen und die eigene Verwendbarkeit aufzuheben.

IV Der Wahrnehmungshorizont der Zeitgenossen

Die Perspektive der Sozialgeschichte seit den achtziger Jahren, die historische Abläufe und Personen(-gruppen) nicht ausschließlich und primär handlungsorientiert betrachtet, bemüht sich auch um die Einbeziehung von sozialisationsbedingten Mentalitäten und Milieubestimmungen. Obwohl die »Bedeutung der Wahrnehmungsgeschichte im Zusammenhang einer Propagierung alltagsgeschichtlicher Wahrnehmungsweisen beschworen« werde, stellte Peter Steinbach 1987 fest, werde sie »nicht als durchgängiges Prinzip akzeptiert und forschungsgeschichtlich realisiert«. Der Historiker solle aber »die Zeitdistanzen überwinden und die komplexen Motivationen für Widerstand, aber auch die Vielfalt der Ziele wahrnehmen und im Rahmen der zeitspezifisch gegebenen Möglichkeiten interpretieren und bewerten«[41]. Was Steinbach für die Historiographie des militärischen und bürgerlichen Widerstandes fordert, gilt ebenso als Forschungspostulat für die Untersuchung anderer sozialer Verhaltensweisen, also auch der Resistenz. Bei der Betrachtung von Wahrnehmungshorizont und Mentalität der Zeitgenossen wird man mit Werthaltungen konfrontiert, die zur Kenntnis genommen werden müssen, »so schwer und kaum vermittelbar manche dieser vergangenen Positionen etwa in politisch-pädagogischer Perspektive heute auch erscheinen mögen«[42]. Zu diesen zeitbedingten Ansichten gehört im Falle der *Inneren Emigration* etwa die Idee des ›anderen Deutschland‹ oder eine Kombination von Irrationalismus, politischer Unbildung und Nationalismus.

Die Vorstellung eines ›anderen Deutschland‹ ist ein zentraler Aspekt der *Inneren Emigration*, wenn nicht sogar ihre Voraussetzung.[43] Dieser Begriff wurde in seiner zeitgenössischen Verwendung sowohl von Aktivisten des Widerstands in Anspruch genommen – so erschienen 1946 die Tagebücher Ulrich von Hassels unter dem Titel *Vom anderen Deutschland* – als auch von Emigranten, etwa von der argentinischen Exilgruppe »La otra Alemania«. Eine Synthese zwischen inner- und außerdeutscher antinationalsozialistischer Opposition stellt die von Karl Otto Paetel herausgegebene Anthologie *Deutsche innere Emigration* dar, die 1946 in der in New York veröffentlichten Reihe *Das andere Deutschland* erschien.

Bemerkenswert häufig wird dieser der Quellensprache zugehörige Ausdruck auch in wissenschaftlichen Darstellungen bis in die Gegenwart verwendet – ohne zu berücksichtigen, daß dieser Begriff »eine fiktive Position *neben* nicht *in* der Wirklichkeit des Nationalsozialismus« impliziert[44] und somit kaum als hermeneutisches Argument legitimiert ist. Für die Zeitgenossen dagegen muß die Vorstellung eines ›anderen Deutschland‹ als zumindest ihrem subjektiven Empfinden angemessene Konstruktion gelten. Ein eindrücklicher Beleg dafür findet sich in Rudolf Pechels Aufsatz *Sibirien* in der *Deutschen Rundschau* vom September 1937. In dieser, als Beschreibung der Zustände in der Sowjetunion getarnten Camouflage schreibt Pechel von einer strikten Trennung zwischen dem Regime und der Bevölkerung: »Die Scheidewand zwischen der Staatsgewalt und dem Volke ist mit einer solchen Schärfe aufgerichtet, wie sie gewöhnlich nur zu Zeiten einer feindlichen Besetzung sich findet.«[45]

Auch Werner Bergengruen, der 1961 rückblickend eine »sonderbare Isolierung, in der sich mit seinen Anhängern dies auf seine Volksverbundenheit so stolze Regime befand«, konstatierte, behauptete eine unbedingte gesellschaftliche Scheidung: »Manchmal war es fast, als handele es sich bei den Männern der Partei und der ihr angeschlossenen Körperschaften um Angehörige einer Invasions- und Okkupationsarmee, welche die Sprache des von ihnen überwältigten Landes nur ungenügend beherrschen und infolgedessen von den Gesprächen und Gedanken der unterdrückten Einheimischen wenig erfuhren. Niemand sagte ihnen etwas, und sie selbst wären kaum auf den Gedanken verfallen, sich nach anderen Informationsquellen als den sich ihnen so freigiebig anbietenden des Regimes umzutun.«[46] Diese schon ins Literarische gehende Pointierung beschreibt einen persönlichen Eindruck des Zeitgenossen, der zumindest als Selbstbeschreibung ernst genommen werden muß.

Suggeriert der Begriff vom ›anderen Deutschland‹ die Existenz zweier unterschiedlicher Sphären, so meint dies auch die weit verbreitete Ansicht einer Trennung von ›Geist‹ und Politik. Darauf zielen etwa die Selbstdarstellungen von Benn und Carossa mit ihren Titeln *Doppelleben* und *Ungleiche Welten*. Gerade Carossas Weg zeigt aber, daß es unter einem ideologisierten Regime kein unpolitisches ›Dichtertum‹ geben kann, sofern dies nicht auf Publikationen und öffentliche Auftritte verzichtet. Was Carossa in seiner subjektiven Wahrnehmung als Distanz von der NS-Gesellschaft erfuhr, war eine Vereinnahmung, der er sich nicht oder nur sehr zögerlich entzogen hat.

Zu dem Eindruck eines mehr oder weniger krassen Unterschiedes zwischen persönlicher Lebenswelt und gesellschaftlicher Realität kamen vielfach Erfahrungen der Bedrohung und Isolation. Eine zwanghafte Enge der Lebensumstände spricht etwa aus Gottfried Benns vielzitiertem Brief an Ina Seidel vom 27. August 1934, er lebe »mit vollkommen zusammengekniffenen Lippen«. Bruno E. Werner läßt in seinem Roman *Die Galeere* den Protagonisten nach dem Abhören der BBC-Sendungen über die »verhexte Situation« nachdenken, daß »dieser wildfremde Radiosprecher da drüben ihm auf einmal näherstand, als fast alle alten Freunde«[47]. Der Titel des Romans versinnbildlicht das Lebensgefühl der *Inneren Emigration* in den letzten Jahren des »Dritten Reiches«: einerseits die drückend empfundene Unfreiheit des Sklavenschiffes, dessen Kurs die Insassen ablehnen, dem sie aber nicht entrinnen können, andererseits das Bewußtsein, durch erzwungenes Mitmachen das Schiff weiter voranzutreiben: »An Ketten geschmiedet im Dunkel des Schiffsbauches und nur zwei Hoffnungssterne der Befreiung: Der Untergang des Schiffes oder seine Überwältigung durch den Feind«, heißt es in der *Galeere*.[48] Private Briefe und vor allem Tagebücher aus den Jahren 1933 bis 1945 wie das von Oskar Loerke oder Reck-Malleczewens *Tagebuch eines Verzweifelten* dokumentieren eine oft umfassende Entfremdung, die den Begriff der *Inneren Emigration* eindrücklich veranschaulicht. Gerade Diarien wurden als »*das* Medium der inneren Emigration«[49] bezeichnet.

Neben keineswegs vereinzelten Beispielen für die sehr aufmerksame und kritische Wahrnehmung des Zeitgeschehens finden sich auch Dokumente einer grotesk anmutenden Realitätsblindheit. »In den Jahren zwischen 1933–1938 war ich vollauf damit beschäftigt, mein Buch *Lennacker* zu schreiben«, begründete Ina Seidel ihre Desorientierung in einem Brief aus dem Jahre 1963. Seidel ist mit ihrem Hymnus auf Hitler, den die damals 54jährige 1939 veröffentlichte, nicht gerade als Vertreterin der *Inneren Emigration* anzusehen. Beachtenswert ist aber die spätere Rechtfertigung ihrer politischen Unbildung: »Ich befand mich 1939 noch in dem Irrtum, es würde Hitler gelingen, die von ihm proklamierten sozialen Reformen zu verwirklichen und ein Zeitalter sozialer Gerechtigkeit und friedlichen Zusammenlebens heraufzuführen. Ich mißverstand sein Pathos als Ausdruck eines reinen Willens und unterstellte seinen Parolen den Sinn, den ihre Begriffe für mich selbst hatten. Die schon damals – also vor 1939 – nicht zu übersehenden Grausamkeiten des Regimes schob ich auf die im ersten Stadium jeder politischen Umwälzung nachweisbaren Machtkämpfe innerhalb einer Kamarilla fragwürdiger Paladine und der Partei, der ich bewußt fernstand. (….) Meine Einstellung zu Hitler beruhte z. T. auf irreführenden Informationen über seine Persönlichkeit, außerdem auf dem Mangel an politischer Erziehung, an dem viele Menschen meiner Generation krankten, die über die Hälfte ihres Lebens in einem heute sagenhaft anmutenden Zustand des Friedens und der Sicherheit aufgewachsen waren.«[50]

In dieser Stellungnahme sind wesentliche Beschreibungen eines beschränkten Wahrnehmungshorizontes enthalten wie mangelndes politisches Interesse, Informationsdefizite über die tatsächlichen Vorgänge und die Bereitschaft zu Hoffnungen und Illusionen. Darüber hinaus bewies das NS-Regime (mindestens bis 1941) eine nachhaltige Integrationskraft, und die außenpolitischen Erfolge der Jahre 1933 bis 1939 schienen dem Nationalsozialismus recht zu geben. Dabei muß beachtet werden, wie sehr die internationale Anerkennung des »Dritten Reiches« etwa bei der Olympiade 1936 in Berlin und vor allem die Appeasement-Politik Englands und Frankreichs auch der innerdeutschen Opposition den moralischen Rückhalt entzogen.

Andere für die Weltsicht vieler Vertreter der *Inneren Emigration* charakteristische Momente, die sich vor allem aus Tagebüchern und autobiographischen Aufzeichnungen ergeben, waren eine naive Grundhaltung des Gottvertrauens, die Sichtweise der Schicksalhaftigkeit der Abläufe und die traditionelle Selbstdefinition des Schriftstellers als autonomes Wesen, das sich als unpolitisch verstand und keinerlei aktives gesellschaftliches Engagement anstrebte. Kaum zu überschätzen schließlich ist die nationale Einstellung und patriotische Verbundenheit vieler Autoren mit ihrem ›Volk und Vaterland‹. Das Gefühl, ein deutscher Dichter zu sein, spielt in den zeitgenössischen Aufzeichnungen – und noch in der »Kontroverse« 1945/46 – eine zentrale Rolle. Diese Motive dürften in den meisten Fällen politische Haltung und Handlungen entscheidend bestimmt haben, vielleicht mehr noch als Angst vor materiellen Verlusten oder Sanktionen bei oppositionellem Engagement.

Die fehlende Einsicht vieler Zeitgenossen in die realen Bedingtheiten und Tendenzen des »Dritten Reiches« erweist, daß die Perspektive der *Inneren Emigration* gegenüber derjenigen »aus den Logen und Parterreplätzen des Auslands«[51], wie Frank Thiess in seiner Polemik gegen die Exilanten formulierte, keineswegs eine größere politische Erkenntnisfähigkeit bedeutete. Gehört Thiess zu denjenigen, die mit zynisch anmutender Selbstgerechtigkeit ihr Verhalten im nationalsozialistischen Deutschland betrachten, so liest sich der Brief Ina Seidels wie ein bescheidenes Eingeständnis ihrer Irrtümer. Das Verständnis herausfordernde Schreiben aus dem Jahre 1963 muß allerdings mit ihrem Bekenntnis zu Hitler von 1939 konfrontiert werden: diese beiden Aspekte gehören untrennbar zusammen, und sie weisen auf die grundsätzliche Problematik der Bewertung des individuellen Verhaltens der Nicht-Emigrierten hin.

V Fragen der Bewertung

Hatte Thomas Mann wie einige andere Exilanten in den ersten Jahren des »Dritten Reiches« noch von den Antifaschisten »intra et extra muros«[52] gesprochen, so wollte er 1945 nichts mehr von Gemeinsamkeiten mit nicht-exilierten Gegnern des Nationalsozialismus wissen. Frank Thiess beklagte diese Ignoranz vehement, ging er doch sogar von einer »tiefen inneren Verbundenheit zwischen beiden Emigrantenlagern«[53] aus. Verständigungsbemühungen kamen etwa von Johannes R. Becher, nicht zuletzt eine Spätfolge des Volksfront-Gedankens[54]; im Ost-Berliner *Aufbau* wandte sich Arnold Bauer, der nicht exiliert war, 1946 gegen die Diskussion eines »recht konstruiert anmutenden Gegensatzes von ›innerer‹ und ›äußerer‹ Emigration«[55]. Er befand, hinsichtlich der verbotenen Literatur sei es »gleichgültig, ob ihre Verfasser innerhalb oder außerhalb der Mauern des riesigen Zuchthauses, das Deutschland hieß, ihr hartes Los ertrugen«. Bauer lehnte »den sinnlosen

Wettstreit über die wechselseitigen Bürden an Leid und Verfolgung« ab, die Frage, »ob der deutsche Geist sich im Lande oder draußen besser behauptete«[56], sei überholt.

Rezeption und Literaturgeschichte der zwischen 1933 und 1945 verfaßten Texte zeigen, daß sich die Annahme einer gleichwertigen nicht-nationalsozialistischen Haltung von ›innerer‹ und äußerer Emigration nicht durchgesetzt hat. Das liegt nicht zuletzt daran, daß das Exil eine nachhaltige Absage an den Nationalsozialismus zum Ausdruck brachte, deren Konsequenz und Eindeutigkeit von den in Deutschland Verbliebenen in den meisten Fällen nicht erreicht wurde. Mit seinem gegen Thomas Mann gerichteten Diktum, »es war schwerer, sich hier seine Persönlichkeit zu bewahren, als von drüben Botschaften an das deutsche Volk zu senden«[57], traf Thiess ein entscheidendes Problem, auch wenn er die Frage vorschnell zu seinen Gunsten beantwortet hat: die nicht-emigrierten Schriftsteller sahen sich aus materiellen oder idealistischen Gründen, durch eine Mischung aus Repression und Verlockung einer Vielzahl von Herausforderungen ausgesetzt, denen sie sich in vielen Fällen nicht oder nur bedingt gewachsen zeigten.

Die Frage, bis zu welchem Grade Kompromisse mit Selbstbehauptung und -achtung vereinbar waren, muß im Einzelfall entschieden werden. Daß heute, aus dem nachträglichen Wissen um die geschichtlichen Abläufe und Zusammenhänge die Maßstäbe der Bewertung andere als die der Zeitgenossen sind, ist offensichtlich. Die Auseinandersetzung etwa um Günter Eichs Rundfunktätigkeit während des »Dritten Reiches« belegt diese Problematik.[58] Ein anderes Beispiel zweifelhafter Kooperationsbereitschaft ist die Annahme des Goethe-Preises für 1938 durch Hans Carossa, die er übrigens in seiner Autobiographie verschweigt.

»Der deutsche Dichter im gleichgeschalteten Staate war eine fragwürdige Gestalt geworden«, resümierte Carossa, der mit der Passivform dieser Feststellung ein kaum zutreffendes Unbeteiligtsein insinuiert. Durch eigenes Zutun hat sich Carossa fragwürdig gemacht, und sein Bericht *Ungleiche Welten*[59] ist selbst ein fragwürdiges Zeugnis der Rechtfertigungsliteratur. Manchen der nach 1945 veröffentlichten autobiographischen Texte der *Inneren Emigration* haftet ein schaler Beigeschmack an, nicht nur wegen des oft larmoyanten Tenors, sondern vor allem wegen des – allerdings kaum überraschenden – Ausbleibens von politischen Reflexionen. Entstehung und Verlauf des Nationalsozialismus, Verfolgung der Juden und Systemgegner und der von Deutschland begonnene Zweite Weltkrieg werden kaum hinsichtlich ihrer Ursachen und Voraussetzungen befragt. Die oft genug als »Katastrophe« bezeichneten politischen Ereignisse werden keineswegs zum Anlaß genommen, das irrationale Geschichtsbild zu korrigieren. Die noch immer schicksalsgläubigen Deutungsbemühungen reichen bis zu so verstiegenen Sinngebungen wie die Otto Flakes, die Deutschen hätten, um die

Gefährdungen der Moderne zu zeigen, für die Menschheit die »Kastanien aus dem Feuer geholt«[60]. Kaum weniger absurd ist Carossas Interpretation des Holocaust: der hätte dazu geführt, »daß alle guten Menschen der ganzen Erde sich in grenzenlosem Mitgefühl dem Judentum zuwandten«, und ohne Hitlers »Wüten gäbe es vielleicht noch gar keinen Staat Israel«[61].

Derartige Beispiele ließen sich noch in großer Zahl anführen, geringer ist die Zahl der selbstkritischen Stimmen. Rudolf Pechel, auch hier wieder eine Ausnahme im Spektrum der *Inneren Emigration*, wertete den Nationalsozialismus als Folge der deutschen Entwicklung und distanzierte sich von seiner eigenen nationalistischen Vorgeschichte. Ricarda Huch wandte sich 1945 grundsätzlich gegen eine unpolitische Haltung: »Unser Aufstieg muß im Erwerben der Einsicht bestehen, daß ein Volk sich nicht als ein Haufen von Privatleuten abseits von der Regierung stellen und sie schalten lassen kann, ohne sich dafür verantwortlich zu fühlen.«[62]

Wie die »Erinnerung als Rechtfertigung« (Christiane Deußen) einen eher zweifelhaften Eindruck erweckt, ist auch die zwischen 1933 und 1945 innerhalb Deutschlands veröffentlichte Literatur selbst hinsichtlich ihrer gesellschaftlichen Bedeutung ein ambivalentes Objekt. Zum einen dokumentieren viele Texte die moralische Integrität bzw. persönliche Selbstbehauptung der Autorinnen und Autoren. Sie stehen mit ihrer Verpflichtung gegenüber der geschichtlichen Überlieferung für die Bemühungen um eine Fortführung ›humanistischer‹ Tradition und bürgerlicher Kultur. Für viele Leser bedeuteten sie unbezweifelbar Trost und Zuspruch und eine moralische Stärkung.

Zugleich lassen sich verschiedene grundsätzliche Einwände gegen die Literatur der *Inneren Emigration* erheben, die in jeweils unterschiedlichem Maße auf einzelne Autorinnen und Autoren zutreffen. So stellt sich die Frage nach partiellen Übereinstimmungen konservativer Literatur mit dem Nationalsozialismus und ihrer potentiellen Nutzbarkeit für einzelne Ideologeme wie etwa Schicksalsgläubigkeit oder Heroismus. Daneben ließ sich gerade auch nicht-nationalsozialistische Literatur für eine Repräsentation des NS-Regimes gebrauchen, konnte damit dem Ausland ein kulturelles Leben vorgeführt werden. So hatten auch ›unpolitische‹ Unterhaltungsliteratur und gerade auch Unterhaltungsfilme, die eine entideologisierte Sphäre aufbauten, ihre kalkulierte Stellung im »Dritten Reich«. Insbesondere in den Kriegsjahren ab 1942 kam ihnen noch eine ablenkende und beschwichtigende Funktion zu. Bert Brechts oft zitierter Satz, nach dem ein Gespräch über Bäume schon fast ein Verbrechen sei, weil es das Verschweigen über Untaten einschließe, zielt auf die Frage nach der Legitimität einer gegenwartsfernen Idyllik angesichts der Verfolgungen, die ignoriert oder verdrängt wurden.

Während es den ›inneren‹ Emigranten kaum vorzuwerfen ist, ihre Systemkritik wenn überhaupt nur camoufliert vorgebracht zu haben, kann in vielen Fällen zu Recht von einer »Fehlleitung« der Leser gesprochen werden, wenn wie etwa in *Der Großtyrann und das Gericht* die »Möglichkeit einer wundersamen Wandlung und Rettung«[63] suggeriert wird. Gerade an diesem Buch Bergengruens zeigt sich die Problematik der mangelnden Eindeutigkeit der *Inneren Emigration*, hatte doch der *Völkische Beobachter* den *Großtyrann* als »recht gut geschriebenen, spannenden Roman«[64] empfohlen. Die notwendige oder beabsichtigte Verhaltenheit der Aussage stellte ein Interpretationsangebot dar, das je nach Erwartungshaltung der Rezipienten deutbar war.

Wie die potentielle Gleichzeitigkeit von oppositionellen und NS-konformen Momenten für den politischen Gehalt von Werken der literarischen *Inneren Emigration* gilt, muß auch für ihre politische Wirkung und Bedeutung eine grundsätzliche Ambivalenz betont werden. Wenn etwa Ernst Wiechert im *Einfachen Leben* die Beschränkung auf den Bereich des Persönlichen propagiert, mag er den Lesern die Perspektive individueller Glücksmöglichkeit vermitteln, gesellschaftlich gesehen wird aber Widerspruchspotential neutralisiert und damit eine Systemstabilisierung erreicht. Diese Zusammenhänge können auch erklären, warum das *Einfache Leben* mehrere Auflagen bis 1942 erzielen konnte, obwohl es eine der deutlichsten literarischen Absagen an den totalitären Staat darstellt. Auch hierin zeigt sich noch einmal die Problematik von subjektiver und überpersönlicher Sichtweise. Die paradoxe Gleichzeitigkeit von oppositionellen Momenten und Systemstabilisierung ist der für die Literatur der *Inneren Emigration* wesentliche Grundzug.

VI Zusammenfassung

Die *Innere Emigration* ist in erster Linie ein sozialgeschichtliches Phänomen, das eine Reaktion auf die totalitären Ansprüche des NS-Regimes darstellt. Sie ist eine nicht-nationalsozialistische Haltung im Sinne der von Martin Broszat beschriebenen *Resistenz*, die sich bei fließenden Grenzen und mancherlei Übergängen zwischen Widerstand und Kooperation bewegt. Die Abgrenzungen nach beiden Richtungen müssen im Einzelfall mit Untersuchungen der jeweiligen individuellen Lebens- und Werkgeschichte ermittelt werden.

Die hier vorgestellten Überlegungen zur Sozialgeschichte der *Inneren Emigration* zeigen Ansätze einer differenzierten Betrachtung der Biographie der im nationalsozialistischen Deutschland verbliebenen Schriftsteller und des gesellschaftlichen Bezuges ihrer Werke. Mit dem Abrücken vom Primat der politischen Aussage, des oppositionellen Gehaltes der einzelnen Texte, und der Einbeziehung mentalitätsgeschichtlicher Faktoren wie des Wahrnehmungshorizontes der Zeitgenossen ist eine Ausweitung der Perspektive angestrebt, die der Vielschichtigkeit der historischen Zusammenhänge gerecht werden soll. Das gilt auch für die Betonung des ambivalenten Grundcharakters dieser Literatur mit ihrer paradoxen Gleichzeitigkeit von Dissens und Konsens, von Distanz und Anpassung, die eine Alternative von Apologie und Verurteilung überwindet.

1 Zur Begriffsgeschichte vgl. Ralf Schnell: *Literarische Innere Emigration.* Stuttgart 1976, S. 2–12; Wolfgang Brekle: *Schriftsteller im antifaschistischen Widerstand 1933–1945 in Deutschland.* Berlin und Weimar 1990, S. 2–12; Reinhold Grimm: »Im Dickicht der inneren Emigration«. In: Horst Denkler / Karl Prümm (Hg.): *Die deutsche Literatur im Dritten Reich. Themen – Traditionen – Wirkungen.* Stuttgart 1976, S. 406–426. — 2 Ralf Schnell: »Innere Emigration und kulturelle Dissidenz«. In: Richard Löwenthal / Patrik von zur Mühlen (Hg.): *Widerstand und Verweigerung in Deutschland 1933–1945.* Berlin 1982, S. 213. — 3 Vgl.: J. F. G. Grosser (Hg.): *Die große Kontroverse. Ein Briefwechsel um Deutschland.* Hamburg 1963; die wesentlichen Beiträge (mit Ergänzungen) wieder in: Heinz Ludwig Arnold (Hg.): *Deutsche Literatur im Exil 1933–1945,* Bd. 1: Dokumente, Frankfurt/M. 1974, S. 245–279. — 4 Ralf Schnell: »Innere Emigration und kulturelle Dissidenz«, a.a.O., S. 212. — 5 Vgl. Reinhold Grimm: »Innere Emigration als Lebensform«. In: ders. / Jost Hermand (Hg.): *Exil und innere Emigration.* Dritter Wisconsin Workshop. Frankfurt/M. 1972, S. 31–74; Grimms Aufsatz von 1976 (vgl. Anm. 1) ist eine Überarbeitung dieses Textes; bedauerlich ist der Deutungsverlust in der Überschrift. — 6 So besonders die Arbeiten von Ralf Schnell von 1982 (vgl. Anm. 2) und 1986 (vgl. Anm. 7), bereits 1979: Wolfgang Schieder: »Schriftsteller im Dritten Reich«. In: Werner Link (Hg.): *Schriftsteller und Politik in Deutschland.* Düsseldorf 1979, S. 83–99. — 7 Ralf Schnell: »Zwischen Anpassung und Widerstand. Zur Literatur der Inneren Emigration im Dritten Reich«. In: Thomas Bremer (Hg.): *Europäische Literatur gegen den Faschismus 1922–1945.* München 1986, S. 17. — 8 Reinhold Grimm: »Im Dickicht«, a.a.O., S. 411; die Betonung des Oppositionellen vor allem bei Herbert Wiesner, der einen der frühesten wissenschaftlichen Aufsätze über die *Innere Emigration* verfaßt hat, vgl. Herbert Wiesner: »›Innere Emigration‹. Die innerdeutsche Literatur im Widerstand 1933–1945«. In: Hermann Kunisch (Hg.): *Handbuch der deutschen Gegenwartsliteratur.* Bd. 2. München ²1970, S. 383–408. — 9 Vgl. Inge Stephan: »Literatur im Dritten Reich«. In: Wolfgang Beutin u. a. (Hg.): *Deutsche Literaturgeschichte von den Anfängen bis zur Gegenwart.* Stuttgart ³1989, S. 356. — 10 Martin Broszat: »Zur Sozialgeschichte des deutschen Widerstands«. In: *Vierteljahreshefte für Zeitgeschichte* 34 (1986) H. 3, S. 295; vgl. auch ders.: »Resistenz und Widerstand«. In: Martin Broszat (Hg.): *Bayern in der NS-Zeit.* München 1981, Bd. 4, S. 691–709; vgl. auch Peter Hüttenberger: »Vorüberlegungen zum ›Widerstandsbegriff‹«. In: Jürgen Kocka (Hg.): *Theorien in der Praxis des Historikers. Forschungsbeispiele und ihre Diskussion.* Göttingen 1977, S. 117–136. — 11 Martin Broszat: »Zur Sozialgeschichte«, a.a.O., S. 296. — 12 Ebd., S. 300. — 13 Ebd. — 14 Klaus Tenfelde: »Soziale Grundlagen von Resistenz und Widerstand«. In: Jürgen Schmädeke/Peter Steinbach (Hg.): *Der Widerstand gegen den Nationalsozialismus. Die deutsche Gesellschaft und der Widerstand gegen Hitler.* München / Zürich 1985, S. 803. — 15 Ralf Schnell: »Innere Emigration und kulturelle Dissidenz«, a.a.O., S. 212. — 16 Martin Broszat: »Zur Sozialgeschichte«, a.a.O., S. 300. — 17 Ebd., S. 302. — 18 Ebd., S. 303; die von Broszat konstatierte »Offensichtlichkeit« der Regimekritik stellt allerdings ein zentrales Problem dieser Artikulation dar. Sie erforderte ein Vorverständnis der Hörer bzw. Leser; erst und

nur wenn dies gegeben war, erschienen die Texte als »eindeutig«. — 19 Ebd., S. 299. — 20 Ian Kershaw: »›Widerstand ohne Volk?‹ Dissens und Widerstand im Dritten Reich«. In: Jürgen Schmädecke/Peter Steinbach (Hg.): *Der Widerstand gegen den Nationalsozialismus,* a.a.O., S. 785. — 21 Klaus-Michael Mallmann / Gerhard Paul: »Resistenz oder loyale Widerwilligkeit?«. In: *Zeitschrift für Geschichtswissenschaft* (1993) H. 41, S. 99–116. — 22 Vgl. z. B. Ralf Schnell: »Zwischen Anpassung und Widerstand«, a.a.O., S. 17. — 23 Friedrich Georg Jünger: *Gedichte.* Berlin 1934, S. 61. — 24 Vgl. Georg Kaiser: *Die Gasgesellschaft.* Berlin 1969. — 25 Vgl. z. B. Klaus Vondung: »Der literarische Nationalsozialismus. Ideologische, politische und sozialhistorische Wirkungszusammenhänge«. In: Horst Denkler / Karl Prümm: *Die deutsche Literatur im Dritten Reich,* a.a.O., S. 44–65; Ralf Schnell: »Was ist nationalsozialistische Dichtung?«. In: Jörg Thuneke (Hg.): *Leid der Worte. Panorama des literarischen Nationalsozialismus.* Bonn 1987, S. 28–45. — 26 Zitiert nach Erich Ebermayer: *Denn heute gehört uns Deutschland... Politisches und persönliches Tagebuch von der Machtergreifung bis zum 31. Dezember 1935.* Hamburg / Wien 1959, S. 567. — 27 Vgl. Dietrich Strothmann: *Nationalsozialistische Kulturpolitik.* Bonn ³1968, S. 29. — 28 Die Problematik solcher Kategorisierungen ist offensichtlich, entspricht aber zumindest teilweise dem Selbstverständnis der Autoren. — 29 Gottfried Benn: »Antwort an die literarischen Emigranten«. In: ders.: *Lyrik und Prosa, Dokumente und Briefe.* Wiesbaden 1962, S. 112; die ›Entscheidung‹ traf auch Friedrich Sieburg, vgl. Albrecht Betz: *Exil und Engagement. Deutsche Schriftsteller im Frankreich der dreißiger Jahre.* München 1986, S. 55–59, über Benn dort S. 59–68. — 30 Werner Bergengruen veröffentlichte seinen Gedichtband *Der ewige Kaiser* anonym 1937 in Graz, das zu dieser Zeit noch im Ausland lag; zumindest in (Fach-)Zeitschriften war in den ersten Jahren des »Dritten Reiches« die Verwendung von Pseudonymen möglich. — 31 Alfred Andersch: *Die Kirschen der Freiheit,* Zürich 1971, S. 46. — 32 Ralf Schnell: »Innere Emigration und kulturelle Dissidenz«, a.a.O., S. 222. — 33 Zur ›Jungen Generation‹ gehören unter anderem auch Wolfgang Weyrauch (1907), Albrecht Goes (1908), Luise Rinser (1911), Eugen Gottlob Winkler (1912), Ernst Schnabel und Wolf von Niebelschütz (beide 1913); vgl. auch Hans Dieter Schäfer: »Die nichtfaschistische Literatur der ›jungen Generation‹ im nationalsozialistischen Deutschland«. In: Horst Denkler / Karl Prümm: *Die deutsche Literatur im Dritten Reich,* a.a.O., S. 459–503. — 34 Vgl.: »Ein undenkbarer Schritt. Briefwechsel zwischen Ricarda Huch und der Preußischen Akademie der Künste«. In: *Die Wandlung,* (1949) H. 2, S. 165–171. — 35 *Die Große Kontroverse,* a.a.O., S. 103. — 36 Erich Ebermayer: *Denn heute gehört uns Deutschland,* a.a.O., S. 650. — 37 Ebd., S. 511. — 38 Ebd., S. 449. — 39 Alfred Andersch: *Die Kirschen der Freiheit,* a.a.O., S. 46 f. — 40 Ebd., S. 74. — 41 Peter Steinbach: »Widerstandsforschung im politischen Spannungsfeld«. In: *Aus Politik und Zeitgeschichte,* (1988) H. 28, S. 16. — 42 Ebd., S. 17. – 43 Vgl. Lothar Bluhm: *Das Tagebuch im Dritten Reich. Zeugnisse der Inneren Emigration von Jochen Klepper bis Ernst Jünger.* Bonn 1991, S. 70 f. — 44 Martin Broszat: »Resistenz und Widerstand«, a.a.O., S. 693. — 45 Rudolf Pechel: »Sibirien«. Zitiert nach: ders. (Hg.): *Deutsche Rundschau. Acht Jahrzehnte deutschen Geisteslebens.* Hamburg 1961, S. 405. — 46 Werner Bergengruen: *Rückblick auf einen Roman.* Mainz 1961, S. 12. — 47 Bruno E. Werner: *Die Galeere.* Frankfurt/M. 1949, S. 429. — 48 Ebd., S. 332. — 49 Claus Vogelsang: »Das Tagebuch«. In: Klaus Weissenberger (Hg.): *Prosakunst ohne Erzählen. Die Gattungen der nicht-fiktionalen Kunstprosa.* Tübingen 1985, S. 197. — 50 Ina Seidel an Joseph Wulf vom 2. 1. 1963. In: Joseph Wulf: *Literatur und Dichtung im Dritten Reich.* Frankfurt/M. / Berlin 1989, S. 405 f. — 51 Frank Thiess: »Die Innere Emigration«. In: *Münchener Zeitung,* 18. 8. 1945; zitiert nach: *Die Große Kontroverse,* a.a.O., S. 24. — 52 Zitiert nach Reinhold Grimm: »Im Dickicht«, a.a.O., S. 409; dort finden sich auch weitere Beispiele für die Äußerungen von Exilanten über die *Innere Emigration.* — 53 *Die Große Kontroverse,* a.a.O., S. 25. — 54 Vgl. Johannes R. Becher an Frank Thiess vom 26. 1. 1946, in: *Die Große Kontroverse,* a.a.O., S. 97–102; der Volksfront-Gedanke hat auch die Rezeption der *Inneren Emigration* in der DDR bestimmt, vgl. etwa Leonore Krenzlin: »Suche nach einer veränderten Lebenshaltung. Ernst Wiechert: ›Das einfache Leben‹«. In: Sigrid Bock / Manfred Hahn (Hg.): *Erfahrung Nazideutschland. Romane in Deutschland 1933–1934. Analysen.* Berlin / Weimar 1987, S. 384–411. — 55 Zitiert nach: Heinz Ludwig Arnold (Hg.): *Deutsche Literatur im Exil*, a.a.O., S. 269. — **56** Ebd., S. 271. — **57** *Die Große Kontroverse*, a.a.O., S. 25. — **58** Vgl. z. B. Axel Vieregg: *Der eigenen Fehlbarkeit begegnet. Günter Eichs Realitäten 1933–1945*. Eggingen 1993. — **59** Hans Carossa: *Ungleiche Welten*. Wiesbaden 1951, S. 79. — **60** Otto Flake: »Der Fall Thomas Mann«. In: *Badener Tageblatt*, 8. 12. 1945, zitiert nach: *Die Große Kontroverse*, a.a.O., S. 51. — **61** Hans Carossa: *Ungleiche Welten*, a.a.O., S. 31. — **62** Ricarda Huch: [Zum Jahreswechsel 1945/46]. In: *Tägliche Rundschau*, zitiert nach Wolfgang Brekle: *Schriftsteller im antifaschistischen Widerstand*, a.a.O., S. 190. — **63** Reinhold Grimm: »Im Dickicht der inneren Emigration«, a.a.O., S. 415. — **64** Neue Romane für den Weihnachtstisch, in: *Völkischer Beobachter*, 7. 12. 1935, S. 12. – Die im *Großtyrann* beschriebene Figur wird dort als »eine der Herrengestalten der italienischen Renaissance« bezeichnet. Die von Bergengruen: *Rückblick*, a.a.O., S. 26 u. ö. als im Völkischen Beobachter verwandt zitierte Formulierung, der Großtyrann sei »der Führerroman der Renaissance«, findet sich in dieser Rezension nicht. – Ich danke Prof. Erwin Rotermund für diesen wie für andere Hinweise.

Jürgen Schröder

»Es knistert im Gebälk«
Gottfried Benn – ein Emigrant nach innen

I

Als Gottfried Benn im Frühjahr 1949 die Veröffentlichung des Bandes *Ausdruckswelt*[1] vorbereitete, der seine trotz des Schreibverbots in der Kriegszeit entstandenen Essays enthält, schrieb er an den Herausgeber des *Merkur*, Hans Paeschke, um ihm den Einleitungsessay *Kunst und Drittes Reich* als Vorabdruck anzubieten. Bei seiner Charakteristik dieser Schrift kamen auch Bedenken des Verlegers Max Niedermayer zur Sprache:

»Der letzte Teil ist von großer Schärfe und ich merke meinem sonst sehr verehrten Verleger an, daß er, daß man in Westdeutschland an gewisse Themen nicht mehr gern rührt. Das wird mich aber nicht abhalten, ihn in dem Buch zu bringen. Es ist in diesem Zusammenhang und in dieser Beleuchtung das Thema Kunst und Totaler Staat noch nicht geschrieben.

Und da es das Thema meiner Generation war, das Thema der nicht Emigrierten, gehört es zu meinem Arbeitsbereich. Ich bin ja immer der Meinung gewesen, daß die Emigranten die Dinge nicht mit der Schärfe gesehen und erfahren haben wie wir. Übrigens fällt gegen die Emigranten kein Wort, das steht gar nicht zur Diskussion in dem Essay.«[2]

Diese Äußerung ist in vieler Hinsicht sehr aufschlußreich. Nur anderthalb Monate später, in einem Brief an Max Niedermayer vom 8. 5. 1949, ist es nämlich plötzlich F. W. Oelze, der Bedenken gegen den Abdruck des Essays erhoben hat:

»Ich erhielt in dieser Woche einen Brief von Herrn Oelze, der mich etwas in Unruhe brachte. Darin flehte er mich inständig an, ja bat unter Berufung auf unsere 15jährigen Beziehungen dringendst darum, den Aufsatz *Kunst und Drittes Reich* fortzulassen, da darin Angriffe gegen das Deutschtum ständen, die mir und meiner Sache die größten Schwierigkeiten zu machen geeignet wären.«[3]

Und dann berichtet er weiter, daß er »als Kompromiß im Vorwort (...) einen Satz eingefügt« habe, »der die Ausdehnung meiner Kritik auf das Deutschtum als Ganzes und als solches ablehnt und den zeitlich und stimmungsmäßig begründeten Charakter mancher sehr scharfer Äußerungen von mir klarstellt, aber mehr kann ich nicht tun«[4]. In einem Brief vom gleichen Tag an Oelze ist aus diesem Satz freilich ein ganzer Absatz geworden, den er seinem besorgten Kritiker wörtlich mitteilt, bevor er den »bedrohlichen« Aufsatz ausführlich rechtfertigt und verteidigt.⁵ Die Essenz dieses Kompromißabsatzes, der dann tatsächlich ins Vorwort zur *Ausdruckswelt* eingefügt wurde, beruht auf einem alten Klischee: Benn rühmt Deutschland als das Land der großen Dichter, Denker und Musiker.

Aufschlußreich ist dieser Vorgang, weil hier ein Autor, der zwischen 1945 und 1949 wegen seiner profaschistischen Äußerungen in den Jahren 1933/34 umstritten und »anrüchig« war, nun plötzlich wegen seiner krassen antifaschistischen Ausfälle Bedenken hervorruft.

Aber noch aufschlußreicher ist ein in diesem Zusammenhang eher verschwiegener Vorgang: daß nämlich der Essay *Zum Thema Geschichte*, der ursprünglich an zweiter Stelle in dem Band der *Ausdruckswelt* vorgesehen war, in der Tat der Zensur Benns und seiner Umgebung zum Opfer gefallen ist.⁶ Er erscheint erst nach seinem Tode am 11. 7. 1959 in der *Frankfurter Allgemeinen Zeitung*. Und als ihn Dieter Wellershoff noch im gleichen Jahr in den ersten Band der *Gesammelten Werke* aufnahm, kommentierte er in seinen Anmerkungen lakonisch: »Der Essay wurde (...) aus Rücksicht auf noch bestehende Empfindlichkeiten nicht veröffentlicht« (I, 621).⁷

In der Tat geht der Essay *Zum Thema Geschichte* noch weitaus »bösartiger« und »schärfer« mit Deutschland und den Deutschen ins Gericht als die anderen in der Kriegszeit entstandenen Aufsätze, vor allem aber sind seine Anklagen konkreter und beschränken sich nicht auf ästhetische Abscheu und Polemik. Nur hier wird der Mord an den Juden angeprangert (I, 377), nur hier wird die hitlerhörige Generalität sarkastisch gegeißelt (I, 379–382)⁸, nur hier wird der Nationalsozialismus ausdrücklich mit Deutschland und den Deutschen gleichgesetzt: »Nein, man muß bekennen, es waren nicht die Bestien, es war Deutschland, das in dieser Bewegung seine Identität zur Darstellung brachte«, so korrigiert und überbietet Benn hier ein Diktum von Heinrich Mann (I, 379).

Er trug den deutschen Nachkriegs-»Empfindlichkeiten« – was immer darunter zu verstehen ist – also sehr wohl Rechnung, als er seinen Aufsatz *Zum Thema Geschichte* widerspruchslos zurückzog. Er hatte sie sogar vorausgeahnt. Seinem Verleger Niedermayer präsentierte er den Essayband am 18. 9. 1948 unter anderem mit den Worten: »Es ist natürlich eine Frage, die ich mir selber stelle, ob man heute noch so schwere Angriffe gegen die Nazizeit bringen soll, wie sie einige Stellen des Buches darstellen würden. Vielleicht will das heute niemand mehr wissen (...).«⁹ Die Bedenken Oelzes und anderer werden ihm infolgedessen, so sehr er sich wehrte, nicht unwillkommen gewesen sein. Es ist eine für Gottfried Benn typische Haltung: kompromißlos und dennoch konzessionsbereit. Daß sich die Bedenken seiner Freunde und Bekannten vermutlich mehr auf den maßlosen und affektiven Charakter seiner NS-Polemik richteten als auf die Frage ihrer Berechtigung oder Opportunität, wird ihm wohl kaum bewußt geworden sein.

Aufschlußreich ist der Brief an Hans Paeschke aber auch wegen seiner Bemerkungen über die Emigranten und die »nicht Emigrierten«. Die Überzeugung – die er übrigens mit der Mehrheit der Deutschen teilte –, daß »die Emigranten die Dinge nicht mit der Schärfe gesehen und erfahren haben wie wir«, ist bei Benn durchgehend.[10] Die bündigste Formulierung findet sie in dem vorletzten Kriegsbrief an Oelze: »Wer über Deutschland reden u. richten will, muss hier geblieben sein.«[11] In diesem Brief spricht er auch von seinem Plan, an den Schluß des Essaybandes noch ein Kapitel mit dem Titel *Willkommen den literarischen Emigranten* zu setzen, »Bezug nehmend auf jenen ›Offenen Brief an die l.E.‹, 1933. Ich würde sagen, dass ich meine damaligen Positionen im wesentlichen aufrecht erhalte u. dass ich auch rückblickend das Bleiben in Deutschland für das Richtigere halte.«[12] Damals hatte Benn geschrieben, daß hinter der »Bewegung« das »ganze Volk« stünde, »wenn es sein muß, auch untergangsbereit« (IV, 247). Jetzt verrät er nur einen einzigen Satz aus der ungeschrieben gebliebenen *Willkommens-Schrift*: »Der Untergang eines Volkes, selbst wenn es sich um das (...) handelt, ist eine ernste Sache, die sich nicht mit literarischen Arabesken von Miami aus, auch nicht mit einem an sich gerechtfertigten Hass abtun lässt, hier handelt es sich um Kern- u. Substanzfragen – tua res agitur!«[13]

Dennoch wäre es verfehlt, diesen Begrüßungsplan als Fortsetzung des Streits mit den literarischen Emigranten zu werten oder gar als Ausdruck einer unverminderten Gegnerschaft. Er scheint mir im Gegenteil eher der zaghafte Versuch einer Verständigung, einer Wiedergutmachung, ja, einer verhaltenen Werbung gewesen zu sein. Denn Gottfried Benn, dem Inneren Emigranten par excellence, standen die Exilschriftsteller weitaus näher als die Vertreter der Inneren Emigration. Vor allem für diejenigen, die in dieser Zeit noch schreiben und veröffentlichen durften, hatte er nichts als Verachtung übrig. Sein Verdikt über die literarische Produktion im »Dritten Reich« steht demjenigen Thomas Manns nicht nach, der bekanntlich von dem »Geruch von Blut und Schande« sprach, der allen Büchern anhafte, die zwischen 1933 und 1945 in Deutschland gedruckt werden konnten.[14] Während der Arbeit am *Weinhaus Wolf*, einer ersten Prosaabrechnung mit dem Hitler-Reich, schreibt Benn in einem Brief vom 4. 4. 1937: »Ich betrachte ausnahmslos u. alles, was ich irgendwo aus deutschem Hirn gedruckt sehe von vornherein für allerletzten Dreck. Was heute die Lizenz der Schriftleiter u. Lektoren passiert, muß Dreck sein.« Und weiter unten erscheint dann seine radikale Gegenvorstellung: »Heute hat überhaupt nur Zweck, mit ganz gefährlichen, rücksichtslosen brutalen Mitteln vorzugehn, wenn man sich den geistigen Fragen nähert. Was nicht direkt ins KZ-Lager führt, ist albern. Verbrennen lassen müssten sich mal wieder ein paar Denker oder Theologen das würde was helfen, mit Papier kommt man den Bestien nicht bei.«[15] So macht er sich ohne Unterschiede über die inneren

Emigranten lustig, über die literarischen Widerstandsbemühungen eines Ernst Wiechert, die diesen 1938 vorübergehend in das Konzentrationslager Buchenwald bringen sollten[16], ebenso wie über Rudolf G. Binding[17], und Hans Carossa, Rudolf Alexander Schröder[18] und Ernst Jünger schneiden nicht besser bei ihm ab.[19] Die Brüder Mann dagegen bleiben ihm nahe, ja, näher als der früher so bevorzugte Heinrich rückt ihm Thomas Mann, allein deshalb, weil er im Krieg und nach dem Krieg mit ähnlicher Schärfe über Deutschland urteilte.[20] Wenn Benn sich von den Exilschriftstellern zwischen 1934 und 1945 abgrenzte, so nicht deshalb, weil sie zu scharf, sondern weil sie in seinen Augen zu milde und naiv über den Nationalsozialismus, das »Dritte Reich« und die Deutschen urteilten. Klaus Manns Roman *Mephisto* zum Beispiel mißfiel ihm, weil die »Kritik am N. S. schwach. Zu schwach« ist.[21] Heinrich Mann, der zwischen den »Bestien« des NS und Deutschland unterschieden wissen wollte, korrigierte er in seinem Essay *Zum Thema Geschichte* (I, 375 f.; 379).[22]

Erst als sich Gottfried Benn in den unmittelbaren Nachkriegsjahren von den Exilschriftstellern verleumdet und verfolgt fühlte (namentlich von Johannes R. Becher und Alfred Döblin), kehrte sein alter Affekt gegen sie wieder zurück.[23] Typisch für ihn ist es jedoch, daß er bei der *grossen Kontroverse* zwischen der Inneren Emigration und Thomas Mann entschieden Front machte gegen beide Seiten, gegen Walter von Molo aber noch deutlicher als gegen Thomas Mann.[24] »Th. M.'s Antwort finde ich genau so lachhaft wie Sie es fanden«, schreibt er am 25. 12. 1945 an Oelze[25], »der Hilferuf des W. v. M. war allerdings noch wesentlich niedriger u. gänzlich subaltern, – wie sollte es auch anders sein.«[26] So suchte Benn auch hier den Platz, den er zeitlebens bevorzugte: zwischen den Fronten, isoliert und einsam und auf verlorenem Posten. Er hat sich ab 1934 zweifellos noch ›exilierter‹ gefühlt als die literarischen Emigranten und seine eigene Opposition gegen das NS-Regime für treffender und radikaler gehalten als deren Widerstand fernab im Ausland. Wenn es Steigerungsformen der Emigration gäbe, dann hätte Benn der Inneren Emigration den Positiv, den Exilschriftstellern den Komparativ, sich selbst aber den Superlativ zugesprochen.

II

»Heute hat überhaupt nur Zweck, mit ganz gefährlichen, rücksichtslosen brutalen Mitteln vorzugehn, wenn man sich den geistigen Fragen nähert. Was nicht direkt ins KZ-Lager führt, ist albern.« Mit diesen Sätzen aus dem Brief vom 4. 4. 1937 umschreibt Gottfried Benn sein eigenes, seit dem sogenannten »Röhm-Putsch« gültiges Programm. Dessen eigentümliche Radikalität – und dazu gehört auch die Berufung auf die Märtyreropfer – entsteht aus der strikten Trennung zwischen Geist und Macht, aus dem Rekurs auf die theologische Zwei-Reiche-Lehre. Seine Absage an die Vorstellung einer »Verwirklichung« des Geistes in dieser Welt, wie sie ihm die NS-Bewegung kurzfristig vorspiegelte, ist fortan absolut. Am 30. 9. 1934 schreibt er an Ina Seidel: Nietzsches »blonde Bestie, seine Züchtungskapitel sind immer noch Träume von der Vereinigung von Geist u. Macht. Das ist vorbei. Es sind *zwei* Reiche.«[27] In dieser Zeit trat Gottfried Benn einen Weg in die innere Emigration an, seinen »Weg nach Innen«[28], auf dem er bis zu seinem Tode im Jahre 1956 nicht mehr umkehren sollte. Er hat diesen Rückzug aus der Sphäre der Öffentlichkeit, die er abwechselnd mit den austauschbaren Namen der Geschichte, der Politik, der Gesellschaft, der Wirklichkeit, der Natur, des Lebens und auch mit dem Namen Deutschland belegte und denunzierte, von Anfang an nicht als vorübergehend empfunden und verstanden, sondern als eine unwiderrufliche Entscheidung, deren Folgen alle Bereiche seiner Existenz erfaßten und definierten. Das »Tausendjährige Reich«, das schon nach zwölf Jahren enden sollte, wurde ihm zum abstoßenden Inbild und Stellvertreter aller vergangenen und künftigen Reiche dieser Welt. In seiner Lyrik zwischen 1934 und 1936 übernahm er deshalb mit dem Gestus einer Nachfolge Christi die Rolle des leidenden Gerechten und des unschuldigen Opfers und Märtyrers.[29]

Aber er hatte die Möglichkeit eines »Opfertods« auch ganz real vor Augen. Während einer im Frühjahr 1936 kulminierenden Lebenskrise schrieb er an Frank Maraun: »Wissen Sie, ich mache diese subalterne Kunstpolitik nicht mehr mit. Ich bin 50 Jahre, – soll man mich erschießen. Es kommt bestimmt aus Opfertoden auch nichts heraus, aber sie sind doch wohl noch besser als Dreck zu machen.«[30] Diese Krise wurde auch durch das Gefühl verursacht, daß ihm die Reichswehr als die »aristokratische Form der Emigrierung«[31] nicht den erwarteten Schutzraum bieten konnte. Die bedrohlichen Angriffe häuften sich. Im Januar 1937 erschien die letzte Veröffentlichung Benns im »Dritten Reich«[32], im März 1938 erfolgte der Ausschluß aus der Reichsschrifttumskammer und damit das Schreib- und Veröffentlichungsverbot. Benn hat später selber erläutert: »›Die Armee ist die aristokratische Form der Emigration‹, – das stimmte 1935, erst nach dem Abgang von Fritsch wurde es anders«[33], das heißt im Februar 1938, als ihn Keitel an der Spitze der Armee ablöste und Hitler den Oberbefehl übernahm.

Dieses Ereignis, zusammen mit dem Schreibverbot, bildet auch eine unübersehbare Zäsur in der literarischen Produktion Gottfried Benns. Trug sie bis dahin ebenfalls einen aristokratischen Emigrationsgestus – vor allem das *Weinhaus Wolf,* in dem ein vornehmer Gentleman »aus der Kolonial- und Konsulatssphäre« den Ton angibt und sehr pauschal mit den »weißen Völkern« überhaupt abrechnet –, so wird sie ab jetzt erst »gefährlich«, »rücksichtslos« und »brutal«. Der aristokratische Gestus macht zum Teil einem geradezu plebejischen Platz. Erst von nun an schreibt Gottfried Benn Texte, die ihn »direkt ins KZ-Lager« hätten führen können. Den Anfang bildet das Gedicht *General*, das er Oelze am 30. 10. 1938 schickte, den Höhepunkt markieren die beiden Essays *Kunst und Drittes Reich* (1941) und *Zum Thema Geschichte* (1943) und das Gedicht *Monolog* (1941).

Gleichzeitig mit diesen wütenden, haßerfüllten Attacken nach außen beschleunigte und vertiefte sich, in den »biographischen«, klassizistischen und statischen Gedichten und in der zugehörigen Kunstlehre, die sublime Rückzugsbewegung »nach Innen«, in den Geist, in die Kunst, in die »Ausdruckswelt« als dem eigentlichen Exilland Gottfried Benns. Vermutlich in dieser Zeit hat er sie definiert: »Die Ausdruckswelt steht zwischen der geschichtlichen und der nihilistischen als eine gegen beide geistig erkämpfte menschliche Oberwelt, ist also eine Art Niemandsland, zurückgelassenes Handeln und herausgelöstes Gesicht.« (I, 391) Das Pamphlet-Gedicht *Monolog* (1941) bildet neben dem früheren *General* (1938) insofern die einzige poetische Ausnahme, als es beide Bewegungen, nach außen und nach innen, in sich vereint.

Ich ziehe eine erste Bilanz. Unter den in Deutschland gebliebenen Schriftstellern gibt es neben Gottfried Benn wohl keinen zweiten, der in seinen Briefen, in Lyrik, Prosa und Essay so unverhüllt, so rücksichtslos und so »brutal« mit dem NS-Regime und seinem Deutschland ins Gericht gegangen ist und der in dieser Hinsicht mehr riskiert hat als er. Benn hat sich nicht gescheut, einen Privatdruck seiner *Zweiundzwanzig Gedichte* (den *Monolog* eingeschlossen) zu veranstalten und im Herbst 1943 einige Exemplare unter Bekannte und Freunde zu verteilen.[34] Trotzdem wäre es ganz undenkbar, ihn sich unter den Männern des 20. Juli 1944 vorzustellen.

Denn auf der anderen Seite brachte es seine strikte Zwei-Reiche-Lehre mit sich, daß wohl niemand ein perfekteres Doppelleben geführt hat als er. So absolut sein Widerstand in der Schrift, im Reich des Geistes und der Kunst gewesen ist, so total war seine Anpassung und Tarnung im Reich der Geschichte, des Krieges und des alltäglichen Lebens. Da er nicht mehr an irgendeine »Verwirklichung« glaubte, erschien ihm der Gedanke, im Raum des Politischen aktiv Widerstand zu leisten, absolut widersinnig und naiv. Einzig ein passiver »Opfertod« paßte zu seiner Zwei-Reiche-Lehre, und ihn hat er niemals für sich selbst ausgeschlossen (vgl. II, 151). Der Sphäre des aktiven Handelns und der »Tat« aber hat er sich a priori verschlossen.

Ermöglicht wurde ihm dieses Doppelleben durch seine »Emigrierung« in die Sanitätsabteilung der Armee, und dank einer Reihe günstiger Umstände konnte er es bis zum Kriegsende aufrechterhalten (Arbeit für die »Versorgung«, in der Etappe usw.). Schon in seinen Briefen aus Hannover hat er davon gesprochen; in der »Centrale« des »Bendlerblocks«, der »berühmten Stätte des Oberkommandos«[35], hat er es bewußt kultiviert, und in Landsberg a. d. Warthe ist der Oberstarzt Gottfried Benn fast nur noch die Maske des Schriftstellers und Künstlers Gottfried Benn gewesen.

Erst diese Beobachtung ermöglicht es, das Eigentümliche seiner literarischen Opposition zu erkennen. Sie ist auch deshalb so radikal, weil sie sich alle Verbindungen und Bezüge zur lebenspraktischen Sphäre abgeschnitten und versagt hat, weil sie keinen Weg nach außen kennt. Das bedeutet umgekehrt: sie hatte auch die enormen inneren Kosten des »Doppellebens«, die Leiden der Anpassung, des »Dienstes« und des zähneknirschenden Stillehaltens im Bereich des Literarischen zu kompensieren. Daher das allzu Laute, Grelle, Schrille und Maßlose in den polemischen und satirischen Ausbrüchen, daher die offenkundige Ventilfunktion dieser rücksichtslosen Texte, mit denen sich der Schreiber Luft machen mußte in einer zunehmend erstickenden Atmosphäre. Daher das Affektive seines Verbalradikalismus, das heißt die Tatsache, daß selbst und gerade in den Essays der Intellekt eindeutig im Dienst eines aggressiven oder defensiven Affektes steht. Der einzelne Satz in ihnen will und kann gar nicht inhaltlich ernst genommen werden – das würde zu grotesken, manchmal hanebüchenen Resultaten führen. Er ist entweder eine Waffe, die der befreienden Attacke, oder ein Mittel, das dem inneren Emigrationsvorgang dient, entweder Angriff oder Verteidigung.[36] Als Benn der kathartischen und therapeutischen Wirkung dieses Schreibens und dieser Schriften nicht mehr bedurfte, konnte er sich um so eher zu den erwähnten Nachkriegskonzessionen bereitfinden.

Schließlich erklärt die Beobachtung einer strikten Trennung zwischen spiritueller und geschichtlicher Welt, zwischen »zwei Klassen von Menschen«, den handelnden und den tiefen (II, 139), den »Verbrechern und Mönchen« (II, 223), auch das auffälligste Phänomen seiner NS- und Deutschlandkritischen Schriften: daß sie nämlich völlig unhistorisch und unpolitisch verfahren, daß sie sich ausschließlich auf eine geistige, moralische und ästhetische Polemik kaprizieren. »Die Fresse von Cäsaren und das Gehirn von Troglodyten, die Moral des Protoplasmas und das Ehrgefühl von Hotelratten«, das ist die Quintessenz seiner Kritik an den NS-Chargen (I, 318). »Für dieses Volk sind eineiige Zwillinge wichtiger als Genies«, so lautet Benns zentrales Verdikt über die Deutschen (I, 320). Zusammengenommen sind sie für ihn die »Mikrozephalen« (die Kleinköpfigen!, I, 313, 322, 371), die eine irrwitzige »Geschichte« bevorzugt an ihren Wendepunkten einsetze. Man spürt förmlich die seelische Erleichterung und Befriedigung, die sich der Autor mit solch schneidenden und blitzenden Aperçus verschafft hat.

Konsequenterweise hat Benn denn auch darauf verzichtet, seine Kriegsschriften als Beweis seiner »illegalen antifaschistischen Tätigkeit« auszugeben und vorzulegen (IV, 109). Das hätte ihn ja noch nachträglich in die verhaßte Sphäre des Politischen und Historischen eingereiht. Er hat eine ihm ganz eigene Art reklamiert, »sich zu absentieren u. im hinhaltenden Widerstand – infanteristisch gesprochen – den Dingen zu begegnen«[37]. Immerhin hat ihn diese »innere Sabotage«[38] befähigt, die ganze Hoffnungslosigkeit der deutschen Lage vom ersten Tag des Zweiten Weltkriegs an klar zu erkennen und sich durch keine noch so laute Siegesfanfare davon ablenken zu lassen. »Es knistert im Gebälk«[39] – dieses Geräusch hat er von Anfang an gehört. Die Oelze-Briefe sind voll von unheilkündenden Signalen.

III

Auf niemand trifft Reinhold Grimms auf Deutschland und die Deutschen gemünztes Wort von der ›»inneren Emigration‹ als Lebensform« wohl genauer zu als auf Gottfried Benn.[40] Zwischen 1934 und 1945 wird diese Lebensform nur besonders sichtbar. Sichtbarer als zuvor tritt aber auch ihr *Prozeß*charakter ans Licht. Benns Leben und Werk in dieser Zeit sind geprägt von lauter Emigrationsgesten, Auswanderungsvorgängen und Rückzugszeichen.

Obwohl er in den Wochen besonderer Bedrängnis durch die NS-Zensurbehörden auch einmal mit dem Gedanken einer Auswanderung umging[41], hielt er sich doch schon vor 1933 für einen Nichtemigranten »aus Charakter«[42]. Seine Emigrationsprozesse spielen sich alle innerhalb Deutschlands, innerhalb seiner nächsten Umgebung und innerhalb seiner Person und seiner Schriften ab. Ihre Räume und Orte lassen sich, von außen nach innen, ziemlich klar erkennen und benennen. Aus ihrer Summe und ihren Grundmustern erst wird das eigentümliche Phänomen der Inneren Emigration bei Gottfried Benn definierbar, zulänglicher definierbar jedenfalls, als aus einzelnen Werken, Stellungnahmen und Verhaltensweisen.

Der äußere Emigrationsvorgang wird natürlich durch die fluchtartige Rückkehr in die Reichswehr bestimmt. Er wird markiert und lokalisiert durch verschiedene Stationen, anfangs durch die Provinzstadt Hannover, in der Benn wie in der Verbannung lebte und litt, aber auch durch einen kleinen Garten neben seinem Büro in Berlin und vor allem durch die hochgelegene Kaserne in Landsberg a. d. Warthe, die er seinen »Montsalvat« (IV, 113) und seinen »Fesselballon« nannte.[43] An diesem Ort sprach er auch einmal von seinem »Leben im Exil«[44]. Nach dem Krieg wurde dann die Insel- und Frontstadt Berlin für Benn zu diesem Exilort.

Gleichzeitig verstärkte sich eine ›genealogische‹ und spirituelle Auswanderungsbewegung Benns, die schon vor 1933 begonnen hatte. Unter Berufung auf seine französische Mutter (IV, 7) zog er sich mehr und mehr aus dem Germanischen ins Romanische, aus dem Vater-Land Deutschland in das Mutter-Land Frankreich zurück.[45] Diese in der Nachfolge Nietzsches und Heinrich Manns stehende Antithetik kulminiert in dem kleinen Kriegsessay *Franzosen*, einer rückhaltlosen Hommage an die großen französischen Genies und ihr Land (I, 327–331).

Parallel dazu weist sein spiritueller Rückzug immer wieder auf den Ort des »Klosters« und der »Mönche« hin. »Lassen Sie uns dagegen ein Kloster gründen«, schreibt Benn schon Ende 1934 an Oelze, »nur Mönche, echte, sind des ›Lebens‹ wert.«[46] In Hannover versucht er »wie ein Mönch« zu leben[47], und er teilt die Menschheit im Gefolge Evolas (IV, 256 f.) fortan in die »Verbrecher« und die »Mönche« (II, 223), »in die handelnden und die tiefen« ein (II, 139). An die Stelle der Mönchszelle kann aber auch das berühmte »Zimmer« Pascals treten (II, 155 f.), der »Fensterplatz« im *Roman des Phänotyp* (II, 182) oder seine persönliche Vorliebe für dunkle Hinterhofräume. Die Metaphern und Signifikanten der Emigrationsbewegung sind vielfältig, variabel und in vielen Fällen austauschbar.

So spielt Benn im großen Erdteil-Maßstab gegen die »Dynamik« Deutschlands und Europas die Weisheit und die Statik des Fernen Ostens aus. »Asien ist tiefer, aber verbirgt es«, heißt es schon am Ende des *Weinhaus Wolf*, im Abschnitt »Statische Metaphysik« des *Roman des Phänotyp* (II, 158 f.) und im *Ptolemäer* mit seinem Preis des »Lotoslandes« und des tibetanischen Buddhismus wird diese Tendenz fortgeführt; dort stößt man auf den verräterischen Satz: »Ich hatte daher oft erwogen zu emigrieren und einen Erdteil aufzusuchen, in dem eine andere Art zu denken vorherrschend war. Meine Notizen wiesen mich auf Lhasa –« (II, 236). Ihren bekanntesten Ausdruck hat diese ostasiatische Affinität in den Titelversen der *Statischen Gedichte* gefunden (III, 236).

Ins Persönliche und ins Ich gewendet heißt die fast magische Emigrationschiffre Benns nach 1934: »Existentiell – das neue Wort, das seit einigen Jahren da ist und entschieden der bemerkenswerteste Ausdruck einer inneren Verwandlung ist« (II, 154). An gleicher Stelle definiert er: »Existentiell –: das zielt rückwärts, verschleiert das Individuum nach rückwärts«. Die Bewegung geht also von außen nach innen, von der Peripherie ins Zentrum, in Richtung auf den »Keim«, heißt es an anderer Stelle.[48] Es ist, mit Berufung auf Platon, eine Rückkehr, ein Wiedererinnern und Wiedererkennen (Anamnesis/Anagnorisis) ursprünglicher Welten und zugleich eine Rückkehr zu sich selbst (II, 163). Der Existentielle ist »jener Typ, der alles verläßt und sich selbst umschreitet, der die Dinge beendet in sich allein« (II, 161), einer, der »nach innen lebt« (II, 180). Er umschließt und hütet die innerste Zitadelle des Exils.

Damit sind wir am »unangreifbaren« Ort des Bennschen Künstlers und der Bennschen Kunst angelangt, den er seit je aufgesucht hat (vgl. II, 464 f.). Sie repräsentieren für ihn den wahren Emigranten und den authentischen Emigrationsraum, wobei der Künstler erst der Produzent des unangreifbaren Exillandes ist, nämlich des »Niemandslands« der »Ausdruckswelt«. In sie wandert Benn seit 1934 aus der Welt der Geschichte und der Gesellschaft unablässig aus. Nur sie gilt ihm als die »Überwinderin des Nationalismus, des Rassismus, der Geschichte« (I, 387). Seine Gedichte, seine Essays und seine Prosa-Schriften aus dieser Zeit werden durchströmt, strukturiert und erfüllt von solchen emigrantischen Bewegungen und sind im Grunde um ihretwillen geschrieben. Diese Bewegungen zu erkennen und zu verfolgen ist deshalb wesentlicher als ihre Inhalte und Thesen zu befragen. Vor allem den eigenwilligen Essays mit ihren abenteuerlichen geschichtlichen und kulturgeschichtlichen Behauptungen und Panoramen würde man damit nicht gerecht. Über ihren »prismatischen Infantilismus« (II, 255) war sich Benn klarer als mancher seiner Interpreten.

Zu den *Biographischen Gedichten* (1941), der Keimzelle der *Statischen Gedichte* (1945), habe ich mich an anderer Stelle schon geäußert.[49] Deshalb werfe ich im folgenden einen vergleichenden Blick auf seine Kriegsessays und den *Roman des Phänotyp*, sein *Landberger Fragment* von 1944, um ihre spezifischen Emigrationsbewegungen zu sichten. Am Schluß soll eine exemplarische Vorstellung des *Monolog*-Gedichtes stehen und die erneute Frage nach den Folgen und Wirkungen, die Benns verbalradikale Abrechnungen mit dem NS-Deutschland nach 1945 hatten.

IV

Schon der erste Essay, *Züchtung II* (1940), verabschiedet sich im Namen Nietzsches von der Sphäre des »Öffentlichen und Politischen« (I, 295), von seiner »Züchtungsphilosophie« und Verwirklichungshoffnung (I, 296) in die entlegene »Ausdruckswelt« und in die »Klassik«. Auch das mönchische, elitäre Rückzugssignal ist da: »Das Hohe ist die Sache eines Kreises« (I, 296).

Die ersten beiden Abschnitte des Essays *Kunst und Drittes Reich* (1941) halluzinieren und montieren eine luxuriöse kapitalistische Gesellschafts-, Kultur- und Kunstgeschichte der zweiten Hälfte des 19. Jahrhunderts und der Jahrhundertwende, um auf dieser Folie die banausische Kunst- und Gewaltgeschichte des »Dritten Reiches« zu brandmarken. Ein glanzvolles und aristokratisches, aber durch und durch imaginäres Europa, das unwirklich wie ein Kunstwerk erscheint, wird gegen das kleinbürgerliche und vulgäre Deutschland ausgespielt. Für dessen gewaltsame Exilierung der künstlerischen Elite findet Benn eine originelle Metapher, die keinen Unterschied mehr kennt zwischen innerer und äußerer Emigration: »Dies Volk speit seine Genies aus wie das Meer seine Perlen: für die Bewohner anderer Elemente« (I, 320). Der Essay liest sich wie ein geballter Racheakt gegen diese

Verstoßung, als »Gegenäußerung der Kunst« (I, 322). Er imaginiert zwei utopische Exilräume, um mit ihren Maßstäben das kulturlose »Dritte Reich« als Musterfall der »Universalgeschichte« (I, 321) satirisch zu vernichten. Deutschland wird zum Abstoßenden schlechthin stilisiert. So versorgen sich die beiden Bewegungen Benns, die wütende Attacke nach außen und die sublime Wendung nach innen, wechselseitig mit Energie.

Der kleine Essay *Strömungen* setzt die europäische Deklassierung Deutschlands fort, indem er den Stab über die deutsche Literaturgeschichte nach Goethe bricht: alles lächerliche Provinz, bis auf »die tragischen Namen der Brüder Mann« (I, 325).

Der Aufsatz *Franzosen*, ein Bekenntnis zu dem mütterlichen Heimatland, öffnet den Fluchtraum der modernen »Ausdruckswelt« weit in die Vergangenheit, bis in das französische 17. Jahrhundert, bis zu Pascal und entdeckt schon dort den »Charakter des Nihilismus« und das »Artistische« (I, 328). Im Vergleich mit den traditionssicheren und formvollendeten Franzosen werden die Deutschen als die »Ejaculatio-praecox-Nachbarn« verhöhnt, die »immer von neuem Felle und Harz gegeneinanderreiben« (I, 330 f.).

Der bekannte Essay *Provoziertes Leben* (1943) ist ein einziger Appell zur Grenzüberschreitung nach innen und rückwärts, zur rauschhaften Transzendierung der zivilisierten »Wirklichkeit« und Normalität, die Benn als »schizoide Katastrophe« definiert. Das urtraumhafte Exilland beschreibt er hier mit einem Satz Thornton Wilders, der aus seinem Roman *Die Brücke von San Luis Rey* stammt: »Wir kommen aus einer Welt, in der wir unglaubliche Maßstäbe der Vollkommenheit gekannt haben und erinnern uns undeutlich der Schönheiten, die wir nie festzuhalten vermochten, und kehren wieder in jene Welt zurück« (I, 343).

Daß alles Leben »provoziertes Leben« sei, eine »Wirklichkeit rein aus Gehirnrinde« (I, 334), versuchen die beiden nächsten Essays, *Bezugssysteme* und *Physik 1943* mit Hilfe der modernen Naturwissenschaften zu suggerieren, ein ganz eigener Versuch, die gegebene Wirklichkeit durch die »Relativität der Bezugssysteme« (I, 350) aufzulösen und so die politische und geschichtliche Welt aus den Angeln zu heben. Existent ist demnach nur noch das rätselhafte »Endgültig Reale«, das allen Erscheinungsformen zugrundeliege, und die jeweilige »Ausdruckswelt«, die der »formenbildende Geist« in seinem Auftrag hervorbringt (I, 351).

Der Essay *Pessimismus* würdigt gegen den staatlich verordneten Optimismus die Verneinung, den Nihilismus und den Pessimismus als Kräfte, die »eine Wendung in das Schweigen, fort von Teilnahme und Gemeinschaft« fördern und so die »Ausdruckswelt« mit erschaffen helfen (I, 361).

Der *Pallas*-Essay (1943) schließlich feiert die »kinderlose Göttin, vom Vater geboren ohne das Geschlecht« (I, 366) als Überwinderin der »Mutterreiche« und der »Natur« (I, 367) und damit als Schutzgöttin der »Ausdruckswelt« und ihrer »abgeschlossenen Gebilde«, als Schutzgöttin auch der Künstler, der »tragischen männlichen Zölibatäre« (I, 365).

In immer neuen Anläufen und Variationen versucht Benn zwischen 1941 und 1943, seinen spirituellen und ästhetischen Flucht- und Asylraum zu definieren, zu begründen und abzusichern. Seine Essays sind gleichsam die Grenzwächter, die für die notwendige Deckung nach außen zu sorgen haben und so seinen ungestörten schöpferischen Rückzug nach innen ermöglichen. Sie haben freilich auch die schon erwähnte Funktion, innere Kräfte gegen den wachsenden Druck der Kriegsjahre, gegen die ihn täglich zermürbende deutsche »Wirklichkeit« zu mobilisieren.[50]

Die massivste seelische Entlastung in dieser Zeit brachte ihm zweifellos die Arbeit an dem Essay *Zum Thema Geschichte* (1943), entstanden vermutlich in den letzten bedrückenden Berliner Monaten vor der Übersiedlung nach Landsberg a. d. Warthe. Diese Arbeit kennt nur ein einziges Ziel: die Welt der Geschichte (und ihrer Philosophen Hegel, Darwin und Nietzsche) ad absurdum zu führen. Zwei Seiten des »sogenannten kleinen Ploetz« von 1891 genügen Benn, um ihr das endgültige Urteil zu sprechen: »das Ganze ist zweifellos die Krankengeschichte von Irren« (I, 383). Am Ende dieses wütenden Destruktionswerkes steht wiederum nur eines, die Hervorbringung von »hinterlassungsfähigen abgeschlossenen Gebilden«, die »Arbeit an der Ausdruckswelt, ohne Erwarten, aber auch nicht ohne Hoffnung –: etwas anderes hat die Stunde für uns nicht« (I, 387). Die zeitgebundene Ventilfunktion dieses Textes ist allzu offensichtlich, als daß sie Benn verborgen bleiben konnte. Das hat sicherlich dazu beigetragen, ihn 1949 nicht in den Band der *Ausdruckswelt* aufzunehmen.

Der *Roman des Phänotyp*, in einer Kaserne geschrieben, steht in der Tradition der *Rönne*-Prosa und schließt an das *Weinhaus Wolf* an. Er kreist gelassen jenen emigrantischen »Typ« ein, »der alles verläßt und sich selbst umschreibt, der die Dinge beendet in sich allein.« (II, 161) Seine Wortwelt, »ins Imaginäre gebaut« (IV, 132), entsteht aus einer »monologischen Kunst«, die wie »die Musik des Vergessens« die Kriegsrealität versinken läßt (II, 169). »Das unmittelbare Erleben tritt zurück. Es brennen die Bilder, ihr unerschöpflicher beschirmter Traum« (II, 172), diese kreative Selbstanweisung wird an nicht wenigen Stellen von der evokativen Prosa realisiert. Aus riesiger Distanz wird selbst die »Universalgeschichte (...) wunderbar« (II, 179).

Der »Roman« entwirft in seinem Innern eine Poetik, die keiner äußeren Welt mehr bedarf, weil sie der »Selbstentzündung« der Sprache, einer »autarkischen Monologie« folgt (II, 182). Ihrer halluzinatorischen Macht wird alles und jedes schrankenlos verfügbar: »Erdteile im Projektionsverfahren, Jahrhunderte als Wolkenverschiebung, Schicksale auf Ausdruck gebracht, Blöcke als Selbstverpfleger –: eine Architektur von eigener Balance«

(II, 186). Die abgelöste Schreibsituation im »Fesselballon« der Landsberger Monate ist unverkennbar.

Die Kriegsrealität wird erst in den beiden Epilogteilen dieses seltsamen »Romans« wieder eingelassen (II, 188 ff.). »Und in der Normandie begann die große Schlacht, die ihm die Freiheit wiedergeben sollte«, heißt es in der *Zusammenfassung*, ohne daß der Schreiber damit eine besondere Zukunftshoffnung verbindet.

Die daran anschließenden *Studien zur Zeitgeschichte des Phänotyps* sind, nach den ersten beiden Abschnitten des Essays *Kunst und Drittes Reich*, ein erneutes Beispiel für Benns merkwürdige Gegengeschichtsschreibung, für seine kleinbürgerliche Adorierung des luxuriösen Lebens- und Genußstils der europäischen High Society. Der »Paria« in ihm, abgestoßen von den Nazi-Banausen, schließt sich rückhaltlos der internationalen Gesellschaft der »Earls« an.[51] Nach der fatalen Liaison zwischen Kunst und Macht kommt es nun zum Bündnis zwischen Kunst und Hochfinanz. »Unbestreitbar: diese Kunst war kapitalistisch«, hieß es bereits in *Kunst und Drittes Reich* (I, 312).[52] So zaubert Benn »eine europäische *Oberfläche*, die ferne leuchtet«, einen »Olymp des Scheins« herbei (II, 204), um auf dieser glänzenden Folie erneut das »Preußentum« als Kern des Deutschtums abzukanzeln (II, 199 ff.), um auf diese Weise wiederum auszuwandern in eine imaginäre Gegenwelt der Kunst und des Geistes. Ohne diese poetische Selbsttherapie wäre er in den Kriegsjahren vielleicht zugrunde gegangen.

V

In dem *Monolog*-Gedicht Benns (III, 226 ff.), das an die provokanten Gedichte vom Beginn der zwanziger Jahre erinnert, ist die polemische und satirische Essenz der Kriegsessays mehr schlecht als recht ins Lyrische übersetzt und chiffriert worden.[53] Es ist das einzige Mal, daß er sich, wie andere Innere Emigranten auch, der »Sklavensprache« bedient, der Mitteilung »zwischen den Zeilen«. »In einem mittelalterlichen englischen Band fand ich ein Fragment eines Monologs«, so schickte er sein Gedicht am 24. 4. 1941 an F. W. Oelze. »Der Autor scheint mir eine Mischung von Theodor Körner u. Marlowe zu sein. (...) Die Übersetzung stammt von mir; Sie wissen, ich kann kein Englisch, vielleicht können Sie Verbesserungen anbringen.«[54] Aber wie das, ohne englischen Text? Glücklicherweise hat die Zensur den Brief nicht geöffnet.

Der Hinweis auf Körner/Marlowe enthält zweierlei: den Anschluß an nationale politische Befreiungslyrik und die Möglichkeit, daß es sich auch um einen *dramatischen* Monolog, zumindest um eine lyrisch-dramatische Mischform handeln könnte.

Benn hat auch dieses Gedicht, widerstrebend, aber wohl wiederum »aus

Rücksicht auf noch bestehende Empfindlichkeiten« (I, 621), in den Jahren 1948/49 weder seinen Schweizer noch seinen deutschen Lesern zugemutet. Obwohl es zum Kernbestand der *Statischen Gedichte* gehörte, hat er es zu Lebzeiten lediglich in der autobiographischen Schrift *Doppelleben* (1950) veröffentlicht. Hier reservierte er ihm allerdings einen eigenen Abschnitt mit dem Titel *Lyrisches Intermezzo* (IV, 107–112); gemeint sind damit zwar die *Zweiundzwanzig Gedichte* (1943), wiedergegeben aber wird einzig der seitdem ungedruckt gebliebene *Monolog*. Nach dem Bescheidenheitstopos, daß es ihm mit dem Abdruck nicht um den »Beweis meiner illegalen antifaschistischen Tätigkeit« ginge, betont Benn seine Unabhängigkeit auch nach der anderen Seite: »Auch könnte man andernfalls sonst vielleicht denken, daß ich sie [die Verse] wegen neuerer ›veränderter politischer Verhältnisse‹ unterdrückte« – was immer das damals heißen sollte.

Ein Jahr zuvor hatte er eine Veröffentlichung des *Monologs* in einer holländischen Anthologie erwogen und ihn in diesem Zusammenhang als ein Gedicht beschrieben, »dessen Beginn ja zwar politisch und dessen ganzer Inhalt ja sehr aggressiv und zeitbestimmt ist, das aber sprachlich mir nicht ohne Gehalt erscheint. Und da die wackeren Holländer doch wahrscheinlich ganz gern etwas Antifaschistisches lesen, wäre es vielleicht am Platze.«[55] Dieses gewundene »zwar-aber« ist nicht nur aufschlußreich für Benn. Es verrät, daß in Westdeutschland – die BRD war eben gegründet – ein »politisch Lied« schon wieder ein »garstig Lied« geworden war. Es herrschte der vielberufene »totale Ideologieverdacht« (Hans Mayer). Auf diesem Felde liegen wohl auch die »Empfindlichkeiten«, mit denen die polemischen Kriegsschriften Benns zu rechnen hatten. Man wollte nicht mehr so heftig und direkt an das Vergangene erinnert werden.

Dabei ist der *Monolog* alles andere als ein »politisch Lied«, ebensowenig jedenfalls, wie Benns pamphletische Essays politisch sind. In beiden Fällen wird das Politische wie eh und je ästhetisiert, gegenüber 1933/34 nur mit umgekehrten Vorzeichen.[56] Die Nazis werden nicht als politische Feinde gezeigt und gegeißelt, sondern als Kunst- und Geistesbanausen, als perverse Kleinbürger und ekelhafte Untiere, deren widernatürliche Verbrechen nach einer neuen Sintflut schreien. Es ist ein pathetisches Haßgedicht, das den Gegner mit seinen eigenen Waffen, mit einem biologischen Denunziationsvokabular zu überbieten und zu vernichten versucht. Die germanische »Herrenrasse« wird als der »Tiere Abart«, die »Herrenmenschen« werden als die eigentlichen »Untermenschen« entlarvt: »die Ratte kommt als Labsal gegen Pest«. »Dreck«, dieser Zentralbegriff Benns bei der Beschreibung der Naziwelt, ist hier in die Haß- und Ekelmetaphorik eines langen Gedichts ausgefächert worden, mit dem sich ein höherer Mensch über die »Herrschaft der Minderwertigen« (E. J. Jung, 1927) empört. Auf diese Weise bleibt Benn jener Welt, von der er sich so vehement abstößt, doch noch negativ verhaftet.

Den Darm mit Rotz genährt, das Hirn mit Lügen –
erwählte Völker Narren eines Clowns,
in Späße, Sternelesen, Vogelzug
den eigenen Unrat deutend! Sklaven –
aus kalten Ländern und aus glühenden,
immer mehr Sklaven, ungezieferschwere,
hungernde, peitschenüberschwungene Haufen:
dann schwillt das Eigene an, der eigene Flaum,
der grindige, zum Barte des Propheten!

Ach, Alexander und Olympias Sproß
das wenigste! Sie zwinkern Hellesponte
und schäumen Asien! Aufgetriebenes, Blasen
mit Vorhut, Günstlingen, verdeckten Staffeln,
daß keiner sticht! Günstlinge: – gute Plätze
für Ring- und Rechtsgeschehn! Wenn keiner sticht!
Günstlinge, Lustvolk, Binden, breite Bänder –
mit breiten Bändern flattert Traum und Welt:
Klumpfüße sehn die Stadien zerstört,
Stinktiere treten die Lupinenfelder,
weil sie der Duft am eigenen irremacht:
nur Stoff vom After! – Fette
verfolgen die Gazelle,
die windeseilige, das schöne Tier!
Hier kehrt das Maß sich um:
die Pfütze prüft den Quell, der Wurm die Elle,
die Kröte spritzt dem Veilchen in den Mund
– Halleluja! – und wetzt den Bauch im Kies:
die Paddentrift als Mahnmal der Geschichte!
Die Ptolemäerspur als Gaunerzinke,
die Ratte kommt als Labsal gegen Pest.
Meuchel besingt den Mord. Spitzel locken
aus Psalmen Unzucht.
(III, 226 f.)

Nach dem schweren, etwas undeutlichen Einsatz: »Den Darm mit Rotz genährt, das Hirn mit Lügen –« (offensichtlich soll der Nazi-Gegner bzw. der Hitler-Clown sofort physisch und moralisch disqualifiziert werden) tritt die dominante ästhetische Perspektive schon im zweiten Vers hervor: »erwählte Völker Narren eines Clowns«. Dieser Vers evoziert, zusammen mit der leicht antiken Draperie, den Kaiser Nero als Archetypus einer kunstbeflissenen, aber gemeingefährlichen Figur[57]; der Vers enthält die bekannte

Konfrontation zwischen einem kultivierten Europa und einem lächerlichen Deutschland, und er beruft schon den Topos, der den ersten Teil des Gedichtes strukturiert, den Topos der verkehrten Welt. Die Verkehrung des Maßes, die Pervertierung der antiken Welt und einer natürlichen und schönen Schöpfungsordnung werden in der zweiten Strophe mit großem rhetorischen Aufwand repetiert, variiert und illustriert.

Aus dem zweiten Teil (der dritten Strophe) spricht ein alttestamentlicher Furor, der vergeblich ein Strafgericht des Himmels herabruft. Die Schönheit der Schöpfung ist von dem Krebsschaden der Häßlichkeit und des Bösen befallen (»der Wucherung des Bösen«), ohne daß die Religion noch Rettung bringen könnte. An ihre Stelle, wie die letzten beiden Strophen zeigen, ist die Kunst getreten.

Besonders aufschlußreich ist der dritte Teil (die vierte Strophe) des Gedichts mit seinem Tonwechsel ins Leise und Nachdenkliche. Er lebt von einer merkwürdigen, aber typischen Alternative: »Sterben« oder »Handeln«.

> Sterben heißt, dies alles ungelöst verlassen,
> die Bilder ungesichert, die Träume
> im Riß der Welten stehn und hungern lassen –

Was heißt dieses »Sterben«? Ich vermute, es will auf die Möglichkeiten eines Freitodes oder gewaltsamen Opfertodes hindeuten. Sie werden jedoch nicht gewählt, weil das künstlerische Werk dann unvollendet bliebe, weil die Perversionen der geschichtlichen Welt dann noch nicht überwunden und gelöst wären durch die »Ausdruckswelt« der »Bilder« und »Träume«. Noch merkwürdiger ist die einseitige Definition des »Handelns«:

> doch Handeln heißt, die Niedrigkeit bedienen,
> der Schande Hilfe leihn, die Einsamkeit,
> die große Lösung der Gesichte,
> das Traumverlangen hinterhältig fällen
> für Vorteil, Schmuck, Beförderungen, Nachruf.

Die Möglichkeit eines aktiven Widerstands gegen das Hitler-Regime, obwohl es als abscheuliches Sündenbabel geschildert wird, ist von vornherein aus dem Handlungsbegriff ausgeblendet. Die Verse suggerieren die Vorstellung, als habe es für den Handelnden nur den Weg der Anpassung, des Opportunismus, der Prostitution und des Selbstverrats gegeben (der Sanitätsoffizier Gottfried Benn wurde übrigens mehrmals befördert!).

Während der »Erde« in der dritten Strophe der Vorwurf gemacht wird, ihre widernatürliche Verunstaltung durch der »Tiere Abart« ohne Gegenwehr zu dulden, bleibt der Mensch von diesem Tadel ausgenommen. Als Alternative und Gegenbild erscheint wiederum nur das Tun des Künstlers und der Kunst. Verraten wird durch den opportunistischen Dienst für das »Dritte Reich« nicht die naheliegende Möglichkeit eines konspirativen antifaschistischen Widerstands, sondern der einsame Dienst für die »Ausdruckswelt«.

Sie bringt denn auch die Lösung und Erlösung aus dem für das lyrische Ich unlösbaren tragischen Konflikt, zu dem das »Doppelleben« des Dichters in der vierten Strophe des *Monologs* zugespitzt ist. Ihre beiden Gedankenstriche stehen als Zeichen für die Ausweglosigkeit seiner Lage innerhalb der geschichtlichen Welt.

Der Gedankenstrich am Beginn der nächsten, fünften Strophe steht dagegen als Zeichen für das wunderbare, spontane Ereignis der Erlösung aus der »Drecks«-Welt der Geschichte, für die »Geburt des Seins«, die hier die Geburt der »Ausdruckswelt« als die eigentliche »Wirklichkeit« verkündet.

> – Ein Klang, ein Bogen, fast ein Sprung aus Bläue
> stieß eines Abends durch den Park hervor,
> darin ich stand –: ein Lied,
> ein Abriß nur, drei hingeworfene Noten
> und füllte so den Raum und lud so sehr
> die Nacht, den Garten mit Erscheinungen voll
> und schuf die Welt und bettete den Nacken
> mir in das Strömende, die trauervolle
> erhabene Schwäche der Geburt des Seins –:
> ein Klang, ein Bogen nur –: Geburt des Seins –
> ein Bogen nur und trug das Maß zurück,
> und alles schloß es ein: die Tat, die Träume...
>
> Aus einem Kranz scharlachener Gehirne,
> des Blüten der verstreuten Fiebersaat
> sich einzeln halten, nur einander:
> »unbeugsam in der Farbe« und »ausgezähnt
> am Saum das letzte Haar«, »gefeilt in Kälte«
> zurufen, gesalzene Laken des Urstoffs:
> hier geht Verwandlung aus! Der Tiere Abart
> wird faulen, daß für sie das Wort Verwesung
> zu sehr nach Himmeln riecht – schon streichen
> die Geier an, die Falken hungern schon –!
>
> (III, 228)

Die beiden letzten Strophen beschwören, etwas mühsam, diese Gegenwelt der Kunst und der Genies. »Drei hingeworfene Noten« genügen, um die »maßverkehrte« Welt versinken zu lassen. Später pflegte Benn solche Verse nicht ohne Selbstironie »gereimte Weltanschauung« zu nennen. Hier handelt es sich, genauer gesagt, um versifizierte Kunsttheorie. Die beiden Strophen enthalten nichts, was wir nicht auch aus den Essays, der Prosa und den schönen klassizistischen Strophen dieser Zeit kennen; sie illustrieren es nur, in einer künstlich archaisierenden Sprache, die Benn nur hier im *Monolog* spricht. Deshalb wirkt die zweimalige Prophezeiung eines baldigen Endes – »schon streichen / die Geier an, die Falken hungern schon –!« – überzeugender als die herbeigeredete »Geburt des Seins« durch die Kunst. Deshalb sind die Destruktionsgebärden nach außen echter als die unvermittelte emigrantische Entrückung nach innen. Die wenig später, Ende 1941, entstandenen ›klassizistischen‹ *Verse* werden das Gleiche schöner und verständlicher sagen:

> die Macht vergeht im Abschaum ihrer Tücken,
> indes ein Vers der Völker Träume baut,
> die sie der Niedrigkeit entrücken,
> Unsterblichkeit im Worte und im Laut.
>
> (III, 195)

Während es im einsamen *Monolog*, der auch die isolierte Situation seines Autors zum Ausdruck bringen will, nur um eine elitäre Selbsterlösung geht, wird in *Verse* die Entrückung aus der Niedrigkeit auch den Völkern zuteil.

Doch eine rein ästhetische Kritik wird dem geborgten Pathos des *Monolog*-Gedichts ebensowenig gerecht wie eine politisch-ideologische. Wie der Essay *Zum Thema Geschichte* dokumentiert es die immense innere Spannung, unter der sein Verfasser in den Kriegsjahren stand und litt. Es ist der Versuch, einen unerträglich werdenden Gegner, dem man ausgeliefert ist und dient, mit den Mitteln der poetischen Satire zu töten. Und es ist der bewußte Schritt aus dem Schweigen in eine Gefahrenzone, die zweifellos das Risiko enthielt, von diesem Gegner ins »KZ-Lager« gebracht und getötet zu werden. Beides wird dem Dichter Erleichterung verschafft haben. An persönlichem Mut hat es ihm sicherlich nicht gefehlt. Sein amputierter Handlungsbegriff, sein Verzicht auf aktiven Widerstand gegen das Hitler-Regime sind tief in seiner Person und seinem Kunstverständnis begründet.

VI

Benn zählte trotz des Schreib- und Veröffentlichungsverbots zu den produktiven Schriftstellern, denn das Schreiben gehörte zu seiner Überlebensstrategie. Seine Schubladen waren am Ende des Krieges voll und ergaben drei Bände mit Lyrik, Prosa und Essays, die ab 1948 in rascher Folge erschienen. Das heißt: ein im wesentlichen in den Kriegsjahren entstandenes und von einer spezifischen Emigration nach innen geprägtes Werk traf mit beträchtlicher Verspätung auf ein *Nachkriegs*publikum. Dennoch gefiel es bekanntlich, hatte große Wirkung und verhalf seinem Autor – dem Lyriker freilich mehr als dem aggressiven Essayisten – zu einem geradezu triumphalen »Come back«.

Wie ist dieser Erfolg seiner ›Emigrationsliteratur‹, den Benn selber mit recht gemischten Gefühlen aufgenommen hat[58], zu erklären? Wodurch wurden Person und Werk des inneren Emigranten Benn zu einem geradezu idealen Identifikationsobjekt für die gebildeten Nachkriegsdeutschen?

Viele Gründe kommen hier zusammen. Die Person Benns gab ein bedeutendes Beispiel für die innerdeutsche lebens- und geistesgeschichtliche Kontinuität der ersten krisen- und katastrophengeschüttelten Jahrhunderthälfte ab; er war das Vorbild eines Nichtemigranten »aus Charakter«, der die Emigranten moralisch und literarisch auf den zweiten Platz verwies; er war wie die meisten Deutschen der Verführung des Nationalsozialismus erlegen und hatte seinen Irrtum frühzeitig korrigiert, ohne deswegen öffentliche Schuldbekenntnisse abzulegen und Buße zu tun; im Gegenteil, in seiner Rechtfertigungsschrift *Doppelleben* (1950) konnten sich viele Deutsche wiederfinden; auch sie bildeten sich zumindest nachträglich ein, eine Art Doppelleben im »Dritten Reich« geführt zu haben. Er wagte es sogar, noch nach dem Krieg zu behaupten, was viele insgeheim dachten: »auch heute bin ich der Meinung, daß der N. S. ein echter und tiefangelegter Versuch war, das wankende Abendland zu retten. Daß dann ungeeignete und kriminelle Elemente das Übergewicht bekamen, ist nicht meine Schuld und war nicht ohne weiteres vorauszusehn.«[59] Gleichzeitig war Benn das Vorbild eines kompromißlosen Hitler-Gegners, ohne sich durch ›Landesverrat‹ oder ›Sabotage‹ schmutzige Hände gemacht zu haben. Seine extreme Geschichts-, Politik- und Ideologiefeindschaft – »Die Öffentlichkeit ist der Gestank einer Senkgrube und die Politik das Gebiet von Reduzierten«[60] – mußte bei den gebrannten Nachkriegsdeutschen ebenfalls auf große Resonanz stoßen.

So übernahmen sie erst nach dem Krieg jene »›innere Emigration‹ als Lebensform«, die Benn selber in der Notwehrsituation der Kriegsjahre kultiviert hatte. Auf diese Weise konnte die erstaunliche historische Diskrepanz zwischen literarischer Produktion und Rezeption mühelos aufgehoben werden.

Benns lyrische *Ausdruckswelt* wurde in den fünfziger Jahren zu einem idealen Flucht- und Erlösungsraum, der mit dem »Dritten Reich« auch die »dreckige« und bedrückende Nachkriegswirklichkeit versinken ließ. Und mit seinem Begriff der »Existenz« und des »Existentiellen« hatte er diesen unangreifbaren Ort selbst innerhalb des einzelnen Ichs angeboten und sichergestellt, konform mit dem ebenfalls erst nach dem Kriege grassierenden ›Existentialismus‹.

So kam es zu jener merkwürdigen Ungleichzeitigkeit, daß Benns Leser erst mitten im Frieden und ohne seine Kosten zu erlegen nachvollzogen, was er selber mitten im Krieg erfahren, gefühlt, gelitten und formuliert hatte. Sie schlüpften in einen Schutz- und Tarnanzug, in dem er gegen das Nazi-Regime gelebt und mühsam überlebt hatte, um sich damit nachträglich gegen das »Dritte Reich« und seine Folgelasten abzuschirmen. Sie ersetzten und kompensierten mit dieser bequemen Nachfolge auch jene zunächst verständliche »Unfähigkeit zu trauern«, von der die Mitscherlichs später (1967) sprachen. Statt diese aktive Trauerarbeit zu übernehmen, konnten sie bei Benn kulinarisch in die passiven Stimmungen der Melancholie, der Resignation, des Pessimismus, der Vergänglichkeitsklage, eines disziplinierten Selbstmitleids und einer souveränen Durchhaltementalität eintauchen. So wurden die Benn-Deutschen (und nicht nur sie) erst nach dem Krieg und nach dem »Dritten Reich«, wieder einmal ›verspätet‹, ein Volk von inneren Emigranten. Als sie in den sechziger Jahren, von der Generation der Söhne gedrängt, in die Öffentlichkeit, in die Geschichte und Politik zurückkehrten, kündigten sie auch Benn, vorübergehend, die Gefolgschaft auf.

1 Gottfried Benn: *Ausdruckswelt*. Wiesbaden 1949. — 2 Ders.: *Ausgewählte Briefe*. Mit einem Nachwort von Max Rychner. Wiesbaden 1957, S. 145 f., Brief v. 19. 3. 1949. — 3 Ebd., S. 153. — 4 Ebd. — 5 Ders.: *Briefe an F. W. Oelze*. Hg. von Harald Steinhagen und Jürgen Schröder. Wiesbaden / München 1977 ff., Nr. 412 v. 8. 5. 1949, S. 207 f. — 6 Ich finde nur einen kargen Briefhinweis an den Verleger Niedermayer darüber: »Thema Geschichte bleibt also fort. Kern eines neuen Buchs wird es auch nicht werden, – keine Besorgnisse für neue Buchofferten!« In: Gottfried Benn: *Briefe an einen Verleger. Max Niedermayer zum 60. Geburtstag*. Hg. von Marguerite Valerie Schlüter. Wiesbaden 1965, S. 18. — 7 Im folgenden wird unter Angabe der Bandzahl in römischen sowie der Seitenzahl in arabischen Ziffern nach dieser Ausgabe zitiert: Gottfried Benn: *Gesammelte Werke in vier Bänden*. Hg. von Dieter Wellershoff. Wiesbaden 1958 ff. – In Gottfried Benn: *Sämtliche Werke*. Stuttgarter Ausgabe in Verbindung mit Ilse Benn. Hg. von Gerhard Schuster. Bd. IV, Prosa 2. Stuttgart (1989), S. 689, findet sich ein ähnlicher Hinweis, warum der Essay *Zum Thema Geschichte* nicht schon 1949 erschienen ist. In der Redaktionsbemerkung der *Frankfurter Allgemeinen Zeitung* heißt es: »Ursprünglich sollte dieser Essay, der an Rücksichtslosigkeit nichts zu wünschen übrigläßt, bereits in den 1949 erschienenen Band ›Ausdruckswelt‹ aufgenommen werden. Doch wurden damals manche Bedenken wach; die Wunden schienen noch zu frisch. ›Ich schleife Hektor nicht‹, hat Benn damals, sich den Bedenken beugend, gesagt.« Ich verweise an dieser Stelle insgesamt auf die Lesarten und Hinweise zu den Kriegsessays Gottfried Benns. — 8 Vgl. das Gedicht *General*. — 9 *Ausgewählte Briefe*, a.a.O., S. 125. — 10 Vgl. *Den Traum alleine tragen. Neue Texte, Briefe und Dokumente*. Hg. von Paul Raabe und Max Niedermayer. Wiesbaden 1966, S. 193, Brief v. 22. 2. 1937; *Lyrik und Prosa*, S. 174; außerdem: *Briefe an F. W. Oelze*, a.a.O., Nr. 116, S. 164. — 11 *Briefe an F. W. Oelze*, a.a.O., Nr. 291 v. 19. 3. 1945, S. 388; vgl. auch das scharfe Urteil in einem Brief an Max Niedermayer v. 6. 4. 1949. In: *Briefe an einen Verleger*, a.a.O., S. 16. — 12 Ebd.

— **13** Ebd. — **14** Thomas Mann: »Warum ich nicht nach Deutschland zurückgehe« (Brief vom 12. 10. 1945). In: Ders.: *Gesammelte Werke in zwölf Bänden.* Bd. XII: *Reden und Aufsätze 4.* Frankfurt/M. 1960, S. 957. — **15** *Den Traum alleine tragen,* a.a.O., S. 198. — **16** *Briefe an F. W. Oelze,* a.a.O., Nr. 85 v. 2. 7. 1936, S. 130. — **17** Ebd., Nr. 103 v. 15. 10. 1936, S. 151 f. — **18** Ebd., Nr. 63 v. 27. 1. 1936, S. 104. — **19** Ebd., Nr. 26 v. 20. 5. 1935, S. 52. — **20** Er hebt ihn im Vorwort zur *Ausdruckswelt* eigens hervor (IV, 403); am 20. 4. 1949 schreibt er an Max Niedermayer: »Thomas Mann. Ich denke innerlich an seine Radioreden im Rundfunk, die in ihrem alttestamentlichen Geifer und Haß, damals mir sehr gefielen und das ausdrückten, was mir selber auf der Seele brannte.« In: *Briefe an einen Verleger,* a.a.O., S. 18. — **21** *Den Traum alleine tragen,* a.a.O., S. 192 f. — **22** Heinrich Mann schrieb am Schluß des Essays »Im Reich der Verkrachten« (1933): »Seht euch alle an, die im Reich der Verkrachten den Kopf hoch tragen und die anderen zertreten dürfen. Deutschland holt jetzt seine Bestien und seine Verrückten hervor. Seht sie euch gut an, und dann sagt noch, man müsse Deutschland wie es ist, und das sei Deutschland!« In: Heinrich Mann: *Der Haß. Deutsche Zeitgeschichte.* Frankfurt/M. 1987, S. 89. — **23** Sicher nicht ganz ohne Ursache. Hans Mayer, gewiß nicht der Voreingenommenheit für Gottfried Benn verdächtig, hat in seinem Essay »Exil und innere Emigration« festgestellt: »Was *Gottfried Benn* unter dem Titel ›Kunst und Macht‹ im Jahre 1934 geschrieben hatte, vorbereitet durch Rundfunkreden in Berlin über den *Neuen Staat und die Intellektuellen,* also gegen die Emigranten gerichtet, blieb unvergessen. Daß jener Redner über Kunst und Macht aber bald darauf selbst vom ›Schwarzen Korps‹ gejagt und aus Berlin vertrieben wurde, nahm man ›draußen‹ kaum mehr zur Kenntnis, höchstens mit einiger Schadenfreude. Damit war auch für die kommenden Jahre alles abgetan, was Benn in seiner ›inneren‹ Emigration als Arzt der Reichswehr und in Hannover im Weinhaus Wolf schreiben und meditieren mochte.« In: Hans Mayer: *Die umerzogene Literatur. Deutsche Schriftsteller und Bücher 1945–1967.* Berlin 1988, S. 34. — **24** Vgl. *Die grosse Kontroverse. Ein Briefwechsel um Deutschland.* Hg. u. bearb. von J. F. G. Grosser. Hamburg, Genf, Paris 1963. — **25** *Briefe an F. W. Oelze,* a.a.O., Nr. 298, S. 12. — **26** Zu Frank Thiess vgl. ebd., Nr. 300 v. 14. 1. 1946, S. 16. — **27** *Ausgewählte Briefe,* a.a.O., S. 61. — **28** Gottfried Benn: *Briefwechsel mit Paul Hindemith.* Hg. v. Ann Clark Fehn. Wiesbaden / München 1978, S. 59. — **29** Vgl. dazu meinen Beitrag »Imitatio Christi. Ein lyrisches Bewältigungsmodell in den Jahren 1934–1936«. In: Jürgen Schröder: *Gottfried Benn und die Deutschen. Studien zu Werk, Person und Zeitgeschichte.* Tübingen 1986, S. 39–57, S. 42 ff. — **30** *Ausgewählte Briefe,* a.a.O., S. 68. — **31** *Briefe an F. W. Oelze,* a.a.O., Nr. 16 v. 18. 11. 1934, S. 39. — **32** Harald Steinhagen: *Die Statischen Gedichte von Gottfried Benn. Die Vollendung seiner expressionistischen Lyrik.* Stuttgart 1969, S. 42. — **33** *Ausgewählte Briefe,* a.a.O., Brief v. 12. 8. 1949, S. 169. — **34** *Briefe an F. W. Oelze,* a.a.O., Nr. 255 v. 7. 8. 1943 u. Nr. 259 v. 10. 11. 1943, S. 340 u. 345. Mit dem Gedicht *Monolog* ist allenfalls Werner Bergengruens 1937 anonym in Österreich erschienenes Gedicht *Das Dauernde* zu vergleichen. (In: Werner Bergengruen: *Der ewige Kaiser.* Graz 1951, S. 44 f.) Es besitzt freilich bei weitem nicht die sarkastische Brutalität der Bennschen Sprache. — **35** Ebd., Nr. 166 v. 10. 10. 1939, S. 219. — **36** Zu dem komplizierten Begriff des »Doppellebens« und dem dialektischen Verhältnis von Leben und Kunst bei Gottfried Benn siehe die grundsätzlichen Überlegungen von Harald Steinhagen im IV. Abschnitt seines Vortrags: »Die Kunst als die eigentliche Aufgabe des Lebens. Gottfried Benns Rückzug in die Ausdruckswelt«. In: *studi germanici (nuova serie).* Anno XXIII (1985), S. 101–124, 115 ff. — **37** *Briefe an F. W. Oelze,* a.a.O., Nr. 283 v. 25. 12. 1944, S. 376. — **38** Ebd., Nr. 210, S. 278. — **39** Ebd., Nr. 221 v. 14. 12. 1941, S. 296. — **40** Reinhold Grimm: »Im Dickicht der inneren Emigration.« In: *Die deutsche Literatur im Dritten Reich. Themen – Traditionen – Wirkungen.* Hg. v. Horst Denkler u. Karl Prümm. Stuttgart 1976, S. 418 f. — **41** *Neue Deutsche Hefte* 133, 19. Jg. (1972), H. 1, S. 48. — **42** *Ausgewählte Briefe,* a.a.O., Brief v. 16. 4. 1932 an Thea Sternheim. — **43** *Briefe an F. W. Oelze,* a.a.O., Nr. 266 v. 6. 3. 1944, S. 354. — **44** *Ausgewählte Briefe,* a.a.O., Brief v. 17. 10. 1943, S. 92. — **45** Vgl. dazu meinen Beitrag »Gottfried Benn und die Deutschen« in dem gleichnamigen Buch, a.a.O., S. 7–28. — **46** *Briefe an F. W. Oelze,* a.a.O., Nr. 17, S. 42; vgl. Nr. 19, Nr. 48, Nr. 90 und IV, 261. — **47** Ebd., Nr. 23, S. 49. — **48** *Ausgewählte Briefe,* a.a.O., S. 264.

— 49 Jürgen Schröder: *Gottfried Benn. Poesie und Sozialisation.* Stuttgart, Berlin, Köln, Mainz 1978, S. 62–87; vgl. dazu auch die Arbeit von Gottfried Willems: *Großstadt- und Bewußtseinspoesie. Über Realismus in der modernen Lyrik, insbesondere im lyrischen Spätwerk Gottfried Benns und in der deutschen Lyrik seit 1945.* Tübingen 1981, S. 10 ff.; grundlegend noch immer Harald Steinhagen: *Die Statischen Gedichte von Gottfried Benn. Die Vollendung seiner expressionistischen Lyrik,* a.a.O. — 50 Vgl. *Briefe an F. W. Oelze,* a.a.O., Nr. 202 v. 24. 4. 1941: »Das Altern, das Herz, die Schlaflosigkeit, die Depressionen, die völlige Isoliertheit, die ununterbrochene innere Spannung, sich zu halten, auch sich zu verbergen, all dies zusammen ist kaum erträglich.« — 51 Zu dieser lebenslangen sozialpsychischen und ästhetischen Spannung vgl. das erste Kapitel meines Buches *Gottfried Benn. Poesie und Sozialisation,* a.a.O., S. 13–88. — 52 Vgl. *Der Ptolemäer:* »Die Welt wird von den Reichen gemacht, und sie wird schön gemacht. Der Name des Stückes ist Aprèslude« (II, 221). — 53 Vgl. die Hinweise von Erwin Rotermund und Heidrun Ehrke-Rotermund. In: Viktor Žmegač (Hg.): *Geschichte der deutschen Literatur vom 18. Jahrhundert bis zur Gegenwart.* Bd. III: 1918–1980. Königstein/Ts. 1984, S. 380. — 54 *Briefe an F. W. Oelze,* a.a.O., Nr. 202, S. 269. — 55 Ebd., Nr. 452, S. 266. — 56 Zu diesem Ergebnis kommt auch Reinhard Alter: »Mit der antithetischen Verhärtung von Dichter und Zeit, Geist und Geschichte, die die kritische Vermittlerrolle historischen Denkens verdrängt, charakterisiert BENN das Dritte Reich vorwiegend in seinem negativen Verhältnis zur Kunst – und betreibt, mit umgekehrtem Vorzeichen, weiterhin die ›Ästhetisierung der Politik‹.« In: »Gottfried Benn. Der Essay und die Zeit«. In: *Jahrbuch für internationale Germanistik* XII (1980), H. 1, S. 139–165, S. 159. — 57 Im Umkreis des Essays *Kunst und Drittes Reich* finden sich zwei Hinweise auf Nero. In: *Sämtliche Werke.* Bd. IV, a.a.O., S. 668, 670. — 58 Vgl. die Zusammenfassung bei Gottfried Willems, a.a.O., S. 22–25. — 59 *Briefe an einen Verleger,* a.a.O., S. 15. — 60 *Ausgewählte Briefe,* a.a.O., Brief v. 12. 10. 1950, S. 198.

Elisabeth Fillmann

PLN-Dechiffrierungen
Verarbeitung konkreter Zeitrealität und Kritik der »Innerlichkeit« in Werner Krauss' satirischem Roman

In faschistischen Gefängnissen, wegen Widerstandsarbeit zum Tod verurteilt, schrieb der Romanist Werner Krauss die antifaschistische Satire »*PLN Die Passionen der halykonischen Seele*«, die auch die Tauglichkeit passiver Resistenz, Innerer Emigration diskutiert und gängigen Urteilen über die innerdeutsche nichtfaschistische Literatur entgegensteht.[1]

Durch die Rezeption von *PLN*, sofern erfolgt[2], zieht sich der Topos des schwer verständlichen, ja bis zur Undechiffrierbarkeit verrätselten Werkes[3], dem zweierlei Vorschub geleistet hat: der erste Eindruck, daß die Kristallisationsfigur Schnipfmeier eine Reihe von Situationen durchlebt, die mit der alltäglichen Wirklichkeitserfahrung nicht kongruieren, und Krauss' Einleitungsformulierung von dem wuchernden Leben der Chiffren.[4] Über Chiffren gibt der Entzifferer in Graciáns[5] *Criticón* allerdings den Reisenden Ratschläge, die auch Krauss seinen Leserinnen und Lesern mit auf den Lektüreweg geben mag: »Die meisten Dinge sind nicht das, als was man sie liest [...]. Somit muß einer ein sehr guter Leser sein, um nicht alles verkehrt herum zu lesen, und die Chiffrierschlüssel gut zur Hand haben«, die Entzifferungskunst kennen, »die bei den Verständigen die Kunst des Nachdenkens heißt«, bei denen, die nicht »ganz schlechte Leser« sind, die »die Materie der Gesinnungen nicht studiert [haben], welche von allen die allerschwierigste ist.«[6]

Es läßt sich dann zeigen, daß in *PLN* keinesfalls, wie ein weit verbreiteter Artikel meint, die Realität nur »am Rande [...] in den Roman hereingenommen« ist.[7] Auch den entstehungsgeschichtlich verwandten Werken des magischen Realismus läßt es sich trotz einiger verblüffender stofflicher Parallelen nicht gleichsetzen.[8]

Hier soll nun nicht die These aufgestellt werden, mit *PLN* biete Krauss ein (codiertes) fotografisches Abbild deutscher Realität im Jahr 1944. Dazu sind Handlungsgang und Episoden doch zu sehr phantastisch-ausmalend übersteigert. Dieses Überspitzen ist teilweise allerdings als ein im Dienste der Satire gewähltes Verfahren zu begreifen. Satire als »ästhetisch sozialisierte Aggression«, als indirekter Angriff auf ein der vom Autor vertretenen Norm nicht entsprechendes Phänomen[9], ist aber per definitionem an die kritisierte Realität gebunden.

Außer diesem schon von der Gattung gegebenen Hinweis existieren noch einige weitere Indizien dafür, daß *PLN* sehr viel mehr konkrete Realität aufgenommen hat und wiedergibt, als es auf den ersten Blick den Anschein hat. Zunächst trägt das Werk ja schon die (nur schwach verdeckende) abgekürzte Bezeichnung einer neuen tatsächlichen Alltagserscheinung, der Postleitzahl oder -nummer[10], im schon in der Entstehungszeit gewählten Titel[11], um die sich die gesamte Handlung rankt. Und dann ist jener auf der allerersten Manuskriptseite eingeklebte echte Zeitungsartikel gleichzeitig ein Stück konkreter materieller Realität wie Zeugnis der geistigen Zeitverfassung. Die Verfasserin konnte seine Fundstelle ausmachen. Der Artikel »Die freundliche Leitzahl« von D. Korodi erschien am 4. 5. 1944 in der Berliner Ausgabe der »*Deutschen Allgemeinen Zeitung*«[12] (die fiktionale Angabe der »Großhalykonischen Zeitung« (*PLN*, S. 8/10) ist also wenig verschlüsselt). Im Fliegeroffizier Arthur und in Eurylos lassen sich reale Menschen, Freunde von Krauss aus der Widerstandsgruppe Schulze-Boysen / Harnack erkennen, und weiterhin belegt der Vergleich mit den Berichten Krauss' über seine Mitarbeit dort sowie die folgenden Gefängnisaufenthalte die autobiographische Speisung von Gefangenschaftsbeschreibungen und mancher Erlebnisse Schnipfmeiers.

Daß es relevant ist zu erheben, wieviel und was an *PLN* sich in Reales entschlüsseln läßt, manifestieren schließlich Krauss' eigene Hinweise in den Vorworten. 1946 betont er die persönliche Bedeutung als Auseinandersetzung mit der bedrohlichen Realität. »*PLN* [...] war der Versuch eines Verurteilten, die Erfahrung Deutschland für seinen Teil zu bewältigen« (*PLN*, S. –/7). 1948 begründet er auch die romanhafte Form, deren Entstehen über ein Hypertrophieren der verdeckenden fiktiven Einkleidung hinausgeht, als adäquate formale Entsprechung der gerade durch die Restriktion gesteigerten und drangvoll gesuchten Realitätswahrnehmung. »In der Romanform reagiert das vereinzelte Bewußtsein mit einer sonst niemals wahrgenommenen, beinahe seismographischen Genauigkeit. Wie das weltlos gewordene Bewußtsein sich auf die Welt stürzt und von der Peitsche des unerfüllbaren Bedürfnisses gejagt wird, läßt sich beispielsweise nur im Roman als authentischer Vorgang verfolgen« (*PLN*, S. 5/6/-). Der isolierte Autor versucht, im Kontinuum der Struktur einer Romanhandlung die »großen Linien« der bedrängenden Zeitgeschichte wie die »kleinen« erreichbaren Realitätspartikel phantasievoll angereichert und reflektierend sinngebend zu einem Ganzen zu integrieren, mit dem er gleichzeitig auf diese Realität einwirken möchte.

Auch innerhalb der Romanhandlung wird ersteres als Erlebnis des Gefangenen notiert und erklärt: »Das leblose Gesicht der Dinge spricht wie ein fortgesetzter Auftrag, alles Äußere in die Innerlichkeit zu nehmen und aus der eigenen Erneuerung[13] die Wiedergeburt der ganzen Welt zu betreiben«

(*PLN*, S. 281/351). In der letzten Phase seiner positiven Entwicklung im Gefängnis gelingt dies dem Protagonisten: »Schnipfmeier hatte ein Vermögen erworben, die Dinge neu zu machen. Oft genügten ihm die kleinsten Bruchteile, Keime und Spuren bei seinen ekstatischen Versuchen eines Wiederaufbaus der Welt. Vergilbte Blätter, über den Hof geweht, auf dem der Rundgang stattfand, Kartoffelschalen, ausgetretene und geplatzte Zigarettenstummel ergänzten sich zum Bild eines über ungeheure Flächen wandernden wachstümlichen Lebens« (*PLN*, S. 281/82/352).[14]

Die mit *PLN* als überlebensnotwendiger Distanzierung zu *be*wältigende »Erfahrung Deutschland« bedeutete für Krauss vor allem die bedrohlich *über*wältigende Realität persönlich erlittener Gefangenschaft unter der ständigen Erwartung seiner Hinrichtung und die historische Situation, der deutsche Faschismus im sich verschärfenden Zweiten Weltkrieg. Sein Bild beider gewinnt und vermittelt er vor allem aus (erinnerten) Erlebnissen und ihm zugänglichen Zeitungsartikeln.

In den meisten Fällen spitzt Krauss das Gelesene satirisch, übertreibend, manchmal bis zu grotesken Formen zu. Es ist in manchen Fällen auch möglich, daß die Realia, weil Krauss unbekannt, gar nicht anregender Faktor waren, sondern daß sich eine (subjektiv zufällige) Übereinstimmung auftut zwischen karikierenden oder veranschaulichenden *fiktiven* Einfällen, die Krauss aus seinen Analysen des deutschen Faschismus, der Kriegsrealität und des Verhältnisses, in dem die Bevölkerung zu beidem stand, entwickelt, und *tatsächlichen* Begebenheiten und Auswüchsen. Sie belegt dann, wie objektiv stimmig die Satire ist. Einen Schritt voraus ist die karikierende Erzählung von der postfrevlerischen Ummontage sämtlicher Briefkästen eines Postbezirks ans zuständige Postamt, die dann als Kriegsmaßnahme offiziell gemacht wird (*PLN*, S. –[fehlt ab der 2. Ausgabe!]/276/77). Nach der Fertigstellung des Manuskriptes[15] holte die Realität mit gleichbegründeten Briefkastenstillegungen die Satire ein.[16] Fritz Rudolf Fries erzählt, daß Krauss auch sonst im praktischen Leben »den Tisch der konkreten Verhältnisse barock verschnörkeln, die Wahrheit mit surrealistischer Häkelarbeit an ihre Hintergründe knüpfen« konnte.[17]

Es läßt sich aufzeigen, daß und wie Krauss aus Bruchstücken, derer er habhaft wird, sich wieder »eine Welt« – und Erkenntnis über sie »schafft«. *PLN* kann damit das Verdikt über das geringe Maß des ästhetischen Widerstandspotentials der innerdeutschen oppositionellen Literatur relativieren.[18] Der Roman meistert die konstatierte »Problematik satirischer Literatur angesichts der ungeheuerlichen ins fratzenhafte verzerrten Realität« und ist ein Beispiel, daß »eine distanzierte Haltung zur Realität«[19] doch noch möglich war.[20] Er leistet tatsächlich »einen bedeutsamen künstlerischen Beitrag zur ›Aufdeckung des Kausalkomplexes‹ in Sachen Faschismus, zur Analyse der Bewußtseinsverfassung der breiten Massen und damit«, bezieht man auch die gegen Rückfälle in andere überholte gesellschaftliche Zustände immunisierende Wirkungsabsicht mit ein, »zur praktischen Bekämpfbarkeit des Nationalsozialismus«.[21]

PLN ist durchzogen von Erklärungsansätzen dafür, daß die nationalsozialistische Herrschaft fast uneingeschränkt war[22] und macht (vor allem im Kapitel »Eine geheime Klaviatur« über den Philatelistenverband – *PLN*, S. 16–21/21–28) den Versuch zu erklären, daß Faschismus aus dem Kapitalismus entstehe. Letztlich dürfte Krauss' Basis die Theorie des EKKI vom Faschismus als »Herrschaft des reaktionärsten Teils des Finanzkapitals« geblieben sein, also die Theorie, die den Faschismus als Agenten des Kapitals definiert. Er erläutert aber auch, warum dem Nationalsozialismus so viele folgen, wegen der sozialpsychologischen Disposition breiter Schichten der deutschen Bevölkerung zu verfügbar machender Innerlichkeit nämlich. (Diesem Grund mißt er überragende Bedeutung bei.) Damit nähert Krauss sich sozialpsychologischen und bündnistheoretischen Erklärungsmodellen.

Die Entscheidung darüber, welche Konstellationen Faschismus als Entwicklungsform des Kapitalismus in dessen Krise (diese Bestimmung ist allen genannten Ansätzen gemeinsam) hervorbringen, ist aber letztlich unerheblich für die Überlegung, die durch die gesamte Handlungsführung von *PLN* und begleitende Reflexionen entfaltet ist: Faschismus als »gesteigerter« Kapitalismus ist auch die Höchststeigerung der nach Marx' philosophischer Herleitung in ihm notwendig fortgetriebenen Entfremdung. Sie manifestiert sich im über alles gesetzten Staat. Die totale Entfremdung vor allem der Menschen untereinander, der mit dem »Bund für unentwegte Lebensfreude« ein positives Gegenbild gegenübergestellt ist, gilt es, wie am Beispiel Schnipfmeiers gezeigt wird, durch die revolutionäre staatsüberwindende Tat endgültig aufzuheben.

Das Kapitel »Kurzbilder einer Traumminute« (*PLN*, S. 94–97/118–123) kann in seiner Verdichtung[23] beispielhaft für das literarische Umsetzen der Realität sein, das Krauss betreibt.

Da ist zunächst die Episode um die aus dem bombengeschädigten Zoo ausgebrochenen Tiere. Die schweren Treffer, die der Berliner Zoo in der Nacht vom 22. zum 23. 11. 1943 erhielt, setzten wilde Gerüchte über ausgebrochene gefährliche Tiere in Umlauf, denen man auch durch Zeitungsmeldungen entgegentrat, um die Bevölkerung zu beruhigen:

»Wenn irrtümlicherweise vielfach angenommen wird, daß einige Giftschlangen entkamen, so ist vielmehr festzustellen, daß die Kälte sie völlig lähmte. Was übrigblieb, ist inzwischen gesammelt und sorgfältig untergebracht worden. [...] Auch unter den Affen und Alligatoren sind große Verluste entstanden. Einige von ihnen entkamen und konnten nur mühsam wieder eingefangen werden. Besonders schwer gestaltete sich die Einbringung eines Alligators, dem eine Schlinge um den Leib gelegt werden mußte, um ihn zu bändigen. Kleinere Raubtiere, wie Wildhunde (Dingos), Waschbären, Rotbüffel, Hirsche und kleinere Affen trieben sich noch tagelang im Zoo herum, bis sie wieder eingefangen und untergebracht waren. [...]«[24]

Auch auf mündlichem Weg, durch das Wachpersonal etwa, wird die spektakuläre Kunde vom brennenden Zoo ins Gefängnis gelangt sein. Die Befürchtungen malt Krauss phantasievoll aus und bringt die Bilder knapper, dennoch durch Detailreichtum plastischer Szenen vor seine und seiner Leser Augen. Zwei Sätze entwerfen die Sequenz eines spannenden Handlungsmusters und füllen es gleichzeitig auch schon aus: »Über den noch glostenden Asphalt setzten Känguruhs in riesigen Sprüngen, während in einer menschenleeren, durch schrille Signalpfiffe gewarnten Straße ein Tiger auf dem Gehsteig auf- und niederraste und schließlich mit einem plötzlichen Satz durch ein gesprungenes Parterrefenster eindrang. Das Klirren der Scheiben begleitete ein langgezogener Schrei, dem ein versickerndes Wimmern und die tödliche Stille folgte« (*PLN*, S. 95/120). (Eine der Stellen in *PLN*, die das Gefühl hervorrufen können, man betrachte einen Filmausschnitt.) Der in dem ganzen Komplex mitschwingende Spott gegen die Bürgerängste macht sich in der Vorstellung des geldscheinfressenden, münzenverstreuenden Gorilla im Fahrkartenschalter am deutlichsten Luft.

Noch größerer Spott, der bis ins Sarkastische geht, trifft den Germanenkult der Nazis, die Blüte von Ämtern und Titeln und die gegenseitige Behinderung und das Kompetenzgerangel der Institutionen. Wenn der »Unterstaatssekretär für das gesamte Tierschutzwesen und [...] Großkurator zur Verhütung von Naturfrevel« (*PLN*, S. 96/121) der Polizei verbieten kann, die gefährlichen Tiere zu jagen und töten, damit die Fauna der Germanenzeit sich wieder etabliert, so steckt darin auch ätzende Kritik an den Werthaltungen der Nationalsozialisten und anderer die germanische Vorzeit verklärender Schwärmer. Himmlers medizinischer Beistand Kersten überliefert, daß jener tatsächlich aktuelle Fragen im Geist der germanischen Vorfahren zu lösen versucht habe: »Gelang es, Beispiele aus der germanischen Geschichte ausfindig zu machen, so war die Richtlinie für das augenblickliche Handeln gegeben, jedes Abweichen galt im Grunde als eine Versündigung gegen den Geist der Ahnen.«[25] Die idealisierten alten Verhältnisse und der Tierschutz stehen höher als der Schutz von Menschenleben. Himmler war, wie viele KZ-Schergen, bekanntlich sehr tierlieb und wollte dem Tierschutzverein »die größten polizeilichen Befugnisse geben«[26].

Krauss nutzt den vorgestellten Ausbruch der Zootiere aber noch weiter aus, um Dispositionen der Bevölkerung anzudeuten. Die Erwägung, daß aktiver Widerstand vorhanden, also möglich ist, bringt er seinen Adressatinnen und Adressaten leise ins Bewußtsein, wenn die Vermutung geäußert wird, daß das Entkommen der Tiere kein kriegsbedingter Zufall, sondern ein Sabotageakt gewesen sei. (Die negative Wertung, in die der fiktive

Erzähler die Nachricht kleidet – »Gruppe ruchloser Terroristen«, *PLN*, S. 96/121 – deckt die Botschaft, das Funktionsverbgefüge »ins Werk gesetzt«, *PLN*, S. 96/121, hebt den Aktivitätscharakter hervor.)

Neben dem dezidierten Widerstand führt Krauss die pragmatische Obstruktion vor. Immerhin schreitet die »tapfere Bevölkerung« zur »Selbsthilfe« (*PLN*, S. 96/121), indem sie, als die staatlichen Instanzen sich nicht einigen und sie nicht schützen, selber die Tiere jagt und ißt. Die Berliner Realität sah übrigens so aus, daß zwar nach außen keine gefährlichen Tiere entkamen, zumal viele Raubtiere schon in einer frühen Kriegsphase prophylaktisch erschossen worden waren, daß allerdings das Zoopersonal tatsächlich mit dem Fleisch beim Angriff umgekommener Tiere seinen Speiseplan kräftig anreicherte.[27]

Durch die humoristische Wortwahl bei inhaltlichem Spott – »sich nach manchem fröhlichen Jagdabenteuer ihren weltberühmten Tierpark einverleibte« (*PLN*, S. 96/121) – stimmt Krauss auf Kritik ein und zeigt in Schnipfmeiers Reflexionen die Ambivalenz einer solchen halbresistenten Haltung. Einesteils keimt wirklicher aktiver Protest, wie auch schon in über Ruinen flatternden Bettüchern (also Ergebung signalisierend, Kriegsende fordernd) oder der Benennung solcher Ruinen mit dem Namen von Wagners Bayreuther Residenz, »Villa Wahnfried« (also das falsche Heroenpathos sowohl der Nationalsozialisten wie »ihres« Komponisten entlarvend und verkündend: mit solchem Friedhof endet dieser Kriegswahn) – beides *PLN*, S. 94/119 –, wobei allerdings zu vermuten ist, daß so der Autor seine Botschaften versteckt, während in der Realität diese beiden Bekundungen nicht hätten bestehen können. Andererseits kann die Staatsführung die kleinen Unbotmäßigkeiten auch für ihre Zwecke ausbeuten. Die Jagdabenteuer, genau wie vorher schon die Galgenhumor spiegelnden Reaktionen der Einwohner auf die Zerbombung ihrer Häuser mit den Schildern an den Ruinen, die übrigens reale Vorbilder haben: »Sonniges Eigenheim in luftiger Lage per sofort preiswert zu vermieten« in *PLN* (S. 94/119) – »Durchgehend geöffnet« an einem von vorn bis hinten ausgebrannten Berliner Geschäftshaus[28], sind Ablenkungsphänomene, die die Regierung fördert. Sie zeigen ein Ausweichen vor den Konsequenzen der Erkenntnisse. Man arrangiert sich in der totalen Bedrohung der Existenz, statt der Kriegspolitik ein Ende zu machen.

Krauss hält dies für einen Zug des deutschen Nationalcharakters, der die feste Etablierung des deutschen Faschismus ermöglicht. »Hatte die Regierung zuerst die Parole heroischer Verbissenheit für die noch überlebenden Ruinenbewohner ausgegeben, so ließ man bald den idyllischen Hang des halykonischen Menschen, der in jedem Abgrund noch eine blaue Blume findet, vollauf gewähren. Diese Art, sich mit dem Grauen abzufinden, gab dem Staat die Gewißheit, daß die Nation auch künftig durch noch schwerere Prüfungen zu keiner gefährlichen Wachheit aufgerüttelt werden könnte« (*PLN*, S. 96²⁹/122).

Die Behauptung allerdings, die in den Einzelheiten beschriebenen Bombenangriffe seien als »Darbietung [...] für die Großhalykonier zu einem kosmischen Kitzel geworden, den ihnen die Überwelt schuldig war« (*PLN*, S. 97/123), ist die Übertragung eigener Empfindungen. Schnipfmeier hatte durch die »Gewohnheit strenger Gewissenserforschung« sich »nicht verhehlen [...] können, daß die mondklaren Nächte, in denen das Ertönen der Sirene nicht fällig war, etwas Enttäuschendes hatten, als wären sie gar nicht gelebt« (*PLN*, S. 97/123). Damit ist auch Schnipfmeier hier Projektionsfigur für Gefängniserlebnisse des Autors. Es zeigt, wie stark sie ihn beschäftigt haben, daß er sie zweimal formuliert hat. Im Klartext in den »*Betrachtungen*«, wo es über ihn und die Kameraden heißt: »Ja, gewohnt wie wir es waren, unsere Gefühle immerfort zu analysieren, mussten wir uns eingestehen, dass das gelegentliche Ausbleiben der abendlichen Warnungssirene, [sic] uns auf eine gewisse Weise enttäuschte.«[30] Dies hatte, wie er andeutet, auch damit zu tun, daß die Bomber neben der Todesgefahr die Möglichkeit der deutschen Niederlage und damit der Befreiung in sich trugen.

Die vorgeführten Bruchstücke der Außenwelt, die zu ihm gelangen, reichert Krauss mit plastischer Phantasie und mit früheren Beobachtungen satirisch übertreibend zu witzigen, detailkritischen Episoden an und deduziert aus solchen scheinbar skurrilen Anekdoten eine seiner zentralen Erkenntnisse über die Genese des Nationalsozialismus in der verspotteten deutschen Innerlichkeit.[31] (Dem gliedert er noch allgemeinere psychologisch-metaphysische Überlegungen an, die hier ausgespart werden.)

Die vielbeschworene deutsche Innerlichkeit war natürlich Werner Krauss ein so vertrauter Topos, daß es unsinnig wäre, zu behaupten, erst ein entsprechender Zeitungsartikel habe ihn darauf aufmerksam gemacht. Sie erschien immerhin in einem programmatischen Buchtitel als dezidierte reservatio mentalis gegenüber den Nazis.[32] Aber Krauss' Spott und seine Kritik dieser Geisteshaltung gegenüber kann der Kommentar in der *Deutschen Allgemeinen Zeitung* über die deutsche Weihnachtsvorfreude mitten im Kriegsschrecken beflügelt haben. Es ist möglich, daß der Artikel selber als ein Stück verdeckter Werbung für die Werte der Inneren Emigranten intendiert war, streift doch die Erklärung des Durchhaltevermögens die offiziellen Parolen von heldenhaftem Mut, Entschlossenheit und Zähigkeit nur flüchtig und hebt dann viel mehr auf die Herzenskraft der deutschen Innerlichkeit ab und auf ethische Stärke; die Häufung entsprechender Begriffe wirkt als »Propaganda für die Ethik«. Es heißt unter anderem, hervorgehoben dort, wo Krauss speziell den Artikel zugrunde gelegt haben könnte:

»Daß Männer, Frauen und Kinder in der Heimat der Gefahr unerschütterlich standhalten, beruht einmal auf ihrem Mut und ihrer Entschlossenheit, es hat seine Ursache aber auch in der *Kraft der Herzen*, die der schönste *Ausdruck der deutschen Innerlichkeit* ist. Sie hat ihre Früchte durch die *Jahrhunderte* dargebracht. Ihr reifster Ertrag lag immer in Zeiten, in denen das äußere Schicksal unseres Volkes umdroht und verdunkelt war. Dann traten Persönlichkeiten auf, die von den unverlierbaren Werten des Geistes und des Empfindens zu sagen wußten. Das Lied erhob sich aus der Bedrängnis des erbarmungslosen Tages. Es suchte Licht in aller Dunkelheit. Die reinste Linie der bildenden Kunst wurde aufgezeichnet, während die politischen Auseinandersetzungen die Völker verwirrten. Das sittliche Maß kam dann oft erst zu voller Geltung, wenn die *Maßlosigkeiten historischen Geschehens* die Existenz des Einzelnen in Frage stellten. Man könnte diese merkwürdige Tatsache bis in alle Einzelheiten durch die Kulturgeschichte des deutschen Volkes verfolgen. Auch heute macht sie sich wieder im Ethos und im Schöpfertum derer bemerkbar, die vor anderen auf die Probe gestellt werden. Das mag auch den Sorgenden Kraft und Freudigkeit geben, sich den inneren Werten des Lebens anzuvertrauen, nachdem die äußeren immer fragwürdiger zu werden beginnen. Sie sind der unzerstörbare Besitz, den selbst der *grausamste Terror* nicht zu vernichten vermag.«[33]

Wo Krauss' Realitätsdarstellung diese Verhaltenslinie gegenüber dem Nationalsozialismus aufnimmt, fließt gleich seine Kritik ein. Auch im folgenden *PLN*-Zitat, das das vorige ergänzt, sind alle Stellen, wo eine Korrespondenz zum *DAZ*-Artikel besteht, hervorgehoben.

»Dieses Volk war eben darum für jedes Opfer zu haben, weil seine Leidensfähigkeit beschränkt war, weil es den Anblick des *gehäuften Grauens* in die *Tiefe des Gemüts* versenken konnte und weil aus der unbestimmbaren *Innerlichkeit* die Bereitschaft zum unbedingten Gehorsam, zur Disziplin wie ein erlösendes Verlangen immer wieder kräftig und neu hervorwuchs. Das Reich der schönen Seele, in dem die Halykonier ein *Jahrhundert* der Schwelgerei vertrieben hatten, reichte über alle *markigen Einschnitte der Geschichte* hinweg bis tief ins seelische Hinterland des Groß- und Überreiches von neuester Prägung hinein« (*PLN*, S. 9/10/12 mit den Abweichungen des Ms. gegenüber diesen Drucken).

Die Kritik, die sich in diesen beiden Stellen und einer gleich noch anzuführenden artikuliert, geht deutlich über das, was man dem Zeitungsartikel negativ anlasten kann, hinaus, betont der doch dezidiert widerständige Werthaltungen wie Persönlichkeit und sittliches Maß gegenüber historischem Geschehen, vertritt also die bemängelte inhaltlich nicht gefüllte Innerlichkeit nicht rein. Gleichwohl partizipiert er an den Strömungen, die etwa das einschlägige Werk von Ulrich Christoffel bündelt, nimmt dessen Ton auf und verfällt so mit Recht Krauss' Sarkasmus. In den kürzeren bitteren Passagen vernachlässigt Krauss dabei andere, widerständigere Ausprägungen von Innerlichkeit, obwohl in der Handlungsführung der »Heilige«

(*PLN*, S. 41/53) Schnipfmeier durchaus eine Krauss sympathische Position vertritt, die sich mit dem Maßstab christlicher Werte, wenn auch zunächst nur innerlich, höchstens korrigierend, gegen die Obrigkeit stellt.[34]

Schon auf der ersten Seite des Romans ist jene deutsche Innerlichkeit ins Visier genommen (der Passivität werden hier aber noch einige mildernde Umstände zugebilligt):

»Gelähmt durch einen von innen nach außen ins Ungemessene wachsenden Druck, im täglichen Angesicht seiner grausam verstümmelten Städte, umwittert von den Vorboten einer apokalyptischen Nemesis, sah dieses Volk durch endlos gehäuften, oft nur geduldeten oder ihm selbst verdeckten Frevel[35] sich um die letzte Hoffnung betrogen, die Wiedergeburt seiner Welt im stillen Seelenraum zu betreiben« (*PLN*, S. 7/10).

Zweierlei, das sei betont, unterscheidet die Haltung der Innerlichkeit, trotz Ähnlichkeit der Formulierungen von einer Rekreierung der Welt im Innern an dieser Stelle einerseits und den oben zitierten im Vorwort und jenen aus den Gefängniserlebnissen andererseits. Hier ist es erstens die Beschränkung auf den stillen Seelenraum, in dem zweitens nur ein Surrogat von Vergangenem erstehen soll. Zudem ist »Wiedergeburt« wesentlich weniger aktiv und kreativ als das positiv besetzte »Neuschaffen«; der verändernde Impetus gegenüber der Realität wird bei Krauss aufrechterhalten.

Eine weitere Bemerkung zum letzten Zitat und der Beleg, wie Krauss die Innerlichkeitsemigranten fast mit ihrem Originalton angreift. Wenn am Anfang von *PLN* eine Situation beschrieben wird, wo die Illusion innerlicher Schutzräume *zusammenbricht*, was aber keine aktiven Widerstandsaktionen gegen die Verhältnisse, sondern völlige Aktionsunfähigkeit bewirkt, so ist im weiteren Verlauf der Ereignisse und Analyse dieser Zustand noch einmal ein Stück zurückgenommen, die Schwelgerei im Reich der schönen Seele noch virulent.[36]

Das Ende des Zitates von der Hoffnung, die Wiedergeburt der Welt im stillen Seelenraum zu betreiben, speist sich aus Äußerungen wie diesen: »Das Eigentümliche der Empfindung liegt in dem Einziehen der äußeren Welt in das Innere der Seele, die bereit ist, jeden äußern Eindruck als ein schöneres Bild zurückzustrahlen und damit die Wirklichkeit zu übergießen« oder »In uns ist die Ewigkeit. Die Außenwelt wirft nur ihre Schatten in dies Lichtreich.« Sie stammen von Christoffel.[37] Die Manifestation der absoluten Innerlichkeit bildet für ihn die romantische Haltung.[38] Auf die historische Verortung in der Romantik spielt auch Krauss mit der blauen Blume (*PLN*, S. 96/122) und mit der Zeitspanne des Jahrhunderts (S. 9/12) an.

Er erklärt die Leidensfähigkeit des deutschen Volkes gerade damit, »daß seine Leidensfähigkeit beschränkt war, weil es den Anblick des gehäuften Grauens in die Tiefe des Gemüts versenken konnte«, es also durch eine »unbestimmbare [...] Innerlichkeit« (s. o.) gekennzeichnet ist. Christoffel behauptet, daß »nur aus der inneren Abwendung von den Dingen die innere Tiefe aufklingen könne«[39] und eröffnet sein Werk mit der Bestimmung: »Die Empfindung ist eine leidende Kraft, die auf einem unbestimmbaren, träumerisch beschaulichen Verhalten der Seele gegenüber der Welt beruht.«[40] »Menschen, die dieses Wiedergeborenwerden in der Empfindung erfahren haben, [seien] die Lichtnaturen, die aus ihrem Innern eine Welt von Frieden, Heiterkeit und Beseelung erschufen.«[41] In der Bearbeitung von *PLN* für den Druck ist die eben zitierte Erklärung (wahrscheinlich) von Krauss umformuliert und Christoffel noch ähnlicher, daß das deutsche Volk »jederzeit den Anblick des Leidens in den Frieden seiner Innerlichkeit zurückzunehmen verstand« (*PLN*, S. 9/12).

Zieht man Schnells Zusammenfassung bestimmter sozialpsychologischer und historischer Analysen der deutschen Innerlichkeit heran[42], so zeigt sich, daß Krauss in den wenigen ironischen, zunächst auch leicht verschrobenparadox klingenden Sätzen die ganze mögliche Crux dieser Konstitution erkannt hat. Er bezieht sich auf jene Ausprägung, die die bestehenden Verhältnisse nicht nur bestehen läßt, sondern geradezu fördert.[43] (Stärker als Schnell läßt *PLN* durch den Handlungsgang aber auch den dezidierten Vorbehalt gegen das Regime, der zur Opposition führt, sehen.)

Das Bürgertum Deutschlands hat nach Schnell, mit dem *PLN* weit parallel geht, im 18. und nach dem Scheitern der Revolution 1848/49 bis über das 19. Jahrhundert hinaus nicht wirklich an der politischen Macht teilgehabt, den Kampf darum aber auch schnell aufgegeben und sich auf die Sphäre der Privatheit, höchstens später auf die wirtschaftliche Macht zurückgezogen. Während um die Wende vom 18. zum 19. Jahrhundert in den idealistisch-humanistischen Idealen der Kunst, auf die man gezwungenermaßen ausweicht, noch ein kritisches Aufbegehren gegen die schlechte, sozial depravierende Wirklichkeit steckt, werden die resignativen Züge, die auf politisch-gesellschaftlich eingreifendes Handeln verzichten lassen, immer stärker, vor allem als das deutsche Bürgertum immerhin seine ökonomischen Ziele erreicht. Zudem besteht ein Grundwiderspruch zwischen dem bürgerlichen Humanitätsideal der völlig und frei entfalteten Persönlichkeit und der bürgerlichen Realität des fähigkeitsverengenden Kapitalismus, aus dem man in das »Schein-Reich der Seele«, der autonomen Kunst ausweicht.[44] Aber schon im Idealismus wollte man die denunzierte gemeine Realität, die doch Ursache der Flucht in die Hochwertung von *innerer* Freiheit und *geistiger* Souveränität war, durch die *individuelle* Totalität aufheben. Als sich besonders die nationalliberalen Teile des Bürgertums mit dem Feudal-Beamtenstaat arrangiert haben, ist die bürgerliche Intelligenz noch weiter isoliert. Statt sich aber auf die Seite eigentlich jetzt möglicher politischer Veränderung zu schlagen, verinnerlicht sie gemeinsam mit dem Kleinbürgertum aus Mangel an historisch gewachsenem Selbstbewußtsein den

Widerspruch zwischen ökonomischer Position und Gesellschaftsverfassung, wendet zwar das Bestehen auf Innerlichkeit und auch Irrationalem gegenüber der Rechenhaftigkeit des Kapitals auch gegen das Großbürgertum selber – behält also ein gewisses Protestpotential –, greift aber die autoritäre Gesellschaftsstruktur nicht an, sondern idealisiert sie teilweise.

Wichtig ist aber vor allem die Konstante der Flucht aus den bestehenden Verhältnissen in den idyllischen innerlichen Raum, der die eigentlich kritisierten unangefochten läßt.[45] Diese sozialpsychologisch langentwickelte Passivität hat Krauss in den zitierten Passagen herausgestellt. »Gelähmt« sind die Halykonier (*PLN*, S. 7/10), im »seelischen Hinterland« wirkt das »Reich der schönen Seele« (*PLN*, S. 9/10/12), das Volk kann, fördert man seinen Hang zur »blauen Blume«, »zu keiner gefährlichen Wachheit aufgerüttelt werden« (*PLN*, S. 96/122). Krauss widerlegt damit nebenbei die bekannte These Goebbels' von der »stählernen Romantik«[46], die bei der Weltkriegsgeneration die »Romantik der blauen Blume *ersetzte*«, die sie »nicht mehr zu ertragen vermochte«[47]. Die faschistische Fortentwicklung der bürgerlichen Gesellschaft verlangt ein Aufgeben der Reserviertheiten ihr gegenüber und ein Herausgehen aus der Innerlichkeit in die politische Aktivität – doch die Inneren Emigranten bleiben großenteils passiv distanziert.[48] Eine dunkle Stelle von *PLN* bekommt mit dieser Interpretation ein gutes Stück mehr Klarheit:

»Aber in Wahrheit war es nur die lückenlose Folgerichtigkeit des Verhaltens, die jede Handlung bis zu einem metaphysischen Schnittpunkt vortrieb. Volk und Führung waren sich keineswegs uneinig; aber ihre Einigkeit bestand in der hemmungslosen Aktivität der einen und in der allbereiten Passivität der anderen Seite. Die wenigen, bei denen die Lehren des Staates fruchteten, wurden zu seinen Feinden. [... Politische Aktivität passiert nur, so sieht es Krauss hier optimistisch, in der der faschistischen entgegengesetzten Richtung, aber dennoch überwiegt das Negative:] Nur die vollständige Inkonsequenz der *ungeheuren Mehrzahl des Volkes*, sein Festhalten an einem ererbten Richtmaß aus früherer Zeit bewahrte es vor dem Zwang einer unliebsamen Stellungnahme« (*PLN*, S. 35/36/46, Hervorhebung E. F.).

Einzuschieben ist die Bemerkung, daß Krauss hier, ohne an die Reflexion des Begriffes in anderem Zusammenhang zu rühren, den Ausdruck »Volk« verwendet, wenn es eigentlich nur um einen Teil geht, den bürgerlich-kleinbürgerlichen nämlich. Die sozialpsychologische Grundstimmung hat allerdings innerhalb des Klassenspektrums weit Raum gegriffen, so daß eine solche nationalpsychologische Identifizierung eine gewisse Grundlage hat. In dieser Ausdehnung der sozialpsychologischen Disposition bestimmter Schichten auf eine große Breite der Bevölkerung (und in seiner Kritik an bequemer Anlehnung an einen Versorgungsstaat) nähert sich Krauss der sozialen Massenbasis des Nationalsozialismus. Wirkliches Volk allerdings heißt bei Krauss in der Begriffsdurchleuchtung, die hier nicht erörtert werden kann, die Gruppe, bei der Schnipfmeier selbstverständliche Solidarität findet, genau derjenige Teil, der vom (im Roman natürlich nicht benannten) Nationalsozialismus nicht infiziert ist. (S. *PLN*, S. 226/285.)

Kurz vor dem Satz vom Schwelgen im Reich der schönen Seele wird das Phänomen (das paradox zu Weltreichsgrundlagen steht) weiter erläutert: »Fügsamkeit gegen die Staatsgewalt ist durchaus keine hervorstechende Eigenschaft der imperialen Menschentypen gewesen. Wo Imperien entstanden sind und behauptet wurden, hatten ihre Träger auch die Härte besessen, um ihr unverlierbares Personenrecht zu schützen. Sie lehrten dadurch die Staatsgewalt geschmeidig zu werden und nach dem Gesetz der Stelle zu verfahren – hier aber schien dem Einfluß des Staates keine Grenze gesetzt« (*PLN*, S. 9/12[49]).

Krauss hat in den eben betrachteten Stellen nicht nur die Passivität und Inkonsequenz der Innerlichkeit erkannt, die das Feld der schlechten politischen Realität räumt, statt die Verwirklichung ihrer Wertsetzungen von Humanität, Geist, umfassender Kultur usw. zu fordern[50], sondern auch die politische Verfügbarkeit, die auf dem Zusammenhang der Innerlichkeit mit den Konstituenten des autoritären Charakters beruht.[51] Ralf Schnell kann anhand eines Lexikonartikels nachweisen, daß zu den definierenden Merkmalen der Innerlichkeit die Aneignung einer vorgegebenen Sache im Sinne einer Unterordnung unter ihre Autorität gehört, besonders deutlich, weil Gehorsam als verwandter Begriff betont wird. Die Inhalte des inneren Wertreichs werden eigentlich beliebig, aber der Autorität des Vorgegebenen sich unterzuordnen ist Maxime. Das halykonische Volk begehrt, so auch die (sozial)psychologische Erkenntnis in *PLN*, gegen die Ungeheuerlichkeiten nicht auf, »weil aus der *unbestimmbaren* Innerlichkeit die Bereitschaft zum unbedingten Gehorsam, zur Disziplin wie ein erlösendes Verlangen immer wieder kräftig und neu hervorwuchs.«[52] (S. o., Hervorhebung E. F.) Die entstandene Inhaltsleere des Wertes Innerlichkeit und die angebliche Sachgerechtigkeit machen paradoxerweise auch fürs Entgegengesetzte (denn die nationalsozialistische Praxis und Ethik ist extravertiert, brutal, antigeistig usw.) politisch verfügbar. So weist Schnell darauf hin, daß die Nazipropaganda dies erkennt und auch eine faschistische Biographienreihe den Titel »Die deutsche Innerlichkeit« trug.[53]

Krauss' *Betrachtungen und Erfahrungen über die deutsche Opposition* zeigen die Ähnlichkeit mit der hier dargelegten historischen Herleitung noch einmal: Für den Bewußtseinshintergrund der wenig grundsätzlichen Rechtsopposition spiele der deutsche obrigkeitliche Machtstaat anstelle eines, der aus der bürgerlichen Revolution hervorgegangen wäre, eine große Rolle. Bemerkungen wie die folgende klingen nun schon vertraut: »Alle diese Menschen hatten die rätselhafte Fähigkeit, die grössten Gegensätze in sich aufzunehmen und konfliktlos in einer vollkommenen Unentschiedenheit zu verharren.«[54]

Gegen das Ausweichen der Innerlichkeit vor der wirklichen Umgestaltung der Gesellschaft hat Krauss auch später polemisiert. Im Aufsatz *Literaturgeschichte als geschichtlicher Auftrag* spottet er über das »schmale [...] Gepäck« der »Jünger Stefan Georges« und den »Vorsatz, die Umkehr und Restauration der Geschichte mit unberührten Kräften aus der Innerlichkeit zu betreiben«[55], und kritisiert die traditionell gesellschaftsfeindliche Haltung in Deutschland, durch die »das Individuum gegen die Gesellschaft mobil gemacht und gewaffnet« würde »mit dem nie rostenden Arsenal aus dem inneren Reich der schönen Seelen«[56].

Allerdings bleibt die Innerlichkeit ambivalent, in der Bewahrung humaner Werte ein Stück des Protestpotentials gegen inhumane Verhältnisse, so auch den Nationalsozialisten gegenüber, meist erhalten. Die Innere Emigration definiert Schnell als ein »Arrangement mit der politischen Realität, für welches das Element der Distanz zum Faschismus konstitutiv ist«[57]. Für Krauss, das wird auch in seiner Kritik im autobiographischen Bericht an der Position der meisten christlichen Mithäftlinge in den Gefängnisdiskussionen[58], die auf Luthers Römer-13-Erklärung fußen[59] und aus ihrer inhaltlich dezidierten Opposition die Konsequenzen nicht ziehen, sehr deutlich, ist die Innere Emigration zwar keine tragfähige Basis für wirksamen Antifaschismus, aber Rekrutierungspotential, und mit *PLN*, dem Beispiel Schnipfmeiers, der zu aktiveren Positionen geführt wird, gilt es ihm, ihre Vertreter zu gewinnen für das realitätsverändernde Handeln.[60] Dazu mehr an anderer Stelle.[61]

1 Werner Krauss: *PLN Die Passionen der halykonischen Seele*. Frankfurt/M. 1946; Lizenzausgabe [eigtl. 2. Aufl.] Potsdam 1948; 2. [eigtl. 3.] Aufl. Berlin (Ost) 1980; 2. durchgesehene [eigtl. 4.] Aufl. Frankfurt/M. 1983. Letztere ist mit der Ausgabe von 1980 textidentisch, hat aber ein anderes Nachwort. Zitiert wird nach den Ausgaben von Rütten & Loening 1980 und Klostermann 1946, in dieser Reihenfolge! Krauss' Todesurteil wurde später bei der von ihm mit der Hilfe von Freunden energisch betriebenen Wiederaufnahme des Verfahrens in eine mehrjährige Zuchthausstrafe geändert. — 2 In vielen Literaturgeschichten fehlt *PLN*. In den Nachkriegsdebatten um den Wert des Exil- und der innerdeutschen Literatur erwähnen es nur Drews und Kantorowicz am Rande als »geistvolle Abrechnung mit dem Nazisystem« (Richard Drews / Alfred Kantorowicz (Hg.): *Verboten und verbrannt. Deutsche Literatur 12 Jahre unterdrückt*. Berlin / München 1947, S. 196). Sonst fehlt es dort, wie auch in vielen jüngeren Beiträgen. So erwähnt z. B. Schnell zwar in seinem Beitrag »Innere Emigration und kulturelle Dissidenz« (In: Richard Löwenthal / Patrik von zur Mühlen (Hg.): *Widerstand und Verweigerung in Deutschland 1933 bis 1945*. Berlin / Bonn 1982, S. 211–225, hier S. 212)

Werner Krauss als Wissenschaftler der Inneren Emigration, in seiner Analyse der literarischen Phänomene aber fehlt jeder Hinweis auf ihn und sein Widerstandswerk. (S. Ralf Schnell: *Literarische Innere Emigration 1933–1945*. Stuttgart 1976). — 3 James MacPherson Ritchie (*German Literature under National Socialism*. London / Canberra / Totowa 1983, zu *PLN*, S. 154 u. 155) erwähnt den geringen allgemeinen Erfolg und auch das stillschweigende Übergehen von *PLN* in vielen Literaturgeschichten. Den Grund sieht er außer in dem restaurativen Klima der Adenauer-Ära vor allem im Werk selber, in dem die konkreten Ebenen »have to be hunted out«. Die verdeckte Schreibweise, »intended to make it difficult for the enemy to make sense of the text [. . .] also makes it difficult for the well disposed reader«. S. neben unzähligen Rezensionen z. B. auch Paul E. H. Lüth: *Literatur als Geschichte. Deutsche Dichtung von 1885–1947*. Wiesbaden 1947, S. 531, und Inge Stephan: »Literatur im Dritten Reich«. In: Wolfgang Beutin u. a.: *Deutsche Literaturgeschichte von den Anfängen bis zur Gegenwart*. Stuttgart ²1984, S. 355–369, hier S. 369. Das negativste Urteil stammt von Reinhold Grimm: »Innere Emigration als Lebensform«. In: Reinhold Grimm / Jost Hermand (Hg.): *Exil und Innere Emigration. Third Wisconsin Workshop*. Frankfurt/M. 1972, S. 31–73, hier S. 56, 64 u. 69. — 4 *PLN* 1980, S. 5: »es war nicht zu hindern, daß die Chiffren und Hieroglyphen ihr eigenes wucherndes Leben begannen«, und *PLN* 1946, S. 7: »Der Zwang der Umstände erforderte aber eine Darstellung in Chiffren, die nach dem Gesetz ihres eigenen Lebens den Ansatz der ersten Besinnung überdeckten.« — 5 Ebenfalls im Gefängnis schrieb Werner Krauss *Gracians Lebenslehre* (veröffentlicht Frankfurt/M. 1947). — 6 Balthasar Gracián: *Criticón oder Über die allgemeinen Laster des Menschen*. Hamburg 1957 (Ü: Hans Studniczka), S. 158. — 7 Peter J. Brenner: »Werner Krauss«. In: Walter Jens (Hg.): *Kindlers Neues Literaturlexikon*. Bd. 9. München 1990, S. 761. — 8 Martin Gregor-Dellin: »Krauss, Werner«. In: *Lexikon deutschsprachiger Gegenwartsliteratur*. München ²1987, S. 345–46; auch in: *Handbuch der deutschen Gegenwartsliteratur*. München 1965, S. 402–403, und P. J. Brenner: »Werner Krauss«, S. 761, rücken *PLN* nahe an Alfred Kubin: *Die andere Seite*, 1909, Hermann Kasack: *Die Stadt hinter dem Strom*, 1947, und Ernst Kreuder: *Die Gesellschaft vom Dachboden*, 1946. Die Ähnlichkeiten bestehen jedoch fast nur in äußerlichen Elementen. — 9 S. Jürgen Brummack: »Satire«. In: Werner Kohlschmidt / Wolfgang Mohr (Hg.): *Reallexikon der deutschen Literaturgeschichte*. Bd. 3. Berlin / New York ²1977, S. 601–614. — 10 Die Einführung der Postleitzahl folgte der Briefverteilung und -beförderung nach sogenannten Postleitgebieten (seit Oktober 1943) (s. Paul Müller: »Die Postleitzahl«. In: *Die Deutsche Post* Nr. 2/1944, S. 14–16). Die Angabe Peter J. Brenners in *Kindlers Neuem Literaturlexikon*, S. 761, sie sei 1940 eingeführt worden, ist falsch. Ihre breite Propagierung setzt Anfang 1944 ein und war auch für den von der sonstigen Öffentlichkeit abgeschnittenen Häftling durch eine erste Zeitungsannonce am 17. 1. 1944 in der *Deutschen Allgemeinen Zeitung* rezipierbar (s. »Postsendungen durch ›Postleitzahl‹ markieren«, S. 2, und »Postleitgebiete und Postleitzahlen nebst Gaueinteilung«. In: *Deutsche Allgemeine Zeitung* (Berliner Ausgabe) vom 17. 1. 1944, S. 6), der viele weitere Notizen folgten. — 11 »P.L.N« steht über dem später mit anderer Tinte eingefügten Dante-Motto auf der ersten Manuskriptseite, ist also wahrscheinlich schon vor der endgültigen Fertigstellung des Textes als Titel gewählt worden. — 12 D. Korodi: »Die freundliche Leitzahl«. In: *Deutsche Allgemeine Zeitung* (Berliner Ausgabe) vom 4. 5. 1944, S. 5 (Rubrik Berliner Nachrichten). — 13 Gemeint ist die Erneuerung durch den kritischen Rückblick auf das Leben und die Versäumnisse oder Fehlverhalten darin, durch Reue, die aber nichts mit der Verinnerlichung der staatlichen Haftgründe zu tun hat. — 14 In meiner vor kurzem abgeschlossenen Dissertation über *PLN* und seinen Autor wird Sigrid Weigels theoretische Hinterfragung solcher Bewältigungsstrategien (Sigrid Weigel: »*und selbst im Kerker frei . . .!« Schreiben im Gefängnis. Zur Theorie und Gattungsgeschichte der Gefängnisliteratur (1750–1933)*. Marburg 1982) mit *PLN* in Beziehung gesetzt. Die Bindung des Neuschaffens der Welt an Schnipfmeiers Weg zum aktiven Eingreifen unterscheidet Krauss' Position deutlich von bloßer Innerlichkeit. — 15 Nach Auskunft des ausfindig gemachten Mithäftlings Alfred Kothe an mich vom 9. 1. 1987 liegt sie vor Ende August 1944. — 16 S. -f: »Briefkasten im Ruhestand«. In: *Deutsche Allgemeine Zeitung* (Berliner Ausgabe) vom 30. 8. 1944, S. 5. Die Maßnahme wurde später rückgängig gemacht, s. -f: »Lochzange und Briefkasten«.

In: *Deutsche Allgemeine Zeitung* (Berliner Ausgabe) vom 8. 10. 1944. — 17 Fritz Rudolf Fries: »Lebenslehre oder Die Passionen der aufklärerischen Seele«. In: Werner Krauss: *PLN Die Passionen der halykonischen Seele.* 2. [eigtl. 3.] Aufl. Berlin (Ost) 1980, S. 303–322, hier S. 310. — 18 Z. B. Florian Vaßen (der *PLN* nicht berücksichtigt): »›Literatur unter dem Schafott‹. Die antifaschistische Widerstandsliteratur in Deutschland«. In: Thomas Bremer (Hg.): *Europäische Literatur gegen den Faschismus 1922–1945.* München 1986, S. 33–52, hier S. 33. — 19 F. Vaßen: »›Literatur unter dem Schafott‹«, S. 40. — 20 Vgl. z. B. Wolfgang Emmerich: »Die Literatur des antifaschistischen Widerstands in Deutschland«. In: Horst Denkler / Karl Prümm (Hg.): *Die deutsche Literatur im Dritten Reich. Themen – Traditionen – Wirkungen.* Stuttgart 1976, S. 427–458, hier S. 445, sich auf Bloch beziehend: »Krauss macht«, z. B. in den grotesken Exekutionsschilderungen, »damit ›das Unsägliche sagbar‹.« — 21 Wolfgang Emmerich: »›Massenfaschismus‹ und die Rolle des Ästhetischen. Faschismustheorie bei Ernst Bloch, Walter Benjamin, Bertolt Brecht«. In: Lutz Winckler (Hg.): *Antifaschistische Literatur. Programme Autoren Werke.* Bd. 1. Kronberg 1977, S. 223–290, hier S. 223, auch: »Beitrag zur Erkenntnis« und eine »Perspektive für die Bekämpfung des Faschismus«. — 22 Krauss erscheint in den pessimistischen Teilen von *PLN* so (s. u.). Martin Broszat legt dar, daß das Spektrum für Resistenz und Widerstand nach dem Ausschalten der Linken und ihrer Positionen ganz schmal wurde. (S. Martin Broszat: »Zur Sozialgeschichte des deutschen Widerstands«. In: *Vierteljahreshefte für Zeitgeschichte* 34 (1986), S. 293–309, hier S. 299.) Ian Kershaw sieht trotz allen nicht geringen partiellen Dissenses bis kurz vor der sich endgültig abzeichnenden Niederlage im Krieg einen Grundkonsens der Bevölkerung mit dem nationalsozialistischen Regime, so daß er die These vom Widerstand ohne Volk auf neue Weise bejaht. (S. Ian Kershaw: »›Widerstand ohne Volk‹? Dissens und Widerstand im Dritten Reich«. In: Jürgen Schmädeke / Peter Steinbach (Hg.): *Der Widerstand gegen den Nationalsozialismus. Die deutsche Gesellschaft und der Widerstand gegen Hitler.* München / Zürich 1985, S. 779–798.) — 23 Vermutlich ist die Erwähnung des Traums nicht zufällig. Sie ist erstens autobiographisch ernst zu nehmen, zweitens spielt auch in der Traumarbeit Verdichtung eine wesentliche Rolle. — 24 »Der Zoo nach den Terrorangriffen. Erhebliche Verluste im Tierbestand«. In: *Deutsche Allgemeine Zeitung* vom 8. 12. 1943, S. 4. — 25 Felix Kersten: *Totenkopf und Treue, Heinrich Himmler ohne Uniform.* Hamburg [1952]; S. 391. — 26 Achim Besgen: *Der stille Befehl. Medizinalrat Kersten, Himmler und das Dritte Reich.* München 1960, S. 69. — 27 Lediglich einmal entkamen zwei Warzenschweine und ein Wildschweinkeiler. Sie gerieten in Raserei und wurden von Zoo- oder Polizeikräften erschossen. S. Lutz Heck: *Tiere – mein Abenteuer. Erlebnisse in Wildnis und Zoo.* Wien 1952, S. 139, 165, 168; Katharina Heinroth: *Mit Faltern begann's. Mein Leben mit Tieren in Breslau, München und Berlin.* München 1979, S. 126, 131 und 132; Heinz-Georg Klös: *Von der Menagerie zum Tierparadies. 125 Jahre Zoo Berlin.* Berlin 1969, S. 119, 121, 122 und 125. — 28 S. Hans Rumpf: »Berlin im Bombenkrieg 1940–1945«. In: *Ziviler Luftschutz, vormals Gasschutz und Luftschutz, baulicher Luftschutz. Wissenschaftlich-technische Zeitschrift für das gesamte Gebiet des zivilen Luftschutzes, Mitteilungsblatt amtlicher Nachrichten* 20 (1956), S. 35–39 u. 72–77, hier S. 73. — 29 Analog dem Ms. unter Verzicht auf die Hervorhebung von »noch«. — 30 Werner Krauss: *Betrachtungen und Erfahrung über die [sic] deutsche Opposition.* Marburg [Sm-Ms. vor 20. 9. 1947] [Nachlaß Werner Krauss], S. 13. — 31 Im ersten Teil des Kapitels ist die von ihren Vertretern so wertgeschätzte Metapher von der blauen Blume herabsetzend konkretisiert zu »Nachtgeschirre[n] mit winterhartem Pflanzengewächs«, die »in regelmäßigen Abständen die abgedeckten Grundmauern wie Amphoren der Empirezeit« bekrönten (*PLN*, S. 94/95/119). — 32 Ulrich Christoffel: *Deutsche Innerlichkeit.* München 1940. — 33 [Rubrik] »Unsere Meinung«. In: *Deutsche Allgemeine Zeitung* vom 12. 12. 1943, S. 2. Hervorhebung durch Sperrung original. Verdeckte Kritik an den Nationalsozialisten ist u. a. zu vermuten wegen der Wahl der Ausdrücke »*politische* Auseinandersetzungen« (nicht: »Krieg«) und »grausamster Terror« (allgemein, auch innenpolitisch anwendbar, nicht »Bomben-« oder »Feindterror«) und wegen der Betonung von Persönlichkeit und Einzelnem. — 34 S. die an ihm konstatierte »›Erwartung, alle Härten allmählich in die Kraft des Herzens hineinzuverwandeln‹« und Schnipfmeiers Replik: »›Alle Macht ist von Gott eingesetzt, aber eine Macht, die gegen göttliches Recht verstößt, hat sich den Boden ihres Auftrages entzogen. Die bodenlos gewordene Macht hat den Anspruch auf Gehorsam verwirkt. Doch wird sich die bessere Einsicht auch jetzt noch daran versuchen, der verirrten Gewalt durch schweigende Beistandsleistung zu ihrer echten Vollmacht zurückzuverhelfen«« (*PLN*, S. 137/38/173/74). Der von Krauss sehr geschätzte und in seinem Tun und Denken geachtete Zellengenosse Carl Lampert, Innsbrucker Provikar, hat möglicherweise Schnipfmeier einige Züge geliehen, s. Werner Krauss: *Bericht über meine Beteiligung an der Aktion Schulze-Boysen* [1946] [Niedersächsisches Hauptstaatsarchiv Hannover, Zeichen Nds 721 Lüneburg Aec 69/176, Bd. X, Bl. 157–175; zugänglich auch als Mikrofilm 214 des Otto-Suhr-Instituts der FU Berlin], S. 29–31, und W. Krauss: *Betrachtungen und Erfahrungen über die deutsche Opposition*, S. 4. — **35** Ein Hinweis auf die halbgeheimen Greueltaten, die Krauss' Widerstandsgruppe publik zu machen oder wenigstens zu dokumentieren suchte. So erstellte Libertas Schulze-Boysen ein Archiv von Fotos solcher Kriegsverbrechen (s. z. B. Alexander Spoerl: »Libertas Schulze-Boysen« [Zusammengestellt aus einem Bericht von Alexander Spoerl über Libertas Schulze-Boysen]. In: Gerald Wiemers (Hg.): *Ein Stück Wirklichkeit mehr. Zum 25. Jahrestag der Ermordung von Adam Kuckhoff.* Berlin (Ost) [1968], S. 53–61, und Greta Kuckhoff: *Vom Rosenkranz zur Roten Kapelle. Ein Lebensbericht.* Berlin (Ost) 1972, S. 158. Von den Greueln berichten Flugblätter wie »Offene Briefe an die Ostfront. 8. Folge. An einen Polizeihauptmann« von John Sieg und Adam Kuckhoff (in: G. Wiemers (Hg.): *Ein Stück Wirklichkeit mehr*, S. 13–22). — **36** Diese Einleitung zieht ja auch die Summe der danach rückwendend erzählten Ereignisse. — **37** U. Christoffel: *Deutsche Innerlichkeit*, S. 8 u. 109. — **38** S. ebd., S. 111. — **39** Ebd., S. 111. — **40** Ebd., S. 7. — **41** Ebd., S. 113. Man muß Christoffel gerechterweise zugestehen, daß er als die innerlichsten Naturen solche sieht, die das innere Erleben in *äußere* Formen und *Taten* umsetzen (s. S. 131). Solche Bemerkungen sind aber selten. — **42** R. Schnell: *Literarische Innere Emigration 1933–1945*. Weitere Anregung verdankt die Verf. Uwe Klein: *Stefan Andres. Innere Emigration in Deutschland und im »Exil«.* (Diss.) Mainz 1991, S. 21–23. — **43** Andere sehen die Innere Emigration als deutlicher resistent. Bei aller breiten Übereinstimmung, die das Regime fand, und auch nur partieller Absetzung dieser Kritiker seien eine »Teilimmunisierung der deutschen Gesellschaft gegen den Nationalsozialismus« und »konkrete Grenzziehungen und Selbstbehauptungen« gelungen (M. Broszat: »Zur Sozialgeschichte des deutschen Widerstands«, S. 304). — **44** S. (im Anschluß an Herbert Marcuse) Rainer Stollmann: *Ästhetisierung der Politik. Literaturstudien zum subjektiven Faschismus.* Stuttgart 1978, S. 14. — **45** Der ganze Abschnitt folgt R. Schnell: *Literarische Innere Emigration 1933–1945*, S. 48–53. — **46** [Joseph] Goebbels: »Die deutsche Kultur vor neuen Aufgaben«. (Rede anläßlich der Eröffnung der Reichskulturkammer am 15. 11. 1933.) In: *Deutsche Presse. Zeitschrift für die gesamten Interessen des Zeitungswesens. Organ des Reichsverbandes der deutschen Presse e. V.* 23 (1933), H. 21, S. 315–318, hier S. 317, Hervorhebung E.F. — **47** Joseph Goebbels: (Rede vom 8. 5. 1933). In: J. Goebbels: *Revolution der Deutschen. 14 Jahre Nationalsozialismus.* Oldenburg 1933, S. 192. — **48** R. Schnell: *Literarische Innere Emigration 1933–1945*, S. 52/53. — **49** Im Ms. steht oben »Staats*gesetze*«, und »hervorspringende«, »sind« fehlt, »Personenrechte« steht samt Attributen im Plural, »geschmeidig zu werden« fehlt. Krauss setzt Nationalsozialismus und Staat gleich, während andere Theorien den Staat als Bündel von formalen Monopolen sehen, das die innerhalb der Gesellschaft herrschende Einheit Nationalsozialismus für sich aktiviert. (S. Peter Hüttenberger: »Vorüberlegungen zum ›Widerstandsbegriff‹«. In: Jürgen Kocka (Hg.): *Theorien in der Praxis des Historikers. Forschungsbeispiele und ihre Diskussion.* Göttingen 1977 (= Geschichte und Gesellschaft. Zeitschrift für Historische Sozialwissenschaft Sonderheft 13), S. 117–139, hier S. 126/27.) — **50** Auf dem eigenen Fachgebiet, aber parallel zu Krauss' literarischer Form hatte sein Freund John Rittmeister, das Vorbild für Eurylos, C. G. Jung kritisiert, weil die überwältigenden positiven Erlebnisse, zu denen er führt, in einer »farbenprächtigen Innerlichkeit befangen« bleiben, das Erlebte nur »*innere* Sonne, das innere Licht, der innere Frieden« ist, der »keinerlei Beziehungen zu der wirklichen Umgestaltung der Welt vermittelt«; und auf diese Veränderung der real schrecklich depravierenden Welt kommt es Rittmeister an. (John Rittmeister: »Voraussetzungen und Konsequenzen der Jungschen Archetypenlehre«. In: *Psyche* 36 (1982), S. 1032–1044, hier S. 1041 / 42). —

51 Angesichts dessen, daß die politische Verfügbarkeit solcher Innerlichkeit inhärent ist, wundert man sich, daß Krauss später den Bildungsniedergang der Mittelschichten (also den nachlassenden Idealismus des Bildungsbürgertums) mitverantwortlich macht für den Erfolg des Faschismus, denn dies unterstellte, daß solche Haltung resistent mache dagegen, sich vereinnahmen zu lassen von der Propaganda, die einen Ausweg aus dem sozialen Niedergang (der eigenen Mittelschicht) verspricht (s. Werner Krauss: »Die Universität in der Entscheidung«. [1. Text]. In: W. Krauss: *Das wissenschaftliche Werk*. Hg. im Auftrag der Akademie der Wissenschaften der DDR / später Akademie der Wissenschaften von Werner Bahner, Manfred Naumann und Heinrich Scheel. Bd. 1: Literaturtheorie, Philosophie und Politik. Hg. von Manfred Naumann. Textrevision und editorische Anmerkungen Renate Petermann und Peter-Volker Springborn. Berlin / Weimar 1984, S. 361–366 [Erstdruck 26. 3. 1946] / [2. Text] ebd., S. 367–376 [Zusammenfassung von 2 Erstdrucken vom 6. 4. 1946 und 23. 7. 1946], hier S. 264/5 und 371). — 52 Im Druck (*PLN*, S. 9/12) »Frieden seiner Innerlichkeit [...], weil aus dieser Unbestimmtheit des Gefühls die Bereitschaft zum unbedingten Gehorsam, zur Disziplin immer wieder gebieterisch hervorwuchs.« — 53 S. zum ganzen letzten Absatz R. Schnell: *Literarische Innere Emigration 1933–1945*, S. 52/53 und 178. — 54 W. Krauss: *Betrachtungen und Erfahrungen über die deutsche Opposition*, S. 6. — 55 Werner Krauss: »Literaturgeschichte als geschichtlicher Auftrag«. In: W. Krauss: *Das wissenschaftliche Werk*, Bd. 1, S. 7–61, hier S. 41. — 56 Ebd., S. 54/55. — 57 R. Schnell: *Literarische Innere Emigration 1933–1945*, S. 53. — 58 S. W. Krauss: *Bericht über meine Beteiligung an der Aktion Schulze-Boysen*, S. 29. Des weiteren s. W. Krauss: *Betrachtungen und Erfahrungen über die deutsche Opposition*, S. 7: »Wenn die Kirche im Dritten Reich ihren Widerstand ausschliesslich auf die religiösen Anliegen beschränkte, so war das nicht eine politische Akkomo[d]ation [!], sondern der folgerichtige Ausdruck einer Lehre, die sich jeder Verankerung im Naturrecht enthoben hatte. Über diesen Punkt hatte ich unablässige Diskussionen mit meinen Mitgefangenen, unter denen sich Geistliche beider Konfessionen befanden. Sie suchten die innere Rechtfertigung ihres Verhaltens immer auf der Linie, dass sie dem göttlichen Gebot gehorsam gewesen seien, ohne die staatliche Ordnung, die das göttliche Gebot und das Naturrecht verletzte, den Gehorsam durch aktive Kampfansage kündigen müsse [sic]. Insbesondere bestand ich darauf, den Hitler geleisteten Treueid für nichtig zu erklären, weil er erpresst war und weil dieser Despotie der Charakter der echten O[br]igkeit fehlte. Man hielt mir entgegen, dass dieser Eid Gott gegenüber geleistet werde, und nur indirekt der menschlichen Obrigkeit. Die Katholiken suchten einen Ausweg durch allerhand Vorbehalte, durch die man sich aus der peinlichen Lage befreien könnte, durch ein Versprechen an Gott zum Ungehorsam gegenüber demselben Gott verpflichtet zu werden. Das Resultat all dieser Diskussionen war immer dasselbe. Diese Mitgefangenen fühlten sich als Opfer des Regimes, während ich ein Verbrechen gegen das Regime begangen hatte. Zwar versagten sie mir nicht ihre Sympathie, da ich ein verbrecherisches Regime bekämpft hatte, und wir somit unter einem gemeinsamen Feind zu leiden hatten. Aber es blieb zwischen uns die unsichtbare Scheidewand, die den Schuldigen von dem Unschuldigen sondert. Dennoch ist es erstaunlich, dass der Druck einer solchen Tyrannis nicht schliesslich bei den Bedrückten eine neue Theorie zur Ermächtigung eines Widerstands hervorbrachte.« — 59 Auf diese Quelle der deutschen Innerlichkeit weist auch Grimm hin. (S. Reinhold Grimm: »Innere Emigration als Lebensform«, S. 72 / 73.) — 60 Die in den innerlichkeitskritischen Passagen zu wenig herausgenommene deutlich antifaschistische Position innerhalb der Inneren Emigration, die eines Reinhold Schneider etwa, der in *Las Casas vor Karl V.* (Frankfurt/M. 1979, [zuerst 1938]) ebenfalls zeigt, daß »das Naturrecht des Menschen nicht ohne leidenschaftlichen Einsatz des einzelnen zu erreichen ist« (Erwin Rotermund / Heidrun Ehrke-Rotermund: »Literatur im ›Dritten Reich‹«. In: Victor Žmegač (Hg.): *Geschichte der deutschen Literatur vom 18. Jahrhundert bis zur Gegenwart*. Bd. III 1918–1945. Königstein/Ts. 1984, S. 318–384, hier S. 360), steht in der Mitte von Schnipfmeiers Entwicklung; seine Haltung ist aktiver als die Schnipfmeiers am Anfang seiner Kritik des Staates, (eine sozialistische) Revolution aber würde er nicht gutheißen. — 61 Nämlich ebenfalls in meiner Dissertation.

Wulf Koepke

Die Ausweglosigkeit der Nicht-Emigration
Jochen Klepper und die Verfolgung eines Patrioten

Jochen Klepper (1903–1942), der besondere Affinität und enge persönliche Beziehungen zu Autoren und politischen Kreisen hatte, die das nationalsozialistische Regime ablehnten und versuchten, ihm zu widerstehen, ist das eindrucksvolle und schwer erklärbare Beispiel eines Menschen, der keinen Widerstand leistete und der versuchte, staatstreu zu bleiben, wo alles dafür sprach, daß er ins Exil gehen oder zumindest gegen das Regime arbeiten sollte. Während das Exil ihn wohl kaum wahrnahm, haben die oppositionellen Kreise der Kirchen, zumal die der evangelisch-lutherischen, und beispielsweise die Monarchisten ihn immer wieder für sich zu gewinnen versucht, denn seine Texte wurden in ihrem Sinne gelesen. Dieser von heute aus schwer nachvollziehbare »Fall« ist eher typisch als eine Ausnahme, und die milde Kontroverse der sechziger Jahre, die sich daran entzündete, daß man ihn zu einem politischen Märtyrer hochstilisiert hatte, klärte nicht dieses Eigentliche, nämlich daß Jochen Klepper so etwas wie ein »typischer Deutscher« war und daran zugrundeging.

Jochen Klepper, um das ins Gedächtnis zurückzurufen, war einer der unendlich vielen schreibenden Pfarrersöhne, aus Schlesien, mit dem bürgerlich-lutherischen Ethos imprägniert, mit enger Mutterbindung und ebenso starkem Vater-Konflikt, mit großer Bewunderung des Adels und selbstverständlicher preußischer Staatstreue, daneben jedoch kränklich, ein überempfindlicher Ästhet mit Neigungen, auch sexuellen, die der »Krankheit der Jugend« der zwanziger Jahre entsprachen. Sein Hang zum Theater und Kino wurde zum Wunsch, Schauspieler zu werden, den er sich verbot. Eine seiner Tanten war Schauspielerin, und solche Neigungen wurden in der Familie dem Erbteil einer französischen Großmutter zugeschrieben. Ein Dokument solcher Wünsche und Phantasien war ein Drama *Der eigentliche Mensch*, ein typischer Text der »Dekadenz«, sehr autobiographisch, ein Stück, das wohl aufgeführt worden wäre, hätte es eine Bühne für aufführungswürdig gehalten.[1] Der dandyhafte Klepper studierte Theologie, verweigerte allerdings den Abschluß und wurde Journalist in Breslau im evangelischen Pressedienst, aber zugleich als SPD-Mitglied auch linksorientiert: ein religiöser Sozialist mit sehr konservativem Ethos und ausschweifenden Tendenzen. Halt gab ihm dann seine viel ältere Frau, die seine Mutter ersetzte, eine wohlhabende jüdische Witwe mit zwei Töchtern. Ein erster Roman *Die große Direc-*

trice über die Modeindustrie und eine jüdische Christin wurde von den Verlagen abgelehnt, unter anderem mit dem damals nicht seltenen Urteil, er sei zu judaistisch.[2] 1931 ging Klepper nach Berlin, um dort sein Glück zu versuchen, und trotz der so schwierigen Verhältnisse hatte er schließlich Erfolg, vor allem beim Rundfunk, wo er 1932 eine Anstellung bekam. Das ging nicht ohne Kompromisse, zum Beispiel trat er aus opportunistischen Gründen aus der SPD aus. 1933 erschien sogar ein Roman von ihm, *Der Kahn der fröhlichen Leute*, sogleich als schlesischer Heimatroman klassifiziert und daher durchaus im Trend. Klepper wäre im Aufwind gewesen, zumal er jetzt komfortabel mit seiner Familie im Villenvorort Südende lebte, doch mit der nationalsozialistischen Machtergreifung und Übernahme des Staates durch die NS-Partei begann sein aussichtsloser Kampf um die Bewahrung seiner Familie, seines Hauses, seiner Integrität.

Ausgerechnet jetzt stieß er, auf der Suche nach seinem eigenen Thema, auf den Preußenkönig Friedrich Wilhelm I., den *Vater*, den die den Hohenzollern huldigende Geschichtsschreibung im wesentlichen in Hinblick auf seinen großen Sohn gesehen und gewürdigt hatte. Die Hohenzollern-Nostalgie schlug nach 1918 hohe Wellen und sollte dann von den Nazis besonders im Film ausgemünzt werden. Die umfassende Auseinandersetzung mit diesem Nachleben der Hohenzollern steht noch aus, sowohl die Heldenverehrung als auch das Schweigen nach 1945 deuten auf die Probleme hin. Diese Hohenzollern-Verehrung war keineswegs monolithisch und auch dort, wo das Wort Verehrung am Platz war, keineswegs immer unkritisch.

Ein Beispiel dafür bietet Reinhold Schneiders Buch *Die Hohenzollern*, das 1933 abgeschlossen wurde. Es erschien ausgerechnet in dem ersten Elan der Nazizeit, als die konservative Geistigkeit in Deutschland an das neue Reich glauben wollte, von Heidegger bis Gottfried Benn. Schneider, der wohl später dieses Buch von sich abschütteln wollte – jedenfalls enthalten es seine *Sämtlichen Werke* nicht mehr[3] – lebte zu dieser Zeit in Potsdam und hatte sich ganz in diese Umwelt vertieft. Auf eine eher distanzierte Anerkennung des Großen Kurfürsten folgt das Kernstück des Buches, die ausführliche Darstellung der Regierung von Friedrich Wilhelm I. und Friedrich II. Für Schneider sind sie die einzigen wahren Herrscher Preußens geblieben, die einzigen wahren Könige, denen keine mehr folgen sollten, auch und gerade nicht der ja damals im Exil lebende Kaiser Wilhelm II. Die neuen Akzente bei Schneider waren die Betonung der Religion, der Bodenständigkeit und die Herausarbeitung der Größe des Vaters, von Friedrich Wilhelm I. Schneider sah das Charakteristikum des wahren Herrschers in seiner Gottergebenheit und in seiner bedingungslosen Hingabe an seine Aufgabe. Diese beiden Könige opfern ihre eigene private Existenz für ihr Werk. Man kann hierin auch einen Vergleich mit dem Künstler sehen. Es fällt natürlich sofort auf, daß Schneiders Kennzeichnung des Herrschers genau dem entspricht, was Adolf Hitler für sich in Anspruch nahm und als sein Image pflegte: auch er war von Gott ausersehen, der ihm seine Eingebungen mitteilte, auch er opferte sein Leben für seine Aufgabe, für sein Volk. Nur war er nicht durch Erbschaft an seinen Platz gestellt, sondern als unbekannter Sohn des Volkes. Später konnte man bei Schneiders Buch allerdings, genau wie in Kleppers Roman *Der Vater*, die Kritik an dem falschen Führer, dem Verführer, herauslesen.[4]

Schneiders Buch und Botschaft trafen Klepper 1934, gerade als er seinen Plan gefaßt und nach seiner Art begonnen hatte, gründliche Quellenstudien zu treiben und Reisen zu den wichtigen Schauplätzen zu unternehmen. Schneiders Konzept paßte genau zu dem, was er selbst zu formulieren suchte. Das Buch wurde Grund ihrer zeitweise engen Freundschaft.[5] Schneider hatte dann auch maßgeblichen Anteil an der positiven Rezeption von Kleppers Roman.

Während literarisch ein ideales Hohenzollern-Reich wiedererrichtet wurde, hatte Klepper für seine »Mischehe« zu büßen, und nun war kein Kompromiß, kein Opportunismus mehr möglich – außer dem einen, sich scheiden zu lassen. Doch Kleppers Bindung an Frau und Töchter war unauflöslich, schon aus religiösen Gründen, aber auch psychologisch. Und jetzt, 1933, identifizierte er sich selbst als »Jude« – sein Gott war der der Bibel, des Alten Testaments. Die paradoxe Konsequenz war, daß es ihm immer wichtiger wurde, daß sich Frau und Tochter taufen ließen. Klepper sah sich also als unlösbare Einheit von einem Deutschen, Juden und Christen.[6] Sein Gott blieb ein Vatergott und der Sohn und Erlöser Jesus Christus trat dabei in den Schatten.

Klepper, 1933 aus dem Rundfunk entlassen, fand eine untergeordnete Stellung im gleichgeschalteten Ullstein-Verlag, die er 1935 verlor, während er wie besessen am Roman schrieb, der immer länger und komplexer wurde. Die Deutsche Verlagsanstalt Stuttgart, Verleger des vorangegangenen Romans, förderte ihn trotz aller politischen Schwierigkeiten. Paradoxerweise wurde Klepper erst 1937 aus der Reichsschrifttumskammer ausgeschlossen, gerade als *Der Vater* erschien. Bis zu dieser Zeit, trotz der Nürnberger Gesetze und vieler kleiner Schikanen, konnte die Familie noch fast »normal« leben, doch nun wurden Schul- und Ausbildungsprobleme der Töchter mehr als akut. *Der Vater* erwies sich nach allen Qualen der Entstehung und Einsprüchen des Verlags gegen die Länge als sofortiger Erfolg, bei der Kritik und beim Publikum, trotz der großen Behinderung durch Parteiorgane und -institutionen. Das konservative Deutschland glaubte hier eine mächtige Stimme gefunden zu haben. Das Buch fand Anklang in der Wehrmacht, in der Kirche, im Adel, sogar in der Kaiserfamilie, im deutschen Bürgertum. Es wirkte auf alle Kreise, an die Klepper gedacht hatte.

Natürlich ist dieser von Details berstende historische Roman von erheblicher Länge zu komplex für eine kurze Charakterisierung. Darum geht es hier auch gar nicht. Vielmehr geht es um einige Gründe seines Erfolgs, der auch nach 1945 noch anhielt. Ich sehe das Geheimnis des Erfolgs gerade darin, daß es einerseits nur wenige kritische Parallelen zur Gegenwart gibt, daß jedoch andererseits das Buch ganz klar erkennbar kein nationalsozialistisches ist. Es ist ein sehr politisches Werk, aber trotzdem nicht eigentlich eines der Opposition. Es ist ein Buch, zu dem ›gute‹ Deutsche uneingeschränkt ja sagen konnten. Diese Feststellung erfordert eine weitere Kommentierung. Was Klepper fertiggebracht hatte, war, die Gestalt dieses Königs sympathisch zu machen. Sonst kam ja Friedrich Wilhelm I. eigentlich nur als der eher pathologische Tyrann vor, der primitive ungebildete Diktator, der sein Volk malträtierte und seinen genialen Sohn fast umgebracht hätte. Bei Klepper werden problematische Seiten des Königs nicht verschwiegen, doch der Akzent liegt auf dem Positiven. Zwangsläufig sieht dann der Thronfolger Friedrich II. nicht mehr ganz so großartig aus. Obwohl das Ende anzudeuten scheint, Friedrich II. sei eigentlich seinem Vater (nach dessen Tod) recht ähnlich geworden, und zwar gerade wegen der drastischen Erziehungsmethode nach der Flucht. Kleppers Sympathien haken sich an den unwahrscheinlichsten Figuren fest. Abgesehen von seiner Sympathie für Rand- und Dekadenzfiguren, zumal den Abenteurer Clement, also die schäbige Seite des Barock, Projektemacher und Betrüger, abgesehen also von diesen unerlaubten Seitensprüngen, ist eine der Lieblingsfiguren für Klepper die tragisch vernachlässigte Frau Friedrichs, die ihm sein Vater aufgedrungen hatte, während die Frau Friedrich Wilhelms eher schlecht wegkommt. Elisabeth von Braunschweig-Bevern wäre eine wahre Königin geworden, vielleicht Preußens einzige.

Sicherlich hat schon die Farbigkeit und Vielfalt der Darstellung Leser angezogen. Doch außer den eskapistischen Aspekten, die zweifellos wichtig waren, fanden die Leser etwas anderes, was sie dringend brauchten: die Darstellung des positiven Preußentums und ein großes menschliches Beispiel. Dieses Beispiel war das eines Vaters: eines Landesvaters, eines Familienvaters, eines Christen, der sich als Geschöpf des Vatergottes fühlt. Es ist mehr als auffallend, daß der Muttersohn Klepper, der Freund und Liebling älterer Frauen, keine wirkliche Mutterfigur gestaltete, sondern nur Frauen, die vielleicht das Zeug gehabt hätten, solche Mütter zu werden, Elisabeth, oder die Markgräfin Wilhelmine von Bayreuth. Klepper hat sich hier in jeder Hinsicht in eine Vaterwelt hineingeworfen. Darin könnte man allenfalls eine negative Parallele zur Gegenwart sehen: nach dem Tode des von Klepper verehrten Reichspräsidenten Hindenburg hatte das Regime keine Vaterfigur mehr zu bieten, zu der man mit Vertrauen emporblickte. Das war der asketisch wirken wollende Hitler auf keinen Fall. Klepper stellte also eine Art Autorität dar, die vielen Menschen fehlte.

Während Klepper die skurrilen Seiten des Königs herunterspielt, etwa seine Obsession mit den »langen Kerls«, streicht er andere Seiten heraus: den Städtegründer und Städtebauer, den besessenen Reformer, zumal der Landwirtschaft, den Landesvater, der für das ferne Ostpreußen gewaltige Opfer bringt, um es zu zivilisieren, den sparsamen Hausvater, den volksverbundenen Fürsten, den gottergebenen Christen. Nicht nur wird der Roman von Bibelsprüchen sozusagen gelenkt und gegliedert, genau wie Kleppers Tagebuch durch die Bibel bestimmt wird, Friedrich Wilhelms Lebenswerk wird auch zugleich als Gottsuche dargestellt. Kleppers Sympathie liegt bei dem jungen Friedrich Wilhelm, der den Saustall seines schwachen Vaters ausmisten muß, ein preußischer Herkules, und dann wieder bei dem alten, dem leidenden König der letzten Lebensjahre; der König der Zwischenzeit, der in die Geschichte eingegangen ist, steht ihm nur in einem, allerdings entscheidenden Punkt nahe: als der deutsche Patriot, der das Reich bewahren möchte, das der Kaiser längst aufgegeben hat. Hinter der Tyrannei, unter der die vielen Kinder so leiden, steht bei Klepper die Vaterliebe und Vatersorge. Die so oft und dann endgültig enttäuschte Sehnsucht nach dem Sohn, mit dem ihn innere Gemeinsamkeit verbindet, wird von Klepper mit großer innerer Beteiligung ausgemalt, hinter der eigene Trauer steckt, nämlich darum, keine eigenen Kinder, zumal Söhne zu haben.

Klepper entdeckt sogar den Künstler im König, der ja ein Amateurmaler war. Es ist eigentümlich, daß Klepper, bei seinen legitimistischen Neigungen, die Figuren unter den Beamten des Königs herausstrich, die nicht von altem Adel, sondern Emporkömmlinge waren. Man bekommt geradezu den Eindruck eines gesellschaftlichen Umbruchs von oben, der ehrgeizige Männer von Verdienst an die Spitze bringt, während der alte preußische Adel abseits bleibt.

Andererseits wird stark betont, wie der König darum kämpft, aus den zerstreuten Ländereien ein einheitliches Preußen mit echtem Nationalgefühl zu machen, und wie dieser Staat auf der Staatstreue seiner Beamten und Offiziere aufgebaut ist. So wenig das Buch den Krieg glorifiziert, das Heer als Garant der Stärke und Sicherheit der Nation bleibt ein Kernstück. Preußen und dann Preußen-Deutschland wird zu einer Macht in Europa durch sein Heer, und das Heer beruht auf der (staatlich geplanten und gelenkten) Wirtschaft, die die Verschwendung des Absolutismus durch bürgerliche Sparsamkeit ersetzt. *Der Vater* bietet damit neben der Schilderung barocker Extravaganzen und Abenteuer das Hohelied bürgerlicher Tugenden; das Buch bringt es fertig, zugleich militärische Tugenden zu loben und nicht zu heroisieren. Zu den interessanten Zügen gehört zweifellos die kritische Schilderung der Söhne. Neben dem nicht so großen Friedrich wird vor allem Prinz Heinrich mit wenig Sympathie dargestellt, wobei Klepper Reinhold Schneider folgt; nur der Nichtsnutz August Wilhelm, dem Schneider eine tragische Dimension zugebilligt hatte, erweckt die Zuneigung des Vaters und des Lesers.

1937 traf Kleppers Roman auf eine spannungsgeladene Atmosphäre. Die Wehrmacht befand sich in einem raschen Wiederaufbau, der nicht nur den inneren Zusammenhalt der alten Reichswehr auflöste, sondern neue Männer und Einstellungen an die Spitze brachte. Vor allem aber mit dem Ausscheiden von Männern wie Beck, Fritsch und Blomberg gelangte die Wehrmacht in die Hände Hitlers und der Partei. Die internationalen Spannungen, zumal die Kriege in Äthiopien und Spanien, deuteten auf die kommende große Auseinandersetzung hin. Nach der Ruhepause durch die Öffentlichkeit der Olympischen Spiele in Berlin 1936 hatte sich die Judenverfolgung wieder verschärft. Goebbels wollte, wie Klepper ängstlich notierte, unbedingt das deutsche Kulturleben »judenrein« machen, und die Münchener Ausstellung »Entartete Kunst« setzte da einen weithin sichtbaren Akzent. Der Kampf zwischen dem NS-Staat und der Bekennenden Kirche spitzte sich weiter zu. Es war nicht leicht für jemanden wie Klepper, inmitten dieser Spannungen seinen Standpunkt zu finden. Er teilte mit so vielen ›guten‹ Deutschen die Kommunismus-Phobie und wäre gern im Spanischen Bürgerkrieg auf der Seite Francos gewesen, zumal die deutsche Propaganda, der er in diesem Fall glaubte, die Franco-Gegner als Kommunisten identifizierte und ständig Greuelnachrichten über Verfolgungen der Kirche brachte. Erst sehr viel später, bei seinem Militärdienst 1941 in der Ukraine, sollte Klepper den Widerspruch bemerken, daß die Nazis die Kirchen gegen den Kommunismus unterstützten, zu Hause aber die deutschen Kirchen verfolgten. Ja, über die Rettung der Welt vor dem Bolschewismus hinaus stimmte Klepper der Außenpolitik Hitlers weitgehend zu, jedenfalls bis 1938. Er teilte die allgemeine deutsche Auffassung vom Diktatfrieden von Versailles, mit dem das Unglück begonnen habe. Doch während Hitler in diesem Sinne für Deutschland handelte, mußte Klepper die innenpolitische Entwicklung eindeutig verurteilen, nicht nur wegen der Judenverfolgungen, sondern auch, weil er sah, daß das preußische Staatsethos durch die NS-Partei ausgehöhlt und unterminiert wurde. Die Herrschaft der Nazis zerstörte die Autoritäten, an denen sich Klepper festhielt: Staat, Kirche, Armee.

Es ist schwer zu sagen, wie weit die damals veröffentlichten Kritiken ein zutreffendes Bild der wirklichen Lektüre des Romans wiedergeben. Viele der Verfasser von Besprechungen oder Anzeigen (»Kritiken« gab es ja damals nicht) waren mit Kleppers prekärer Situation vertraut. Er war gerade aus der Reichsschrifttumskammer ausgeschlossen worden und versuchte jetzt, in irgendeiner Form eine Möglichkeit zum Publizieren zu finden. Eine massive Kampagne positiver Besprechungen konnte da möglicherweise helfen. Das war auch der Fall. Klepper bekam eine »Sondergenehmigung«, mußte allerdings danach alle Manuskripte zur Zensur vorlegen, eine Pflicht, der er sich nur selten durch anonymes Veröffentlichen entzog. Außerdem sind die Besprechungen möglichst »politisch korrekt«: es werden die Aspekte herausgestrichen, die Kleppers Roman den Machthabern akzeptabel machen konnten. Klepper klagte bisweilen darüber, daß entscheidende Aspekte nicht beachtet worden seien; aber diese Klage ist überraschend, denn er mußte so gut wie jeder andere wissen, daß gerade wohlmeinende Kritiker nicht alles schrieben, was sie dachten. Was die positive Reaktion auf den Roman, die dann sogar auf die meisten Parteiblätter übergriff, vor allem beweist, ist, daß es in dem kulturellen Teil der Presse noch etwas wie eine Solidarität einer konservativ-christlich-patriotischen Haltung gab, die von den Nazis nolens volens toleriert wurde, bzw. die die Nazis als Preis dafür zahlten, daß dieses Bürgertum und dieser Adel politisch mitmachten. Diese Art »Schatzkästlein«-Dichtung (Klepper wurde auch gut mit Matthias Wiemann bekannt) diente einerseits als Refugium des Trostes und einer heilen Welt, lenkte aber andererseits von Gedanken eines effektiven Widerstands ab. *Der Vater* konnte eben diese Funktionen übernehmen: das Buch diente als Trost und Stütze, aber es lenkte auch ab. Klepper steigerte sich immer mehr in eine Gottergebenheit hinein, die jede eigene Initiative fragwürdig oder gar aufrührerisch erscheinen ließ, er übersteigerte die lutherische Staatstreue trotz der Ablehnung des Regimes, und er lehnte jeden Widerstand gegen die Obrigkeit und die ihm aufgedrängte Rolle des geistigen Führers gegen den Ungeist ab. Er verweigerte alle Lesungen, teils aus Furcht, sich und seiner Familie zu schaden, aber doch auch aus Widerwillen gegen solche Form des Widerstands – denn Einladungen kamen von christlichen Gruppen der Bekennenden Kirche. Wiederholt vermerkt das Tagebuch den Widerwillen gegen eine Politisierung der Religion, die er der Bekennenden Kirche vorwirft. Das ist ein überraschender Aspekt, da ja sonst genau der entgegengesetzte Vorwurf erhoben wird. Es ist fast ungeheuerlich zu sehen, wie Klepper darunter leidet, daß er 1939 nicht zum Militärdienst eingezogen wird. Seine Einberufung Ende 1940 ist eine Art Rehabilitierung, und die Entlassung Ende 1941 wegen »Wehrunwürdigkeit« trifft ihn schwer, so daß er und seine Vorgesetzten auch dagegen zu protestieren versuchen. Er redet sich sogar ein, daß seine Familie besser geschützt sei, wenn er Soldat bliebe. Das ist objektiv sicherlich nicht richtig; und inzwischen schwebt seine Familie ja wirklich in akuter Gefahr. 1939 gelang es der älteren Tochter Brigitte, nach England auszuwandern, die jüngere Tochter Renate wollte bei den Eltern bleiben. Doch jetzt ist sie nicht nur zwangsarbeitsverpflichtet, trägt nicht nur den Judenstern und muß die unmenschlichen Beschränkungen auf sich nehmen, sondern muß dauernd wahrnehmen, wie ihre Arbeitskollegen und Freunde deportiert werden; sie sieht das Ende vor sich. Kleppers unternehmen verzweifelte Anstrengungen, Renate nach Schweden oder der Schweiz zu bringen, doch trotz bester Beziehungen und Einladungen wohlhabender Bürger sind die Behörden nicht mehr zu erweichen. Nur mit großer Mühe hatten sich Kleppers ein neues Haus in Nikolassee bauen können (vor dem Kriege!), als die Verkehrsplanung sie aus Südende vertrieb. Kleppers letztes Refugium, Haus (mit stilvoller Einrichtung), Familie und seine Arbeit sind bedroht, ja in höchster Gefahr. Nach dem *Vater* hatte Klepper ein Projekt begonnen, das sein größtes sein sollte: *Das ewige Haus*, eine Romanbiographie von Luthers Frau Katharina von Bora. Klepper vertiefte oder verlor sich in Quellenstudien, und je mehr er sich und die Seinen in Gefahr sah, desto weniger war er fähig, dieses Buch zu schreiben. Vielleicht mutete er sich auch eine unmögliche Aufgabe zu. Jedenfalls entspricht die Verzweiflung über die wachsende Bedrohung (und seine Schuld daran, Renate nicht zur Auswanderung ermutigt zu haben bzw. selbst emigriert zu sein) der Verzweiflung über den Stillstand dieses entscheidenden Projektes. Die Soldatenzeit war dann auch etwas wie eine innere Befreiung von diesem Druck.

Ob die erhaltenen Anfänge des Romans eine Idee von dem geben können, was Klepper vorgeschwebt hat, ist zweifelhaft.[7] Klepper wollte in diesem Roman nicht nur Luther darstellen, dessen Theologie er bejahte und mit dessen problematischer Persönlichkeit er sich identifizierte[8], nicht nur den Lebensweg und die Umwelt von Luthers Frau, sondern vor allem das deutsche Pfarrhaus, dem er einen essayistischen Hymnus widmete[9] und das er auf seine Weise für sich selbst wiedererrichtet hatte, wie er hoffte, besonders nachdem seine Frau evangelisch getauft worden war und sie gleichzeitig die kirchliche Trauung vornahmen. Es war für ihn beispielsweise von existenzieller Bedeutung, daß der Beginn der Versöhnung zwischen seiner Mutter und seiner Frau während des gemeinsamen Hörens einer Aufführung der Matthäus-Passion geschah. Dieses evangelische Pfarrhaus, nach Klepper die eigentliche Quelle der deutschen Kultur, sollte in *Das ewige Haus* gültig dargestellt werden, und es ist keine Frage, daß Klepper das Talent dazu hatte. Die Frage ist allerdings, ob auch die innere Affinität zu den Schauplätzen, so wie bei Potsdam und Berlin, vorhanden war, und ob ihm das 16. Jahrhundert so nahe stand wie das 18. Die Aussage des Tagebuches und auch seines Essays über den christlichen Roman bzw. den christlichen Romanautor[10], daß er sozusagen das Gefäß der Stimme Gottes sein müsse, der Fatalismus und zugleich die wachsende Strenge gegenüber dem eigenen Künstlertum sind fast selbstzerstörerisch; es ist, als ob Klepper sich selbst noch mehr Hindernisse in den Weg stellt, als er ohnehin schon vorfindet. So hält er zwar an einem Arbeitsrhythmus fest und beklagt sich bitter über die vielen Störungen, gesellschaftliche und politisch-bürokratische, aber mit den Gelegenheitsschriften, die das nötige Geld neben den neuen Auflagen des *Vater* einbringen, lenkt er sich auch von der ihm offenbar unlösbaren großen

Aufgabe ab. Aus der Angst vor der Bedrohung und dem ständigen Ringen um Glauben und Gottvertrauen heraus dichtete Klepper Kirchenlieder, die mehrfach vertont wurden, in Gesangbüchern Aufnahme und während des Krieges echten Widerhall fanden. Und ohne die Blockierung durch das große Projekt hätte Klepper sicherlich noch etliche schöne Erzählungen geschrieben.

Geschichte im Konjunktiv bleibt mißlich. Hätte Klepper ein gewaltiges Werk wie *Das ewige Haus* schreiben können, wenn ihm die Bedrohung nicht die Kehle zugeschnürt und die Hand gelähmt hätte? Darauf gibt es keine Antwort. *Der Vater* ist und bleibt ein einmaliges Dokument einer Hohenzollern- und Herrscher-Verehrung, die weite Kreise damals ansprach, aber der Kulturpolitik von Goebbels quer liegen mußte – doch wieder nicht so quer, daß sein Erfolg beunruhigend wirken mußte. Da eine intentionale Lenkung des Lesers nur in einer Richtung sichtbar ist, in der Bewunderung der Größe dieses gottergebenen, aber sonst widerspruchsvollen und mit vielen Schwächen behafteten Menschen Friedrich Wilhelm, da keine Erzählerkommentare in die Gegenwart weisen, und da sogar der Monarchismus nicht auf die Gegenwart bezogen werden muß, da die Reichstreue und der deutsche Patriotismus hervorgehoben werden, konnte dieses Buch verschieden gelesen werden, so weit es die Stellung zum Regime betraf. Daß es keine Konzession darin machte, die Gegenwart als Erfüllung der Bestrebungen der Vergangenheit zu deklarieren, bedeutete für einen Leser noch nicht, daß hier ein Gegenbild gegen den Führerkult der Gegenwart aufgebaut wurde. Aber es konnte das bedeuten. Doch damit war Klepper eigentlich in guter Gesellschaft.

Beispielsweise war bei Werner Bergengruens *Der Großtyrann und das Gericht* das Thema überdeutlich klar, daß die absolute Macht eine widergöttliche Versuchung ist und daß die »Probe«, der der Großtyrann einen Menschen nach dem anderen aussetzt, die Menschen nicht nur in Krisen stürzt und verängstigt, sondern sie geradezu terrorisiert. Am Ende leben diese Menschen nicht nur gedemütigt weiter, sondern auch beschädigt. Doch wiederum ist dieser Großtyrann ein Mensch, den man nicht nur fürchtet, sondern auch bewundert. Alle diese Menschen haben einen guten Kern. Das »Reich von Dämonen« wird hier nicht dargestellt. Auch Reinhold Schneiders *Las Casas vor Karl V.* (1938), von Klepper mit großer Zustimmung gelesen, wenn auch ein Hohelied der religiösen Menschlichkeit des Apostels der Indios Las Casas gegen die Habgier der Conquistadores und die selbstgewisse Arroganz eines Sepulveda, kann auf verschiedene Weise verstanden werden, zumal im aktuellen Bezug auf den Spanienkrieg und manche Kirchenverfolgungen in Lateinamerika, etwa in Mexiko. Wenn man auch hier bei Schneider viel deutlicher als bei den in »Mischehen« lebenden Kollegen Bergengruen und Klepper die Parteinahme für die unterdrückte Minderheit herauslesen muß, so ist die Kirche, die ja in Spanien und Lateinamerika als Gegner der Linken auftrat, bei Schneider der Hort der Menschlichkeit, wenn es einen geben kann. Schneider identifiziert sich offensichtlich mit der Konversion des Las Casas vom Unterdrücker zum Helfer der Unterdrückten, die er noch durch Parallelen weiter hervorhebt. Doch die Anwendung auf 1938 braucht nicht gegen den Nationalsozialismus gerichtet zu sein. Die Nazi-Presse war ja sofort bei der Hand, wie in Spanien, wenn Unmenschlichkeiten von Gegnern angeprangert werden konnten.

Immerhin stellen Texte wie diese drei deutlich die Frage nach dem Gericht des unbekannten Gottes, des *deus absconditus*, der den Menschen die Freiheit der Auflehnung gegen die göttliche Ordnung gibt, aber keinen luziferischen Sieg. Doch eine Verurteilung des herrschenden Systems als solchem überlassen sie der Interpretation eines danach suchenden Lesers. Man möchte eher spekulieren, jedenfalls bei einem Text wie *Der Vater*, daß eine innere Reform des Systems zu einem christlich-konservativen Staat preußischer Tradition am ehesten als Wunsch herausgelesen werden kann, wie sie dann ja auch etlichen Teilnehmern der Verschwörung von 1944 vor Augen stand.

Während also der Autor Klepper sich in einer Lage befand, die er selbst im Tagebuch als Exil bezeichnete, einer ihm aufgezwungenen Isolierung und Absonderung und in diesem Sinne einer inneren Emigration, entsprachen dieser Lage keineswegs seine Anschauungen und Wünsche, die auch in seinen Texten zum Ausdruck kamen. Einmal vergleicht er sich im Tagebuch mit Ernst Glaeser und Leonhard Frank, von denen er sagt, sie gingen im Exil innerlich an Heimweh zugrunde und wollten deshalb wieder zurück (was ja nur für Glaeser zutrifft), und er zieht für sich den Schluß daraus, er würde ein Exil nicht überleben. Aber so einfach war das sicherlich nicht. Natürlich brauchte Klepper den geschützten und ästhetisch ihm entsprechenden Innenraum, doch dieser wurde ja auch ständig bedroht. Klepper möchte gern akzeptiert sein und registriert erfreut nicht nur alle Zeichen des Erfolgs, was der Eitelkeit des Autors zugeschrieben werden kann, sondern mit besonderer Genugtuung die Zustimmung von Nazi-Größen bis zum Innenminister Frick – oder Göring. In dieser Wirkung sah er offenbar nicht nur einen Rettungsanker für sich und seine Familie, sondern auch Zeichen einer inneren Übereinstimmung, also Wandlung des Systems.

Damit fällt Klepper zwischen die Maschen des Kategoriensystems von äußerer und innerer Emigration, von faschistischer, nichtfaschistischer oder antifaschistischer Literatur. Klepper und ein Text wie *Der Vater* sind nun aber keine Randerscheinungen, sondern vielleicht sogar repräsentativ, jedenfalls von der Breiten- und Tiefenwirkung des Romans her. Ihn konnten Landpfarrer wie Wehrmachtsoffiziere, Monarchisten und Fürsten bis zum exilierten Kaiser, ja auch hohe Beamte, selbst im Propagandaministerium, mit Zustimmung lesen, als Trost und Stärkung empfinden, sei es in den Härten des Krieges, sei es bei den Verfolgungen der Bekennenden oder der widerstehenden katholischen Kirche. Beamte fanden darin Bestätigung für den Versuch, Staatstreue mit möglichst viel Integrität zu verbinden. Es ist, vom Umfeld 1937 her gesehen, ein konservatives Buch, ein Buch, das bewahren möchte. Von Juden ist in dem Buch nach Möglichkeit nicht die Rede; aber der Autor selbst und sein eher alttestamentlicher Gott, der in dem Glauben des Königs Friedrich Wilhelm gespiegelt wird, personifizieren das Ineinander und Miteinander von Deutschen und Juden als ebenso auserwählte wie geschlagene Völker.

Schon lange hatte Klepper das theologische Problem des Selbstmords durchdacht und für sich zu lösen versucht. Es war unvermeidlich, daß er sich mehr und mehr mit dem Schmerzensmann identifizierte, sozusagen mit der Stimme Christi zu Gott betete, und daß er in der Selbstauslöschung das letzte Opfer und den Weg zu Gott und zu einer Versöhnung und Erlösung sehen wollte. Christus allein konnte die Juden erlösen und bediente sich auch seiner Person als Werkzeug.

Mit dieser Beschreibung sind die schwerwiegenden theologischen wie psychologischen Fragen eher angerührt als beschrieben. Sie gibt nur einen Hinweis auf den Erfolg des *Vater* und keine Erklärung. Doch so viel wird deutlich: Das christlich-konservative Kulturleben in Deutschland nach 1933, das trotz aller Beschneidungen und Behinderungen noch eine erhebliche Reichweite behielt, so daß es eben den Erfolg eines Buches wie *Der Vater* durchsetzte, das gern verschwiegen und abgewürgt worden wäre, muß in Hinblick auf seine Zusammensetzung und Haltung zum Regime viel präziser als mit Pro- und Anti-Kategorien erfaßt werden. Zumal es nach 1945 eine so wichtige, wenn auch eher kurzlebige Bedeutung erlangte. Ferner: in der damaligen und späteren Diskussion um den historischen Roman ist immer wieder einer der Hauptpunkte die Frage nach den Parallelen zur Gegenwart gewesen. Das ist so direkt in bezug auf Texte wie den *Vater* wohl die falsche Frage. Gewiß gibt es autobiographische Momente, und natürlich kommen einem Gedanken an die Gegenwart. Aber der Autor gibt sich in dieser Hinsicht wenig zu erkennen, und wenn, dann wie gesagt, eher als konservativer Unterwanderer des Systems, der aber keineswegs die Macht und Größe des Reiches gefährden möchte. Vielleicht kann man sogar am *Vater*, der in den ersten Jahren des Regimes geschrieben wurde, ablesen, wie weit der Weg der Verschwörer von 1944 zu einem grundlegenden Umsturz war. Kleppers Buch machte vielen Menschen Mut, doch eher zum Aushalten und Durchhalten als zum Handeln. Und vielleicht sogar zum Mitmachen. Wie also soll man Klepper und seine Wirkung bewerten und einordnen? Als tragischer Fall eines unmöglichen, durch den Nationalsozialismus unmöglichen Lebens kann Kleppers Existenz und die seiner Familie exemplarisch wirken. Seine Bücher, zumal *Der Vater*, stehen dazu in einem gewissen Widerspruch, betonen sie doch seinen unbedingten Patriotismus und Glauben an die Größe des wahren Herrschers. Man muß Kleppers Person bei allen ihren Schwächen wegen der Integrität und Konsequenz bewundern. Als Texte eines deutschen Widerstands eignen sich seine Bücher nicht. In den politischen Kategorien unserer Literaturgeschichte liegen sie quer. Diese Querständigkeit, die die Einreihung in den christlichen Widerstand beheben wollte, muß ihnen eine wohlmeinende Interpretation lassen, die den Text des *Vater* ernst nimmt. Und damit ist ein Problem verdeutlicht, das wohl weitere Implikationen hat.

1 Vgl. die Beschreibung bei Rita Thalmann: *Jochen Klepper. Ein Leben zwischen Idyllen und Katastrophe*. München 1977, S. 40–42. Welchen Anteil der Inhalt (Transvestiten, homosexuelle Neigungen) an der Ablehnung hatte, ist schwer zu beurteilen. — 2 Vgl. Thalmann, a.a.O., S. 59–67. Klepper hatte offenbar darauf gebaut, daß von Juden geleitete Verlage das jüdische Milieu und seine Problematik gutheißen würden. Allerdings war einer »arisierten« Fassung des Romans kein besserer Erfolg beschieden. — 3 Reinhold Schneider: *Die Hohenzollern. Tragik und Königtum*. Leipzig 1933. Schneider hat später einen Kranz von Erzählungen geplant, die *Die Einsamen und ihr Volk* heißen sollten. Davon sind einige in *Der ferne König*, Freiburg 1959, enthalten. — 4 Benutzte Ausgabe: *Der Vater. Roman eines Königs*, Stuttgart 1957. — 5 Dazu vgl. *Jochen Klepper: Briefwechsel 1925–1942*. Hg. von Ernst G. Riemschneider. Stuttgart 1973. S. 61 ff., mit Kommentierung. Riemschneider weist auch auf die zahlreichen Eintragungen über Schneider im Tagebuch hin. Gekürzte Ausgabe des Tagebuchs: *Unter dem Schatten deiner Flügel. Aus den Tagebüchern der Jahre 1932–1942*. Hg. von Hildegard Klepper und Benno Mascher. Stuttgart 1955. – Die Freundschaft lockerte sich, nachdem Schneider von Potsdam weggezogen war und nachdem die politischen Differenzen sichtbarer wurden. Doch auch in der Distanz blieben gegenseitige Hochachtung und viel Zuneigung. Schneider war Kleppers letzter »Freund«. Vgl. auch Friedrich Laubscher: »Jochen Klepper und Reinhold Schneider«. In: *Nicht klagen sollst du: loben. Jochen Klepper in memoriam*. Hg. von Rudolf Wentorf. Giessen / Basel 1967, S. 98–123. — 6 Zuerst identifiziert er sich am 5. Juni 1933, bei den Kämpfen im Rundfunk, die bald zur Entlassung führten, als »Jude«: »Schicksal als Jude, Schicksal als Geist, Schicksal als Künstler« (*Unter dem Schatten . . .*, a.a.O., S. 65). Das wird dann ein Leitmotiv. — 7 So urteilt auch Kleppers Freund Kurt Ihlenfeld: »In tormentis scripsi«. In: *Nicht klagen . . .*, a.a.O., S. 81, der auch Schneider für diese Ansicht in Anspruch nimmt. — 8 Beeinflußt war Klepper vor allem durch seinen Breslauer Lehrer Rudolf Hermann, mit dem er bis zum Schluß in Kontakt blieb, vgl. *Briefwechsel . . .*, S. 17–59, während der Arbeit am Roman beeindruckte ihn auch das Lutherbuch von Rudolf Thiel (*Luther*. 2 Bde. Berlin 1933 u. 1935). — 9 »Das evangelische Pfarrhaus und die deutsche Nation«, 1940, wiederabgedruckt in Jochen Klepper: *Nachspiel. Erzählungen, Aufsätze, Gedichte*. Witten 1960, S. 49–71. — 10 »Der christliche Roman«, 1940, in: ebd., S. 84–101, wo Klepper mehrere Arten und Stufen der Gottergriffenheit unterscheidet.

Helmut Peitsch

Wolfgang Hoffmann-Zampis'
Erzählung aus den Türkenkriegen

»Ein Meisterwerk«[1] und »ein meisterliches Stück Prosa«[2] nannten im Spätsommer 1947 – kurz nacheinander, doch ohne von einander wissen zu können – zwei Exilschriftsteller die *Erzählung aus den Türkenkriegen* eines »gefallenen«[3], »unbekannten«[4] Autors. Auf emphatische Weise hoben Stephan Hermlin und Peter Weiss Wolfgang Hoffmann-Zampis' Text aus den Nachkriegsveröffentlichungen heraus. Während Weiss' Artikel in *Stockholms Tidningen* die Erzählung immerhin noch mit drei anderen, ausdrücklich genannten Büchern des Suhrkamp Verlags in eine Reihe stellte, um diese Versuche, »einen kleinen Rest innerer Klarheit zu gewinnen«, von den »Hunderte(n) belletristischer Publikationen« der »Literatur des Dunkels«[5] abzusetzen, war Hoffmann-Zampis in Hermlins Rede auf dem 1. Deutschen Schriftstellerkongress der einzige Autorenname, der überhaupt genannt wurde auf die durchaus programmatische Frage: »Wo bleibt die junge Dichtung?« Hermlins wie Weiss' Lob für Hoffmann-Zampis belegt nicht nur die, besonders um den Schriftstellerkongreß von 1947 herum, verbreitete – wenngleich in diesem Fall lediglich posthume – Bereitschaft von Exilierten, den in Nazi-Deutschland gebliebenen Autoren Brücken zu bauen[6]; es profilierte sich literarisch-ästhetisch als Abhebung des Einzelwerks von Tendenzen der »zeitgenössische(n) nichtfaschistische(n) Literatur«[7], die Hermlin und Weiss ablehnten. Hier gab es zwischen beiden einen deutlichen Unterschied, der die Gemeinsamkeit des Lobs um so interessanter macht. Den »progressiven Realismus«[8], den Hermlin sich »vielschichtig«[9] wünschte, sah er in einem doppelten Gegensatz: formal zum »Zug zum Konservativen, (...) Rückwärtsgewandten«, inhaltlich zur »neue(n) Innerlichkeit«: »Man flüchtet in die Metaphysik und nennt die Totschläger am liebsten Dämonen. Aus Widerwillen vor dem Marschieren stelzt man.«[10] Fast scheint es, als würde Weiss' Ausgangspunkt von dieser Kritik getroffen: »Ein grosser Leerraum klafft, wo der Dämon gewütet hat.«[11] Allerdings erschien Weiss »hartgesottener Realismus« ebenso unzureichend wie »trüb romantische« »Idylle« und »prophetische« »Strafpredigt oder Mahnung zur Besserung«; Weiss plädierte für eine Prosa »innerer Selbstbesinnung«: »Der Suchende muß auf den Wegen der Aussichtslosigkeit umhertappen«[12]; zugleich träumte er von »kristallisierter Form«, die »Distanz«[13] voraussetze. Hermlin hingegen warnte vor voreiliger Poetisierung, »dem Zug zur ›höheren‹ Literatur«[14], und empfahl die Reportage als Weg zur Erzählung.

Trotz ihrer unterschiedlichen literarästhetischen Voraussetzungen, die Hermlin in der Nähe des offiziellen sozialistischen Realismus des Exils und Weiss in der Nachbarschaft der Inneren Emigration[15] und zugleich beide im Schatten der klassischen Moderne zeigen (wie ihre gleichzeitigen Kafka-Empfehlungen[16] belegen), griffen sie in der Bewertung von Hoffmann-Zampis' Text zu einem Begriff, der in der zeitgenössischen Diskussion eine zentrale Rolle spielte. Das Wort ›Meister‹ für Hoffmann-Zampis verwies letztlich auf jenen Terminus, der in der Nachkriegsliteraturgeschichte Karriere machen sollte. Hermlin charakterisierte in der Einleitung seiner Rede die literaturkritische Situation insgesamt als »Klage, die junge Dichtung sei unfähig, die erlebte Epoche auch nur annähernd zu bewältigen«[17]. Was der Begriff ›Bewältigung‹ damals meinte, wurde in seiner Version dieser Kritik nachdrücklich expliziert: daß nämlich »in einer bestimmten seelischen Verkrampfung nach Formen gesucht wurde, die dem zu meisternden Inhalt nicht notwendigerweise entsprachen«[18].

Indem Hermlin hier den zeitgenössischen Gebrauch von ›Bewältigung‹ als formale Meisterung des Stoffs faßbar macht, antizipiert er jedoch zugleich Elemente der späteren Verwendung des Wortes: den politischen Bruch mit dem Faschismus und dessen sozialpsychologische Problematik. Hermlin erklärte nämlich das »Unvermögen, die jüngste Vergangenheit (...) dichterisch zu gestalten«, daraus, daß »die Auseinandersetzung mit dem Faschismus (...) nicht einmal rational bewältigt worden« sei, und aus der »Tatsache«, »daß der Faschismus und sein Krieg bei uns fast durchweg erduldet, ja geduldet, aber nicht bekämpft wurde.«[19] Hoffmann-Zampis einen Meister zu nennen meinte mithin, dessen Text als gelungene Bewältigung des Erlebnisses von Faschismus und Krieg zu lesen und zum Widerstand des Verfassers zu erklären.

In dieser Einschätzung stimmte Weiss – trotz seiner Akzentuierung von Desillusionierung – mit Hermlin überein, wenn jener die Erzählung als eine beschreibt, »die vom hoffnungslosen Kampf des Klarsehenden gegen die rohe blinde Macht berichtet, die ihn zuletzt ins Verderben hinabreißen mußte«[20].

Was beiden Lobrednern des Meisterwerks entgehen mußte, war der von Carl Friedrich von Weizsäcker, dem Herausgeber der Suhrkamp-Ausgabe von 1947 (wie der Neuausgabe von 1987) verschwiegene Umstand, daß Hoffmann-Zampis' Erzählung 1943 von der Propaganda-Abteilung des Oberkommandos der Wehrmacht in einer Hunderttausender-Auflage gedruckt worden war.[21] Carl Friedrich von Weizsäckers verhüllende Formulierungen hatten im Gegenteil die Annahme von Nazi-»Widerstände(n)«[22] gegen die Veröffentlichung nahegelegt.

Weizsäckers Verschweigen enthüllt einen Widerspruch: Seine biographische Interpretation des Textes setzt nämlich voraus, daß die Wehrmacht eine Gegenwelt zum Faschismus dargestellt hätte. Wenn er dieser Voraussetzung ganz getraut hätte, wäre es wohl nicht nötig gewesen, die Veröffentlichung des Textes als Heft 35 in der von »der Propaganda-Kompanie« verantworteten *Schriftenreihe zur Truppenbetreuung* im Verlag der Feldzeitung *Von der Maaß bis an die Memel* diplomatisch zu verhüllen als »Ausgabe, die nicht in den Buchhandel kam«[23]. Gerade in dieser Frage liefert aber auch der Klartext zur Neuausgabe von 1987 keine zusätzlichen Informationen, obwohl er die biographische Lesart durch einige Zusätze anreichert. Sie betreffen vor allem die Beziehung zwischen dem Studenten der Deutschen Hochschule für Politik und späteren Stabsoffizier Wolfgang Hoffmann-Zampis und seinem Professor Albrecht Haushofer[24]. Schon 1947 hatte Weizsäcker vorgeschlagen, den Text als ›Spiegel‹ der »Entscheidungen« zu lesen, die der Verfasser »in sich durchkämpfte«, als er 1942 vom OKW zur Front »fort« »drängte« – hinaus aus dem »Bereich« der »Unwahrheit« »eines politischen Systems, das seinem Bilde einer lebendig geordneten Gemeinschaft von Menschen entgegengesetzt war«[25]. 1986 baute Weizsäcker diese Erklärung durch Autobiographisches aus: sein eigenes »Bündnis« mit Hoffmann-Zampis »gegen die bedrückende Atmosphäre des Haushoferschen Pessimismus«, seinen Vergleich von Hoffmann-Zampis' Drängen in die Armee, wo »man gegen den Zugriff der Nazis (...) besser geschützt war«, mit Eugen Gerstenmaiers Wunsch, »wenn gegen die Nazis geschossen wird, (...) auch ein Maschinengewehr (zu) haben«, seine Erinnerung an Hoffmann-Zampis' Berichte über »offene (...) Gespräche« mit Stauffenberg im Führerhauptquartier.[26] In Weizsäckers Konstruktion von Hoffmann-Zampis' Widerstand bleibt unklar, welche Beziehung zwischen seiner Ablehnung von Haushofers Pessimismus – ein NS-Propaganda-Terminus für Zweifel an der Gewinnbarkeit des Kriegs[27] – einerseits und seinen Schuldgefühlen wegen der »durch ständiges Lügen gesicherte(n) Position«[28] im Führerhauptquartier andererseits und der Meldung an die Ostfront bestand. Weizsäcker löst die »Ambivalenz«[29] – die er bemerkenswerterweise Hoffmann-Zampis allen Figuren seiner Erzählung zuschreiben sieht – zwischen einem Willen zu militärischem ›Optimismus‹ und einer Ablehnung von Kriegsverbrechen, indem er die Geschichtsphilosophie des Textes als konservativ-revolutionäre Utopie des 20. Juli identifiziert.

Schon auf der Ebene des Biographischen ist diese widersprüchliche Deutung nicht unproblematisch. Haushofer hatte bereits 1933 »innere Emigration«[30] als Rückzug aus dem politischen Handeln definiert, und seine Konflikte mit dem ›Lieblingsschüler‹ bezogen sich genau auf diesen Mangel an Einsatz.

Weizsäckers biographische, auf die rekonstruierte Intention des Verfassers setzende Interpretation, die den Text als camouflierte Darstellung der Geschichtsphilosophie des konservativen 20. Juli und des Schuldgefühls des Verfassers zugleich deutet, erklärt nicht oder meint nicht erklären zu brauchen, weshalb das OKW die Erzählung propagandistisch einsetzte. Weizsäcker scheint vorauszusetzen, was seit 1945 eine, auch sehr früh von exilierten Kritikern geteilte Annahme über nationalsozialistische Literatur gewesen ist: deren enge Definition als »Propagandaliteratur«[31] ließ schon die Wahl eines historischen Stoffes als Widerstand werten – weil dieser nicht die faschistische Tagespolitik unmittelbar darstelle, sondern zum Beispiel (so Weizsäcker über Hoffmann-Zampis) das »Glück einer Kultur«, »die mit der Natur noch im Bunde ist«[32], sowie die Wahl eines »altmodisch(en)« »Stil(s)«[33], weil ein »hohe(s) literarische(s) Niveau««[34] das Gegenteil von Propaganda sei. Solche stoff- und formgeschichtlichen Definitionen von Innerer Emigration – wie sie englisch 1946 und 1949 von Wilhelm Wolfgang Schütz und Hermann Boeschenstein[35] vorgelegt wurden – überleben sogar die gegenwärtige Tendenz, motiv- und stilgeschichtlich die Literatur des Exils, der Inneren Emigration und des Faschismus anzunähern.[36]

Hoffmann-Zampis' Wahl eines Prinz Eugen-Stoffes war das Gegenteil einer Verweigerung.[37] Die Konjunktur des ›Türkenkriegsstoffs‹ erreichte vielmehr gerade seit dem Angriff auf die Sowjetunion ihren Höhepunkt: Nach den großdeutschen Jugendbüchern Robert Hohlbaums (1938) erschienen 1941 Mirko Jelusichs *Der Traum vom Reich* und 1943 Karl von Möllers *Der Savoyer*, 1942 bearbeitete Walter von Molo seinen Roman *Eugenio von Savoy* (1936) zu einem Hörspiel *Prinz Eugen*. Der spätere Wortführer der Inneren Emigration im Streit mit Thomas Mann nutzte das Potential des Stoffes in einer Weise, die der Vorsitzende der »Republikaner« in seiner Erklärung, warum eine SS-Division des Namens »Prinz Eugen« »nichts Neues in dieser geschichtlichen Wetterecke Europas«[38] erfahren habe, auf die bündige Formel »von der unvorstellbaren Grausamkeit des Kampfes« brachte: »Das Wort ›Pardon‹ schien im Partisanenkampf ein Fremdwort zu sein: auf beiden Seiten.«[39]

In Molos Version von des Prinzen erster Schlacht wird auch die verweigernde Kraft der ›Schönheit‹ fragwürdig: »Er ließ den Säbel sinken, auf dem rot Blut haftete und ... war wie berauscht: überall lagen Menschen und Tiere ausgestreckt auf der Flur. Es war zum ersten Mal das Leben, das er unverhüllt in aller seiner Schöne und Unerbittlichkeit vor sich sah.«[40]

Auf höherem literarischen Niveau als bei Molo fand sich diese Ästhetisierung des ›Türkenkriegs‹ schon 1915 in Hugo von Hofmannsthals propagandistischer Einberufung des Prinzen Eugen in den Ersten Weltkrieg. Der spätere Kriegskorrespondent – eine Institution, die von der faschistischen PK als Vorläufer angesehen wurde[41] – belegt, daß literarisches Niveau kein Schutz vor Propaganda zu sein braucht. Wenn Hofmannsthal meinte, »die

Erzählung einer herrlichen Tat«[42] – als »Legende«, die dem »Volk« »Geschichte« als »Poesie« »lebendig« »bleiben« lasse[43], indem sie den »Schein«[44] des historischen Abstands vernichte – »setzt alle unsre Kräfte in Bewegung«[45], dann ging es ihm nicht nur allgemein um ein Verhältnis zur Vergangenheit, das diese mit der Gegenwart unmittelbar identifizierte, sondern konkret um historische Legitimierung der »Schickung«[46] und des »Zuges nach Osten«[47]. Aggression erschien als Verteidigung, ob er das »Deutsche Reich« »ein mächtiges, aber eingeengtes Bollwerk: die Brücke der Völker vom Herzen Europas, zum Orient hinübergespannt«[48], nannte oder es »die Macht der Türken als einer eigentlich angreifenden, gegen das Herz Europas vorstoßenden Ostmacht« brechen sah, die er mit der »heutigen«, »neuen halbbarbarischen Großmacht, den Russen«[49], gleichsetzte: »Wer denkt nicht (...) bei dieser größten und aussichtsreichsten Bedrohung, welcher das Herz Europas jemals ausgesetzt war, an den heutigen Tag (...)?«[50] Nicht nur das Regiment des Prinzen Eugen sei »das gleiche, das noch heute und auf ewige Zeiten seinen Namen führt«[51], sondern, weil gelte: »der Geist kennt nichts als Gegenwart«, folge daraus: »Dem Geiste nach ist der Prinz Eugen ein Lebender unter uns.«[52] Bei Hofmannsthal deutete sich an, wie seit Anastasius Grün der Prinz Eugen-Stoff mit dem Prinz von Homburg-Motiv des von der Obrigkeit letztlich anerkannten Ungehorsams verbunden werden konnte. Hofmannsthal legte Gewicht darauf, daß der Prinz sich den Herrn, dem er dienen will, frei wählt, zunächst einmal ist er ein Rebell.

Hoffmann-Zampis' Stoff- wie Motivwahl zeigen ihn also 1942 nicht nur in der aktuell faschistischen, sondern auch in jener ›großen‹ Tradition, die von den Nazis dienstbar gemacht worden war. Durchaus Kleistschem Muster folgend, trennte Hoffmann-Zampis das Motiv des Ungehorsams vom Prinzen ab, indem er einen Helden erfand, den anonymen Grafen als Oberst, dessen Ungehorsam vom Kaiser des Reichs – für das der Prinz Eugen-Stoff seit dem 19. Jahrhundert unentwegt gegen den Osten kämpft – mit Nachruhm belohnt wird, weil er – mit Schönhuber[53] – kein Pardon kennt: ›Gefangene werden nicht gemacht.‹

Des Autors prätentiöse ursprüngliche Titelgebung *Erzählung* – der Suhrkamp 1947 nur halbherzig folgte, zwar auf dem Umschlag, aber nicht auf der Titelseite, wo »aus den Türkenkriegen« ergänzt wurde – verweist auf einen Widerspruch in dem stofflich und formal ausgestellten Traditionalismus. Der Text von Hoffmann-Zampis' *Erzählung* ist das Gegenteil dessen, was er selbst als »Erzählen« beschreibt: »An den Orten, wo das Volk sich von alters her dem Erzählen (...) hingibt, in den Bräustuben der Bürger, in den Weinschenken des offenen Landes, an den Ausspannplätzen der Fuhrleute, auf den Landstraßen und Rollwagen wurde diese Geschichte nun in hitzigen Reden heftig erörtert, doch über dem Tagewerk meist bald wieder vergessen.«[54]

Während das erzählende Volk bloß Nachrichten beredet, die folgenlos bleiben, übersieht der Erzähler des Textes die Geschichte. Sie soll in seiner Gestaltung dauern. Der auktoriale Erzähler, dessen archaisierende Sprache ihn als volkstümlichen Chronisten ausweisen soll, dessen Konkretion suggerierende Häufung von Ähnlichem ihn aber als den ›Dichter‹ kennzeichnet, der aus dem miterzählten Abstand von »mehr als zwei Jahrhunderten«[55] illusioniert, steht also in einer ambivalenten Beziehung zum Volk. Einerseits wird es verklärt, andererseits herabgesetzt.

In der Präsentation des Konflikts des Helden zwischen dem einem türkischen Gefangenen gegebenen Ehrenwort und unbedingtem Gehorsam kehrt diese Konstellation wieder; so wird dem Volk von Anfang an jenes berüchtigte ›gesunde‹ Empfinden zugeschrieben, das den Kroaten des Textes sagen läßt: »Bei uns gibt man einem Türken sein Wort nicht«[56]; und »die alten Soldaten« bringen es auf die Formel: »So viel Aufhebens wegen ein paar Türken«[57].

Der innere Konflikt distanziert den Helden von vornherein vom Volk ebenso, wie das Erzählen des Dichters sich in Gegensatz setzt zum politischen Gerede.

Als Spiegel der erzählenden Instanz im erzählten Geschehen dient die einzige dem Helden nahestehende Figur: der »Mäusekaplan«[58] genannte Narr, ein blinder Dichter. Noch bevor der Erzähler vom Weiterleben des Namens des Grafen in seinem Regiment – so der kaiserliche Befehl – berichtet, wird der ›Mäusekaplan‹ vom Landeshauptmann und seinen Soldaten dreimal gefragt, »ob er nicht wisse, daß sein Herr tot sei?«[59]. Genauso verweigert der Erzähler den Bericht, wie die Soldaten den Grafen getötet haben, indem er seine auktoriale Position auf die Wiedergabe »ganz verschieden(er)« Schilderungen durch »Augenzeugen«[60] einschränkt. Die in der Verweigerung des Verrats implizierte typologische Kontrastbeziehung auf Petrus – eine Seite später kräht der Hahn, als die Soldaten die vom Grafen ermordeten Gefangenen finden – verstärkt die Rolle des blinden Dichters als Prophet des geistigen Weiterlebens der Helden. Seinem Tod ist ein ›Abendmahl‹[61] vorangegangen, das aus den treuen jungen Offizieren des Regiments die zukünftigen Jünger macht. Der dem Opfertod entgegengehende Held versichert, vom Erzähler massiv gestützt, »bald« »wieder bei ihnen«[62] zu sein. Das Eigene des Helden, das ihn sein Ehrenwort haltend rebellieren, und die Anerkennung der Ordnung, die ihn sein Ehrenwort auf eigene Faust brechen läßt, fallen im Märtyrertod zusammen: Eigenes und Ordnung scheinen im Tod als eines weiterzuleben. Der blinde Seher synthetisiert den Sinn der *Erzählung* in einem »Formalismus« des »Immergleichen hinter den historischen Konstellationen«[63].

In der Dichter-Figur des Textes bündeln sich Konventionen des spezifisch nazistischen historischen Erzählens, wie sie Helmut Vallery – ausgehend von der offiziellen Anerkennung durch die Instanzen von faschistischem Staat und faschistischer Partei – herausgearbeitet hat.[64] Als »Prophet«[65] faßt der Erzähler einerseits die »Rollenverteilungen«[66] des erzählten Geschehens auf Volk und Reich hin zusammen, andererseits die »verstreute(n) Bemerkungen«[67] des Erzählerkommentars selbst. Beides verschleiert den »Hiatus von Fiktion und Historie«[68]. Auf die – von Vallery anhand der Rezeption nachgewiesene – NS-spezifische Leseweise von historischen Erzählungen sind die Erzählerkommentare von Hoffmann-Zampis' Text von vornherein angelegt. Sie legen nahe, »daß wir beim Lesen des Geschichtlichen als einer Äußerlichkeit vergessen und des darin lebenden Gegenwärtigen nur um so stärker und zwingender bewußt werden«[69]. Alle Kommentare des Erzählers, ob beiläufig oder programmatisch, ob in Adverbien wie »gerne«[70], »oft«[71], »immer«[72] oder in Vergleichen »wie alles«[73], »wie denn überhaupt«[74] appellieren an die Realisierung einer »unmittelbaren Identität mit den Vorfahren«[75] von seiten soldatischer Leser, die aus eigener Erfahrung der Ordnung zustimmen sollen: »wie ja in jedem Heer«[76]. Vom Schluß her, der die dem Text eingeschriebene Leseweise fixiert, scheint es kaum möglich, Hoffmann-Zampis' *Erzählung* vom spezifisch faschistischen historischen Erzählen zu unterscheiden. Sowohl zeitgeschichtliche Parallelen im engeren Sinne – die in der Stoffgeschichte der ›Türkenkriege‹ bemerkenswerte Betonung der technologischen Überlegenheit der asiatischen Feinde als »überragende Meister« in den »Spreng- und Minierkünsten«[77] und die Anspielung auf Verhörmethoden bei der ›Partisanenbekämpfung‹ als »Tortur«[78] – als auch der Umstand, daß das dämonisierende Feindbild vorausgesetzt werden kann, ohne entfaltet werden zu müssen, so daß die Formel von der »Grausamkeit der asiatischen Horden«[79] es unnötig macht, den jüdischen Händler weiter zu charakterisieren, halten sich im Rahmen des 1942 in Nazi-Literatur Üblichen. Darüber hinaus jedoch gehen einmal die Ausklammerung von Kampfhandlungen überhaupt – verbunden allerdings mit der ansonsten nicht darstellbaren »Mordlust (...) als solche (...)«[80], dann die strikte soziale Historisierung des Konflikts. Beide Abweichungen vom Kanon nationalsozialistischen historischen Erzählens hängen zusammen; sie erlauben die Thematisierung von Rebellion einerseits und moralischen Skrupeln andererseits.

Zu prüfen ist also an der Durchführung des Konflikts, ob die Bearbeitung der Themen der Auflehnung und des Schuldgefühls zu Nonkonformität, Verweigerung oder Protest[81] tendiert oder, wie das bisher zur Erzählweise und zum Schluß Gesagte wohl fürchten läßt, ob nicht gerade die Explizierung von Abweichung deren Überwindung in Identifikation mit dem Faschismus transformiert.

Steht am Anfang der *Erzählung* das Ehrenwort des Grafen, dem gefangenen türkischen Offizier, einem Spezialisten für Sprengstoffe, das Leben zu erhalten (das dieser mit der Drohung erreicht, die zwölf türkischen Verteidiger der Burg samt ihren ›deutschen‹ Belagerern in die Luft zu sprengen), so liegen am Ende der Handlung »mit ausgebreiteten Armen und in spiegelnden Lachen von Blut (...) der Agha und seine elf Männer«[82]. Der Text erzählt also einen aufgeschobenen Gefangenenmord. Der zeitliche Aufschub ergibt sich aus der bis zum Ende durchgehaltenen Weigerung des Helden, den Türken seinen Vorgesetzten auszuliefern – zur Folterung, die mit der militärischen Notwendigkeit, das Wissen des Experten auszuforschen, begründet wird und die dessen sicheren Tod bedeuten würde. Zwischen dem Geben und dem Brechen des Ehrenworts wird der Held vom Erzähler durch eine Reihe von Gesprächen geführt, die im ersten Teil über die militärische Hierarchie bis zum Kaiser, von der Peripherie des Reichs, der Front im Osten, in das Zentrum, die Hauptstadt, führen, die im zweiten Teil durch die soziale Hierarchie abwärts von Wien durch die Landschaften Österreichs nach Westen auf den Stammsitz des Grafens gehen, wo die türkischen Gefangenen die ganze Zeit während der Verhandlung über ihr Schicksal verbracht haben. In den Gesprächen mit – alle sind namenlos – dem General, dem Feldmarschall (den jeder Leser als Prinz Eugen identifiziert), dem Kanzler und dem Kaiser wird die Weigerung des Helden, der sich auf seine Ehre beruft, perspektiviert; der Graf erfährt die Möglichkeit »noch andre(r) Betrachtungsweisen«[83], denen der Erzähler durch den Wechsel der Perspektive jeweils ins Innere der Antagonisten des Grafen Gewicht gibt. Diese Relativierung der individuellen Moral als Rest von Feudalität, der im auf das Bürgertum gestützten Absolutismus anachronistisch sei, wird an der Wende zum zweiten Teil, der die Benutzung des Falls des Grafen durch die ständische Opposition als »Mißverständnis«[84] vorführt, vom Erzähler ganz direkt verallgemeinert: »Es war jene Zeit, da überall im Abendlande der herrische Stand, nachdem er in den Fehden der Kronen und der Bekenntnisse sein fröhliches Blut weithin versprengt hatte, sich im Rückzugsgefecht befand gegenüber der Allmacht der Könige und dessen, was man erst damals den Staat zu heißen begann und hinter dem sich die aufstrebende Namenlosigkeit des breiten Bürgertums verbarg.«[85]

Die Zusammenfassung der in allen Gesprächen vorgeführten Relativierung in der historisierenden Formel: »Wie immer, wenn die Mächte der Beharrung mit denen der Neuerung streiten, vermischten sich Recht und Unrecht zu dem unentwirrbaren Knoten, vor dem jeder in gleichem Maße in Fug und Irrtum erscheint«[86], kann nicht verdecken, daß im ›fröhlichen Blutvergießen‹ die Metaphorik von Wärme und Kälte aufgenommen ist, die die Gespräche anders ordnet. Die kalte Destruktion der Moral des Helden durch seine Vorgesetzten, die sich gegen die Standesehre des Individuums auf die militärische Notwendigkeit des bürokratischen Staats berufen, wird schon an den Gesichtern der Militärs und Bürokraten ablesbar – ob sie nun

»verlegene (...) Rauheit«[87], »kühle Verhaltenheit«[88], »erbarmungslose Aufrichtigkeit«[89] oder »kühlen Blick«[90] zeigen. Mit dieser Kälte kontrastiert die Wärme des adligen Bluts, das fröhlich vergossen wird und anderes vergießt. Formelhaft werden die Jagd, der Wein und die Weiber, »die Liebe (...) zu Fest und Streit und Jagd«[91], als Inbegriff adliger Lebensweise nicht nur dem Helden, sondern der – immer wieder als Gegengewicht zu den Gesprächen evozierten – Landschaft Österreichs selbst zugeschrieben.

Indem der Held im zweiten Teil kategorisch von allen Versuchen abgegrenzt wird, seinen Fall zu einem ständischer »Gemeinsamkeit«[92] zu machen, wird das Adlige enthistorisiert zu einem Merkmal seiner Individualität: »eigenste(m) Wesen«[93], »Eigenwesen«[94], »seine(m) Weg«[95], »Eigenmacht«[96].

Auf die kalte Destruktion der Moral des Helden durch deren Historisierung folgt somit die warme Konstruktion seiner Individualität durch Ästhetisierung. Hier werden »Unterwerfung« oder »Aufstand« »ganz gleich«, ebenso gleichgültig wie die Frage der Rebellion, »ob mit oder ohne Aussicht auf einen sichtbaren Erfolg«[97]. So steht am Ende die Ermordung der wehrlosen Gefangenen durch den Helden.

Er bricht sein Ehrenwort eigenständig. Indem er den waffenlosen Gefangenen selbst tötet, begeht der Graf einen formal und inhaltlich dem Ehrenkodex widersprechenden Akt, der nicht auf den militärischen Zweck des verweigerten Befehls bezogen ist, mehr noch: diesen Zweck vereitelt, denn der tote Sprengstoffspezialist kann nicht mehr ›befragt‹ werden. Der Graf rebelliert und unterwirft sich zugleich, indem er sich von den Soldaten des Landeshauptmanns töten läßt. Daß der Kaiser den brutalen Akt dadurch legitimiert, daß er dem Regiment den Namen des Helden läßt, ist nicht nur der Schluß der *Erzählung*, sondern auch die meines Erachtens wichtigste Rezeptionsvorgabe des Textes: Der moralische Skrupel wird dem Leser ausgeredet, zunächst durch strikte Historisierung, die die Hemmung, einen Gefangenen zu ermorden, als anachronistische Standesehre entlarvt, dann durch die Ästhetisierung von Rebellion im fröhlichen Blutvergießen.

Gerade die von der Erzähltechnik des nationalsozialistischen historischen Romans abweichenden Momente der Historisierung und Ästhetisierung organisieren die Identifikation mit dem Faschismus. Diese Lektüre geht aus von der Tatsache, daß der Text durch das OKW als Propaganda für die kämpfende Truppe publiziert wurde – und nur für sie, wie das Fehlen einer Buchhandelsausgabe unterstrich. Die Lesart läßt sich allerdings stützen durch die Rekonstruktion von Rezeptionsbedingungen, auf die der Text »im Osten« – wie es auf dem Titelblatt der PK-Ausgabe von *Das Ehrenwort* hinter dem Namen des Autors und einer wohl als werbewirksam angesehenen Angabe »gefallen« hieß – treffen konnte.

Daß der Text eine bestimmte ideologische Bearbeitung von Schuldgefühlen organisiert, hat aber auch Weizsäcker im Nachwort zur Neuausgabe betont. Seine Interpretation ihrer Literarisierung zielt darauf, die Rebellion als Widerstand gegen die Disziplin des unbedingten Gehorsams zu lesen. Und diese Lesart, die Ursula Laack-Michel[98] in ihrer Haushofer-Biographie antitotalitär gewendet hat, könnte auch Hermlins und Weiss' Wertschätzung zugrundegelegt werden.

Camouflierte also, ließe sich mit Weizsäcker fragen, Hoffmann-Zampis in der Geschichte vom gefangenen türkischen Mineur sein Gefühl einer Schuld wegen der von ihm bearbeiteten Weisung des OKW an die Truppen vor Leningrad, auf Frauen und Kinder zu schießen, die aus der Stadt flüchteten? Weizsäcker berichtet 1986 in wörtlicher Rede von Hoffmann-Zampis' Wunsch, diese Schuld nach dem Krieg alljährlich in Bethel zu sühnen: »Ich habe beschlossen, wenn ich den Krieg überlebe, jedes Jahr statt Ferien einige Wochen lang Kranke zu pflegen.«[99]

Einwände im OKW gegen den von Weizsäcker referierten kriegsvölkerrechtswidrigen Befehl[100] sind belegt; allerdings waren diese sehr verschiedener Art: Als moralisch läßt sich die Frage deuten, »ob man unseren Soldaten zumuten kann, auf ausbrechende Frauen und Kinder zu schießen« (21. 9. 1941)[101], weniger schon der zweifelnde »Eindruck, daß die Truppe nicht die Nerven habe, mehrere Male auf wiederholt ausbrechende Bevölkerung, Frauen, Kinder und alte Leute zu schießen« (24. 10. 1941)[102], und vollends nicht die Befürchtung: »Nur zu leicht könnte das aber dazu führen, daß der deutsche Soldat dadurch seine innere Haltung verliert, d. h. daß er auch nach dem Kriege vor derartigen Gewaltsamkeiten nicht mehr zurückschrecke« (17. 10. 1941)[103].

Die in der Umgebung von Hoffmann-Zampis angestellten Überlegungen dokumentieren zum einen die seit Beginn der Vorbereitungen des Angriffs auf die Sowjetunion vorhandene Bereitschaft der Wehrmacht, mit – wie der Kommandeur der VI. Armee Walter von Reichenau formulierte – »konventionellen Traditionen einseitigen Soldatentums«[104] zu brechen, insoweit diese als Kriegsvölkerrecht eine Respektierung gewisser Menschenrechte beinhalteten. Die Wehrmachtsführung ging davon aus, »daß das Kriegsvölkerrecht (...) wegen der besonderen Bedingungen eines Weltanschauungskrieges suspendiert werden müsse«[105], oder, wie Generaloberst Franz Halder sagte: »Wir müssen vom Standpunkt des soldatischen Kameradentums abrücken. Der Kommunist ist vorher kein Kamerad und nachher kein Kamerad. Es handelt sich um einen Vernichtungskampf.«[106] Zum zweiten wurde in der Führung nur diskutiert, ob die Soldaten einerseits schon hart genug seien, andererseits ob nicht die Außerkraftsetzung moralischer Regeln die Disziplin gefährden könne. Beide Bedenken lassen sich auch hinter der Entscheidung vermuten, die Truppe nicht darüber zu belehren, daß der Verfolgungszwang für Straftaten, die von Soldaten an Landeseinwohnern begangen wurden, aufgehoben worden war.[107] Die Ermutigung von »Selbsthilfe«[108] auch in der Form des militärischen Vergehens oder Verbrechens geschah durch eine Intensivierung der Feindbildpropaganda, die jede Aktion »›als Vergeltung‹ im voraus« rechtfertigte, wie die Präambel der OKW-Richtlinien für die Behandlung politischer Kommissare zeigt: »Im Kampf gegen den Bolschewismus ist mit einem Verhalten des Feindes nach den Grundsätzen der Menschlichkeit oder des Völkerrechts n i c h t zu rechnen. Insbesondere ist von den politischen Kommissaren aller Art als den eigentlichen Trägern des Widerstandes eine haßerfüllte, grausame und unmenschliche Behandlung unserer Gefangenen zu erwarten.«[109] Gegenüber den »Urhebern barbarisch asiatischer Kampfmethoden« sei »völkerrechtliche Rücksichtnahme«[110] falsch. Generaloberst Erich Hoepner, später ein Teilnehmer des 20. Juli, akzentuierte in der allgemein akzeptierten Begründung der völkerrechtswidrigen Kriegführung die nationale Kontinuität und Identität verbürgenden historischen Analogien: »Der Krieg gegen Rußland ist ein wesentlicher Abschnitt im Daseinskampf des deutschen Volkes. Es ist der alte Kampf der Germanen gegen das Slawentum, die Verteidigung europäischer Kultur gegen moskowitisch-asiatische Überschwemmung, die Abwehr des jüdischen Bolschewismus.«[111] Das Kalkül des Militärs setzte auf Verwilderung gegen die ›anderen‹ zur Stärkung der ›eigenen‹ Disziplin.

Die Ideologisierung der Soldaten der Wehrmacht, die – wie Omer Bartov nachgewiesen hat – erst ›im Osten‹ zu »Hitler's Army« wurde, vollzog sich über die Verwilderung als Rebellionsersatz.[112] Ein projektives Feindbild, das Ursache und Wirkung verkehrte und Angegriffene zum Aggressor invertierte[113], mobilisierte die mit der Ermordung von Zivilisten und unbewaffneten Soldaten verbundenen Schuldgefühle als Furcht vor Rache.[114] Die ausdrückliche Absage an soldatische Tradition als überholte mittelalterliche Ritterlichkeit[115] erzeugte eine neue Kohäsion durch Zerstörung von Moral zugunsten einer, wie Bartov sagt, nihilistischen Romantik[116].

Hoffmann-Zampis' Text thematisiert zwei Elemente des ideologischen Brutalisierungsmechanismus: Schuldgefühle und Rebellion, indem er sie so anordnet, daß die Befehlsverweigerung aus Humanität zur individuellen Überbietung der disziplinierten Inhumanität wird. So leistete der Text seinen propagandistischen Beitrag zur Brutalisierung seiner Leser.

Im Licht dieser Lesart werden die anfangs zitierten Reaktionen der Exilschriftsteller Hermlin und Weiss vielleicht rätselhaft scheinen. Doch gibt es über die Annahme eines vom Thema der Rebellion ausgehenden Mißverständnisses noch andere Möglichkeiten, die enthusiastische Rezeption zu erklären. Wenn abschließend eine Erklärung aus Hermlins und Weiss' gleichzeitiger Prosa versucht und dabei ein Autor zu Hilfe genommen wird, der 1947 als selbst ernannter Sprecher der ›Jungen Generation‹ mit beiden etwas gemeinsam haben wollte, dann wird eine frühe Form jener Diskussion sichtbar, die heute über das Verhältnis von faschistischer Literatur, Literatur der Inneren Emigration und Exilliteratur geführt wird.

Obwohl Alfred Andersch Hoffmann-Zampis in dem Kapitel von *Deutsche Literatur in der Entscheidung*, wo dieser seinen Platz als einer der »vielen Toten« aus den Reihen der »Kalligraphen«[117] gehabt hätte, nicht nennt, gibt er zwei Hinweise auf eine mögliche Nähe zwischen den drei Literaturen, einen auf die »Formgesetze des klassizistischen Abstandes von der Wirklichkeit (...), um die Reinheit der Kunst in einer Epoche der Unterdrückung zu verteidigen«[118], einen weiteren auf die »Bedeutung des Existentialismus«, die sich »darin« zeige, »daß er durch alle Lager hindurch wirkt«[119]. Andersch las aus Hermlins Prosa die »tiefe, kenntnisreiche Bewegtheit« durch das »Wissen«[120] heraus, daß die existentialistische Literatur Westeuropas und der USA produktiv rezipiert werden müsse. Unter den Autoren, die er als exemplarisch aufführt, ist neben Koestler, Silone und Camus auch Henry Miller, der damals von Weiss als Gegenleitbild zu Hesse entdeckt wurde.[121] In der von der Gruppe 47 zeitweise – nach dem Scheitern des *Skorpion* als Ersatz[122] – übernommenen Zeitschrift *Neues Europa* wurde Hermlins Erzählung *Der Leutnant Yorck von Wartenburg* auf eine Weise besprochen, daß die Argumentation mit Formtraditionalismus und Existentialismus sich leicht und sogar fast wörtlich auf Hoffmann-Zampis' *Erzählung aus den Türkenkriegen* hätte anwenden lassen: »Eine Novelle um den Tod (...), in der (...) in dem entrückten Traum-Erlebnis einer wohltätigen Ohnmacht während der Qual der Exekution etwas von der keuschen Vornehmheit und dem Geistes- und Seelenadel einer alten Kulturwelt sichtbar gemacht ist, die unversehrt bleibt von der brutalen Realität der Henker-Welt.«[123]

Die Behauptung der Übertragbarkeit läßt sich durch eine Fülle von Motiv- und Stilparallelen stützen. »Hellsichtig, wie in tiefer Gefahr, begriff er alles« – das gilt für Hoffmann-Zampis' Grafen wie für den Grafen Yorck Hermlins; auch dieser ist ›auf dem Rad‹, »eingeflochten« ins »Spiel der Weltkräfte«[124]. Beider »Einsamkeit« steht in problematischer Beziehung zu »Gemeinsamkeit«[125], weil es um die Bedeutung der Ehre geht: »›Neu stellen die Frage: das heißt Vaterland, Pflicht, Ehre, Eid neu erleben, neu denken. Einmal diese verdammten Türen durchbrechen: Angst vor der Ahnung, dem Denkenmüssen, Furcht um die Privilegien...‹«[126] Hermlins Erzählung führt wie die Hoffmann-Zampis' den Helden durch eine Reihe von Gesprächen, die einen Aufriß der militärischen und sozialen Hierarchie geben und durch die Entgegensetzung von ›Sich auf den Tisch stützen‹ und ›Aus dem Fenster blicken‹[127] strukturiert sind, und läßt ihn im typologischen Vergleich mit Jesus enden. In beiden Fällen ist der Tod aufgeschoben. Die »Vision und Halluzination«[128] des Grafen Yorck evoziert die »Schönheit«[129] der Landschaft auf seinen Ritten und Fahrten als den Wunsch nach dem »erhöhte(n) Leben«[130]: »das Leben näher zu fühlen und dieses stärkere Gefühl ins Grosse, ja Unvergängliche zu steigern«[131]. Die Hinrichtungsszenerie hingegen ist vor allem in ein »gefährliche(s) Licht«[132] getaucht, dessen wechselnde Farben ihre Parallelen bei Hoffmann-Zampis haben, wo sowohl im »fahlen Licht der Nacht«[133] als auch im »flimmernde(n) Licht« des Mittags »nichts mit Sicherheit auszumachen«[134] ist als das – metaphorische – »Erdbeben des Sinnes«[135] und die Annäherung an »den Vorgarten der Gefahr«[136].

Die Evidenz dieser Parallelen wird vor allem durch den Umstand erhöht, daß der Rezensent Hermlin in fremden Texten solche Motive und Stilfiguren suchte. Es kann also unterstellt werden, daß der Leser Hermlin diese Ähnlichkeiten realisieren konnte, denn er wollte in Kriegsromanen die »Atmosphäre der drohenden Gefahr«[137]; sie sollte auf die Weise der Novellen und Anekdoten Kleists dargestellt sein, die »ein Ereignis« »erzählten« und »vielleicht nichts anderes als erzählen« »wollten«[138], und zwar Situationen von »Desillusionierung«[139].

Die Romane der Seghers las Hermlin als »Gegenstück«[140] zu Malraux', insofern es in »Prosa von verführerischer Härte«[141] um »Bewährung wie Versagen der Persönlichkeit«[142] gehe. Hermlins Besprechung Kafkas brachte das Interesse an existentiellen Situationen und einer Kleistschen Erzählweise unter die beides verklammernde Metapher des ›Lichts‹: »es ist kaum jemals heller Tag, kaum jemals Nacht in seinen Stücken. Das vertrackte, quälende Dämmerlicht einer Mitternachtssonne liegt zäh und zweifelhaft auf den Dingen«[143]. Hermlins Interpretation des Motivs bringt Existentialismus und Erzählweise zusammen. Weil für Hermlin »in Kafkas Wort (...) sich die Welt in atemloser Schwebe« »hält«, kann der folgende Satz sowohl für die Figuren und ihre Konflikte als auch für die Weise gelten, wie der Erzähler sie präsentiert: »noch ist hier nichts entschieden, selbst das Urteil erscheint noch provisorisch«[144]. Als Beschreibung von Hoffmann-Zampis' und Hermlins Erzählung jedoch ließe sich diese Charakterisierung kaum ausgeben. In beiden Texten wird zwar vom Aufschub der Entscheidung erzählt, aber der auktoriale Erzähler synthetisiert den Sinn – trotz aller Gemeinsamkeiten: auf antagonistische Weise.

Als ideologische Versuche, diesen politischen Antagonismus auszuschließen, ließen sich die zur Zeit der Publikation von Hoffmann-Zampis' *Erzählung* entstandenen Texte von Peter Weiss deuten.

Seine Identifikation von Opfern und Tätern[145] liegt der Möglichkeit zugrunde, einerseits eine ›eiskalte und tote‹ Welt der Absurdität zu konstatieren, andererseits auf den »Tod« als »Verwandlung«[146] zu setzen, oder, anders gesagt, von Henry Miller und Hermann Hesse zugleich auszugehen.

Weiss definiert deshalb auch Widerstandsliteratur abweichend von Hermlin; während Weiss keinen Unterschied zwischen deutscher, französischer, italienischer und holländischer kennt: »Sie haben die gleichen Gedanken gedacht, sie haben die gleichen Worte geschrieben«[147], betont Hermlin

– trotz des Lobs für Hoffmann-Zampis –, »daß die Widerstandsliteratur einer der beiden kämpfenden Parteien vorbehalten sein mußte«, »denn der Widerstand der einen wird durch den Angriff der anderen bedingt«[148].

Zwei Einwände machte sich Hermlin selbst, wenn er auf diese Weise eine deutsche Widerstandsliteratur zur Ausnahme erklärte, einen bewußt, einen anderen reflektierte er nicht weiter: »Gewiß ist letzten Endes alles, was als literarisch zu werten ist, aus dem gleichen Geist entsprungen«[149], lautete seine Kritik an der Gleichsetzung von politischem Antifaschismus und literarischer Qualität (womit er Andersch, der umgekehrt literarische Qualität mit Antifaschismus gleichsetzte[150], sehr nahe kam); wenn Hermlin aber – über Plieviers *Stalingrad* schreibend – die Deutschen insgesamt als Volk bezeichnete, »das blind und ohne Gegenwehr sich auf die Schlachtbank führen ließ«[151], waren sie ihm weniger Täter als Opfer. So konnte Hoffmann-Zampis *Erzählung* als die eines gefallenen Soldaten, eines »Geopferten«[152] – wie er auf dem 1. Deutschen Schriftstellerkongreß sagte – und als literarisch anspruchsvolle sein politisches Urteil bestechen.

1 Stephan Hermlin: »Wo bleibt die junge Dichtung? Rede auf dem I. Deutschen Schriftstellerkongreß.« In: Ders.: *Äußerungen 1944–1982*. Hg. von Ulrich Dietzel. Berlin, Weimar 1983, S. 55–60 (Zitat: S. 60). — 2 Peter Weiss: »Sieben Reportagen aus Deutschland für ›Stockholms Tidningen‹ (Juni–August 1947)«. In: Ders.: *Werke in sechs Bänden*. Bd. 1: *Prosa I*. Frankfurt/M. 1991, S. 122–143 (Zitat: S. 142). — 3 Ebd. — 4 Hermlin: »Wo bleibt« (wie Anm. 1), S. 60. — 5 Weiss: »Sieben Reportagen« (wie Anm. 2), S. 143. Zu den von ihm aufgeführten Kriegsbriefen Volkmar Lachmanns vgl. Helmut Peitsch: *»Deutschlands Gedächtnis an seine dunkelste Zeit«. Zur Funktion der Autobiographik in den Westzonen Deutschlands und den Westsektoren von Berlin 1945 bis 1949*. Berlin 1990, S. 320–323, zu der ebenfalls gelobten Erzählung *Zugänge* von Ernst Penzoldt vgl. meinen Aufsatz: »Vom ›guten Gewissen des Soldaten‹. Ernst Penzoldts ›Korporal Mombour‹ (1940) im Traditionszusammenhang der Kriegsliteratur«. In: *LiLi. Zeitschrift für Literaturwissenschaft und Linguistik* 19 (1989) H. 75, S. 54–78. — 6 Vgl. hierzu Helmut Peitsch: »German Literature in 1945: Liberation for a New Beginning?« In: Nicholas Hewitt (Hg.): *The Culture of Reconstruction. European Literature, Thought and Film, 1945–50*. Houndsmill, London 1989, S. 172–190. — 7 Hermlin: »Wo bleibt« (wie Anm. 1), S. 56. — 8 Ebd., S. 59. — 9 Ebd., S. 60. — 10 Ebd., S. 57. — 11 Weiss: »Sieben Reportagen« (wie Anm. 2), S. 139. — 12 Ebd., S. 142 f. — 13 Ebd., S. 124. — 14 Hermlin: »Wo bleibt« (wie Anm. 1), S. 59. Vgl. zu Hermlins Bedeutung für die Nachkriegsreportage Helmut Peitsch: »Travellers' Tales from Germany in the 1950s«. In: Rhys W. Williams u. a. (Hg.): *German Writers and the Cold War 1945–61*. Manchester, New York 1992, S. 87–114. — 15 Vgl. hierzu Silvia Schlenstedt:

Stephan Hermlin. Leben und Werk. Berlin 1985, S. 116–131. Zu Weiss vgl. Helmut Peitsch: »›Wo ist die Freiheit?‹ Peter Weiss und das Berlin des Kalten Krieges«. In: Jürgen Garbers u. a. (Hg.): *Ästhetik Revolte Widerstand. Zum literarischen Werk von Peter Weiss.* Lüneburg, Jena 1990, S. 34–56. — **16** Vgl. Weiss: »Sieben Reportagen« (wie Anm. 2), S. 141, und Stephan Hermlin: »Franz Kafka.« In: Ders., Hans Mayer: *Ansichten über einige Bücher und Schriftsteller.* Erw. u. bearb. Ausg. Berlin o. J. (1948), S. 158–163. — **17** Hermlin: »Wo bleibt« (wie Anm. 1), S. 55. — **18** Ebd., S. 56. Vgl. allgemein zum damaligen Sprachgebrauch Helmut Peitsch: »Autobiographical Writing as ›Vergangenheitsbewältigung‹ (Mastering the Past).« In: *German History* 7 (1989) S. 47–70. — **19** Hermlin: »Wo bleibt« (wie Anm. 1), S. 56. — **20** Weiss: »Sieben Reportagen« (wie Anm. 2), S. 142. — **21** Abgesehen von der bedeutsamen Titeländerung sind die Unterschiede im Wortlaut minimal; außer einer Ersetzung von Klein- durch Großschreibung bei einem Namen (der rote Stecher der PK-Ausgabe wird bei Suhrkamp der Rote Stecher) sowie Korrekturen der Kleinschreibung nach Gedankenstrichen, drei Punkten usw. gibt es nur eine einzige Veränderung: Im ersten Satz wird aus dem »Südosten« (PK) der »Süden« (Suhrkamp). Außerdem entfielen bei Suhrkamp die von dem beliebten PK-Zeichner Busch angefertigten Illustrationen. Alle sechs Zeichnungen (S. 15, 29, 51, 65, 73, 83) stellen Gesprächssituationen dar, fünfmal zu zweit, einmal zu dritt; viermal ist der Held, zweimal der Kaiser vertreten; vgl. zu dieser Akzentuierung und zum Titel meine Interpretation im folgenden. Wolfgang Hoffmann-Zampis: *Das Ehrenwort.* Erzählung von Wolfgang Hoffmann-Zampis gefallen im Osten. Verantwortlich: Die Propaganda-Kompanie. O. O. u. J. (Feldpostnr. 170007 »Feldzeitung von der Maaß bis an die Memel« 1943) (= Schriftenreihe zur Truppenbetreuung. H. 35.); ders.: *Erzählung aus den Türkenkriegen.* Berlin 1947, das »Nachwort« von Carl Friedrich von Weizsäcker S. 107 f.; Wolfgang Hoffmann-Zampis: *Erzählung aus den Türkenkriegen.* Frankfurt/M. 1987 (= Bibliothek Suhrkamp. 959), das »Nachwort zur Neuausgabe« von Carl Friedrich von Weizsäcker S. 105–112. — **22** Weizsäcker: »Nachwort« (wie Anm. 21), S. 108. — **23** Ebd. — **24** Vgl. hierzu Ursula Laack-Michel: *Albrecht Haushofer und der Nationalsozialismus. Ein Beitrag zur Zeitgeschichte.* Stuttgart 1974, S. 29 f. u. 209. — **25** Weizsäcker: »Nachwort« (wie Anm. 21), S. 197/108. — **26** Weizsäcker: »Nachwort zur Neuausgabe« (wie Anm. 21), S. 108 f. Vgl. jedoch zu Stauffenbergs damaliger Position (Optimismus / Pessimismus) Peter Hoffmann: »Claus Graf Stauffenberg und Stefan George: Der Weg zur Tat«. In: *Jahrbuch der Deutschen Schillergesellschaft* 12 (1968) S. 520–542, bes. S. 537. — **27** Vgl. Peitsch: »*Deutschlands Gedächtnis*« (wie Anm. 5), S. 317 f. — **28** Weizsäcker: »Nachwort zur Neuausgabe« (wie Anm. 21), S. 109. — **29** Ebd., S. 111. — **30** Laack-Michel: *Albrecht Haushofer* (wie Anm. 24), S. 208, zitiert Haushofers Brief an die Eltern vom 22. 6. 1933. — **31** Hiergegen argumentiert gründlich in seiner Diskussion des Forschungsstandes Uwe-K. Ketelsen: *Literatur und Drittes Reich.* Schernfeld 1992, S. 55. — **32** Weizsäcker: »Nachwort zur Neuausgabe.« (wie Anm. 21), S. 111. — **33** Ebd. — **34** Vgl. hierzu Erwin Rotermund: »Die deutsche Erzählung in den zwanziger und dreißiger Jahren«. In: Karl Konrad Polheim (Hg.): *Handbuch der deutschen Erzählung.* Düsseldorf 1981, S. 475. — **35** William Wolfgang Schütz: *Pens Under the Swastika. A Study in Recent German Writing.* Port Washington, NY, London 1946, S. 25; Hermann Boeschenstein: *The German Novel, 1939–1944.* Toronto 1949, S. 149. — **36** Vgl. Rotermund: »Erzählung« (wie Anm. 34), S. 477: »ein relativ einheitliches Kommunikationssystem mit deutlich form- und stilkonservativen Tendenzen«; sowie Ketelsen: *Literatur und Drittes Reich* (wie Anm. 31), S. 64: »eher unterschiedliche Deklinationsformen derselben Grundform als Gegenpositionen«. — **37** Zu einer Typologie abweichenden literarischen Verhaltens im Faschismus, die Detlev K. Peukert folgt, vgl. Helmut Peitsch: »Kulturfassade vor der Barbarei?« In: Hans-Werner Heister, Hans-Günter Klein (Hg.): *Musik und Musikpolitik im faschistischen Deutschland.* Frankfurt/M. 1984, S. 56–73, bes. S. 63–66. — **38** Franz Schönhuber: *Ich war dabei.* 12. Aufl. München 1989, S. 88. — **39** Ebd., S. 86 f. — **40** Zit. n. Otto Köhler: »Zwei Ritter ohne Furcht und Tadel. Anmerkungen zu Prinz Eugens 330stem und Rudolf Augsteins 70stem Geburtstag«. In: *Freitag,* 29. 10. 1993, S. 13. — **41** Vgl. Helmut Peitsch: »›Am Rande des Krieges?‹ Nichtnazistische Schriftsteller im Einsatz der Propagandakompanien gegen die Sowjetunion«. In: *kürbiskern* (1984) H. 3, S. 126–149, bes. S. 127. — **42** Hugo von Hofmannsthal: »Worte zum Gedächtnis des Prinzen Eugen. Geschrieben im Dezember 1914«. In: Ders.: *Gesammelte Werke in Einzelausgaben.* Hg. von Herbert Steiner. *Prosa III.* Frankfurt/M. 1964, S. 204–214 (Zitat: S. 205). — 43 Hugo von Hofmannsthal: »Prinz Eugen der edle Ritter.« In: Ders.: *Prosa III* (wie Anm. 42), S. 291–319. — 44 Hofmannsthal: »Worte« (wie Anm. 42), S. 206. — 45 Ebd. — 46 Hofmannsthal: »Prinz Eugen« (wie Anm. 43), S. 293. — 47 Ebd., S. 314. — 48 Ebd., S. 307. — 49 Ebd., S. 310. — 50 Hofmannsthal: »Worte« (wie Anm. 42), S. 208. — 51 Hofmannsthal: »Prinz Eugen« (wie Anm. 43), S. 296. — 52 Hofmannsthal: »Worte« (wie Anm. 42), S. 206. — 53 Vgl. das Motto aus Kleists *Prinz von Homburg* in Schönhuber: *Ich war dabei* (wie Anm. 38), S. 7. Diese Kontinuität von Motiv-Verbindungen könnte unterstreichen, warum David Roberts für die Unterscheidung zwischen Historischen Romanen aus Exil und Nazi-Deutschland letztlich auch stoffgeschichtliche Argumente für wichtig hält; vgl. David Roberts: »The German Historical Novel in the Twentieth Century: Continuities and Discontinuities: I – Theoretical Questions«. In: Ders., Philip Thomson (Hg.): *The Modern German Historical Novel. Paradigms, Problems and Perspectives.* New York, Oxford 1991, S. 49–57. — 54 Hoffmann-Zampis: *Erzählung* (wie Anm. 21), S. 44. — 55 Ebd., S. 106. — 56 Ebd., S. 22; vgl. auch S. 25. — 57 Ebd., S. 91. — 58 Ebd., S. 85. — 59 Ebd., S. 105. — 60 Ebd., S. 103. — 61 Ebd., S. 99; vgl. auch S. 90, 92. — 62 Ebd., S. 93. — 63 Ketelsen: *Literatur und Drittes Reich* (wie Anm. 31), S. 255; vgl. auch S. 249 f. u. 253 f. — 64 Helmut Vallery: *Führer, Volk und Charisma. Der nationalsozialistische historische Roman.* Köln 1980, S. 11–13, unter methodischer Berufung auf Rolf Geißler und Klaus Vondung. — 65 Ebd., S. 149. — 66 Ebd., S. 50. — 67 Ebd., S. 143. — 68 Ebd., S. 141, unter Aufnahme des Terminus von Hans Vilmar Geppert: *Der »andere« historische Roman. Theorie und Struktur einer diskontinuierlichen Gattung.* Tübingen 1976. — 69 *Nationalsozialistische Monatshefte* 5 (1934) H. 57, S. 1159, zit. n. Vallery: *Führer, Volk und Charisma* (wie Anm. 64), S. 150. — 70 Hoffmann-Zampis: *Erzählung* (wie Anm. 21), S. 12. — 71 Ebd., S. 14, 49, 90. — 72 Ebd., S. 66. — 73 Ebd., S. 41. — 74 Ebd., S. 48. — 75 Vallery: *Führer, Volk und Charisma* (wie Anm. 64), S. 177. Vgl. hierzu biographisch Hoffmann-Zampis' Wunsch, sich über die Familie seiner Mutter selbst auf den Kaiser der »Erzählung« zu genealogisieren, Weizsäcker: »Nachwort zur Neuausgabe« (wie Anm. 21), S. 107 f. — 76 Hoffmann-Zampis: *Erzählung* (wie Anm. 21), S. 42. — 77 Ebd., S. 9. Vgl. aber die weiter unten herangezogene Untersuchung von Omer Bartov: *Hitler's Army. Soldiers, Nazis, and War in the Third Reich.* New York, Oxford 1991, S. 17, zur Bedeutung dieser technologischen Unterlegenheit der Wehrmacht für die Brutalisierung und Ideologisierung des Kriegs im Osten. — 78 Hoffmann-Zampis: *Erzählung* (wie Anm. 21), S. 11. Vgl. Bartov: *Hitler's Army* (wie Anm. 77), S. 92. — 79 Hoffmann-Zampis: *Erzählung* (wie Anm. 21), S. 11. — 80 Vallery: *Führer, Volk und Charisma* (wie Anm. 64), S. 85. — 81 Vgl. Peitsch: »Kulturfassade« (wie Anm. 37), S. 65. — 82 Hoffmann-Zampis: *Erzählung* (wie Anm. 21), S. 104. — 83 Ebd., S. 17. — 84 Ebd., S. 71. — 85 Ebd., S. 44/45. — 86 Ebd., S. 45. — 87 Ebd., S. 12. — 88 Ebd., S. 13. — 89 Ebd., S. 20. — 90 Ebd., S. 91. — 91 Ebd., S. 50, 55. — 92 Ebd., S. 90. — 93 Ebd., S. 50. — 94 Ebd., S. 74. — 95 Ebd., S. 89. — 96 Ebd., S. 98. — 97 Ebd., S. 87. — 98 Vgl. schon Laack-Michel: *Albrecht Haushofer* (wie Anm. 24), S. 30. Sie könnte sich biographisch stützen lassen mit Haushofers Gedicht auf Hoffmann-Zampis, das diesen als »Fergen« ins Totenreich deutet, Albrecht Haushofer: *Moabiter Sonette.* Zürich 1948, S. 37. In den dem George-Kreis verpflichteten Darstellungen der Beziehung von Haushofer, Hoffmann-Zampis und Stauffenberg herrscht, was die Einstellung zum Krieg gegen die Sowjetunion 1941/42 angeht, Dunkelheit, mehr noch, die Weise, in der der 8. Mai 1945 dargestellt wird, läßt eher auf eine weitgehende Identifikation mit den faschistischen Kriegszielen in diesen Jahren schließen; vgl. z. B. Kurt Hildebrandt: *Erinnerungen an Stefan George und seinen Kreis.* Bonn 1965, S. 257 f. — 99 Weizsäcker: »Nachwort zur Neuausgabe« (wie Anm. 21), S. 110. — 100 Ich benutze diesen Begriff, obwohl ausgerechnet der Bearbeiter des Kapitels »Die Kriegführung aus der Sicht der Sowjetunion« in dem vom Militärgeschichtlichen Forschungsamt hg. Band von Horst Boog u. a.: *Der Angriff auf die Sowjetunion.* Stuttgart 1983 (= Das Deutsche Reich und der Zweite Weltkrieg. 4.), Joachim Hoffmann, zeigt, wie dauerhaft das Feindbild ist, dessen Wirksamkeit im Schreiben von nicht-nazistischen Autoren im

Dienst der PK ich in meinem Aufsatz »›Am Rande des Krieges?‹« (wie Anm. 41) nachgewiesen habe. Zur Tradierung dieses Feindbildes in der bundesrepublikanischen Nachkriegsliteratur vgl. Alan Bance: »The Brutalization of Warfare on the Eastern Front«. In: Ian Higgins (Hg.): *The Second World War in Literature.* Eight Essays. Edinburgh, London 1986, S. 97–111. — **101** Zit. n. Ernst Klink: »Der Krieg gegen die Sowjetunion bis zur Jahreswende 1941/42. I. Die Operationsführung. 1. Heer und Kriegsmarine.« In: Boog u. a.: *Der Angriff auf die Sowjetunion* (wie Anm. 100), S. 451–652 (Zitat: S. 551). — **102** Zit. n. ebd., S. 553. — **103** Zit. n. ebd. — **104** Zurückübersetzt nach dem Zitat in Bartov: *Hitler's Army* (wie Anm. 77), S. 129. — **105** Jürgen Förster: »Das Unternehmen ›Barbarossa‹ als Eroberungs- und Vernichtungskrieg.« In: Boog u. a.: *Der Angriff gegen die Sowjetunion* (wie Anm. 100), S. 413–447 (Zitat: S. 445). — **106** Zit. n. ebd., S. 427. — **107** Vgl. ebd., S. 443. — **108** Ebd., S. 428. — **109** Zit. n. ebd., S. 437. — **110** Zit. n. ebd. — **111** Zit. n. ebd., S. 446. — **112** Bartov: *Hitler's Army* (wie Anm. 77), S. 71. — **113** Ebd., S. 107/108. — **114** Ebd., S. 126. — **115** Vgl. ebd., S. 129, 131. — **116** Ebd., S. 105. — **117** Alfred Andersch: »Deutsche Literatur in der Entscheidung«. In: Gerd Haffmans (Hg.): *Das Alfred Andersch Lesebuch.* Zürich 1979, S. 111–134 (Zitat: S. 119). Andersch nennt hier einige der PK-Autoren, deren Kriegsberichte ich in »›Am Rande des Krieges?‹« (wie Anm. 41) untersucht habe (Walter Bauer, Horst Lange und Martin Raschke) sowie Haushofer. Zu Raschke und Andersch vgl. auch Helmut Peitsch: »Ästhetische Introversion und Nationalsozialismus. Die Erzähler Martin Raschke, Ernst Schnabel und Alfred Andersch«. In: Jörg Thunecke (Hg.): *Leid der Worte. Panorama des literarischen Nationalsozialismus.* Bonn 1987, S. 321–347. — **118** Andersch: »Deutsche Literatur« (wie Anm. 117), S. 118. — **119** Ebd., S. 133. — **120** Ebd., S. 131. — **121** Vgl. hierzu Peitsch: »›Wo ist die Freiheit?‹« (wie Anm. 15), S. 35, 48. — **122** Vgl. Helmut Peitsch, Hartmut Reith: »Keine ›innere Emigration‹ in die ›Gefilde‹ der Literatur. Die literarisch-politische Publizistik der Gruppe 47 zwischen 1947 und 1949«. In: Jost Hermand u. a. (Hg.): *Nachkriegsliteratur in Westdeutschland 1945–49.* Bd. 2: *Autoren, Sprache, Traditionen.* Berlin 1984, S. 129–162. — **123** *Neues Europa* 2 (1947) H. 7, S. 45. — **124** Hoffmann-Zampis: *Erzählung* (wie Anm. 21), S. 71. — **125** Ebd., S. 72, 90; Stephan Hermlin: *Der Leutnant Yorck von Wartenburg. Erzählung.* Leipzig 1977, S. 32. — **126** Hermlin: *Der Leutnant,* S. 28, vgl. auch S. 48. — **127** Ebd., S. 16, 22, 30; Hoffmann-Zampis: *Erzählung* (wie Anm. 21), S. 33, 64, 84. — **128** Stephan Hermlin: »Werner Krauß, PLN«. In: Ders., Mayer: *Ansichten* (wie Anm. 16), S. 181–185 (Zitat: S. 181). — **129** Hermlin: *Der Leutnant* (wie Anm. 125), S. 33. — **130** Ebd., S. 37. — **131** Ebd., S. 33/34. — **132** Ebd., S. 7. — **133** Hoffmann-Zampis: *Erzählung* (wie Anm. 21), S. 10, vgl. auch S. 74, 80. — **134** Ebd., S. 96. — **135** Ebd., S. 73. — **136** Ebd., S. 92. — **137** Hermlin, Mayer: *Ansichten* (wie Anm. 16), S. 134. — **138** Ebd., S. 133. — **139** Ebd., S. 177. — **140** Ebd., S. 164. Vgl. zu dieser Nähe, ohne daß auf Hermlin Bezug genommen würde, Frank Trommler: *Sozialistische Literatur in Deutschland. Ein historischer Überblick.* Stuttgart 1976, S. 670–674. — **141** Hermlin, Mayer: *Ansichten* (wie Anm. 16), S. 166. — **142** Ebd., S. 168. — **143** Ebd., S. 162. — **144** Ebd. — **145** Vgl. Robert Cohen: *Peter Weiss in seiner Zeit. Leben und Werk.* Stuttgart, Weimar 1992, S. 61. — **146** Weiss: »Sieben Reportagen« (wie Anm. 2), S. 141. — **147** Ebd., S. 124. — **148** Hermlin: »Krauß« (wie Anm. 128), S. 181. — **149** Ebd. — **150** Andersch: »Deutsche Literatur« (wie Anm. 117), S. 114 f. Vgl. kritisch zu Anderschs Identifikation von deutschen Frontsoldaten und französischen Widerstandskämpfern Helmut Peitsch: »Das Jahr, in dem Alfred Andersch Hitler ›eine Chance gab‹. Hans Habes und Alfred Döblins Erlebnisberichte über den Krieg in Frankreich«. In: Helmut F. Pfanner (Hg.): *Der Zweite Weltkrieg und die Exilanten. Eine literarische Antwort.* Bonn 1991, S. 273–293. Zur Problematik des ›Frontsoldaten‹ in der Gruppe 47 über Andersch hinaus vgl. meinen Aufsatz: »Die Gruppe 47 und die Exilliteration – ein Mißverständnis?« In: Justus Fetscher u. a. (Hg.): *Die Gruppe 47 in der Geschichte der Bundesrepublik.* Würzburg 1991, S. 108–134. — **151** Stephan Hermlin: »Drei Bücher von Theodor Plievier«. In: Ders., Mayer: *Ansichten* (wie Anm. 16), S. 170–175 (Zitat: S. 173). — **152** Hermlin: »Wo bleibt« (wie Anm. 1), S. 60.

Hans Manfred Bock

Paul Distelbarths *Lebendiges Frankreich*
Ein Dokument verdeckter Opposition und verständigungspolitischer Kontinuität im »Dritten Reich«

Als 1937 die französische Übersetzung von Paul H. Distelbarths *Lebendiges Frankreich* erschien, die der Autor selbst besorgt hatte[1], schrieb der Literaturkritiker der führenden Pariser Tageszeitung *Le Temps*, dieses Buch genieße in Frankreich bereits eine Art geheimnisvolle Berühmtheit; es habe fast überall in Europa ein sehr positives Echo hervorgerufen, denn Zeitungen in der Schweiz, in Österreich, in der Tschechoslowakei und in den Niederlanden seien nicht müde geworden, *Lebendiges Frankreich* als eine gute Tat, ja sogar als ein Datum in der »histoire morale des peuples« zu begrüßen. Auch in Deutschland hätten viele Presseorgane freundlich reagiert, aber beispielsweise das *Stuttgarter Tageblatt* und die Berliner *Börsen-Zeitung* seien der Meinung gewesen, das Buch richte einen enormen Schaden an und zeuge von mangelndem Verständnis für den Nationalsozialismus.[2] In noch höherem Maße als der Pariser Literaturkritiker wissen konnte, wurde das Frankreich-Buch Distelbarths zum Gegenstand kontroverser Beurteilung von deutscher Seite: Während das Buch von der deutschen Exilpresse höchst anerkennend besprochen wurde und sich der Rezensent des *Neuen Tage-Buchs* verwundert fragte, wie eine solche Veröffentlichung im »braunen Berlin des Jahres 1936« möglich sei[3], mußten der Autor und sein Verleger in eben diesem Berlin um die Berechtigung für die Neuauflage des schnell vergriffenen Werkes kämpfen. Die »Reichsstelle zur Förderung des Deutschen Schrifttums«, die dem Amt Rosenberg angegliedert war, hatte im Frühsommer 1936 das Urteil gefällt, für nationalsozialistisch nicht gefestigte Leser sei das Buch ein »raffiniert zubereitetes Gift«. »Als Ganzes ist das Werk unbedingt auf das schärfste abzulehnen und aus den öffentlichen Büchereien zu entfernen.«[4] Begründet wurde diese Ablehnung damit, daß in die beschreibenden Passagen des Buches generalisierende Betrachtungen eingestreut seien, »die die gefährlichsten Theorien enthalten, die seit langem gegen den Nationalsozialismus und gegen seinen Staat geäußert wurden.«[5] Dieses ideologische Vernichtungsurteil bewog Paul Distelbarth und seinen Verleger Ernst Rowohlt, gemeinsam Anfang Juli 1936 die »Parteiamtliche Prüfungskommission zum Schutze des NS-Schrifttums« bei der Reichsleitung der NSDAP in Berlin aufzusuchen, um den Spielraum für die weitere Verbreitung des Buches zu erkunden. Dort erfuhren sie zwar, die Rosenbergsche Reichsstelle sei eine mehr oder minder private Einrichtung, deren Kritik nicht politisch allgemeinverbindlich sei.[6] Aber der Autor des Buches hatte die Befürchtung, daß die Reichsstelle seinen Essay-Band bei der Gestapo denunziert habe und die Buchhändler jederzeit mit dessen Beschlagnahmung rechnen mußten. Entgegen diesen Befürchtungen des Verfassers erschienen bis 1939 vier weitere Auflagen von *Lebendiges Frankreich*, die durch die französische Version von 1937 und deren Neuausgabe von 1942 ergänzt wurden[7] und das Interesse von annähernd zweihundert Rezensenten auf sich zogen. Damit wurde Distelbarths Erstlingswerk trotz allen Anfeindungen zum wichtigsten Ereignis der essayistischen Frankreich-Publizistik des »Dritten Reichs«. Die Frage stellt sich, wie ein so kontrovers aufgenommenes Buch in der Öffentlichkeit des nationalsozialistischen Deutschland und in den deutsch-französischen Beziehungen bis Kriegsbeginn nicht nur präsent bleiben, sondern erfolgreich sein konnte. Die Beantwortung dieser Frage kann ansetzen beim Engagement des Autors, beim Inhalt des Buches und bei den Regelungsmechanismen der Frankreich-Publizistik in Hitlers Deutschland.

I Kriegsopfer-Kontakte und deutsch-französische Verständigung

Das so schwierig einzuordnende Frankreich-Buch von Paul H. Distelbarth entstand aus dessen Engagement in den internationalen Beziehungen der Kriegsteilnehmer- und Kriegsopferverbände, die nach dem Ersten Weltkrieg entstanden und in dem übernationalen Dachverband »Conférence Internationale des Associations des Mutilés de Guerre et Anciens Combattants« (CIAMAC) miteinander verbunden waren. Distelbarth (1879 bis 1963), gelernter Exportkaufmann und Kriegsteilnehmer im Range eines Hauptmanns, war im Weltkrieg zum überzeugten Kriegsgegner geworden[8] und hatte sich nach dem Verkauf seines Exportgeschäfts in Böhmen 1921 in der Nähe von Heilbronn als Eigentümer eines Obst- und Weingutes niedergelassen.[9] Er hatte – der Tradition seiner Familie folgend – 1900 ein Jahr in Paris verbracht und stellte seine sprachlichen Kenntnisse und organisatorischen Fähigkeiten als Repräsentant des »Reichsbundes der Kriegsbeschädigten, Kriegsteilnehmer und Kriegshinterbliebenen« ab 1926 in den Dienst der (durch Vermittlung des Internationalen Arbeitsamtes in Genf gegründeten) CIAMAC. Nachdem Distelbarth 1931 im Stuttgarter Rotary-Club über seine Begegnungen mit der wichtigsten französischen Partnerorganisation in der CIAMAC, der »Union Fédérale des Associations Françaises d'Anciens Combattants et de Victimes de la Guerre«, berichtet hatte, wurde der Großindustrielle Robert Bosch auf ihn aufmerksam und nahm ihn als seinen Frankreich-Beauftragten unter Vertrag.[10] In dieser Funktion und durch

Empfehlung Robert Boschs kam Distelbarth in den Jahren 1931 bis 1933 in Kontakt mit Spitzenvertretern der deutschen Industrie und des Auswärtigen Amtes. Gleichzeitig begann er eine rege publizistische Tätigkeit im Dienste und im Sinne der »Deutsch-Französischen Gesellschaft« (DFG)[11], die ähnlich wie die CIAMAC eine Verständigungsorganisation war, die nach dem Abschluß des Vertrages von Locarno (Oktober 1925) zustande kam und den »Geist von Locarno« zu materialisieren versuchte. Inhalt vieler Zeitschriften- und Zeitungsartikel Distelbarths war die Kritik der gröbsten Vorurteile in den Beziehungen zwischen den Ländern, die den Kontakt und die Kenntnis zur anderen Nation auf beiden Seiten behinderten.[12] Als Beweis für die Möglichkeit des lebendigen Kontakts trotz der schweren politischen Hypotheken, die auf den deutsch-französischen Beziehungen seit dem Versailler Vertrag lasteten, als Muster einer gesellschaftlichen Verständigungs-Strategie von unten, galten Distelbarth seine Erfahrungen im Umgang mit den Repräsentanten der französischen Kriegsopfer-Verbände.

Nach der nationalsozialistischen Machtergreifung wurde der Protagonist der deutsch-französischen Verständigung Anfang April 1933 von der württembergischen Polizei des Landesverrats beschuldigt, und es wurde ein Haftbefehl gegen ihn erlassen. Distelbarth nutzte einen Vortragstermin am 4. April 1933 in Paris, um sich der Verhaftung zu entziehen und von Paris aus seine Unschuld zu beweisen. Nachdem die strafrechtliche Verfolgung gegen ihn im Laufe des Jahres 1933 eingestellt wurde, zog er es allerdings vor, in der französischen Metropole zu bleiben. Er wurde dort freundlich und solidarisch in den Kreisen der »Union Fédérale« aufgenommen und namentlich mit deren Vorsitzendem Henri Pichot verband ihn in den Jahren bis 1939 eine dauerhafte Freundschaft. Die in Frankreich gesellschaftlich und politisch einflußreichen Verbände der Kriegsteilnehmer und Kriegsopfer[13] wurden von 1933 bis 1939 für Distelbarth zu einem Netzwerk intensiver Kommunikation und Hilfeleistung, das ihm die eingehende Kenntnis verschiedener sozialer Milieus in ganz Frankreich und in der Hauptstadt ermöglichte. Nachdem der »Reichsbund der Kriegsbeschädigten« Ende Mai 1933 zwangsweise in einen nationalsozialistischen Kriegsopfer-Verband aufgelöst und die »Deutsch-Französische Gesellschaft« im Juli 1933 von den Nationalsozialisten zerschlagen worden war, blieb für den in Paris lebenden deutsch-französischen Mittler nur noch seine Mitarbeit an diversen Zeitschriften und Zeitungen als Brücke nach Deutschland. Er konnte in den Jahren bis 1939 ungehindert nach Deutschland einreisen und wieder nach Paris zurückkehren; meist verbrachte er zum Beispiel das Jahresende bei seiner Familie auf dem Obstgut in der Nähe von Heilbronn. In Paris mied er vorsätzlich den Umgang mit den Repräsentanten der politischen Emigration aus Deutschland. Er stand vor allem über den deutschen Sekretär des Mayrisch-Komitees in der französischen Hauptstadt[14] in lockerer Verbindung mit den Botschaftskreisen, wurde aber nur ausnahmsweise zu deren offiziellen Veranstaltungen gebeten. Kurz nach der nationalsozialistischen Machtübernahme hatte von Ribbentrop Anfang März 1933 versucht, Distelbarths gute Beziehungen in Frankreich für den Aufbau seiner NS-Paralleldiplomatie zu nutzen. Das Gespräch hatte aber die Unvereinbarkeit der Vorstellungen über die deutsch-französischen Beziehungen gezeigt, und Distelbarth begegnete von Ribbentrop nur noch einmal flüchtig in Paris in der Gare de l'Est.[15]

Distelbarth war kein politisch scharf profilierter Publizist. Er mißtraute instinktiv allen Ideologien und glaubte letztlich nicht an deren Geschichtsmächtigkeit. Als Kompaß galt ihm in öffentlichen wie in privaten Belangen die Vernunft und der »gesunde Menschenverstand«. Diese eher zum Pragmatismus anhaltende Grundüberzeugung wurde allerdings durch eine Fixierung seines Denkens und Handelns überlagert, an der er nicht rütteln ließ, nämlich durch seine Ablehnung des Krieges als Mittel der politischen Konfliktlösung. Dieses Motiv bestimmte sein sozial- und verständigungspolitisches Engagement in der späten Weimarer Republik, und es blieb dominant in der publizistischen Arbeit während seines teils freiwilligen, teils erzwungenen Exils in Frankreich ab 1933. Diese Art von elementarem Pazifismus, den er aus seinen Erfahrungen im Ersten Weltkrieg abgeleitet hatte[16], verzichtete auf jegliche organisatorische Einbindung und theoretische Rechtfertigung. Er konnte sich gerade deshalb mit politischen Ordnungsvorstellungen verbinden, die in philosophischer Hinsicht konservativ erscheinen[17], aber bezüglich des Staates liberal-demokratisch, bezüglich der Wirtschaft liberal-sozial geprägt waren. Diese sehr persönliche Verbindung heterogener politischer Motive und Ordnungsvorstellungen kommt ein Stück weit in den Beziehungen zum Ausdruck, die Distelbarth ab 1933 zu politisch-kulturellen Zeitschriften in Deutschland unterhielt. So schrieb er zum Beispiel zwischen 1932 und 1937 öfters Beiträge in der *Christlichen Welt*, die von Martin Rade (1857–1940), dem Marburger Theologie-Professor und protestantischen Pazifisten, herausgegeben wurde. Mit Rade stand Distelbarth auch in direktem Gedankenaustausch, und er wurde vor 1933 gelegentlich in seiner deutsch-französischen Mittlertätigkeit von ihm materiell unterstützt. Rade war politisch lange Zeit vor und nach dem Weltkrieg mit Friedrich Naumann (1860–1919) und der linksliberalen Tradition verbunden. Für das von Friedrich Naumann begründete und in den dreißiger Jahren von Theodor Heuss herausgegebene Periodikum[18] *Die Hilfe. Zeitschrift für Politik, Wirtschaft und geistige Bewegung* schrieb Distelbarth Frankreich-Analysen während der ganzen Zeit seiner Pariser Jahre. Bis 1936 sind Aufsätze zu tagespolitischen Themen von ihm nachweisbar in *Der Ring. Konservative Wochenschrift*. Die politisch zur »Konservativen Revolution« gezählte Zeitschrift[19] wurde von Heinrich von Gleichen (1882–1959) herausgegeben und paßte sich besonders nach 1934 stark der Einflußnahme und den Zwängen der nationalsozialistischen Pressereglementierung an. Von Gleichen, unermüdlicher Gründer von politischen Klubs (u. a. ab 1924 »Deutscher Herrenklub«) zur geistigen Aufrüttelung der deutschen Oberschicht, strebte einen Ausgleich des Deutschen Reiches mit Frankreich an.[20] Distelbarth stand deshalb zwar über seine Exilzeit hinaus im Austausch mit von Gleichen, hatte aber keine Beziehungen zum »Deutschen Herrenklub«.[21] Seine enge Einbeziehung in die politischen und intellektuellen Diskussionen in Frankreich ab 1931, seine zahlreichen Reisen in diesem Lande, seine publizistische Anerkennung in Deutschland und schließlich seine selbstgewählte Mission, von der gesellschaftlichen Ebene her zwischen Deutschland und Frankreich konstruktiv zu vermitteln, bewogen ihn im fortgeschrittenen Alter, ein Buch über das Nachbarland zu schreiben.

II *Lebendiges Frankreich* und der Auftrag der Friedenssicherung

Dieses Buch-Projekt, das erste seines Lebens, war in vielen Teilen eine Fortsetzung bzw. eine Überarbeitung von Feuilletons, die er unter anderem im *Berliner Tageblatt*, in der Prager *Bohemia* und in den *Baseler Nachrichten* publiziert hatte. In der Korrespondenz mit seiner Familie erwähnt Distelbarth sein Buch-Projekt erstmals in einem Brief vom 24. Januar 1935.[22] Schon von diesen Anfängen an besprach er den Plan ab Februar 1935 eingehend mit Henri Pichot, dem Präsidenten der »Union Fédérale«, den er regelmäßig traf. Pichot hatte mit einem zweiten Präsidiumsmitglied der »Union Fédérale« am 20. Dezember 1934 in Berlin Hitler und Hess aufgesucht, um die deutsch-französischen Kriegsteilnehmerkontakte wieder herzustellen, die nach dem 30. Januar 1933 abgebrochen waren.[23] Das vorherrschende Interesse Pichots an diesem viel kommentierten Besuch bei Hitler war eindeutig nicht die Anerkennung des NS-Staates, sondern die Absicht, durch die Begegnung zwischen deutschen und französischen Kriegsteilnehmern zur Friedenssicherung beizutragen. Die von Pichot vertretene »Union Fédérale« war der größte linksstehende Kriegsteilnehmerverband in Frankreich und die dort dominierenden republikanischen Wertorientierungen[24] ließen Sympathien für die nationalsozialistische Diktatur kaum aufkommen. Henri Pichot setzte in den folgenden Jahren die Strategie der Kriegsverhinderung durch gesellschaftliche Begegnungsaktivitäten zwischen französischen und deutschen ehemaligen Kriegsteilnehmern fort. Er war deshalb auch führend beteiligt an der Gründung einer neuen »Deutsch-Französischen Gesellschaft« im Oktober 1935, die in Deutschland in der alleinigen Regie der Nationalsozialisten stand und mit der DFG der Weimarer Republik nichts gemeinsam hatte, in der Paul Distelbarth seine

Kriegsopfer-Verständigungsarbeit begonnen hatte. Distelbarth verfolgte die fortgesetzten Bemühungen seines Freundes Pichot, das Gespräch mit dem nationalsozialistischen Deutschland wieder aufzunehmen, mit Skepsis. Dessen Versuche, Distelbarth in diese Aktivitäten einzubeziehen, indem er ihn in Berlin den Vertretern der NS-Kriegsopferversorgung empfahl, scheiterten vor allem an der Weigerung der Nationalsozialisten. Distelbarth war und blieb bei diesen persona non grata.

Vor diesem Hintergrund ist das lebhafte Interesse Pichots an Distelbarths Buch-Projekt zu sehen, wovon dieser in einem Brief vom 3. März 1935 berichtet. Es war darin begründet, daß Pichot die Chance erkannte, dort eine Perspektive der deutsch-französischen Kriegsteilnehmer-Verständigung einzuführen, die nichts mit der Ideologie der Nationalsozialisten zu tun hatte. Der zwischen beiden abgesprochene Plan sah folgerichtig vor, daß das Buch zugleich in deutscher und in französischer Version erscheinen sollte. Pichot stellte finanzielle Hilfe in Aussicht, damit Distelbarth sich ungestört dem Buch widmen konnte, und eine Schreibkraft der »Union Fédérale« sollte die Reinschrift besorgen. Pichot bot sich selbst an, die Distelbarthsche Rohübersetzung ins Französische zu überarbeiten. Der Autor ging im März 1935 noch davon aus, daß die Veröffentlichung der deutschen Version in Hitlers Deutschland wohl nicht möglich sein werde, und er dachte an einen Verlag in Österreich oder der Schweiz. Das Buch sollte im ersten Teil, der eher abstrahierende Überlegungen zur französischen Identität enthielt, zu Ostern 1935 abgeschlossen sein; der zweite Teil sollte eher feuilletonistische Szenen aus dem gegenwärtigen Frankreich enthalten und schnell danach fertig werden. Dieser Plan für das Buch Distelbarths, das anfangs noch »Land und Volk in Frankreich« heißen sollte, wurde dann nicht in allen Punkten vollständig verwirklicht, obwohl vielfältige Hilfestellung durch Henri Pichot seine Fertigstellung bis Ende 1935 begleitete. Seit April 1935 hatte Distelbarth sein Projekt dem Verleger Ernst Rowohlt dargestellt, der bekannt war für seinen Mut, auch Erstlingswerke talentierter Autoren zu veröffentlichen. Der Vertragsabschluß mit Rowohlt erfolgte im Sommer 1935, Manuskriptabgabetermin war der 1. September und zum Weihnachtsgeschäft 1935 lag *Lebendiges Frankreich* in den Buchläden des »Dritten Reichs«. Es ist nicht auszuschließen, daß für Rowohlt bei dieser umstandslosen Veröffentlichung des Distelbarthschen Manuskripts die Tatsache hilfreich war, daß er gleichzeitig die beiden ersten Bände der deutschen Übersetzung von Jules Romains *Les hommes de bonne volonté* auf den Markt brachte.[25] Jules Romains, der mit den Verbänden der »Anciens Combattants« in Frankreich in Verbindung stand und in Deutschland auch in deren Namen sprach, wurde von den Nationalsozialisten hofiert, und das Goebbelssche Propaganda-Ministerium hatte die Übersetzungsrechte an seinem Werk gekauft.[26]

Distelbarth hatte Romains am 10. Juli 1935 getroffen und mit ihm unter anderem den Plan einer neuen deutsch-französischen Zeitschrift besprochen.[27] Er zählte auf seine Hilfe bei der Suche nach einem französischen Verleger. Allerdings gestaltete sich diese Suche schwieriger als angenommen. Auch die Unterstützung durch Georges Duhamel, den anderen großen französischen Romancier dieser Jahre, und durch Henry de Jouvenel, den einflußreichen Diplomaten und Publizisten (der im Oktober 1935 starb), vermochte nicht, die Verlagsfrage für die französische Version von *Lebendiges Frankreich* zu lösen. Es bedurfte der ganzen freundlichen Beharrlichkeit, über die Distelbarth im Umgang mit seinen französischen Bekannten verfügte, um diese Bemühungen zu einem guten Ende zu führen. Ausschlaggebend waren dabei mehrere günstige Umstände: Der Verfasser von *Lebendiges Frankreich* ließ Teile der französischen Übersetzung des Buches ab Ende 1935 bei publizistischen Meinungsführern in Paris zirkulieren. Nicht zuletzt aufgrund dieser Überwindung der Sprachbarriere wurde das Buch nach seinem Erscheinen in Deutschland (Ende 1935) auch in der französischen Presse vielfach beachtet und besprochen. Besonders die überaus anerkennenden Betrachtungen des Sprachkritikers »Lancelot« (Pseudonym für Abel Hermant von der Académie française) in *Le Temps* vom 2./3. Januar 1936, die sich auf Distelbarths Kapitel über die französische Sprache bezogen[28], bewirkten gesteigerte Aufmerksamkeit in der französischen Öffentlichkeit. Hinzu kam das Anerbieten der »Union Fédérale«, 1.000 Exemplare der französischen Version des Buches zu kaufen. Unter diesen Umständen war das Verlagshaus Grasset interessiert, sagte aber im Frühjahr 1936 ab, und ein katholischer Verlag aus Colmar (»Alsatia«) übernahm die verlegerische Betreuung. Die französische Ausgabe erschien schließlich im März 1937 unter dem Titel *France vivante* in zwei Bänden in der Pariser Filiale der Edition »Alsatia«.[29]

Die internationale Resonanz des Buches, seine Übersetzung ins Französische und sein reißender Absatz in Deutschland (wo die erste Auflage schon in der ersten Jahreshälfte 1936 vergriffen war) sicherte ihm einen gewissen Schutzraum vor den Angriffen der Nationalsozialisten, die nicht ausblieben.[30] Der solideste Abwehrschild gegen diese Angriffe war sicherlich die Beteiligung der »Union Fédérale« an der Entstehung der deutschen und der französischen Ausgabe des Distelbarth-Buches, die sich in den Vorworten von Henri Pichot sichtbar zum Ausdruck brachte. Die Nationalsozialisten hatten ihre »Deutsch-Französische Gesellschaft« ab Oktober 1935 ganz auf die beiden tragenden Säulen der Jugend-Verbände in der Tradition der Sohlberg-Treffen[31] und der Kriegsteilnehmer-Verbände aufgebaut. Man konnte also schwerlich ein Buch verbieten oder aus dem Verkehr ziehen, das mit Unterstützung einer der größten französischen Organisationen der »Anciens Combattants« entstanden war und das mit besonderer Überzeugungskraft die Notwendigkeit der Verständigung in eben diesem Gesellschaftsausschnitt zwischen beiden Nationen vertrat. Der Verleger Ernst Rowohlt hatte – eventuelle Schwierigkeiten voraussehend – den Weg der Offensive gegenüber den Nationalsozialisten beschritten, indem er fast dreihundert Exemplare von *Lebendiges Frankreich* an Zeitungen, Kritiker und politische Funktionsträger im »Dritten Reich« kostenlos abgab bzw. verschenkte; in Halbleder gebundene Exemplare gingen unter anderem an Hitler, Goebbels und Außenminister von Neurath sowie an den französischen Botschafter in Berlin, André François-Poncet.[32] Trotz dieser Absicherungs-Maßnahmen in Deutschland und Protektionsbeziehungen in Frankreich war die ungestörte weitere Verbreitung von *Lebendiges Frankreich* in den folgenden Jahren, in denen immer mehr politische Konfliktanlässe zwischen Hitler-Deutschland und Frankreich der irenischen Argumentation des Buches und der Möglichkeit der Friedenssicherung zu widersprechen schienen[33], keineswegs gesichert. Hans Rothe, einer der enthusiastischen Rezensenten von *Lebendiges Frankreich*, der das nationalsozialistische Deutschland verlassen hatte und Distelbarth 1936 in Paris kennenlernte, schrieb im Rückblick: »Das Buch geriet dann sehr bald in die schönsten Schwierigkeiten. Die geringe erste Auflage von 4.000 Exemplaren durfte verkauft werden. Die folgenden Auflagen enthalten Striche, sogar Änderungen. Autor und Verleger wollten das Buch nicht untergehen lassen.«[34]

III *Lebendiges Frankreich* und nationalsozialistische Frankreich-Publizistik

Die Frage stellt sich also, was an dem Buch Distelbarths den Ärger mancher Nationalsozialisten und die helle Freude vieler Emigranten hervorrief. Der Autor, der sich immer als Einzelgänger verstand, versuchte, sich seinem komplexen Untersuchungsobjekt in größtmöglicher Unabhängigkeit von älterer Frankreich-Literatur und von gängigen Frankreichbildern in Deutschland zu nähern. Das Prinzip seiner Informations-Sammlung war die Autopsie, der Grundsatz seiner Informations-Verarbeitung war die Empathie. Er hielt sich an das, was er in rund drei Jahren in Frankreich hatte sehen und erfahren können. Das verzweigte Kommunikationsnetz der »Union Fédérale« war eine ideale Voraussetzung dafür, ganz unterschiedliche Bevölkerungsgruppen befragen zu können und verstehen zu lernen. Die Perspektive seiner Darstellung dessen, was er in Frankreich gehört, gesehen und erfahren hatte, war bestimmt von der Absicht, die Franzosen von ihren eigenen Voraussetzungen her zu verstehen und sie in ihrer Eigenart gelten zu lassen. Er beabsichtigte, die gemäß seinem Eindruck seit 1870/71 in Deutschland vorherrschende herabsetzende oder herablassende Sichtweise des Nachbarlandes zu korrigieren. Henri Pichot erfaßte diese – am Grundsatz der Empathie orientierte – Darstellungsweise mit sicherem Gespür: »Da muß einer zuerst einmal mit entschlossener Hand alle Vorurteile, alle bequemen Denkgewohnheiten, alle Klischees zerbrechen und verbrennen, die er aus der Schule und Büchern, aus seiner Umwelt mitbringt. All das muß er hinter sich werfen. Um das lebendige Leben sehen zu können, muß er sich ganz neue Augen anschaffen...«.[35]

Der Titel *Lebendiges Frankreich* war das Programm für eine neue Wahrnehmungsweise Frankreichs, denn in den maßgeblichen deutschen Essays, die seit Ende des Ersten Weltkrieges diesem Lande gewidmet wurden, galt die französische Kultur als »fertig« im Doppelsinne des Wortes (Sieburg) oder als statische »Spätkultur« (Ernst Robert Curtius).[36] Im Gegensatz dazu war für Distelbarth nicht nur das französische Volk überaus lebenstüchtig, der Tradition verbunden und zugleich offen für die Modernität.[37] Er sah in Frankreich darüber hinaus einen Vorsprung der inneren Nationwerdung, der Bildung des Nationalbewußtseins, von hundertundfünfzig Jahren[38] und in der französischen politischen Kultur die Ablösung der primitiveren Kultur der Krieger durch die höhere Form der bäuerlichen und bürgerlichen Gesellschaftsklassen[39], die in der französischen Revolution ihre Ideale formuliert und in der Dritten Republik die Herrschaft übernommen hatten. Frankreich erschien also in den meisten politischen und kulturellen Aspekten als Vorbild[40] und nicht länger als Gegenbild für die Ausformung eines eigenen nationalen Bewußtseins in Deutschland. Distelbarth widersprach unumwunden der Auffassung, Frankreichs Außenpolitik sei militaristisch und imperialistisch. Er berief sich auf den tief verwurzelten Friedenswillen der kleinen Leute, der bäuerlich-bürgerlichen Massen dieses Landes, ohne deren Berücksichtigung dort die Führungsschichten keine Politik machen könnten.[41] Er kehrte im Rahmen seiner nationalcharakterologischen Argumentation sogar die Beweislast für den Friedenswillen um, indem er schrieb: »Das deutsche Ideal ist das des Kriegers, der sein Leben wagt, um zu gewinnen, für den wirklichen Wert nur hat, was im Kampfe unter Einsatz des Lebens erworben ist, den es mit Stolz erfüllt, wenn die Anderen ihn fürchten.«[42]

Verständigungspolitisch standen seine Überlegungen in ähnlicher Weise im kaum verhüllten Gegensatz zur nationalsozialistischen Strategie wie in den national- und außenpolitischen Fragen. Seine Devise für die deutsch-französische Annäherung war: »Was dieser Aussöhnung entgegensteht, ist das Mißtrauen, nicht nur der Regierenden, sondern des ganzen Volkes. Die Regierenden werden es von selber niemals aufgeben, denn es gehört zu ihrem Beruf. Nur wenn das Volk es aufgibt und auf Versöhnung drängt, werden sie es überwinden.«[43] Diese Verständigungsstrategie von unten, die sich auf die Spontaneität der gesellschaftlichen Kräfte gründete, erforderte tatkräftige Akteure und vertrauenswürdige Bürgen auf beiden Seiten des

Rheins. Eben diese Funktionen sollten die Kriegsteilnehmer-Verbände übernehmen, nachdem die deutsch-französische Verständigung der Eliten ohne greifbare Ergebnisse geblieben war. Distelbarth war sich im klaren darüber, daß die seit 1933 in der »Nationalsozialistischen Kriegsopferversorgung« (NSKOV) zwangsfusionierten und politisch unterworfenen organisierten Kriegsteilnehmer in Deutschland für die Strategie der gesellschaftlichen vertrauensbildenden Schritte nicht in Betracht kamen, da sie das Mißtrauen auf der französischen Seite kaum überwinden konnten. Distelbarths Verständigungs-Konzeption setzte ein Minimum von politischer Autonomie und politischer Übereinstimmung zwischen den Verbänden der Kriegsteilnehmer in beiden Ländern voraus, wie sie vor 1933 bestanden hatten. Sie stellte indirekt die offiziellen Beteuerungen zur Bedeutung der Kriegsteilnehmer-Verständigung[44] in Frage und forderte Taten anstelle von Worten. Das erklärt Distelbarths Begeisterung über die Zeremonie vom 12./13. Juli 1936 auf den Höhen von Douaumont bei Verdun, wo ehemalige Kriegsteilnehmer aus Deutschland und anderen europäischen Ländern der Einladung der »Anciens Combattants« gefolgt waren, um eine Totenwache für die Kriegsgefallenen abzuhalten und einen Friedensschwur zu leisten.[45] Hier hatte sich noch einmal ein spontaner Gleichklang in den deutsch-französischen Kriegsteilnehmer-Kontakten ergeben, der ansonsten wegen der politischen Usurpierung dieser Begegnungsaktivitäten durch die Nationalsozialisten verlorengegangen war. In den Briefen an seine Familie ab 1936 wird deutlich, daß Distelbarth auch die ganze Anlage und Entwicklung der nationalsozialistischen DFG (der auf französischer Seite das »Comité France-Allemagne« entsprach) für falsch hielt. Den Konstruktionsfehler dieser offiziösen Verständigungsorganisation sah er darin, daß man sich in Verkennung der französischen Verhältnisse an die generell sehr zurückhaltenden französischen Führungsgruppen wandte, statt die Ansatzpunkte bei den sehr viel zugänglicheren breiten Volksschichten zu suchen.

Angesichts der mehr oder minder verdeckten Divergenzen der Thesen Distelbarths zur Frage der nationalen Erneuerung, zur Außen- und zur Verständigungspolitik im Vergleich zum Nationalsozialismus ist es nicht verwunderlich, wenn ein deutscher Bewunderer von *Lebendiges Frankreich* im Pariser Exil zu dem Schluß kam: »Aber obwohl seine Ausführungen aus dem gleichen Grunde [nämlich das Imprimatur für das Buch nicht aufs Spiel zu setzen, H.M.B.] an ganz seltenen Stellen leicht bräunlich gefärbt sind, guckt zwischen den Zeilen nicht nur der Zweifel an der Möglichkeit einer wirklichen Verständigung zwischen Frankreich und Deutschland, *diesem* Deutschland, hervor, sondern unter der Hand verneint er auch die sozusagen ideellen Grundlagen des ganzen ›Dritten Reichs‹.«[46] In der Tat griffen die Autoren des nationalsozialistischen Deutschland Distelbarths Buch gleichermaßen seines Inhalts und seiner Methoden wegen an. Die vernichtende Kritik des Amtes Rosenberg bezog sich inhaltlich vor allem auf die These vom kriegerischen Wesenszug der Deutschen: »Es ist aber ein Skandal, daß Distelbarth Frankreich in den Himmel hebt und als das friedfertigste Volk der Welt darstellt und umgekehrt dem deutschen Volk vorwirft, es hätte nur kriegerische Ideale und erstrebe eine Eroberung.«[47] Im Publikations-Organ der nationalsozialistischen DFG wurde das Standard-Argument gegen das Buch und seinen Autor formuliert, indem ihm die mangelnde Identifizierung mit dem »neuen Deutschland« vorgehalten wurde: »Zu wenig verspürt man den für uns unerläßlichen stolzen Willen, auch die französische Seite zum Verständnis gerade des *neuen* Deutschland zu führen und Licht und Schatten gerecht zu verteilen.«[48] Denselben Vorwurf erhob auch Friedrich Sieburg in der *Frankfurter Zeitung*, wenn er schrieb, der Verfasser des Buches sei dem »Zauber einer fremden Lebensform« verfallen und es fehle ihm »der natürliche Rückhalt in der – stillschweigenden oder ausgesprochenen – Erkenntnis des *deutschen* Wesens«[49]. Bezogen auf Distelbarths empathieorientierte Methode des Verstehens belehrte er ihn (wie nach ihm viele NS-Autoren): »Man darf die Einfühlung eben nicht so weit treiben, daß man sich, eben noch württembergischer Landwirt, als der einzige Radikalsoziale wiederfindet, der noch nie an der ewigen Gültigkeit der radikalsozialen Ideen seine Zweifel gehabt hat.«[50] Ein nationalsozialistischer Frankreich-Autor (einer von vielen, deren Veröffentlichungen allesamt trotz politischer Konformität nicht annähernd die Verbreitung des Distelbarthschen Buches fanden) wendete 1938 die Ermahnung Sieburgs offensiv: »Jenen ›Frankreich-Verliebten‹ und allzu weichen ›Verständigungsfreunden‹ im Deutschen Reich selbst, die den Mangel an ›verstehender Liebe‹ in dieser Arbeit tadeln könnten, sei von vornherein gesagt, daß man nach unserer festen Überzeugung nur sein eigenes Volk lieben, fremden Völkern aber höchstens gerecht werden kann!«[51]

Distelbarth nahm ab der 2. Auflage von *Lebendiges Frankreich*, die im Herbst 1936 erschien, eine Reihe von redaktionellen Änderungen an dem Buch vor, ohne dessen Argumentation wesentlich zu verändern.[52] Zugleich nahm er im Vorwort zur 2. Auflage seine Verteidigung gegen die kritischen Einwände in den mittlerweile bereits über 100 Rezensionen auf. Zuerst griff er den Vorwurf der »blinden Verliebtheit« auf. Er wies auf die psychologische Unmöglichkeit hin, dauerhaft »verliebt« zu sein und verteidigte seine neue Sichtweise Frankreichs als notwendige Korrektur: »Dieses Buch ist ein mit Willen und Bewußtsein unternommener Versuch, einen Scheinwerfer der Liebe auf ein Gebiet zu richten, wo bisher entgegengesetzte Kräfte mächtig waren. Mit romantischer Schwärmerei hat das nichts zu tun.«[53] Den nationalsozialistischen Einwand, seine nationale Gesinnung sei in *Lebendiges Frankreich* nicht zu erkennen, bog er ab mit dem Hinweis auf seine in dieser Hinsicht besonders intensive Grenzland-Sozialisation in Böhmen:

»Wenn man mein Deutschtum verdächtigt, das gleitet an mir ab.«⁵⁴ Die NS-Kritik hatte hier allerdings mehr gefordert, nämlich das Bekenntnis zum »neuen Deutschland«, das Distelbarth nicht leistete. Auch andere kritische Einlassungen nahm der Autor auf und gab sie mit bemerkenswertem dialektischen Geschick an die Urheber zurück. Den Anklagepunkt der zu weit getriebenen Einfühlung in das andere Land konterte er mit der Frage, ob man denn eine der »wertvollsten Eigenschaften«, die die Deutschen gerade den Franzosen voraus hätten, in Verruf bringen wolle: »Ein Deutscher, der fest auf sich selber steht, kann ohne Gefahr im fremden Wesen untertauchen, er wird sich nicht verlieren.«⁵⁵ Von den Freimaurern, Juden und Emigranten sei in seinem Buch deshalb nicht die Rede, weil sie für die nationale Identität der Franzosen nicht maßgeblich seien; dies sei ein anderes Thema, zu dem dann auch die Rolle des fremden Geldes in Frankreich, »der internationalen Rüstungsindustrie, des Generalstabs [und] der katholischen Kirche« gehöre.⁵⁶ Und schließlich griff er die Bemerkung im deutschen Exilanten-Organ *Pariser Tageblatt* auf, es habe Mut erfordert, sein Buch im nationalsozialistischen Deutschland zu veröffentlichen. In diesem Punkt argumentierte Distelbarth (der ja anfänglich selbst Zweifel hatte, ob die Veröffentlichung im NS-Deutschland möglich war⁵⁷), indem er die Nazi-Parolen von der deutsch-französischen Verständigung, namentlich der Verständigung zwischen den ehemaligen Kriegsteilnehmern⁵⁸, beim Worte nahm: »Das Erscheinen dieses Buches, die Diskussion, die sich daran geknüpft hat, nicht zuletzt die Möglichkeit einer Neuauflage beweisen, daß eine so heikle Frage wie die deutsch-französische in Deutschland sehr wohl in voller Unabhängigkeit erörtert werden kann. Dadurch allein scheint seine politische Berechtigung, ja seine Notwendigkeit erwiesen«⁵⁹. Nachdem *Lebendiges Frankreich* so viel internationale Aufmerksamkeit erregt hatte, wäre das Verbot des Buches einer Selbstwiderlegung der Verständigungs-Rhetorik der Nationalsozialisten gleichgekommen. Insofern erhielten die drei weiteren Auflagen des Buches zwischen 1936 und Kriegsbeginn – unabhängig von der Absicht des Verfassers – auch eine verständigungspolitische Alibi-Funktion für eine Politik, die längst im Zeichen der Kriegsvorbereitung stand.⁶⁰ Der Autor von *Lebendiges Frankreich* hatte sein Buch aus demselben Geist ehrlicher Verständigungsbemühungen zwischen Deutschland und Frankreich geschrieben, wie er unter liberal-demokratischen und konservativen Voraussetzungen in der Locarno-Ära der späten Weimarer Republik entstanden war. Das im Exil und mit tatkräftiger Unterstützung republikanisch-pazifistischer Kriegsteilnehmer-Verbände in Frankreich konzipierte und realisierte Buch wirkte in der Öffentlichkeit des »Dritten Reichs« wie ein oppositionelles Dokument. Der Verfasser von *Lebendiges Frankreich* verstand sich – wie insbesondere ein 1937 geschriebenes und unveröffentlichtes Theaterstück belegt⁶¹ – als Oppositioneller gegen das Herrschaftssystem des Nationalsozialismus. Er sah sich jedoch weder in seinen Pariser Jahren noch in den Kriegsjahren, die er auf seinem Obst- und Weingut in Württemberg verbrachte, als Teil einer Widerstandsbewegung. Rückblickend war er der Auffassung, eine solche Widerstandsbewegung habe es (im bürgerlichen Lager) in Deutschland nicht gegeben.[62] Das Frankreich-Buch Distelbarths ist jedoch nicht nur ein Dokument verdeckter Opposition im »Dritten Reich«, sondern auch ein Beleg für die Fortdauer und Wirksamkeit verständigungspolitischer Initiativen, die ihren Ausgang von der Locarno-Ära der Jahre 1925 bis 1930 genommen und zu einer positiven Veränderung in der kollektiven Verhaltens-Disposition zu Frankreich in Deutschland beigetragen hatten.[63] In diesem Sinne ist die anhaltende Nachfrage nach *Lebendiges Frankreich* zu verstehen, von dem bis 1939 17.000 Exemplare auf den Markt kamen. Nachdem Ernst Rowohlt, der sich jederzeit persönlich für Distelbarths Buch stark gemacht hatte, Anfang 1939 Deutschland vorübergehend verließ, und nachdem mit Kriegsbeginn die mentale Mobilmachung gegen Frankreich begonnen hatte, wurde schließlich die Neuauflage von *Lebendiges Frankreich* verboten. Dazu mochte auch beigetragen haben, daß Distelbarth im Oktober 1939 eine Aufforderung von Goebbels' Propagandaministerium, über Rundfunk zu den französischen Kriegsteilnehmern zu sprechen, abgelehnt hatte.[64] Aufschlußreich ist, daß die Nachfrage nach dem Buch auch in den Kriegsjahren anhielt. Distelbarth schrieb in einem (von der Zensur kräftig bearbeiteten) Brief vom Januar 1941 an einen Freund in Spanien, von der deutschen Ausgabe des Buches habe man seit Kriegsbeginn schätzungsweise 10–20.000 Exemplare verkaufen können, aber es sei unmöglich, die Erlaubnis zu einem Neudruck zu erhalten. Der Rowohlt-Verlag verhandele mit Berlin darüber: »Das letzte Mal wurde ihm gesagt: höchstens der Titel könnte unverändert bleiben. Aber dann verzichte ich lieber. Auch das kommt wieder. Die Stimmung für Frankreich ist bei uns im allgemeinen günstig, wie schon das Gesagte zeigt.«[65]

1 Paul Distelbarth: *France vivante*. Texte français de l'auteur, 2 Bde. Paris 1937. — 2 André Therive in *Le Temps* vom 29. April 1937. — 3 Leo Parth: »Lebendiges Frankreich«. In: *Das Neue Tagebuch* (1936), S. 354. — 4 *Bücherkunde der Reichsstelle zur Förderung des Deutschen Schrifttums* (1936), S. 146. — 5 Ebd. — 6 Brief Paul Distelbarths an Hans Rothe vom 14. Juni 1936. In: Nachlaß Hans Rothe im Deutschen Literatur-Archiv, Marbach/Neckar. — 7 Die Neuausgabe der französischen Version erschien auf Initiative des Verlags. Sie enthält ein ergänzendes Kapitel des Verfassers. Paul Distelbarth: *La Personne*

France. Paris 1942. Der Titel wurde vom Autor angesichts der Besatzung Frankreichs geändert. — 8 S. dazu seine Erinnerungen Paul Distelbarth: *Wacht im Osten, Frontoffizier im Ersten Weltkrieg. Der Kreishauptmann von Borissow.* Heilbronn 1989. — 9 Zur Biographie s. die Skizze Frank Distelbarth: *Paul Distelbarth. Ein Publizist der Völkerverständigung.* Sonderdruck aus: *700 Jahre Stadt Löwenstein.* O.O. 1987, S. 495–502. — 10 S. dazu Theodor Heuss: *Robert Bosch. Leben und Werk.* München 1975, S. 362. — 11 Zu deren Geschichte s. Hans Manfred Bock: »Die Deutsch-Französische Gesellschaft 1926 bis 1934. Ein Beitrag zur Sozialgeschichte der deutsch-französischen Beziehungen der Zwischenkriegszeit«. In: *Francia. Forschungen zur westeuropäischen Geschichte.* Bd. 17/3 (1990), S. 57–101. — 12 Z. B. Paul Distelbarth: »Der Abgrund zwischen Deutschland und Frankreich«. In: *Deutsch-Französische Rundschau* (1932), S. 698 ff. Ders.: »Sind die Franzosen ein dekadentes Volk?« In: *Deutsch-Französische Rundschau* (1933), S. 145 ff. — 13 Vgl. dazu umfassend Antoine Prost: *Les Anciens Combattants et la société française 1914–1939.* Paris 1977, 3 Bde. — 14 Zum Mayrisch-Komitee, bzw. Comité franco-allemand d'Information et de Documentation, vgl. meine Studie: »Emile Mayrisch und die Anfänge des Deutsch-Französischen Studienkomitees«. In: *Galerie. Revue culturelle et pédagogique.* Luxembourg (1992) H. 4, S. 560–585. — 15 Paul Distelbarth: *Franzosen und Deutsche. Bauern und Krieger.* Stuttgart/Hamburg 1946, S. 170. — 16 Vgl. dazu Paul Distelbarth: *Wacht im Osten*, a.a.O. — 17 Dies wird besonders deutlich in seinem organologisch geprägten Weltbild, das er am zusammenhängendsten darstellt im zweiten Buch seiner Pariser Exil-Jahre. S. Paul Distelbarth: *Neues Werden in Frankreich, Zeugnisse führender Franzosen.* Stuttgart 1938, S. 7–42. — 18 Heuss mußte 1936 die Herausgeberfunktion für die Zeitschrift aufgeben. — 19 Vgl. Armin Mohler: *Die Konservative Revolution in Deutschland 1918–1932. Ein Handbuch.* Darmstadt 1989, S. 293. — 20 S. dazu den biographischen Abriß von Adalbert Erler in: *Neue Deutsche Biographie*, Bd. 6. Berlin 1964, S. 446 f. — 21 So in einem Brief Paul Distelbarths an Hilde Distelbarth vom 5. März 1936; Familien-Archiv im Rittelhof/Löwenstein. Die Auswertung der Briefe wurde dem Verfasser dankenswerterweise von Frank Distelbarth erlaubt. — 22 Brief Paul Distelbarths an Hilde Distelbarth. Ebd. — 23 Vgl. *Le Figaro* vom 21. Dezember 1934: »Des Anciens Combattants francais s'entretiennent avec Adolf Hitler«. Als Überblick über die Kontaktnahmen der französischen Kriegsteilnehmer-Verbände zu Hitler ist nützlich Wilhelm von Schramm: *Sprich von Frieden, wenn Du den Krieg willst. Die psychologischen Offensiven Hitlers gegen die Franzosen 1933–1939. Ein Bericht.* Mainz 1973. — 24 S. dazu Antoine Prost, a.a.O., Bd. 1, S. 115 ff. — 25 S. Jules Romains: *Am 6. Oktober.* Berlin 1936. Jules Romains: *Quinettes Verbrechen.* Berlin 1936. — 26 Brief Paul Distelbarths an Hilde Distelbarth vom 4. Juli 1935. — 27 Brief Paul Distelbarths an Hilde Distelbarth (im folgenden abgekürzt PD an HD) vom 10. Juli 1935. — 28 »Défense de la Langue francaise. Lumières qui viennent du Nord«. In: *Le Temps* vom 2./3. Januar 1936. — 29 Paul Distelbarth: *France vivante*, a.a.O. — 30 U. a. schrieb Giselher Wirsing eine negative Kritik in *Die Tat*, (1936). — 31 Vgl. dazu Dieter Tiemann: *Deutsch-französische Jugendbeziehungen der Zwischenkriegszeit.* Bonn 1989, S. 112 ff. — 32 Brief PD an HD vom 12. Dezember 1935. — 33 Vgl. dazu die Beiträge in Klaus Hildebrand und Karl Ferdinand Werner (Hg.): *Deutschland und Frankreich 1936–1939.* München 1981, S. 429 ff. — 34 Hans Rothe: *Rothes Tuch. Lebenserinnerungen.* Unveröffentlichtes Ms., Part 4, S. 349. In: Nachlaß Rothe im Deutschen Literatur-Archiv Marbach/Neckar. — 35 Paul Distelbarth: *Lebendiges Frankreich*, Berlin 1936, S. 6. — 36 Vgl. dazu Hans Manfred Bock: »Tradition und Topik des populären Frankreich-Klischees in Deutschland von 1925 bis 1955«. In: *Francia. Forschungen zur westeuropäischen Geschichte.* Bd. 14 (1987), S. 475–508. — 37 S. Paul Distelbarth: *Lebendiges Frankreich*, a.a.O., bes. S. 15 ff. und 21 ff. — 38 Ebd., S. 64 ff. — 39 Ebd., bes. S. 106 ff. — 40 Vgl. dazu auch Gilbert Badia: »La France vue par Paul Distelbarth, un pays modèle«. In: Hans Manfred Bock, Reinhart Meyer-Kalkus, Michel Trebitsch (Hg.): *Entre Locarno et Vichy. Les relations culturelles franco-allemandes dans les années 1930.* Bd. 1. Paris 1993, S. 175. — 41 Paul Distelbarth: *Lebendiges Frankreich*, a.a.O., S. 168 ff. — 42 Ebd., S. 208. Dies ist eine der Passagen, die der Autor in den folgenden Auflagen seines Buches aufgrund der nationalsozialistischen Kritik neu formulierte. — 43 Ebd., S. 204. — 44 Vgl. zur Fragwürdigkeit dieser Beteuerungen Wilhelm von Schramm, a.a.O. — 45 Er berichtete als Teilnehmer an der Veranstaltung darüber in mehreren Zeitungsartikeln und nahm den Bericht in die späteren Auflagen seines Buches auf. S. z. B. Paul Distelbarth: *Lebendiges Frankreich*. Stuttgart, Hamburg, Baden-Baden 1948, S. 277 ff.: »Die Nachtwache von Verdun.« — 46 Leo Parth: *Lebendiges Frankreich*, a.a.O., S. 356. — 47 *Bücherkunde der Reichsstelle zur Förderung des Deutschen Schrifttums* (1936), S. 146. — 48 *Deutsch-Französische Monatshefte. Cahiers franco-allemands* (1936), S. 24. — 49 Friedrich Sieburg: »Frankreich«. In: *Frankfurter Zeitung* vom 7. März 1936. — 50 Ebd. — 51 Martin Hieronimi: »Ursachen und Erscheinungsformen der französischen Geisteskrise«. In: *Volk im Werden* (1938), S. 404. — 52 Die gesamte Struktur der Kapiteleinteilung blieb erhalten; die Veränderungen waren redaktioneller Art. — 53 Paul Distelbarth: *Lebendiges Frankreich*. Berlin 1936, 2. Aufl., S. 1. — 54 Ebd., S. 2. — 55 Ebd. — 56 Ebd., S. 3. — 57 Brief PD an HD vom 3. März 1935. — 58 Es war im Schutze dieser von den Nationalsozialisten geförderten Aktivitäten eine Reihe von Romanen zur deutsch-französischen Kriegsteilnehmer-Verständigung entstanden, die in manchen Aspekten eine belletristische Entsprechung zu Distelbarths Essay-Sammlung darstellten. S. dazu Sigrid Bock und Manfred Hahn (Hg.): *Erfahrung Nazideutschland. Romane in Deutschland 1933–1945. Analysen*. Berlin und Weimar 1987, S. 132 ff. und S. 335 ff. zu entsprechenden Romanen von Adam Kuckhoff und Georg von der Vring. — 59 Paul Distelbarth: *Lebendiges Frankreich*. Berlin 1936, 2. Aufl., S. 3. — 60 Zur Rolle Frankreichs in Hitlers Kriegsplanung s. Klaus Hildebrand und Karl Ferdinand Werner (Hg.), a.a.O. Vgl. auch Eberhard Jäckel: *Frankreich in Hitlers Europa*. Stuttgart 1966, S. 13 ff. — 61 Paul Distelbarth: *Der Kreisleiter. Komödie in 4 Aufzügen*. Unveröffentlichtes Ms. (68 S.) im Nachlaß Rothe des Deutschen Literatur-Archivs Marbach/Neckar. — 62 Brief Paul Distelbarths an Hans Rothe vom 14. Juli 1947 (Deutsches Literatur Archiv Marbach/Neckar). — 63 Vgl. zu diesem Aspekt auch meine Einleitung zu Hans Manfred Bock, Reinhart Meyer-Kalkus, Michel Trebitsch (Hg.): *Entre Locarno et Vichy*, a.a.O., S. 48 ff. — 64 S. Paul Distelbarth: »Kurzer Lebenslauf. Autobiographische Skizze«. In: *Lendemains. Zeitschrift für vergleichende Frankreichforschung* (1993) H. 71/72. — 65 Brief Paul Distelbarths an Hans Rothe vom 26. Januar 1941. Zur Rolle Distelbarths in den deutsch-französischen Kulturbeziehungen nach 1945 s. Hans Manfred Bock: »›Ich setze immer noch meine Hoffnung auf Frankreich‹. Paul Distelbarths publizistische und verständigungspolitische Arbeit nach dem Zweiten Weltkrieg«. In: *Lendemains. Zeitschrift für vergleichende Frankreichforschung* (1993) H. 71/72.

Christian Klotz

»Gemeißelt unser Widerstreben«
Widerstandssignale in Rudolf Alexander Schröders
Woestijne-Übersetzungen[1]

Der folgende Beitrag zu Rudolf Alexander Schröders Übersetzungspraxis in der *Corona* versteht sich als ergänzender Hinweis zur Frage nach ausmachbaren Signalen von »innerer Emigration«[2] und ihren Erscheinungsweisen. Anlaß dazu gibt der Umstand, daß die ersten wenigen Fingerzeige bei Charles W. Hoffmann[3] doch sehr der Ergänzung bedürfen, und gerade im Übersetzungsbereich noch längst nicht alles gesagt ist, worauf Hans-Dieter Schäfer erst 1981 wieder die Aufmerksamkeit gelenkt hat.[4]

I

Als einigermaßen ergiebig[5] erweisen sich unter dem genannten Aspekt Schröders Eindeutschungen von Gedichten des Niederländers Karel van de Woestijne, die im Jahrgang 1938 erstmals gedruckt, aber später nicht im vollen Umfang in die Werkausgabe übernommen wurden. Während die kongenialen Gezelle- und Camphuyzen-Übertragungen[6] volle Berücksichtigung erfahren, fällt in der Ausgabe letzter Hand Woestijnes »Ons lust, van dubblen drift verlamd«[7] der wählerischen Hand des Autors zum Opfer, und zwar als einzige der Woestijne-Übertragungen. Platzersparnisgründe scheiden von vornherein aus, denn auch eine ganze Anzahl weiterer, bisher noch ungedruckter Übersetzungen aus Woestijnes Werk, die bis ins Entstehungsjahr 1916 zurückreichen, vermehren diesen Teil der Übersetzungen in der Werkausgabe immerhin um weitere sieben Gedichte. Es muß also mit diesem Gedicht etwas auf sich haben, das 1938 ebensosehr zur Veröffentlichung reizte, wie es in der Endredaktion nicht bestehen konnte. Der nächste naheliegende Verdacht, Rudolf Alexander Schröder sei in diesem Falle verfahren wie mit seiner Übertragung von T. S. Eliots »Ash-Wednesday«, nämlich durch Nichtbeachtung einer ihm innerlich nicht nahestehenden »Poesie-sein-wollenden-Gallerte«[8] sein letztes Urteil zu sprechen, liegt außerhalb des Denkmöglichen, denn Schröder schätzte diesen flämischen Lyriker seit seinen Tagen als Zensor im Brüsseler Generalkommando, also seit der Zeit des Ersten Weltkriegs, und hat ihm sogar einen von tiefem Verständnis geprägten würdigenden Essay gewidmet[9], in dem er die mangelhafte Präsenz dieses Lyrikers im deutschen Kulturraum als »uneingelöste Schuldforderung« empfindet.[10] Welche besondere Beschaffenheit dieser Übertragung also ist es, die sie in die Paralipomena einer einstigen kritischen Werkausgabe verbannte?

Die Antwort ist beim Vergleich mit dem Original sehr leicht zu geben, aber nicht ganz so leicht zu interpretieren: Schröder übersetzt die letzte Strophe dieses Gedichts, das eine absterbende Liebe zum Sujet hat, schlicht »falsch« in einem noch zu spezifizierenden Sinne. Bei Woestijne lautet sie:

– Toen hebben wij ter hardste rots
het beeld van beider spijt gedreven;
en zie: ons wrevelige trots
herkende 't keerend beeld van 't Leven.[11]

Rudolf Alexander Schröders Eindeutschung jedoch tut, als wüßte sie nicht, daß es von »spijt« (= Bedauern, Leidwesen) zu »Widerstreben« keinen rechtfertigbaren Übergang gibt, denn sie gibt die obigen Zeilen folgendermaßen wieder:

– Dann haben wir in Felsen-Klotz
Gemeißelt unser Widerstreben;
Schau: dein und mein vergällter Trotz
Erkennt ein kehrend Bildnis: Leben.

Wie, der Meister nachromantischer Übersetzungskunst, der dem verächtlichen Gewerbe erstmals wieder intellektuellen Glanz verliehen hatte, sollte sich derartig geirrt haben, daß er die kategoriale Trennung zwischen der passiven Hinnahme eines Nichtverfügbaren im Bedauern (= spijt) und der doch sehr aktiven Tätigkeit des »Widerstrebens« für vernachlässigbar halten konnte? Zu Recht dafür bekannt, daß seine zwischen Übertragung und kongenialer Nachschöpfung anzusiedelnden Eindeutschungen den Geist des Originals adäquat wiederzugeben suchen, oder doch sich auf größtmögliche Nähe zu dessen Wesensgehalt verpflichten, sollte sich einer solchen Lässigkeit, womöglich gar aus bloßer Reimnot und dem darin anwesenden Zwang, schuldig gemacht haben, und zwar bis zum Grade der direkten Umkehrung der Aussage des Originals?

Zwar versucht die Übersetzung in Vers drei, den Vorstellungsgehalt der Strophe nachträglich doch noch gewissermaßen nachbessernd einzuführen, also von der Übersetzungstechnik her gesehen eine sogenannte Transposition großräumigster Art vorzunehmen. Aber dessen Verbannung in das anonymisierende Partizip Perfekt Passiv »vergällt« unterstellt schon wieder einen Täter, während die flämische Formulierung »wrevelige trots« lediglich von dem ärgerlichen Unmut, also einer subjektiven Reaktion auf Unverfügbares spricht, ganz abgesehen von dem Umstand, daß in »Trotz« schon wieder eine aktive Komponente des Vorstellungsinhalts aufgerufen wird, obwohl bei Woestijne die Selbstbezüglichkeit des sich aussprechenden lyrischen Ichs in »trots« (= Stolz) sehr gut gewählt ist. Die letzte Zeile der Strophe nimmt dann in der Übersetzung die letzte und entscheidende Umkehrung vor, die endgültig den vom Original gemeinten Sinn verzerrt. Während Woestijne in der Genitivmetapher (›beeld van 't Leven‹) in Rhythmus und semantischer Trägerfunktion die subjektive Bildschöpfung resignativ eingesteht und das Vergehen (gemeint ist das der Liebe) sinn- und ohrfällig macht, hebt die Übersetzung ganz im Gegenteil durch den Doppelpunkt als letzten Sinnstifter das »Leben« hervor und eben nicht den subjektiven Deutungsakt, weswegen »Bildnis« als Selbst-Offenbarung eines Inbilds sich aufdrängt. Diese Umakzentuierung muß um so mehr erstaunen, als eine wörtliche Übertragung (etwa »Erkennt das kehrend Bild des Lebens«) in sich nicht die geringste Schwierigkeit geboten hätte.

Faßt man die Gegensätzlichkeit der Zielvorstellungen von Original und Übersetzung versuchsweise einmal zusammen, so wäre die Abweichung von der Vorlage wohl in ihrer unübersehbaren Trostfunktion für ein »Widerstreben« zu sehen, das sein Scheitern auf das »Leben« in seiner ganz unwidersprechlichen Wucht zurückführt, weswegen die symbolische Handlung der Verewigung eines Vergehenden sich unter dem Gesichtspunkt von Vergänglichkeit überhaupt präsentiert, die ihrerseits auf das »Unvergängliche im vergänglichen Sein«[12] verweise. Das Original hingegen besteht darauf, daß in der symbolischen Handlung nichts als das Bedauern selbst zur Anschauung kommt, und eben nicht dessen zu Schanden gewordene Widersetzlichkeiten mitsamt einer tröstlichen Gesamtdeutung. Mit der treffenden Metapher Klaas Heeromas gesprochen, hat Schröder wie in anderen Fällen auch Woestijnes Werk »zu sich hingelesen«[13].

Gemessen am Maßstab des Übersetzens (und das heißt allemal, sich die Aufgabe zu stellen, die schon im Original vollzogenen sprachlichen Wahlaktentscheidungen in einen zielsprachlichen Horizont und dessen sprachliches Weltbild möglichst deckungsnah hineinzuvermitteln) führt demnach kein Weg am Befund vorbei: diese Übersetzung ist selbst dann noch »falsch«, wenn man die Lizenzen, die man freien Nachschöpfungen zuzubilligen pflegt, in Anschlag bringt, weil es doch gerade die hochgesteckten Ansprüche der Nachdichtung sind, die Qualität des Originals auf genau diesem Wege erfahrbar zu machen, und nicht etwa dessen Natur zu verzerren oder gar ins Gegenteil zu verkehren. Das Rätsel ist also, warum der Übersetzer – sehr wohl um den Bedeutungshof von »spijt« (= Bedauern, Leidwesen, Reue) wissend – aus der resignativen Ergebung in ein nicht mehr weiter Hinterfragbares ein zähneknirschendes Dagegenhalten drechselt? Da sprachliche Inkompetenz von vornherein ausscheidet – zum Amt eines Zensors und zu diplomatischen Diensten[14] zieht man bekanntlich nur des Idioms Kundige heran – und bei der ansonsten bewiesenen Versatilität und Findigkeit Schröders in Dingen der Wahrung von Wesensgehalten von Gedichten am Reimzwang vorbei, drängt sich der Verdacht auf, daß eigentlich nur der Wille zum Verstoß wider besseres Wissen übrigbleibt, was immerhin hieße, daß hier ein zeitbedingtes Signal, etwa im Sinne idealer Opposition gegen die nationalsozialistische Weltanschauung, gesetzt sein könnte, zumindest für den Eingeweihten.

II

Ein hoher Grad von Wahrscheinlichkeit ist für diese Vermutung in zweifacher Hinsicht gegeben: einmal vom Signalcharakter des Druckorts her, zum anderen über den Autor und seine Haltung unter dem NS-Regime. So verzeichnet etwa Marlene Rall in ihrem gelungenen monographischen Porträt[15] der Zeitschrift *Corona* einige Zeugnisse für den Umstand, daß unter totalitären Verhältnissen offenbar eine allegorische Lesart einreißt, die nicht daran denkt, dem philologischen Standpunkt und einer Stellenwertreflexion historischer Zeugnisse ihr Recht widerfahren zu lassen, sondern zu sehr eigenmächtigen Entliterarisierungen sprachkünstlerischer Äußerungen schreitet, also im geheimen Einverständnis mit dem Autor dessen Artefakt als direkte face-to-face-Kommunikation entschlüsselt. Im Falle Rudolf Alexander Schröders ist hier das folgende Notat einschlägig: »Einen neuen Bezug erhielten Rudolf Alexander Schröders Hexameter ›Mnemosyne‹ – im Oktober 1918 geschrieben –, als sie im zweiten Heft des achten Jahrgangs wieder abgedruckt wurden – ohne auf der Buchschleife des Heftes zu erscheinen! ›Schröder erschütternd‹, schrieb Heinrich Zimmer am 5. 8. 38 an Steiner – sonst nichts.«[16]

Was die Seite der persönlichen Auffassung Rudolf Alexander Schröders vom höchsten Politiker des NS-Systems betrifft, so sei hier auszugsweise aus einem undatierten Brief Schröders[17] zitiert, weil darin der für ihn spezifische Widerstandsmodus umstandslos ablesbar ist: »Adolfs Lebenslänglichkeit begrüße ich übrigens von Herzen. Je lebenslänglicher, je weniger länglich wird der säuische Rummel dauern. Ich erwarte mit Freuden den Beginn der Ab-n-ordung. Vor dem n steht im Alphabet bekanntlich das m.«

Die Systemkritik des Briefschreibers bezieht sich also auf den Führerstaat, dem vom ethischen Standpunkt aus nicht Genüge getan wird, und verklausuliert diese Differenz zur herrschenden Ordnung in einem Wortspiel über »Aufnordung« und »Abmordung«, deren Zwangsläufigkeit kein erkennbares Subjekt verbürgt, es sei denn die zeitliche Reihenfolge des Alphabets stehe dafür ein. Die Wortverliebtheit und -verspieltheit fällt hier ebenso auf wie die um einige Grade fragwürdigere, ganz unverdeckte Erwartungsfreude eines Gerechten auf ein gewaltsames Ableben im größeren Maßstab.[18] Das moralische »Widerstreben« bei gleichzeitiger Kontemplativität angesichts des quasi-naturgesetzlichen Vergehens der Zeitläufte als spezifische Züge eines Philologen im sehr privaten Sinne zeichnen nun auch sonst die oppositionelle Gebärde des Autors und seiner Gemeinde aus. Zu fragen ist also nach der Qualität dieser Sorte Widerstand, nicht nach ihrem Ob-Überhaupt, das in der Forschungsliteratur ohnehin ganz unstreitig ist und etwa im Falle der *Ballade vom Wandersmann* und des dort verwendeten Verfahrens des »Trobar clus«[19] bereits seine Würdigung erfahren hat.

Um diese Frage einigermaßen verläßlich zu klären, ist der weitere Umkreis der übrigen Woestijne-Übersetzungen miteinzubeziehen, denn so sehr der einzelne Fund überzeugen mag, den Verdacht auf bloße punktuelle Mißglücktheit einer Übertragung kann er nicht ausräumen. Erst die häufige Wiederkehr des Phänomens willentlicher Umbiegung des Originals in eine Repräsentanz ganz anderer Art könnte erhärten, daß hierbei ein strategischer Wille am Werke ist.

Die Indizien für ein solches gewissermaßen literaturpolitisches Vorhaben innerhalb des Kulturmittlertums sind alles andere als spärlich. Schon eine der ersten in der *Corona* publizierten Übertragungen, die Erzählung *Der Bauer stirbt*[20], scheint im Titel auf die Bedürfnisse der offiziellen Blut- und Bodenideologie einzugehen, enthält jedoch eine Allegorie vom friedlichen Absterben der Sinne bis hin zum Einverständnis mit einem Hinübersterben in ein christliches Jenseits, vertritt also unmißverständlich und mit leiser Bestimmtheit die Ansprüche eines »Inneren Reiches« gegenüber den öffentlichen Zumutungen des zeitgenössischen ideellen Horizonts, die schließlich keinem verborgen bleiben konnten.

Sind hier noch die endgültige Neuorientierung auf die Heilsgewißheiten des Christentums und der darin miteingeschlossene, konkurrierende Entwurf, wie auch in den Übertragungen von Woestijne-Gedichten des selben *Corona*-Jahrgangs, nicht zu trennen[21], so wird eine allgemeine Zeitfeindschaft in der durchgehaltenen Idealkonkurrenz zur NS-Ideologie schlagartig sichtbar, wenn man sich vor Augen hält, wie hochgradig selektiv Schröder bei seinen Übertragungen vorging und eindeutig nur den erbaulichen Teil von dessen Werk favorisierte, obwohl er in seinem Woestijne-Essay zu erkennen gibt, daß die geistige Statur dieses modernen und – wie er selbst schreibt – »europäischesten« flämischen Lyrikers ihm durchaus präsent ist. Er charakterisiert ihn nämlich durchaus zutreffend: »Keine der Bereicherungen und Vermannigfaltigungen des Empfindens und des Ausdrucks, keine der Begehrlichkeiten und der Beängstigungen, keine der Unentwegtheiten, keiner der Verzichte, die in den Jahren vor dem Krieg von Paris bis

Moskau, von Rom bis London das Wesen der höheren Dichtung ausmachten, fehlen seinem Werk.«[22]

Genau diese skizzierte Zerrissenheit eines »poète maudit«, seine skeptische Nervosität und Sinnlichkeit machen sich in Schröders Übersetzungen durch Abwesenheit auffällig. Was sie ausschließlich präsentieren, ist ein Woestijne zwischen 1896 und 1909[23], und innerhalb dieser zyklisch angeordneten Poeme nur Werke, die nichts von einem »von allen Stürmen des Intellekts und des Eros erschütterten Daseins« wissen, sondern von einer »katholischen Gläubigkeit ... als letzter Zufluchtsstätte.«[24] Das bei Woestijne nicht von der Hand zu weisende augustinische »Inquietum est cor nostrum donec requiescat in te, domine« wird also zur Gewißheit des Gläubigen entschärft, Sinnlichkeit überhaupt nur zugelassen, sofern sie sich selbst negiert, und Modernität wird nur im Dienste der hier offensichtlich angestrebten »pia fraus« in Betracht gezogen.[25] Vom Standpunkt einer uninteressierten Kulturmittlertätigkeit ist hier die Grenze zum manipulativen Eingriff überschritten, und ließe man die positive Bestimmung solcher Retouchen beiseite, so müßte man von Verzerrung eines Dichterbilds durch Unterdrückung gerade des Wesentlichen an seiner Individualität sprechen.

Auf den Zeithorizont umgedacht, macht solche Selektivität jedoch sehr wohl Sinn, denn in der Verfälschung selbst ist ein Wille erkennbar, der auch um den Preis, den er sehr wohl kennt, eine Bundesgenossensuche betreibt, die dem Programm eines Widerstandstraditionalismus zuzuschlagen wäre. Schröder sieht es als seine Pflicht an, Gewißheiten zu stiften, und nimmt bei dieser Strategie der Vereinnahmung in Kauf, daß die Lauterkeit seiner Geistpolitik erheblichen Schaden nimmt[26].

Um wenigstens ein weiteres Beispiel für dieses Verfahren zu geben, sei die letzte Strophe von »De zonne staat me in 't aangezicht« als Beleg herangezogen, die bei Woestijne folgendermaßen lautet:

> De zon beblaakt me heel den tijd
> met onverwoestb'ren luister...
> – Hierbinnen weegt voor de eeuwigheid
> het duister.

Schröder übersetzt:

> Mir blickt und blakt alljederzeit
> Unlöschbar Sonn-Gefunkel. –
> – – Da drinnen lastet, Ewigkeit,
> Dein Dunkel.

Der Philologe gerät angesichts solcher freien Nachschöpfung in die Verlegenheit, ob er das bei Woestijne zwischen Psychologie und Metaphysik changierende Gebilde bewundern, oder die Bedenkenlosigkeit bei Schröder bestaunen soll, mit der durch ein einziges Wort die Spannung zwischen den Bedeutungsebenen gelöscht und zugunsten des christlich-humanistischen Idealismus entschieden wird. Denn es besteht nirgendwo die Nötigung, aus dem sächlichen Artikel »het« ein »Dein« zu machen, es sei denn, es sei auf eine vereindeutigende Umdeutung abgesehen.

Im Original hat die »eeuwigheid« lediglich die Wertigkeit subjektiver Zeitempfindung unter der Bedingung der Getrenntheit von Außen- und Innenwelt, eben in der Befindlichkeit einer allgemein gehaltenen Entfremdung. Die Apostrophe der allegorisierten Ewigkeit bei Schröder drängt dagegen von sich aus dazu, das Gemeinte zu entschlüsseln, kommt also mit der Wucht eines ehrwürdigen Abstraktums über den Leser, der nur sehr begrenzte Wahlmöglichkeiten im tradierten Ideenhorizont vorfindet. Welche auch immer er wählen mag, er hat in jedem Fall ein – zugegebenermaßen sehr schönes – Gedicht von Rudolf Alexander Schröder gelesen und eben nicht von Woestijne. Die Verschiebung der Stoßrichtung des tragenden Sinns in religiöse Gestimmtheit geht auch indirekt aus der Beobachtung Johan Soenens hervor, daß Schröder »keine religiösen Gedichte von Van de Woestijne übertragen«[27] habe, der Übersetzer jedoch genau diese Lesart vorschlägt, mithin keine interpretierend-erhellende Übersetzung anstrebt oder eine lediglich graduelle Abweichung vom beibehaltenen Grundakzent der dichterischen Mitteilungsabsicht, welch beide Varianten des Abstands vom Ideal der Übersetzung zu den selbstverständlichen Lässlichkeiten gehören würden. Hier jedoch wird nicht mit den Adiaphora der üblichen Lücken und Kompensationen operiert, sondern die Totalität der Verse sieht sich umgeschmiedet.

Um Mißverständnissen vorzubeugen, es bedarf wohl keiner näheren Rechtfertigung, daß es beim Übersetzen nicht auf Wörter oder Sätze ankommt, sondern darauf, »Ideen und Gedanken in eine andere Sprache hinüberzuholen. Nicht der Text an sich muß übersetzt werden, vielmehr die Intention, die ›message‹, die im Original eingebettet liegt.«[28] Insofern sich die Übersetzung davon freigestellt hat, hilft der Grundgedanke der Imagologie nur ex negativo weiter: das Stereotyp über die flämische Literatur als durch Sinnlichkeit und Mystik hinreichend umschrieben sieht sich gerade um die Spannung zum zweiten stereotyp-konstitutiven Teil beschnitten, woraus erhellt, daß sich Schröder gerade um einer davon abweichenden Aussage willen davon dispensiert.

Und letztlich: der Gewinn an ästhetischer Glätte und Wohllautendheit durch Schröders strengere Bindung an Metrum und Rhythmus schlägt sich auf der Verlustseite als willentliche Umgestaltung des Ausgangstexts nieder,

der es von sich aus auf eine gewisse Sperrigkeit anlegt, um der volksliedhaften Eingängigkeit der Drei- und Vierheber einen Zitatcharakter zu verleihen, sozusagen als die Reminiszenz an eine verlorene Unmittelbarkeit vorbewußten Einsseins der sprechenden Seele mit dem, was es als anderes noch gar nicht erkannt hat. Diese moderne »Heine-sierung« verfällt bei Schröder ebenfalls einer Re-Romantisierung ins ungebrochen Stimmungslyrische. So wird etwa im gleichen Gedicht aus dem widerspenstigen Rhythmusbruch in der Verszeile »ik voel ze in 't wentelende licht« ein kunstliedhaft betören wollendes »Ich spüre, wie ihr Wandel-Licht«. Wohlgemerkt, diese Ausstellungen notieren bewußte Wahlakte eines Dichter-Übersetzers, dem es offenbar um anderes zu tun war als darum, Proben von Kongenialität oder gar Übertreffbarkeit seiner Vorlagen zu liefern.

Von diesem Befund aus, daß es nämlich Schröder gar nicht um eine unverkürzte Wiedergabe des geistig-seelischen Profils beim Übersetzen Woestijnes ging, wird auch einsichtig, welchen tatsächlichen Stellenwert der Übersetzer seiner Tätigkeit während der dreißiger Jahre beimaß: neben der bewahrenden Pflege alteuropäischer Wertvorstellungen in Kunst und Ethik lag ihm offenbar an einer Rückversicherung seiner Gemeinde hinsichtlich einer christlich interpretierten Lebensauffassung.

III

Die hiermit herausgearbeitete Zielvorstellung eines Widerstandstraditionalismus bedarf näherer Erläuterung, weil der derzeitige Forschungsstand in puncto »innerer Emigration« erheblich anderer Auffassung ist und nach Maßgabe eines polit-moralisch sich artikulierenden Widerstands durchwegs die Qualität der Schröderschen Programmatik verpassen muß, weil sie Qualität nicht als qualitas, das heißt Beschaffenheit verstehen will, sondern gleich als Gütesiegel liest. Der hier reklamierte Widerstandstraditionalismus als Beschreibungskategorie eines literarischen Verfahrens unter dem »Modernisierungsschub« des Nationalsozialismus lehnt sich an Georges Balandiers Typologisierung in seiner politischen Anthropologie[29] an und meint ein literarisches Deutungsangebot, das sich von Traditionalismen anderer Art angebbar unterscheidet.

So macht es einen erheblichen Unterschied, ob ein Autor beim Auseinanderklaffen von politisch-ökonomischer Realität und kulturellem Selbstverständnis zum formalen Traditionalismus greift, wie das etwa in Rudolf Borchardts »schöpferischer Restauration« der Fall ist, sich also an Institutionen und soziokulturellen Mustern orientiert, deren Bedeutung sich längst verändert hat, oder ob ein sich traditionell gebendes Werk auf die gewandelten Bedingungen des Kunstschaffens damit reagiert, daß die insgesamt ablehnende Reaktion als Tarnung und Verschleierung konkurrierender politischer Ordnungsentwürfe daherkommt, wie im Falle Schröders, der aus seinem christlich-sozialen Nationalismus nie ein Hehl machte[30], oder ob gar die Möglichkeit des Pseudo-Traditionalismus genutzt wird, die manipulierte Tradition zum Mittel zu machen, den neuen Realitäten Sinn zu verleihen, wie teilweise bei Josef Weinheber. Diese drei Ausgliederungsvorschläge, die scheinbar identische Verfahrensweisen von ihren verschiedenen Funktionszuschreibungen her zu differenzieren suchen, wären ihrerseits wegen der kultur- oder zivilisationskritischen Stoßrichtung von einem fundamentalen Traditionalismus abzuheben, der mit dem Epigonenproblem in etwa umschrieben ist.

Angesichts der Unbedachtsamkeit, um nicht zu sagen Dreistigkeit meinungskämpferischer Kundgaben, mit der die bisherigen theoriesprachlichen Erfassungsversuche mit dem Anti-Modernismus als literarischer Richtung verfahren, ist es vielleicht angeraten, darauf hinzuweisen, daß der obige Sortierungsvorschlag den Vorteil böte, vor die scheinbar unumstößliche Abwertung die Deskription dessen setzen zu können, was auch in der aufwertenden Rechtfertigungsrede um nichts attraktiver erscheinen muß, weil auch in letzterem Falle der Bemühung um Begriffsbildung kein ausmachbarer Dienst erwiesen ist. Die selbstverschuldete Stagnation dieses Forschungszweigs ließe sich dann erstmals wieder zur Sache herbei und entdeckte womöglich ihre abwegigen Unterstellungen, von denen der Vorwurf sicherlich der unangebrachteste ist, Schröder hätte nicht als christlicher Humanist, sondern besser als (Bewertungskriterium ad libitum) dichten sollen, damit er den Ansprüchen dessen genüge, der das Feld der Interpretation erst gar nicht zu betreten wünscht, sondern lieber gleich in Harmonie mit dem Zeitgeist die schmeichelhafte Vorstellung nährt, angesichts des Faschismus habe der wissenschaftsinterne Pluralismus von dem Gegenstand sich verpflichtet wissenden Kriterien gefälligst aufzuhören.

Demgegenüber sei hier in Erinnerung gerufen, an welchem Maß das Werk Rudolf Alexander Schröders gemessen zu werden wünscht:

> Des Kreuzgefolgs Schmach, Schad und Pein
> Tröst dich in allen Stücken;
> Kein äußerliches Unfrei-Sein
> Kann Freiheit von dir rücken.[31]

Man braucht kein Freund dieser »Freiheit eines Christenmenschen« zu sein, um an der Wahl ausgerechnet des Übersetzungsvorwurfs Camphuyzen ablesen zu können, worauf es Schröder 1937 ankam. Klaas Heeroma hat es 1962 schon gesagt, freilich noch ohne Ahnung, daß diese schlichte Feststellung einer qualitas einmal als Rechtfertigung gelesen werden könnte: »Es sind nicht die strengen Kalvinisten unter den niederländischen Dichtern des 17. Jahrhunderts gewesen, die Schröder angezogen haben, es sind diejenigen, die um ihres Gewissens willen einen Konflikt mit der Regierung, ja Verfolgung riskiert haben.«[32]

Dies also das Maß, das dem Camphuyzen-Aufsatz von 1937 auch gar nicht so sehr versteckt abzulesen ist. »Leiden um des Gewissens willen« aber bekommt im unmittelbaren zeitlichen Umfeld der Maßregelungen der Bekennenden Kirche durch die NS-Staatsgewalt, die in Einzelfällen den Tod miteinschloß, ein zusätzliches programmatisches Gewicht über ein »dixi et salvavi animam meam« hinaus, zumal solches ideelle »Widerstreben« in der Lutherschen Übersetzung des Römerbriefs 13. Kap. 2. Vers schon zu den Sünden zählt, demnach gegen eine konstitutive Beschränkung der Dogmen dieser Glaubensrichtung verstoßen wurde, oder zumindest eine sehr eigenmächtige Deutung des Dogmas vorliegt.[33]

All dies macht freilich nicht den Widerspruch verschwinden, der im Vorhaben einer Geist-Politik liegt, von ihren Anhängern aber als solcher gar nicht empfunden wird. Denn im Aussprechen ihrer Gewißheiten steckt schon die gelebte Gewähr eines getätigten Widerstands.

1 Wie man weiß, ist die Werkausgabe Rudolf Alexander Schröders eine »Ausgabe letzter Hand«, d. h. sie ist durchwegs geprägt vom Selbstbild und dessen für die Öffentlichkeit bestimmter Funktionszuweisung eines Dichters und begnadeten Übersetzers, der sich bei der Auslese des für letztgültig Erachteten von den sehr strengen Maßstäben eines christlich-humanistischen Traditionsbewußtseins leiten ließ und so eine beeindruckende Abrundung seines Lebenswerks präsentieren konnte. Über das für vernachlässigbar Erachtete sind wir durch Rudolf Adolphs bibliographische Erfassung des Ausgeschiedenen (Darmstadt 1953 und Frankfurt 1958) rein technisch gesehen gut unterrichtet, was soviel heißen soll, daß die Frage nach der eventuellen immanenten Nötigung zum Verwerfen des einen oder anderen Textes sich bislang noch nicht gestellt hat, was nicht nur seinen Grund im Respektieren der Autorenvoluntas hat, sondern wohl auch in der Gefahr des Abgleitens ins bloß Spekulative. Denn eine zünftige Hermeneutik läßt sich von der Vorstellung einer inneren Notwendigkeit des zu interpretierenden Formereignisses nicht leicht ablösen, und das Urteil des Autors hat im Moment des Ausscheidens von Werkteilen deren unabdingbare Notwendigkeit schon widerrufen. Darüber hinaus aber muß es im allgemeinen als geradezu haltlos erscheinen, nähere Bestimmungen darüber treffen zu wollen, warum irgendwer etwas nicht getan hat, denn dafür kommen außerhalb der oben schon gegebenen Rahmenbestimmung tausenderlei pure Möglichkeiten von einfallsreichen Scheinbegründungen in Betracht.
So richtig also die Grundsatzentscheidung ist, die Beantwortung der Frage, warum ein Autor etwas nicht in seinen quasi-juristisch gesehenen letzten Willen aufgenommen hat, für gegenstandslos zu erachten, so falsch muß es im Einzelfall erscheinen, auf die in der Frage schon lauernde positive Gegebenheit nicht einzugehen, oder anders formuliert, auf die Plausibilisierungsmöglichkeiten zu verzichten, die der Beantwortung der Frage inhärieren, warum ein

Autor zu einem bestimmten Zeitpunkt gerade diesen später selegierten Text für sehr wohl veröffentlichenswert erachtete. Diese Frage klammert sozusagen den Œuvre-Charakter des letztwilligen Kontexts zunächst einmal aus und läßt für den Publikationszeitpunkt den soziokulturellen Kontext als eine die Äußerung mitbestimmende Größe mitsprechen. Unter diesem sozialgeschichtlich orientierten Blickwinkel wurde die Forschung der letzten zwei Jahrzehnte besonders im Bereich des begründet vermuteten Widerstands qua Literatur unterm Nationalsozialismus immer wieder fündig. — 2 Zur Problematik der hier angesprochenen Inneren Emigration und Schreibweisen, die im Einverständnis mit dem Leser am Zensor vorbeiformulieren, siehe Ralf Schnell: *Literarische Innere Emigration 1933–1945*. Stuttgart 1976 und ders.: »Zwischen Anpassung und Widerstand. Zur Literatur der Inneren Emigration im Dritten Reich«. In: Thomas Bremer (Hg.): *Europäische Literatur gegen den Faschismus 1922–1945*. München 1986. — 3 Charles W. Hoffmann: *Opposition Poetry in Nazi Germany*. Berkeley and Los Angeles 1962, S. 143 ff. — 4 Hans Dieter Schäfer: *Das gespaltene Bewußtsein. Deutsche Kultur und Lebenswirklichkeit 1933–1945*. München 1981. — 5 Die »Unergiebigkeit« der Resultate der Forschung zur Inneren Emigration zu behaupten, bleibt Sache des Feuilletonisten, ist nicht die des Wissenschaftlers. Siehe Jörg Drews: »Die unergiebige ›Innere Emigration‹.« In: *Süddeutsche Zeitung*, Nr. 30 vom 6./7. 2. 1982, Feuilleton-Beilage. — 6 Siehe Klaas Heeroma: »Rudolf Alexander Schröder und die niederländische Dichtung«. In: ders.: *Der Mensch in seiner Sprache*. Witten 1963. — 7 Ehemals in *Corona* VIII (1938) H. 5, S. 513 mit »Die Lust, von doppler Gierde lahm« wiedergegeben. — 8 So Schröders ungünstiges Urteil im Brief vom 20. 7. 1951 an Peter Suhrkamp, mitgeteilt aus dem Archiv bei Friedrich Voit: *Der Verleger Peter Suhrkamp und seine Autoren*. Kronberg/Ts. 1975, S. 159. — 9 Rudolf Alexander Schröder: *Gesammelte Werke in fünf Bänden*. Bd. 3, Berlin und Frankfurt/M. 1952, S. 824 ff. — 10 Ebd., S. 831. — 11 Karel van de Woestijne: *Verzamelde gedichten*. Brussel & Amsterdam 1978, S. 266. — 12 So der Untertitel von Kurt Bergers Darstellung und Interpretation von Schröders Dichtung. Kurt Berger: *Die Dichtung Rudolf Alexander Schröders. Das Unvergängliche im vergänglichen Sein*. Marburg/Lahn 1954. — 13 Klaas Heeroma: »Rudolf Alexander Schröder und die niederländische Dichtung«. In: ders: *Der Mensch in seiner Sprache*. Witten 1963, S. 231 ff. — 14 Schröder war von August 1918 bis Mai 1919 bei der Deutschen Gesandtschaft in Den Haag und hat sich »unter anderem bei der Regelung der sogenannten ›Zand- en Grintkwestie‹ verdient gemacht.« Siehe Klaas Heeroma, a.a.O., S. 238, und Bernhard Zeller (Hg.): *Rudolf Borchardt, Alfred Walter Heymel, Rudolf Alexander Schröder. Eine Ausstellung des Deutschen Literaturarchivs im Schiller-Nationalmuseum*. Stuttgart 1978, S. 610. — 15 Marlene Rall: *Die Zweimonatsschrift ›Corona‹ 1930–1944. Versuch einer Monographie*. Tübingen 1972. — 16 Ebd., S. 151. — 17 Ebd., S. 136. — 18 Die gar nicht zu übersehende Häme des Gerechten ist übrigens kein typischer Zug des seit 1934 zur Bekennenden Kirche sich voranarbeitenden Autors, sondern muß von seiner Entwicklung her noch zur Phase seiner nationalistisch-selbstgerechten »Deutschen Oden« gezählt werden. Vgl. dazu David D. Stewart: »Die wehrhafte Muse: Zu R. A. Schröders politischer Lyrik«. In: *Analecta Helvetica et Germanica*. Hg. v. A. Arnold u. a. Bonn 1979, S. 323 ff. — 19 Siehe Ausstellungskatalog zur Borchardt / Heymel / Schröder-Ausstellung des Deutschen Literaturarchivs, S. 403 f., sowie das Zeugnis Werner Milchs in: *Die Sammlung*, 1949, über die seinerzeit so gelesene »Kampfansage«, abgedruckt auch in: *Rudolf Alexander Schröder. Zum 80. Geburtstag*. Hg. v. Hans-Henrik Krummacher. Marbach a. N. 1958, S. 30. — 20 *Corona* IV (1933), H. 6, S. 642. — 21 *Corona* IV (1933), H. 2, S. 146–152. — 22 Rudolf Alexander Schröder: *Ges. Werke III*, S. 831. — 23 Woestijnes letzter Gedichtzyklus »Het Bergmeer« versammelt seine Lyrik zwischen 1926 und 1928. — 24 *Ges. Werke III*, S. 831. — 25 Wie hochgradig selektiv Schröder insgesamt vorging, erhellt aus der Gesamtlage deutscher Übersetzungen des Woestijneschen Werks. Nach Auskunft der Bibliographie von Georg Hermanowski / Hugo Tomme: *Zuidnederlandse Literatuur in vertaling*. Hasselt 1961 war es vor allem Heinz Graef, der sich der »fragwürdigen«, weil allzu irdisch-sinnlichen Werkteile Woestijnes annahm. — 26 Zum Zwecke der Illustrierung dessen, was Schröder trotz Kenntnis des Werks für ganz außerhalb des Akzeptablen betrachtete, lese man das großartige »'k Ben hier geweest, 'k ben daar geweest«, in dem so verfängliche Zeilen stehen wie: »– Het zout der zee gedronken, / het zout der aard doorbeten, was / 'k die bij het maal der eigen asch / heb 't eigen bloed geschonken.« (Sinngemäß etwa: Das Salz der See getrunken, / Alles Salz der Erde durchkaut, war's ich, / Der mir zum Mahl der eignen Asche / Das eigne Blut kredenzte.) — **27** Johan Soenen: *Gewinn und Verlust bei Gedichtübersetzungen. Untersuchungen zur deutschen Übertragung der Lyrik Karel van de Woestijnes.* Bonn 1977. — **28** Ebd., S. 222. — **29** Georges Balandier: »Tradition und Moderne«. In: Ders.: *Politische Anthropologie.* München 1976, S. 180 ff. — **30** Vgl. etwa den Aufsatz »Neutralität?« von 1952, *Ges. Werke III*, S. 1194 ff. — **31** *Ges. Werke I*, S. 684. — **32** Heeroma, a.a.O., S. 243. — **33** Zu den sonstigen Beschränkungen einer »Defensive wider Willen« siehe Karl Dietrich Bracher: *Die Deutsche Diktatur. Entstehung – Struktur – Folgen des Nationalsozialismus.* Köln 1969, S. 411–423.

Heidrun Ehrke-Rotermund

Camoufliertes Malen im »Dritten Reich«
Otto Dix zwischen Widerstand und Innerer Emigration

Der mit Aussagen über Werk oder Leben sowie mit theoretischen Kunstbetrachtungen vergleichsweise sparsame Maler Otto Dix hat seine Situation im »Dritten Reich« rückblickend wiederholt als »innere Emigration« bezeichnet: »Ich habe Landschaften gemalt – das war doch Emigration«[1]. Kritik und kunsthistorische Forschung der fünfziger und sechziger Jahre fanden in diesen Landschaftsbildern jedoch nur das Ausweichen vor jeder Stellungnahme, ja sogar die Anpassung an die Kunstgrundsätze des Nationalsozialismus.[2] In diesem Sinne hatte die *Pittsburgh Post Gazette* schon am 13. 10. 1938 geschrieben: »There are Grimm's Fairy tale castles from Franz Lenk and Otto Dix, which could hurt the feelings of no one«[3]. Erst in den siebziger Jahren entdeckte man »hintergründigen Symbolismus«[4] und »politische Metaphorik«[5] in den Landschaften und stellte sie damit gleichberechtigt neben die Figurenkompositionen aus der NS-Zeit, die Fritz Löffler unter der Überschrift »Malerei des Widerstandes«[6] besprochen und die Richard Hiepe als Ausdruck einer »heimlichen« bzw. »maskierten« Wahrheit gewürdigt hatte.[7]

Dix' gesamtes Werk zwischen 1933 und 1945 wird heute im allgemeinen unter dem Aspekt verborgener nonkonformer bis oppositioneller Aussagen betrachtet. Seine Bilder konnten jedoch im »Dritten Reich« wegen des Ausstellungsverbotes kaum Wirkung entfalten. Immerhin kam es Anfang 1935 bei Karl Nierendorf in Berlin noch einmal zu einer kurzen öffentlichen Präsentation[8], die sich allerdings der politischen Lage entsprechend auf unbedenkliche Landschaftsdarstellungen des vergangenen Jahres und Porträts beschränkte. Um so erstaunlicher berührt es daher, daß ein Kritiker der Ausstellung in Dix' Landschaften neben Traditionsgebundenheit künstlerische Kontinuität und Gegenwartsbezug entdeckte: »Entscheidend ist die innere Orientierung. Diese ist bei Dix altdeutsch; genauer, Dix ist in der Donauschule verankert, dem Cranach der Frühzeit, Altdorfer, Huber. Das geht so weit, daß es zu äußeren Übereinstimmungen kommt aus der Wahlverwandtschaft. Und das Merkwürdigste, die Bilder von Dix wirken dennoch neu, nicht retrospektiv. Denn was an Ausdruck in den Gestalten und im Landschaftlichen steckt, ist Geist der Gegenwart und Geist von Otto Dix.«[9]

In der Züricher Ausstellung des Kunstsalons Wolfsberg von März bis Mai 1938 wurde bei der Auswahl der Exponate weniger Vorsicht angewandt als in der Berliner Ausstellung von 1935. Es waren dort nicht nur frühe Gemälde oder Landschaften aus den dreißiger Jahren, darunter der *Judenfriedhof* (1935), zu sehen, sondern auch das Anti-Kriegsbild *Flandern* (1934–36), die allegorischen Gemälde *Die sieben Todsünden* (1933) sowie *Triumph des Todes* (1934/35) und die erste von sechs Versionen des *Christophorus*-Themas (1938).[10] Bei dieser Gelegenheit würdigte der Exilant Oto Bihalji-Merin (Ps. Peter Thoene) *Flandern* als Vorahnung eines neuen Krieges und fand in den beiden allegorischen Darstellungen Willkürlichkeit sowie ein typisch deutsches Übergewicht der »ideologischen Absicht« über die »Farb-Formgestaltung«. Das *Selbstbildnis mit Jan* (1930) wurde ihm zum »Pseudo-Christophorus«: »Dix, der die Kunst zu tragen sucht an einem Ort, wo ihr Gewicht erdrückt, da ihre Visionen verlacht sind«. Damit erkannte er ansatzweise, daß sich in den Bildern eine aktuelle Aussage über die nationalsozialistische Diktatur verberge. Allerdings machte er die Symbolik an einem Bild von 1930 fest, sprach den nach der »Machtergreifung« entstandenen Gemälden die »Dichtigkeit und Schärfe« ab und blieb beim Thema der Ideologie im Allgemeinen.[11]

Aus der Perspektive des Exils wurde Dix' Verhalten nicht einheitlich beurteilt. Der Kunsthistoriker Paul Westheim erkannte das regimekritische Engagement des Malers an. In einem noch unveröffentlichten Brief vom 19. 7. 1939 aus Paris wertete er die während des »Dritten Reiches« entstehenden religiösen Bilder als Ausdruck von Dix' verdeckter Opposition: »Es ist mir in den letzten Wochen berichtet worden, Dix sei – aus Protest, wie zur Zeit viele Intellektuelle im Dritten Reich! – katholisch geworden. Er hat mehrere Christophorus-Bilder gemalt und ist jetzt dabei, eine ›Versuchung des heiligen Antonius‹ zu malen. D. h. das, was er sich in dem Kriegsbild abreagiert hat, versucht er jetzt – getarnt – in einer Versuchung des Antonius abzureagieren...«[12]

Grundlegend anders fiel das Urteil des emigrierten Maler-Schriftstellers Johannes Wüsten (1896–1943) aus. Dem Leiter einer Görlitzer Widerstandsgruppe der kommunistischen Partei, der ab April 1934 in Prag den Nationalsozialismus unter dem Decknamen Peter Nikl in Schriften und Bildern vehement bekämpfte[13], erschien Dix als »Defaitist«, »der uns im Stich gelassen hat«. In seinem 1938 in der Moskauer Exilzeitschrift *Das Wort* publizierten Aufsatz ›*Guernica‹ von Pablo Picasso* sprach er dem Gemälde *Der Schützengraben* den »Geist des Widerstandes« ab und warf seinem Schöpfer vor, er habe »in der Aula der Dresdner Akademie die Hand zum Hitlergruß« gehoben.[14]

I

Otto Dix (2. 12. 1891 – 25. 7. 1969) war im »Dritten Reich« besonders verhaßt, weil seine Werke nicht wie die anderer moderner Maler als Produkte eines Geisteskranken abgetan werden konnten, sondern – was ihren detailgetreuen Realismus und ihre technische Perfektion anging – durchaus in die offiziell gültigen Vorstellungen hineingepaßt hätten.[15] Trotzdem galt der Künstler nach 1933 als »Kulturbolschewist«[16]; denn sein pazifistisches sozialkritisches Engagement und der äußerste Häßlichkeit, ja Deformierung nicht scheuende Realismus seiner Bilder hatten bereits in den zwanziger Jahren zu heftigen Angriffen nationalistisch-reaktionärer Kreise geführt.[17] Mit Gemälden wie *Die Kriegskrüppel* (1920), *Der Schützengraben* (1920–1923), mit dem Triptychon *Der Krieg* (1929–1932) sowie den 50 Radierungen der Graphikfolge *Der Krieg* (1924) nahm Dix unmißverständlich gegen das Völkermorden des Ersten Weltkrieges Stellung, dessen Zeuge er vier Jahre lang gewesen war. Auch die traditionellen bürgerlichen Vorstellungen von Liebe, Schönheit und Moral samt ihrer Darstellung in der Kunst waren ihm verdächtig geworden. Er entlarvte sie in Bildern wie *Mädchen vor dem Spiegel* (1921) und *Altes Liebespaar* (1923) unbarmherzig als vergänglich oder stellte ihnen im Triptychon *Großstadt* (1927/28) anklagend das soziale Elend von Kriegskrüppeln, Prostituierten und Arbeiterkindern bei gleichzeitigem Wohlleben der Kriegsgewinnler gegenüber. Dieses kritisch-desillusionierenden Realismus wegen mußte sein kurz nach der Entstehung vom Kölner Wallraf-Richartz-Museum angekauftes Gemälde *Der Schützengraben* auf öffentlichen Druck, insbesondere von »Offiziersvereinen«, hin wieder an den Kunsthändler Nierendorf zurückgegeben werden.[18] 1923 kam es in Berlin und Darmstadt zu Prozessen gegen den Maler »wegen Verbreitung unzüchtiger Darstellungen«, die beide mit Freispruch endeten.[19] Für die Nationalsozialisten war Dix ein Ärgernis, weil seine Kunst ihren Absichten zuwiderlief. Bettina Feistel-Rohmeder bezeichnete ihn im Frühjahr 1932 im *Deutschen Kunstbericht* als »einen Verderber Deutscher Jugend«, der »Unzucht, Gemeinheit und Freude an der Bestie im Menschen unter dem Vorwand der Kunstübung verherrliche«[20]. Daß der Maler schon so bald nach der »Machtergreifung« am 8. 4. 1933 fristlos und ohne Pensionsanspruch aus der Dresdener Kunstakademie entlassen wurde, wo er seit Oktober 1926 eine Professur für Malerei innegehabt hatte, war jedoch der persönlichen Ranküne seines nationalsozialistischen Kollegen Richard Müller zuzuschreiben. Bereits einen Monat später, im Mai 1933, sah sich Dix dazu gezwungen, auch auf seine Mitgliedschaft in der Preußischen Akademie der Künste in Berlin zu verzichten.[21] Einen Einspruch gegen die Entlassung aus dem Lehramt beantwortete der Reichskommissar im Sächsischen Innenministerium mit der Behauptung, daß die Bilder des

Künstlers »das sittliche Gefühl aufs Schwerste verletzen« und »geeignet sind, den Wehrwillen zu beeinträchtigen«: »Danach bieten Sie (Otto Dix) nicht die Gewähr dafür, daß Sie jederzeit rückhaltlos für den nationalen Staat eintreten«[22]. Schon im Frühjahr 1933 stellte man Gemälde von Dix in der Stuttgarter Ausstellung »Novembergeist, Kunst im Dienste der Zersetzung« und im September / Oktober desselben Jahres in der Dresdener Ausstellung »Entartete Kunst«[23] an den Pranger. Neun Bilder[24] und zahlreiche Graphiken waren dann 1937 in der Münchener Ausstellung »Entartete Kunst« unter den Parolen »Verhöhnung der deutschen Frau. Ideal: Kretin und Hure« und »Bewußte Wehrsabotage«, »Beschimpfung der deutschen Helden des Weltkrieges« in München und später in anderen Städten zu sehen. Im Zuge der »Säuberung« deutscher Museen entfernten und beschlagnahmten die Nationalsozialisten allein 260 Werke von Dix. Einige davon – darunter höchstwahrscheinlich die Anti-Kriegsgemälde *Die Kriegskrüppel* und *Der Schützengraben* – fielen der Bilderverbrennung des Propagandaministeriums in der Berliner Hauptfeuerwache vom 20. 3. 1939 zum Opfer.[25] Andere (vier) wurden im Sommer 1939 von der Luzerner Galerie Fischer zusammen mit den Werken weiterer »entarteter« Maler devisenbringend für den NS-Staat versteigert.[26]

Die nationalsozialistischen Maßnahmen von 1933/34 gegen Dix bedrohten seine Existenz und Sicherheit. Der sächsische Ministerpräsident Manfred von Killinger versah einen Brief des Dresdener Akademiedirektors in der Personalakte des Malers mit der Randbemerkung: »Lebt denn das Schwein immer noch?«[27] Zwar gab es weder ein Malverbot noch einen dauernden Ausschluß aus der Reichskammer der bildenden Künste[28], doch fehlten Dix wegen des Hausverbots für die Dresdener Akademie das Atelier und wegen des Ausstellungsverbots von 1934 die Aufträge. Trotzdem ging er nicht ins Exil, sondern zog sich im Herbst 1933 in das seinem Schwager gehörende Schloß Randegg bei Singen (im Hegau) und ab 1936 in ein eigenes Haus in Hemmenhofen am Bodensee zurück. Einige Monate des Jahres im Winter arbeitete er von nun an in einem in der Dresdener Arbeitervorstadt Löbtau gemieteten Atelier, die übrige Zeit aber sah sich der Großstädter plötzlich mit der ihm fremden Natur konfrontiert. Die Landschaft wurde während des »Dritten Reiches« zum Hauptgegenstand seiner Bilder. Die auf gemeinsamen Studienausflügen ins Hegau (1934) mit dem Maler Franz Lenk entstandenen Landschaften stellte Karl Nierendorf Anfang 1935 in seiner Berliner Galerie sowie im April in der Hamburger Galerie Commeter[29] aus. Der befreundete Lenk und der Dix seit 1922 vertretende Kunsthändler, die sich über das Ausstellungsverbot hinwegsetzten, hatten eine Art Rehabilitierung im nationalsozialistischen Staat im Sinn.[30] Ein Kunstkritiker stellte denn auch seine Besprechung der Doppel-Ausstellung ganz auf die Mitteilung ab, daß Dix »vor der Natur genesen« sei.[31] Obwohl die thematisch und maltechnisch an den sogenannten altdeutschen Malern des 16. Jahrhunderts und den Romantikern orientierten Landschaften den nationalsozialistischen Vorstellungen entgegenkamen, gab es in der Folgezeit keine Aufnahme in den offiziellen Kunstbetrieb. Einige öffentliche Ankäufe von Gemälden[32] blieben genauso folgenlos wie der von Franz Lenk überlieferte Wunsch des Reichsaußenministers Joachim von Ribbentrop, sich und seine Familie von Dix heimlich porträtieren zu lassen.[33] Werke des Malers waren nach 1935/36 nur noch in der nationalsozialistischen Wanderausstellung »Entartete Kunst« (1937–1941) oder im Ausland in New York (Museum of Modern Art, 1935), Pittsburgh (Carnegie-Institute, 1935), London (New Burlington Galleries, 1938), Schaffhausen (Kunstverein, 1935) und Zürich (Kunsthaus Zürich, 1934 und Galerie Wolfsberg, 1938) zu sehen. Seine Landschaften jedoch fanden – besonders seit 1939 – bei privaten Käufern reißenden Absatz, so daß der nach der »Machtergreifung« drohende materielle Ruin abgewendet war. Bald nach Kriegsbeginn, im November 1939, inhaftierte die Gestapo Dix im Zuge der »Aktion gegen die unsichere Intelligenz«[34] eine Woche lang in Dresden. Man glaubte, ihm die Beteiligung an dem Attentat auf Hitler vom Münchener Bürgerbräukeller nachweisen zu können. Als Verdachtsgründe galten seine Zugehörigkeit zur »Liga für Menschenrechte« (bis 1933)[35] sowie zur wöchentlichen Dresdener Diskussions- und Tafelrunde »Hirschen«-Club (1927–1933).[36] Die Verhöre und die Hausdurchsuchung in Hemmenhofen verliefen jedoch ergebnislos. Im Februar 1945 wurde der Maler noch zum Volkssturm eingezogen und ab April fast ein Jahr lang von den Franzosen im Kriegsgefangenenlager Logelbach bei Colmar festgehalten.

II

Die erste große Figurenkomposition, die Dix im »Dritten Reich« unmittelbar nach dem Verlust seines Wirkungskreises vollendete, waren *Die sieben Todsünden*. Das seit 1977 im Besitz der Staatlichen Kunsthalle Karlsruhe befindliche Gemälde wirft bis heute vielfältige Deutungsprobleme auf. Dix selbst hat nach dem Zusammenbruch der Diktatur in einem undatierten Briefentwurf an einen Kunstsammler die aktuellen Bezüge seines nach Thema, Maltechnik und Stil traditionellen bzw. altmeisterlichen Werkes angedeutet: »Als ich 1933 das Bild 7 Todsünden malte, war dies eine Eingebung und Vorausschau. Daher auch die allegorische ›Verfremdung‹ des Themas.«[37] Das Bild *Die sieben Todsünden* wurde schon 1931/32 konzipiert[38], aber erst nach der Entlassung aus der Dresdener Kunstakademie im Sommer 1933 gemalt. Es blieb im Herbst desselben Jahres, als Dix nach Schloß Randegg bei Singen zog, im eigenen Atelier in Dresden zurück und über-

Otto Dix zwischen Widerstand und Innerer Emigration 131

Otto Dix: *Die sieben Todsünden*. Staatliche Kunsthalle Karlsruhe/© VG Bild-Kunst, Bonn 1994

stand dort die nationalsozialistische Verfolgung der modernen Kunst und die Zerstörung der Stadt durch Bombenangriffe. 1938 wurde es in der Züricher Dix-Ausstellung der Galerie Wolfsberg gezeigt.

Als Indiz für die oppositionelle Aussage des Gemäldes *Die sieben Todsünden* – nach Fritz Löffler ein »Kernstück des Widerstandes gegen die Despotie«[39] – ist in erster Linie immer die Verkörperung des »Neides« mit dem Lippenbärtchen Hitlers verstanden worden. So ließ Richard Hiepe 1960 gerade diese Allegorie von Dix auf dem Umschlag seines Buches *Gewissen und Gestaltung. Deutsche Kunst im Widerstand* abbilden. Das schwarze Bärtchen hat der Maler allerdings erst nach dem Ende des »Dritten Reiches« zur Verdeutlichung seiner früheren Absichten über den darunter noch sichtbaren blonden Bart gemalt.[40] Die zu eruierende verschlüsselte Botschaft des Bildes sollte deshalb nicht primär an diesem Detail festgemacht werden.[41]

Bei eingehenderer Betrachtung der *Sieben Todsünden* fallen zunächst eher die unpolitischen Züge ins Auge. Das Thema des Bildes geht auf die scholastische Theologie des Mittelalters zurück.[42] Es wurde insbesondere von den »altdeutschen« Malern des 15. und 16. Jahrhunderts bearbeitet. Hieronymus Bosch stellte die sieben Todsünden auf einer für den Escorial bei Madrid bestimmten runden Tischplatte szenisch dar (Ende des 15. Jh.), Hans Baldung Grien schuf für eine Predigtsammlung des Johannes Geiler von Kaisersberg über *Die siben Hauptsünd* einen Titelholzschnitt mit Fabelwesen (1511), und Pieter Bruegel der Ältere zeichnete sieben Einzelblätter der Todsünden (1556/57), die zugleich szenisch und allegorisch waren und als Vorlagen für eine weit verbreitete Kupferstichserie dienten (1558).[43] Dix schien mit dem Gegenstand seiner Darstellung 1933 zu signalisieren, daß er die verfemten zeitkritischen Themen verlassen und sich der Nachgestaltung der von den Nazis geschätzten »altdeutschen Meister« fern aller Aktualität zugewandt hatte. Wie seine spätmittelalterlichen Vorgänger vergegenwärtigte er die Todsünden »mit der abstrusen Monstrosität von grotesken Albtraumbildern«[44], um ihre Abscheulichkeit herauszubringen. Aber er stellte im Gegensatz zu ihnen keinen direkten moralisch-lehrhaften Bezug zu den entsprechenden Tugenden her. Sein Bild verband Personifikation und szenische Darstellung. Auf dem in der Galerie der Stadt Stuttgart befindlichen Entwurf sind die von den Figuren verkörperten Begriffe aufgeführt. Im Zentrum hockt als gelb-grün gekleideter buckliger Gnom der »Neid« und hält sich eine Maske mit schielenden Augen und Schnurrbart vors Gesicht. Er wächst gleichsam aus einer um ihn rotierenden Dreiergruppe heraus, die gebildet wird von der ihn rücklings tragenden, auf ihren abgebrochenen Krückstock gebeugten, ein Banknotenbündel umklammernden alten Hexe und den wie Handlanger ihre Mordwaffen Sense und Dolch schwingenden Gestalten des Todes mit der Kröte in der offenen Herzgrube rechts und des gehörnten Untiers mit weit aufgerissenem Höllenrachen links. Laut Stuttgarter Karton repräsentiert die »Alte« den »Geiz«, der »Tod« die »Trägheit« und der »Teufel« den »Zorn«.[45] Hinter ihnen folgt eine zweite Dreiergruppe von Gestalten, die um eine ausgesparte Mitte zu kreisen scheint und dadurch wieder auf den Gnom als Zentrum bezogen wird. Sie ist beherrscht von der orangefarben gekleideten, eine nackte Brust darbietenden Prostituierten mit syphilitisch verunstalteten Lippen, deren rotes Unterkleid wie eine riesige Vagina aussieht. Ihr schließt sich ein mit Würsten vollständig umwickelter, mit einer Brezel und einem wurstgeschmückten, gestreiften Stabe winkender Mann an, dessen Kopf kaum noch aus dem von ihm übergestülpten Suppenkessel herausguckt. Daneben taucht eine überdimensionale Maske mit afterartigem Mund, angetrocknetem Kot auf den Backen und hocherhobener grindiger Nase auf; sie läßt von ihrem Träger nur noch die Beine und durch die Ohröffnung eine Hand sehen. Dem Karton zufolge handelt es sich beim »Weib« um eine Allegorie der »Unzucht«, beim »Maul« um eine Allegorie der »Völlerei« und beim »großen Kopf« um eine Allegorie der »Hoffart«.

Die scheinbare Zeitlosigkeit des Themas der *Sieben Todsünden* wird weiterhin durch frei verarbeitete formale Anleihen des Gemäldes bei der Tradition unterstrichen.[46] Der wild bewegte sensenschwingende Tod ist von mittelalterlichen Totentanz-Zyklen beeinflußt, die Allegorie des »Geizes« von gleichzeitigen »Darstellungen der Sünde als häßliche alte Frau«.[47] Die Gruppe, die der »Geiz« mit dem »Neid« als seinem Reiter bildet, nimmt Anregungen aus Hieronymus Boschs Vorstudien zur Antonius-Versuchung und aus Jacques Callots *Gobbi* (= die Buckligen)-Radierungen von 1616 auf. Beim »Zorn« standen Matthias Grünewalds Teufel der Antonius-Versuchung aus dem *Isenheimer Altar* Pate. Während »Völlerei« und »Hoffart« auf Schöpfungen Pieter Bruegels des Älteren verweisen, erinnert die »Unzucht« an die Hexen von Hans Baldung Grien sowie an mittelalterliche Schmerzensmann-Darstellungen. Auch die übergreifende Idee, die Todsünden in einem Umzug zu vereinen, könnte Dix im Blick auf die Dämonengruppen von Hieronymus Boschs Antonius-Versuchung und auf Pieter Bruegels Gemälde *Der Streit des Karnevals mit der Fasten* (1559) konzipiert haben.

Ähnlich wie bei gotischen Altartafeln kommt das »aperspektivisch« angeordnete Personal der Todsünden[48] über ein nach vorn hin abfallendes Straßenpflaster auf den Betrachter zu. Die in bildumgreifender »Diagonalbewegung«[49] energisch vorwärtsdrängenden Figuren scheinen sich mit den von der linken Seite her anrollenden Wellen zu einer alles wegreißenden, das Gemälde sprengenden Flut zu vereinigen. Auf diese Weise erhält ihr Aufmarsch den Stempel des Unausweichlichen. Das in die baufällige Mauer des verlassenen Gebäudes im Hintergrund rechts eingeritzte Zitat aus Nietzsches *Dionysos-Dithyramben* interpretiert die Wellenlandschaft als Meer aus Sand: »Die Wüste wächst. Weh dem der Wüsten birgt«. In ihr nahm Dix die graue, unbewohnbar gemachte Todeslandschaft der Weltkriegsfront wieder auf, die er in zahlreichen Zeichnungen gestaltet und auf einer Feldpostkarte mit dem Meer verglichen hatte: »Wie Meerwogen schaukeln die Erdwälle, oben drauf schwimmt's – zerfetzte Bäume, als wenn sie das Meer ausgespeit hätte«[50]. Über der gesamten Szene liegt eine fahle, weißlich-gleißende Beleuchtung, ganz als ob ein Blitz »die Prozession des Bösen«[51] schlagartig erhellte.

Zu den unverdächtig wirkenden retrospektiven Bildmitteln der *Sieben Todsünden* gehört neben den thematischen und formalen Aspekten auch die von Dix schon Mitte der zwanziger Jahre aus der »altdeutschen« Malerei übernommene komplizierte Lasurtechnik auf Holztafeln, bei der mehrere durchsichtige Farbschichten übereinandergelegt und die letzten Lichter mit deckender Ölfarbe aufgesetzt wurden.[52] Sie ermöglichte es dem Maler, auf seinen Bildern »den Eindruck größtmöglicher Wirklichkeitsnähe zu erwecken«[53]. Dabei spielt es keine Rolle, daß die *Sieben Todsünden* eine phantastische Realität schildern. Auch diese ist gegenständlich und in jedem Detail, insbesondere im Stofflichen, äußerst real. Man hat in diesem Zusammenhang von Dix' »neuromantischer Form des Realismus«[54], seinem »phantastischen Naturalismus«[55] oder »magischen Realismus«[56] gesprochen. Die Lasurtechnik ordnete die farbliche Gestaltung des Bildes der formalen Struktur unter; denn sie verlangte die vollständige zeichnerische Ausarbeitung der Komposition im voraus. Sie wirkte vereinheitlichend auf Farbgebung und Pinselstrich, indem sie den Eigenwert der Einzelfarben zugunsten des farblichen Gesamttones im Bild unterdrückte und die individuelle Pinselführung des Malers weitgehend verschwinden ließ: »Die penible und minutiöse Maltechnik von Dix entsprach ziemlich genau der Vorstellung, die sich die Nazis von einer ›deutschen‹ Kunstübung machten.«[57]

Aber mit der Feststellung thematischer, formaler und technischer Altmeisterlichkeit sind die *Sieben Todsünden* nicht in ihrer eigentlichen Bedeutung verstanden. Nach Schubert findet in dem Gemälde »eine versteckte Deutung des Verhängnisses, das 1933 über Deutschland und Dix hereinbrach«[58], statt. Demgemäß würde es sich nicht um Flucht in die Tradition, sondern um Tarnung oppositioneller Aussagen durch die Mittel der Tradition handeln.[59] Zu dieser Deutung paßt Dix' Hinweis, daß er »gern alte, scheinbar abgenutzte Stoffe auf[nehme], weil sie sofort verständlich« seien[60] und er sie »mit [seinen] eigenen Augen neu« sehen könne.[61] Der Maler glaubte also, die Wirkung seiner Werke zu steigern, wenn er es dem Rezipienten durch eine traditionelle Thematik erleichtere, sich ganz auf die aktuelle Aussage der Bilder zu konzentrieren. Signale für einen verdeckten Sinn darf man folglich da vermuten, wo Dix in seinem so umfassend von der Tradition geprägten Gemälde von eben dieser Tradition abweicht. Eine solche Veränderung ist an der Gestalt des sensenschwingenden Todes in doppelter

Hinsicht zu beobachten. Er personifiziert laut Karton die »Trägheit«. Doch deren Darstellung »als Tod widerspricht der von Thomas von Aquin systematisierten theologischen Ordnung der Hauptlaster«[62]. Es liegt die Vermutung nahe, daß Dix mit dieser Figur eine besondere Aussage machen wollte. Er stellte den Tod auch nicht als spärlich bekleidete, bis auf das Gerippe abgemagerte Gestalt dar, wie er gewöhnlich in mittelalterlichen Totentänzen, aber auch in Dix' *Triumph des Todes* von 1934 erscheint, sondern zeigt ihn in einem uniformartigen schwarzen Anzug mit weißen Handschuhen und silbrigen Streifen, die an militärische Hosenstege erinnern und ganz vage das Skelett eines Knochenmannes nachahmen. Auf dem Stuttgarter Karton tritt der Uniformcharakter dieser Bekleidung, insbesondere durch einen im Gemälde dann fehlenden Stehkragen, noch deutlicher in Erscheinung. Der Totenkopf und das von der Farbigkeit der übrigen Figuren scharf abstechende Schwarz-Weiß-Silber beschwören die sogenannten Schutzstaffeln der nationalsozialistischen Partei, die 1925 begründete SS herauf[63], die durch »bedingungsloses Bekenntnis« auf Hitler eingeschworen und für dessen persönliche Sicherheit zuständig war.[64] Schubert und Kende sehen die Figur des Todes darüber hinaus »ein abgewandeltes Hakenkreuz« bilden.[65] Ihre Beobachtung überzeugt allerdings mehr als Gesamteindruck und ist im einzelnen nur schwer zu verifizieren.

Nahezu zwingend dagegen sind Anklänge an den Hitler-Gruß festzumachen. Außer dem Tod erheben noch »Zorn« und »Völlerei« den rechten Arm, wenn auch zur Faust geballt und mit Mordwerkzeugen bzw. Eßbarem beschwert. Die Assoziation an das »Heil Hitler« stellt sich wohl deshalb ein, weil die Arme im Rahmen eines öffentlichen Umzuges in die Höhe gehen, also anläßlich einer von den Nationalsozialisten bevorzugten Form der Selbstdarstellung. Das ungeordnete Vorwärtsdrängen der Todsünden spricht allerdings den Aufmärschen und Paraden des »Dritten Reiches« Hohn, charakterisiert sie vielmehr als Karnevalstreiben und Vorspiegelung einer Scheinwirklichkeit. Es ist kein Zufall, daß bis auf die »Unzucht« alle Figuren mehr oder weniger maskiert auftreten. Nicht nur Anzug und bindenumwickelter Schädel des Todes (Trägheit) sowie die Riesenmaske der »Hoffart« verbergen ihre Träger, auch der Gnom versteckt seine wahren Züge hinter vorgehaltener Gesichtsmaske, der »Zorn« verschwindet bis auf seinen menschlichen Arm und ein Knie ganz im zotteligen Tierfell und der Kopf der »Völlerei« wird im Suppentopf, der als Ungeheuer mit Augen, Nase und Riesenmaul ausgestattet ist, lediglich verschwommen sichtbar. Zudem kann die »phantastische, märchenhafte Gestaltung der Geizhexe« ebenfalls als Fastnachtskostüm gedeutet werden.[66] Dix arbeitet hier mit einem Verfremdungseffekt. Während normalerweise der häßliche, lasterhafte oder verbrecherische Mensch sich maskiert, um sich zu verbergen, treten bei den *Sieben Todsünden* die schlimmen Machenschaften der Nationalsozialisten gerade in den äußerlich glanzvollen Masken zutage. »Hoffart« und »Unzucht« entpuppen sich mit ihren unübersehbaren syphilitischen Primäraffekten als Träger ansteckender Krankheiten. »Neid« und »Geiz« sind krankhaft deformierte Zwerg- bzw. Hexenwesen, und beim »Zorn« hat die Abnormität jede Menschenähnlichkeit ausgelöscht. Nach Kleine-Natrop ist der linke Fuß der »Trägheit« geschunden bzw. partiell seiner Haut beraubt.[67] Aber wenn sich auch diese Beobachtung nicht aufrechterhalten läßt, weil die zerrissenen Fetzen nach Farbe und Struktur zur Kleidung gehören, so genügt doch schon die offene Brust ohne Herz, um auf moralische Krankheiten wie Gefühlskälte und Herzlosigkeit anzuspielen.[68]

Der Gnom im Zentrum des Bildes, der heute durch das zwischen 1948 und 1950 hinzugefügte Bärtchen als Karikatur Hitlers zu erkennen ist, konnte von den Zeitgenossen auch ohne dieses Merkmal als ein weiteres Signal für eine Übertragung der scheinbar zeitabgewandten christlichen Allegorie auf den aktuellen politischen Bereich der nationalsozialistischen Herrschaft wirken. Wenn man den »Neid« mit den Photographien vergleicht, die Hitlers Hofphotograph Heinrich Hoffmann im Laufe der Jahre aufnahm, fallen viele unverkennbar dem »Führer« eigene Züge ins Auge. Da sind die eiförmige Kopfform, die von oben links nach unten rechts diagonal in die Stirn fallenden Haare[69] und die Rednerpose mit der beteuernd auf die Brust gelegten Hand.[70] Im Gesicht selbst stimmen die stechenden Augen unter flachen Augenbrauen, die fleischige Nase und die heruntergezogenen Mundwinkel mit den Photos überein.[71] Es gibt sogar eine frühe Aufnahme, die Hitler mit Wollstrümpfen und ledernen Schnürstiefeln zeigt, wie sie der Gnom auf Dix' Gemälde trägt.[72] Die Hinzufügung des Lippenbärtchens bringt also nur eine Verdeutlichung des ursprünglich bereits verschlüsselt Dargestellten; ohne die übrige Ähnlichkeit wäre es wirkungslos.

Ein zusätzlicher Hinweis auf einen verdeckten politischen Sinn der *Sieben Todsünden* ist das Nietzsche-Zitat, das anstelle eines im Zusammenhang mit dem christlichen Thema eher zu erwartenden biblischen Zitats erscheint. Die drohende Inschrift an der bröckelnden Architekturkulisse des Hintergrundes deutet für sich genommen nur allgemein auf ein wachsendes Unheil, auf Zerstörung des Lebendigen hin und warnt jedermann, der der Gefahr in die Hand arbeitet, vor den unausweichlichen schlimmen Folgen. Der kritische Rezipient der damaligen Zeit hätte aber wohl in dem literarischen Einschub die Aufforderung sehen können, die Stelle im Kontext von Nietzsches Werken nachzulesen. Die Schlußstrophe von Zarathustras Lied »Unter Töchtern der Wüste« aus den *Dionysos-Dithyramben* lautet:

> Die Wüste wächst: weh dem, der Wüsten birgt!
> Stein knirscht an Stein, die Wüste schlingt und würgt.
> Der ungeheure Tod blickt glühend braun

und *kaut – – –*, sein Leben ist sein Kaun…
Vergiß nicht, Mensch, den Wollust ausgeloht:
du – – bist der Stein, die Wüste, bist der Tod…[73]

Der Text ist dazu geeignet, im Blick auf den Nationalsozialismus rezipiert zu werden. Die braune Farbe der nationalsozialistischen Partei wird hier nämlich mit Tod, Vernichtungswillen, Zerstörung assoziiert, welche sich im Gemälde *Die sieben Todsünden* so deutlich manifestieren. Nimmt man dies Signal auf, so soll das Nietzsche-Zitat jeden Betrachter vor der Beteiligung an den Machenschaften der neuen Machthaber warnen und ihn für den todbringenden Terror mitverantwortlich machen. Dix selbst hat 1965 in einem Interview mit Maria Wetzel seine bereits 1911 einsetzende Nietzsche-Rezeption mit dem Faschismus in Zusammenhang gebracht. Er sei »erbost« gewesen, daß die Nazis den von ihm hochgeschätzten Philosophen »für sich in Anspruch nahmen –, ihn mit ihrer totalitären Machttheorie völlig falsch verstanden … verstehen wollten.«[74] Auch diese Selbstaussage legt es nahe, das Zitat im Gemälde als heimlichen moralischen Appell an den einzelnen Rezipienten zu lesen, sich dem gefährlichen Treiben zu verweigern.

Selbst Interpreten, die die *Sieben Todsünden* nicht als »politische Allegorie« verstanden wissen wollen, konzedieren, daß Dix mit dieser altmeisterlichen Komposition auch auf seine »schwierige und unglückliche Situation« nach der Vertreibung aus dem Lehramt anspielte.[75] Im Falle der »Unzucht«, bei der der Maler unter Abweichung von der »älteren Bildtradition« auf eine 1932 entstandene Aktzeichnung von Käthe König, seinem Modell und seiner Geliebten, zurückgriff, blieb die Aktualisierung noch ganz im privaten Bereich. Indem Dix aber den »Neid« mit der Maske Hitlers zum »eigentlichen Anführer« der sieben Todsünden und »psychologischen Brennpunkt« seines Gemäldes machte[76], deutete er an, daß er in der politisch verbrämten Mißgunst seiner Akademiekollegen den Hauptgrund für die ihm widerfahrene Behandlung sah. Auf die entsprechende Frage Maria Wetzels brachte der Maler diese Überzeugung deutlich zum Ausdruck: »Hatte man Sie (Otto Dix) denn vorher in Ruhe gelassen? Nachdem Sie ja zu den ersten gehört hatten, die den neuen Machthabern weichen mußten – gleich 1933 mußten Sie die Dresdner Akademie verlassen. Der Haß gegen Sie war ungeheuer, wie ich hörte.« Antwort von Otto Dix: »Und der Neid. Der Neid … Es war ja auch ärgerlich, daß sie nichts weiter gegen mich unternehmen konnten, als die Bilder zu zerstören.«[77]

In der Tat hatte Dix' Kollege Richard Müller (1874–1954), seit 1900 Leiter der Zeichenklassen, es durch seine langjährige Mitgliedschaft in der NSDAP 1933 zum Rektor der Dresdener Akademie gebracht. Sein Engagement gegen die expressionistische und veristische Malerei der Moderne reichte bis November 1920 zurück, als er bei Bettina Feistel-Rohmeder an

Heinrich Hoffmann: Ausschnitt aus einem Photo von Adolf Hitler als Reichskanzler; aus: Joachim Fest/Heinrich Hoffmann/Jochen von Lang: *Hitler. Gesichter eines Diktators.* © Nymphenburger in der F. A. Herbig Verlagsbuchhandlung GmbH, München. – Ausschnitt aus: Otto Dix: *Die sieben Todsünden.* Staatliche Kunsthalle Karlsruhe/© VG Bild-Kunst, Bonn 1994 – Richard Müller: *Selbstbildnis.* © Museum für Geschichte der Stadt Dresden.

der Gründung der »Deutschen Kunstgesellschaft« teilnahm.[78] Es kulminierte in der von ihm bereits Ende September 1933 im Lichthof des Neuen Dresdener Rathauses organisierten Ausstellung »Entartete Kunst«[79], die unter anderem Dix' Gemälde *Die Kriegskrüppel* und *Der Schützengraben* zur Schau stellte.[80] Müller, ein »penetranter Naturalist« von nur mäßiger Begabung[81], glaubte, daß seine Werke durch Dix' erfolgreichen, ebenfalls im Zeichnerischen wurzelnden Realismus in den Schatten gestellt worden seien.[82] Sein durch die nationalsozialistische »Machtergreifung« ermöglichter Aufstieg zum Rektor verschaffte ihm die Gelegenheit, den begabten jungen Konkurrenten, dem während des Studiums an der Dresdener Akademie (1919–1922) der Drill der Zeichenklasse erlassen worden war, aus seiner Professur zu verdrängen.[83] Auch ließ er Dix' Namen unter vielen anderen von der Ehrentafel der Akademie entfernen, auf der seit zweihundert Jahren alle Lehrer der Institution aufgeführt wurden. Seine Abrechnung mit dem Maler im *Dresdner Anzeiger* vom 23. 9. 1933 anläßlich der Ausstellung »Entartete Kunst« gipfelte in der Anklage: »Welch schwere Schuld haben manche Leute auf sich geladen, als sie ausgerechnet diesen Mann (Otto Dix) als Lehrer an die Kunstakademie beriefen und so die Jugend jahrelang seinem vergiftenden Einfluß aussetzten, einer Tätigkeit, der durch seine Entlassung im Frühjahr dieses Jahres ein wohlverdientes Ende bereitet worden ist.«[84] Daß Dix bei der Gestaltung seiner *Sieben Todsünden* Richard Müller und dessen mißgünstige Machenschaften vor Augen hatte, kommt in einer gewissen zwischen diesem Widersacher und der Maske des »Neides« bestehenden Ähnlichkeit zum Ausdruck. Wie Müllers photographisch genaues Selbstbildnis von 1935 und Photographien zeigen, wird sein Gesicht – ähnlich demjenigen Adolf Hitlers – bestimmt durch die eiförmige Kopfform, die diagonale Anordnung der Haare, eine fleischige Nase und herabgezogene Mundwinkel. Die auffallende weißblonde Farbigkeit des Wichtes geht jedoch allein auf Müller zurück, der früh weiß geworden war.[85]

Dix' Darstellung des »Neides« auf seiner Todsündentafel als Gnom hinter einer sowohl Adolf Hitler als auch Richard Müller ähnelnden Maske findet durch die beim Machtwechsel 1933 gemachten Erfahrungen eine einleuchtende Erklärung. Vollends unübersehbar wird die biographisch-aktualisierende Ebene des Gemäldes jedoch bei der bezeichnenderweise wieder von der traditionellen Bildgestaltung abweichenden »Hoffart«. In ihrer Maske ordnete der Maler seinem Zug der Laster einen weiteren Professor der Dresdener Akademie zu. Auf der Einladung zur Sitzung des Professorenkollegiums vom 14. 10. 1930 hatte Dix unter dem ironischen Titel »Zweimal ich und Dorsch schwebt darüber« zusammen mit zwei Selbstporträts eine karikierende Darstellung des Spätimpressionisten Ferdinand Dorsch (1875–1938) gezeichnet. Der Stuttgarter Karton zeigt noch ganz deutlich, daß er diese Darstellung seines Kollegen als Vorbild für die *Sieben Todsünden* benutzte und sie nur durch eine leichte Drehung nach oben abwandelte.[86] Auch wenn Dorsch kein überzeugter Nationalsozialist war wie Richard Müller und an Dix' Verfolgung unbeteiligt blieb, ließ er sich doch für die Zwecke des Regimes einspannen. Der allseits beliebte, in Ungarn geborene Künstler, der seit 1914 an der Dresdener Akademie lehrte und seit 1918 stellvertretender Vorsitzender des »Sächsischen Kunstvereins« war, trat nämlich im Januar 1935 die Nachfolge Müllers als Rektor der Akademie an. Da es mit seiner Gesundheit nicht zum besten stand, überließ er den aktiven Part anderen und diente als eine Art Aushängeschild. Vermutlich hat sich die für einen solchen Aufstieg im »Dritten Reich« unerläßliche Tendenz zur Anpassung bereits früher gezeigt. Zumindest wurde Dorsch 1930 vom »Sozialistischen Studentenbund« in seiner Zeitschrift *Stoß von links* angegriffen, weil er versucht hatte, einen autoritären, historisierend arbeitenden Bildhauer der Dresdener Akademie in seinem Amt zu halten.[87] Es dürfte daher nicht von ungefähr kommen, daß Dix die Karikatur seines Kollegen 1930 mit einer von ironischer Distanz geprägten Überschrift versah und später als »Hoffart« in *Die sieben Todsünden* aufnahm.

Die unstrittigen biographischen Anspielungen des altmeisterlichen Gemäldes von 1933 beziehen zwangsläufig die allgemeine politische Situation nach der nationalsozialistischen »Machtergreifung« mit ein. Dadurch kommt eine weitere Bedeutungsebene des Werkes zum Tragen. Wenn der damalige Betrachter Dix' versteckten Hinweisen folgend die Allegorie der *Sieben Todsünden* auf die aktuelle Lage übertrug, bot ihm das Bild eine vernichtende Beurteilung des »Dritten Reiches« an. Nach Einschätzung des Malers sind die Nationalsozialisten durch und durch verderbt. Sie herrschen mit todbringendem Terror (Zorn, Trägheit) und Afterreden (Hoffart), produzieren kriecherisch Unterwürfige (Geiz) oder saturierte Mitläufer (Völlerei) und frönen der Hurerei (Unzucht). Schneidend fällt auch das Urteil über Hitler (Neid) aus. Sein Führertum ist angemaßt. Ohne die ihn tragende Alte, ohne die wie verlängerte Arme hinter ihm agierenden Handlanger mit Sense und Dolch wäre er nur ein unbedeutender kleiner Wicht. Macht und Einfluß gewinnt er allein durch andere, mit deren Wirkungen er sich zu schmücken versteht. Auf dem Stuttgarter Karton wurde der »Neid« daher auch durch den Zusatz »Klein« charakterisiert. Die Lasterhaftigkeit der Nationalsozialisten sieht Dix gerade in ihrer Maskierung, im glänzend-theatralischen Karnevalszug zutage treten. Aber obwohl die moralische Verderbnis der neuen Machthaber unübersehbar ist, üben sie paradoxerweise eine überwältigende Wirkung aus. Die großartig daherkommende, lärmende Clique scheint dem Gemälde zufolge jeden, auch den Betrachter zu überrollen und zu überwältigen. Beiseitestehen und Distanz gibt es nicht mehr. Das ist um so widersinniger, als die Schau mit ihren großen Posen in die Wüste, ins Leblose, ins Nichts führt: ein selbstmörderischer Schwarm von Lemmingen. Dix sieht im Nationalsozialismus offenbar ein jedermann bedrohendes Phänomen mit dämonischen Zügen, in den Nazis eine Art von »mittelalterlichen Höllengewalten«[88]. Grundlegend aber sind für ihn ihre Entlarvung als moralischer Abschaum und der zu dieser Verurteilung gehörende Appell an das Gewissen jedes einzelnen Betrachters, sich ihnen nicht anzuschließen. Denn wie der theologische Begriff Todsünde bereits andeutet, handelt es sich um schwere Vergehen, die, bleiben sie unbereut, in Verdammnis und ewigem Tod enden müssen.

Eine der Dixschen ähnliche dämonologisch-moralische Verbildlichung des Nationalsozialismus findet sich interessanterweise auch bei einem Vertreter der literarischen inneren Emigration bzw. Opposition wie Reinhold Schneider. In dem Sonett *Nun baut der Wahn* vom Juli 1937 wird der Rezipient ganz im Sinne der *Sieben Todsünden* dazu aufgerufen, sich dem alle mitreißenden, haßerfüllten Tanz eines »höllischen Schwarms verruchter Gäste« zu entziehen.[89] Das auf Hitler gemünzte Sonett *Der Getriebene* aus derselben Zeit könnte fast als eine Verbalisierung von Dix' Gemälde erscheinen. Der darin geschilderte betrügerische »Fürst der Zeit« bezieht seine überwältigende »Kraft« von dem sich um ihn sammelnden »aufgeregten Volk«; denn er »trinkt und widerspeit« »die trüben Wogen, die alle füllen«. Unter dem »Lärme und Flitter seiner Allmacht« aber verbirgt er eine ungestalte »irre Seele«. »Dämonenschwärme« umgeben ihn und treiben ihn endlich »in seines Schicksals Abgrund«:

> Er kommt auf heißen Rädern hergeflogen,
> Vom Wahn gepeinigt und vom Wahn gefeit,
> Indes ihn aufgeregtes Volk umschreit,
> Aus dem er gierig seine Kraft gesogen.

Und niemand kennt ihn, der die trüben Wogen,
Die alle füllen, trinkt und widerspeit:
So steht er schwankend als der Fürst der Zeit,
Betrügend heut und morgen selbst betrogen.

Um seine Stirne fliehn Dämonenschwärme
Und treiben ihn, die selbst er angetrieben,
In seines Schicksals Abgrund ohne Halt.

Nur seine irre Seele ist im Lärme
Und Flitter seiner Allmacht arm geblieben
Und birgt verzweifelt ihre Ungestalt.[90]

Auch in einem Drama des Exilanten Carl Zuckmayer wird der Nationalsozialismus primär moralisch-dämonologisch verstanden. Es ist bezeichnenderweise ein »entarteter« Maler[91], der in »Des Teufels General« (1943–1945) eine thematisch und bildlich dem Dixschen Gemälde *Die sieben Todsünden* nahestehende Auffassung formuliert. Schlick interessiert sich ganz im Sinne von Dix' »Wollust«-Thema für den »NS. Blocksberg«, »Das Böse. Die Fleischwerdung des Bösen im Geschlecht. Uniform überm Körper – nackter Schoß im Gesicht«. Bei der Beschreibung seines »Zyklus ›Blut und Boden‹« nennt er »Neid«, »Hoffart«, »Tod«, »Teufel« und darüber hinaus zahlreiche »böse Triebe« und »böse Geister«:
»Ich habe die Formel entdeckt. Die Urformel. . . . Abels Blut floß auf den Boden – beim ersten Mord. Damit kam das Böse in die Welt. Das weiß jeder. Aber wieso hat niemand je bemerkt, daß es aus einer chemischen Verbindung kommt? Blut – und Boden. Die Formel. Die chemische Verbindung. Daraus entstehen, erstens, die Krankheiten, die Seuchen – denn all ihre bekannten Keime gehen auf einen Urkeim zurück. Dann die bösen Triebe: Haß, Rachsucht, Neid, Grausamkeit. Dann die bösen Geister: Dämonen, Teufel, Furien, die Würger und Greifer. Dann: die verderblichen Wünsche. Die schlechten Gedanken. Sämtliche Abarten der Lüge. Auch die Giftpilze, der Tod im Mutterleib, die verkrüppelten Kinder. Die innere Verwesung, die Hoffart, die Seelenfäule, der Verrat, die Angst, der stinkende Selbstbetrug. Alles. So hat es angefangen. So geht es fort. Es gibt kein Entrinnen. Denken Sie an den befleckten Boden Rußlands. Den Leichendung. Die tödliche Befruchtung. Das kommt alles über uns. Ich habe das alles gezeichnet.«[92]

Es fragt sich, ob das Bild *Die sieben Todsünden* über die entwickelte ästhetisch-moralisch-dämonologische Sicht des »Dritten Reiches« noch in irgendeiner Weise hinausgeht. So hat René Kende, analog zu der Verbindung der Allegorie des »Neides« mit der konkreten Person Hitlers, bei der diesen tragenden Allegorie des »Geizes« »von Papen-sche Züge«[93] auszumachen geglaubt. Seine These wurde von Dix' Intentionen und den zeitlich-historischen Gegebenheiten her bestritten.[94] Eine Zuordnung der verschiedenen Todsünden zu einer bestimmten historischen Person ist wohl nur in den schon besprochenen Fällen von »Neid«, »Unzucht« und »Hoffart« möglich.[95] Dagegen bietet sich aber der allgemeinere Verweis der Allegorien auf bestimmte gesellschaftliche Gruppen und Organisationen des Nationalsozialismus an. Die Affinität des sensenschwingenden Todes (Trägheit) zur SS gehört in diesen Kontext. Ihm zur Seite, ebenfalls mit einem Mordinstrument bewaffnet, droht die Allegorie des »Zorns« in charakteristischem Braun. Die Hitler unmittelbar nachgeordneten, gemeinsam agierenden Gestalten könnten für die SS und die SA stehen.[96] Eine solche Parallelisierung erscheint plausibler als die willkürlich anmutende Identifizierung des »Zorns« als »Rassenhaß«[97]. Die riesige Maske der »Hoffart« ließe sich zu Hitlers Gefolgsleuten und Funktionären in Verbindung setzen, die durch sie zu realitätsblinden, lügnerischen »Hohlköpfen«[98] erklärt würden. In der sich hilflos unter ihr Joch beugenden, zerlumpten Alten (Geiz) nähmen die vom »Führer« und seiner Clique ausgebeuteten, unterprivilegierten Schichten Gestalt an. Die bevorrechteten Volksgruppen, verkörpert im Würstemann (Völlerei), wären durch materielle Vorteile so korrumpiert und satt, daß sie nicht mehr über den Rand ihres Eßnapfes sehen und nur noch »Heil« schreien könnten. Die Allegorie der »Unzucht« ist nur schwer mit einer bestimmten Gesellschaftsgruppe zu koppeln, es sei denn, sie repräsentierte den schönen Schein einer sich für den Staat prostituierenden Kunst.

Die im vorhergehenden in Dix' Gemälde aufgezeigten Ansätze zu einer politisch-sozialen Allegorie beleuchten über die moralisch-dämonologische Deutung hinaus konkrete Aspekte der faschistischen Machtausübung kritisch. Demnach beruht diese auf Terrororganisationen wie der SA und der SS, die dem Herrschaftsanspruch des neuen Staates mit brutaler Gewalt Geltung verschaffen, auf ruhmrednerischen Funktionären, die den Willen der Machthaber hochmütig verkünden, und auf sich prostituierenden Künstlern, die die Machenschaften des Regimes mit schönem Schein verklären. Auf seiten der beherrschten Bevölkerung wird eine Spaltung in materiell Profitierende und in ausgebeutete Arbeitssklaven sichtbar, die jedoch beide politisch völlig unterjocht sind. Eine solche Deutung von der gesellschaftlichen Konstellation des »Dritten Reiches« her ist allerdings viel weniger gesichert als die moralisch-dämonologische Sicht des Gemäldes auf den Nationalsozialismus.

III

Dix malte während der nationalsozialistischen Herrschaft vor allem Landschaften. Insgesamt entstanden mehr als 160 Bilder mit diesem Thema.[99] Daneben gab es aber auch eine Reihe von »gesellschaftskritisch gemeinten Allegorien«[100] nach Art der *Sieben Todsünden*, in denen die Landschaft nur als Hintergrund für Figurenkompositionen diente.[101] Deutlich ist der Zusammenhang zwischen den *Sieben Todsünden* von 1933 und dem 1939 bald nach Kriegsausbruch fertiggestellten Werk *Lot und seine Töchter* zu erkennen. Dix beabsichtigte nämlich, jede Todsünde noch einmal gesondert in einem Bild zu exemplifizieren.[102] Die alttestamentarische Szene des von seinen Töchtern betrunken gemachten und sexuell mißbrauchten Lot sollte die Wollust zeigen. Das hinter diesem Geschehen im Feuersturm explodierende Gomorrha stellte eine Aufforderung an den damaligen Rezipienten dar, das Bild auf seine nationalsozialistische Gegenwart zu beziehen. Die Stadtsilhouette entpuppt sich bei näherem Hinsehen nämlich als Dresden, dessen Zerstörung Dix in seinen Briefen aus der Kriegszeit wiederholt befürchtete[103] und das noch im Februar 1945 total zerbombt wurde. Vor dem Hintergrund des beginnenden Zweiten Weltkrieges mußte das biblische Bild als versteckte Warnung vor der kommenden Katastrophe erscheinen. Es stellte die nationalsozialistische Gesellschaft am Beispiel von glänzenden, aber verantwortungslosen, moralisch verkommenen Protagonisten dar, die sich mit Wohlleben betäuben und von dem bereits stattfindenden Untergang abwenden. Das Bild hält also an der moralischen Verurteilung des Nationalsozialismus von 1933 fest, prangert jetzt aber insbesondere seine menschenverachtende Brandstifterei und Zerstörungslust an, die auf das eigene Volk zurückfallen müssen. Diese Kritik wird hinter einer das Süßliche streifenden Schönheit und Kostbarkeit der dargestellten Frauen und ihrer Bekleidung verborgen.

Tod und Krieg waren von Dix bereits in dem Gemälde *Triumph des Todes* von 1934 als Wesen der nationalsozialistischen Herrschaft und Ideologie entlarvt worden. Diese zweite große Figurenkomposition aus der Zeit der Hitler-Diktatur hing mit den ihr vorangehenden *Sieben Todsünden* thematisch und formal zusammen, weshalb beide Tafeln 1938 von der Züricher Dix-Ausstellung auch in einem eigenen Raum vereint gezeigt wurden. Wie in den *Sieben Todsünden* schwingt der Tod (Trägheit) im *Triumph des Todes* drohend seine Sense über den Menschen, beherrscht aber jetzt als Gerippe mit zerfetzter Haut den Mittelpunkt des Bildes allein. Durch die glänzende edelsteinbesetzte Krone, den Königspurpur und durch sein unausweichliches Hereinbrechen über die Figuren und den Bildbetrachter wird er als alles überwältigende Macht charakterisiert. Eva Karcher meinte: »Die Personifikation des Naziterrors mit seinen umfassenden Vernichtungsgelüsten in der Gestalt des Todes ist offensichtlich«[104]. Löffler und Hiepe tadelten demgegenüber, daß das Bild »allegorisch verklausuliert«[105] sei und nicht genau erkennen lasse, »wo die Tarnung der Wahrheit in ein künstlerisches Träumen übergeht«[106]. In der Tat versteckte der Maler, den nationalsozialistische Kunstkritiker wie Bettina Feistel-Rohmeder als »Fanatiker der Scheußlichkeiten« apostrophiert hatten[107], die kritische Aussage hier – wie zwischen 1933 und 1945 wiederholt – hinter einer fast übertrieben schön wirkenden Oberfläche. Die Nationalsozialisten konnten an Dix' Selbstporträt als Weltkriegssoldaten, an dem an Philipp Otto Runges Gemälde *Der Morgen* erinnernden Kind oder an dem Liebespaar mit der halbnackten walkürehaft-nordischen Frau und dem dunklen Filmromeo kaum Anstoß nehmen. Sie hätten zudem zahlreiche dem »germanisch-nordischen« Umkreis entstammende Elemente positiv vermerken können: Die Landschaft des Bildes zeigt nicht nur romantische, schneebedeckte Alpengipfel und altmeisterliche Blumenstücke, sondern auch eine im Stil der Donauschule gemalte verdorrte Eiche und eine Ruine mit gotischem Spitzbogenfenster. Aber gerade dieses redundante Zitieren unterschiedlichster von den Nazis reklamierter deutscher Traditionen läßt das Theatralisch-Scheinhafte der »germanischen« Weltsicht hervortreten. Wie *Triumph des Todes* wirklich gemeint ist, wird durch die am Boden sitzende Figur des beinamputierten blinden Kriegskrüppels mit Hund deutlich signalisiert, durch die Dix auf seine kritischen, den Krieg verdammenden Werke aus den zwanziger Jahren anspielt. Sie korrespondiert mit der durch Stahlhelm, Uniform und Gewehr eindeutig als Weltkriegssoldat zu identifizierenden Gestalt unmittelbar unter der Sense des Todes. Auch die alte gebückte Frau im Vordergrund nahm eine frühere Bilderfindung des Malers wieder auf. Dix variierte seine den Geiz repräsentierende Hexe aus den *Sieben Todsünden* lediglich dadurch, daß er sie aus der Vorderansicht in die Rückenansicht drehte.[108] Das Bild *Triumph des Todes* betont die dämonologische Deutung des Nationalsozialismus, indem es die Erstarrung und das Ausgeliefertsein der Bevölkerung an den zur Macht gelangten, alles überwältigenden Tod zeigt. Das »Dritte Reich« bedeutete demzufolge Terror in Deutschland und Krieg in der Welt. Dix hat deshalb zwischen 1934 und 1936 in dem Gemälde *Flandern* seine frühere Stellungnahme gegen den Krieg auch unverdeckter wieder aufgenommen. In einem Brief an seine Frau von 1935 sah er das Kriegsbild in engem Zusammenhang mit dem *Triumph des Todes.*[109] Scheinbar brachte es nur eine von Henri Barbusse' Roman *Le Feu* literarisch inspirierte Reminiszenz. Der Kritiker der Züricher Ausstellung von Ende 1938 aber verstand, daß hier die durch die Schlachten unbewohnbar gemachte Welt der nationalsozialistischen Glorifizierung von Krieg und Heldentod entgegengehalten wurde und daß es sich um eine »warnende Vision des Kommenden«[110] handelte: »Ein spezifischer Dix unter den neuen Werken ist das Kriegsbild Flandern.

Schon früher einmal hat das Schützengrabenbild, ein gemaltes Manifest des bedingungslosen Pazifismus, Begeisterung und haßvolle Verfolgung erfahren. 1936/37 taucht in Dix das Trauma des Krieges wieder auf, vielleicht nicht mehr allein als Erinnerung des Vergangenen, sondern als Ahnung des kommenden Todes. ... Nach allen Ehrungen von Seiten offizieller Würdenträger hatte Dix den unbekannten Soldaten des vergangenen und kommenden Krieges solches Ehrenmal errichtet.«[111]

Besondere Bedeutung gewannen für den Maler während des »Dritten Reiches« zwei Themenkomplexe aus den Heiligenleben der *Legenda Aurea*, die im Laufe der Jahre in jeweils sechs verschiedene Fassungen gebracht wurden. Es sind *Die Versuchung des Heiligen Antonius* und *Der Heilige Christophorus*. Die Verwandtschaft zwischen unheildrohenden und verführerischen Ausgeburten der Hölle, die Antonius bedrängen, und dem Schwarm der *Sieben Todsünden* von 1933 erlaubt nahezu zwingend den Schluß, daß sie auch in den späteren Bildern für das nationalsozialistische Regime stehen, zumal Reinhold Schneider seine einsame Opposition gegen die herrschenden »sündhaften Mächte grauser Niedrigkeit« ebenfalls in einem Sonett über *Die Versuchung des heiligen Antonius* gespiegelt hat:[112] »Die Wahl des Themas (Versuchung des Antonius) im Jahre 1936 vermittelt am deutlichsten, wie tief der Schrecken war, den die Naziherrschaft ihm (Dix) einflößte. Nur so wird recht verständlich, daß er sich in diesem Umfang der Welt der Dämonen Boschs zuwandte und es für gegeben hielt, sie auch als gleichnishaft für seine Zeit zu übernehmen«[113]. Dix scheint im Einsiedler Antonius seine eigene Position gegenüber den Lockungen und Drohungen des Hitler-Staates einerseits und seinem Rückzug in die innere Emigration andererseits zu reflektieren. Im Jahre 1950 betonte er jedenfalls den engen Bezug des Themas auf sich selbst: »Ich bin ja auch manchmal vom Teufel besessen, so weiß ich in dieser Welt Bescheid«[114]. Zweifellos wäre der Maler von seinem technischen Können und von dem »phantastischen Realismus« seiner Gemälde her in der Lage gewesen, angepaßte, im »Dritten Reich« genehme Werke zu schaffen. Als er nach seiner Entlassung aus der Dresdener Kunstakademie im April 1933 Ludwig Justi, den Direktor der Berliner Nationalgalerie, um Hilfe bat, riet ihm dieser zum Kompromiß: »Ich würde es bedauern, wenn ein Künstler von Ihrer Begabung auf Dauer beiseitestünde, und es mit dankbarer Freude begrüßen, wenn eine solche Begabung an einer ins Positive gewendeten schöpferischen deutschen Kunst mitwirkte ... Da die neue Regierung und Gesinnung in Deutschland von der NS-Arbeiterpartei getragen ist, so würde sie an sich gerade für Sie, der Sie aus dem vierten Stande hervorgegangen sind – unter den bekannteren Künstlern der Gegenwart wohl der einzige – offene Arme haben«.[115] Die verschiedenen Fassungen des Antonius-Themas zeigen unterschiedliche Grade der Verführung und Gefährdung durch die Welt sowie des Widerstehens gegen sie.[116] Während der Heilige auf den beiden Bildern von 1937 von den höllischen Gewalten niedergeworfen ist und ihnen verzweifelt zu entkommen strebt, hat er sich in der dritten Version von 1940 unangreifbar in sich selbst zurückgezogen. Seine Versuchungen verlieren in den beiden Fassungen von 1941 gegenüber der sie umgebenden Landschaft jede Bedeutung. Die letzte Antonius-Darstellung von 1944 aber zeigt einen im Chaos der Elemente untergehenden, besiegten Heiligen. So werden verschiedene Phasen von Dix' innerer Emigration greifbar. Der Versuchung zum Mitmachen steht die Hinwendung zu heilsamen Gegenkräften gegen das nationalsozialistische Unheil gegenüber, die zunächst der Tradition entsprechend im geistig-religiösen Bereich (1937: Christuskopf in der Wolke), dann im eigenen Inneren (1940) und zunehmend in der Natur (1941) gesucht werden. Getarnt durch die Altmeister-Rezeption wie bei den *Sieben Todsünden*[117] vertieft Dix mit dem Antonius-Thema seine moralisch-dämonologische Deutung des Nationalsozialismus. Der dämonische Aspekt wird jetzt allerdings stärker betont und das 1933 nur im Nietzsche-Zitat präsente Individuum und sein Verhalten in den Mittelpunkt des Interesses gerückt. Aus diesem Grunde kommen auch mögliche Abwehrkräfte ansatzweise in den Blick.

Das Thema des heiligen Christophorus, das Dix zwischen 1938 und 1944 zu sechs verschiedenen Versionen inspirierte, diente ihm dann dazu, verschlüsselt Gegenkräfte gegen den Nationalsozialismus aufzurufen: »Der Legende nach trug er (Christophorus) das Christuskind auf dem Rücken an das andere Ufer eines Flusses. In der symbolischen Deutung will das nicht weniger heißen, als daß er das Christuskind, die Verkörperung des Logos, des Geistes, über die Fährnisse der Zeit hinwegführte«[118]. Welche Bedeutung der Maler dem Christophorus-Thema während des »Dritten Reiches« beilegte, läßt sich daran ablesen, daß er es 1938 auf die Plakate für seine Ausstellung in der Züricher Galerie Wolfsberg brachte. Im Unterschied zu den bisher besprochenen Gemälden enthalten die Christophorus-Bilder keinerlei einzelne Signale mehr, die den Rezipienten veranlassen könnten, in der traditionellen religiösen Darstellung aktuelle Bezüge zur nationalsozialistischen Gegenwart zu suchen. Diese stellt weder das Hauptthema dar wie in den *Sieben Todsünden* und in *Lot und seine Töchter*, noch beherrscht sie einen wesentlichen Teil der Darstellung wie im *Triumph des Todes* und in der *Versuchung des heiligen Antonius*. Nur die in einigen Versionen des Themas bedrohlich aufgewühlte Landschaft deutet auf eine negative Umwelt hin. Wenn man aber trotzdem eine kritische Aussage zur Zeit im *Heiligen Christophorus* sieht[119], kann man diese nur von Dix' Biographie und vom Bild als Ganzem ableiten: »Christliche Motive sichern mit ihren bekannten und vertrauten menschlichen Stoffen, daß der Betrachter die aktuelle Botschaft vermittels der gewohnten aufnehmen kann«[120]. Betrachtet man die Christophorus-Bilder auf dem Hintergrund des Nationalsozialismus, so scheinen sie einen klaren Widerspruch zu dessen Ideologie, vor allem zum Glauben an die Dominanz des Stärkeren zu enthalten. Sie behaupten die Überlegenheit, ja die Macht der Schwäche.[121] Das göttliche Kind bezeichnet zudem einen geistig-religiösen Bereich, der sich dem totalen Herrschaftsanspruch des Regimes entzieht. In der dritten und in der fünften Fassung (Riesengebirge) von 1938 und 1941 stellt Dix das Christuskind mit Kreuz dar, in der vierten Fassung (1939) gibt er ihm – allerdings in Übereinstimmung mit der Tradition – Zepter und Reichsapfel, die Herrschaftssymbole, in die Hand. In der ersten (1938), zweiten (1938) und letzten Fassung (1944) wird das Kind allein durch Heiligenschein und von ihm ausgehende Lichtwirkung als Kraftzentrum gekennzeichnet. Auf diese Weise versuchte der Maler, eine Gegenposition gegen den Nationalsozialismus aufzubauen, der in den *Sieben Todsünden* unangefochten triumphiert und in der *Versuchung des heiligen Antonius* das Individuum in die völlige Abkapselung von der Welt getrieben hatte.[122] Die Christophorus-Bilder orientieren sich wie die literarische innere Emigration an einer richtig verstandenen Tradition, einem unabhängigen Reich des Geistes. Sie wollen dem Nationalsozialismus wirkliche Werte entgegensetzen und Hoffnung auf Überdauern wecken. Von aktivem politischen Widerstand kann dabei nicht die Rede sein, sondern allein von »Manifesten der Zuversicht auf den unausbleiblichen Sieg über das Böse«[123].

Auch die reinen Landschaften, die zwischen 1933 und 1945 Dix' Werk dominieren, sind als getarnte Zeitkritik interpretiert worden: »Dix benutzt die Metaphorik der Natur, um menschliche Gemütszustände wiederzuspiegeln (sic) oder zeitgeschichtliche Analogien herzustellen«[124]. Die Anregung zu einer solch symbolischen Deutung kam nicht zuletzt von den Darstellungen mit legendenhaften Themen, in denen Landschaft als »Ausdrucksträger« menschlicher Befindlichkeit fungierte.[125] Dix' Landschaftsdarstellungen schienen wie die Christophorus- und Antonius-Bilder eine zeitlose Utopie zu entwerfen, die entrückt von der nationalsozialistischen Gegenwart und ihren Normen existierte[126] und die Hoffnung auf ein Überdauern ausdrückte.[127]

Neben diesen für die innere Emigration charakteristischen Gedanken stellte man aber auch eine Nähe zu der vom »Dritten Reich« offiziell geförderten Landschaftsmalerei fest.[128] Dix hatte dieselben Vorbilder wie diese, nämlich die sogenannte Donauschule des 16. Jahrhunderts um Albrecht Altdorfer und den Romantiker Caspar David Friedrich. Auch er überhöhte die reale Landschaft zum Idyllischen und Heroischen hin: »Die Landschaften von Dix geben keine Abbilder, sondern Konzentration und Steigerung der Wirklichkeit«[129]. Die nationalsozialistischen Maler übernahmen aber das traditionelle romantische Landschaftskonzept unverändert und machten es so zur Theaterkulisse. Es entstand die alle politischen und sozialen Probleme leugnende »zeitlose« Nazi-Kunst. Bei Dix dienten die mit den Anforderungen des »Dritten Reiches« übereinstimmenden Momente nur als Tarnung, denn er kennzeichnete seine Anleihen bei der Tradition eindeutig als Zitate. Zu den genannten Vorbildern traten noch zahlreiche Einflüsse – so zum Beispiel die barocke Landschaftsmalerei[130] eines Claude Lorrain –, die nebeneinandergestellt die Illusion vom Fortleben einer bestimmten Vergangenheit nicht aufkommen ließen: »Dix gelingt es, mit der Technik der deutschen Meister des sechzehnten Jahrhunderts, den Erfahrungen barocken Formgutes und dem Stimmungsgehalt des frühen neunzehnten Jahrhunderts als Erbe einen eigenen Stil zu schaffen, der in voller Lebendigkeit der Gegenwart verhaftet ist«[131]. Die Landschaften wurden als menschenleer (allenfalls Heilige erscheinen) und unerreichbar in die Distanz gerückt. Sie boten offenkundig nur noch der Phantasie Zuflucht und dadurch einen gewissen Trost. Dix' Bilder machten deshalb auch aus dem ihnen innewohnenden theatralischen, bühnenhaften Element kein Hehl, sondern betonten es geradezu und stellten damit den Abstand zwischen der Idylle und dem Betrachter heraus. Distanzlose Einfühlung wurde durch ein reflektierendes Moment verhindert. Ein Gemälde wie *Aufbrechendes Eis mit Regenbogen bei Steckborn* von 1940 zeigt dieses Verfahren deutlich: »Obwohl Naturereignis, besitzt die Darstellung einen künstlichen, ›arrangierten‹ Charakter, der über ihr Sujet hinausweist und eine allegorische Komponente enthält. Licht und Finsternis, bewahrende und zerstörende Kräfte, bekämpfen einander«[132]. Auch die während des Krieges gemalten »Katastrophenlandschaften«[133] in der Art von *Zerschmetterter Baum* (1941) oder *Windbruch* weisen durch »inszenatorische« Momente auf »sich bedenklich zuspitzende Verhältnisse nicht nur von Wetter und Natur, sondern auch der gesamtgesellschaftlichen und der persönlichen Situation von Dix« hin.[134] Mehr oder weniger deutlich reflektierten viele dieser Landschaften ähnlich den Antonius-Darstellungen die »Exil«-Situation des Malers. Dabei stand oft wie in *Lärche im Engadin* (1938) ein einsamer Baum an exponierter Stelle im Vordergrund, der unter widrigen Bedingungen überlebte.[135] Neben der betonten Theatralik lassen Dix' Landschaften auch durch überdeutliche Detailgenauigkeit ihre symbolische Bedeutung anklingen.[136] Verglichen mit den figürlichen Allegorien bleibt ihre kritische Aussage jedoch viel allgemeiner. Sie beschränkt sich auf die Mitteilung, daß es Kräfte außerhalb des Nationalsozialismus gibt, die diesem ein Ende setzen könnten und erweckt damit die Hoffnung auf ein Überstehen des Chaos.

»Landschaftsidealisierende Elemente«[137] und ein »tektonisch strenger«, arrangierender Aufbau[138] charakterisieren auch das Bild *Judenfriedhof in Randegg im Winter mit Hohenstoffeln* von 1935, das Schubert als Aussage über die Judenverfolgung im »Dritten Reich« gewertet hat[139], während Kicherer und Schwarz eine solche konkrete politische Stellungnahme bestrit-

Otto Dix: *Judenfriedhof in Randegg im Winter mit Hohenstoffeln* (1935). Saarlandmuseum Saarbrücken, Stiftung Saarländischer Kulturbesitz/© VG Bild-Kunst, Bonn 1994

ten.[140] Kurz vor der Entstehung des Gemäldes wurden am 15. 9. 1935 die »Nürnberger Rassengesetze« verkündet. Schon im April 1933 hatte es einen organisierten Massenboykott gegen jüdische Geschäfte gegeben, auch waren in der Folge alle Juden aus öffentlichen Ämtern vertrieben worden. Es wäre also möglich, daß der von den Nazis selbst »verfemte« Maler, der sich in seiner Öl-Collage *Prager Straße* von 1920 zumindest einmal gegen den Antisemitismus wandte[141], in den Juden eine von den neuen Machthabern unterdrückte Gruppe erkannt und das Thema Judenfriedhof bewußt gewählt hätte. Vielleicht kommt man der Lösung des Problems näher, wenn man die idealisierende Komposition des Bildes mit den sich an den natürlichen Gegebenheiten orientierenden Vorzeichnungen vergleicht.[142] Dix selbst hat 1939 betont, daß seine Landschaften keine Veduten, sondern frei erfundene Idealkompositionen seien und daß in ihnen »der künstlerische Ausdruck« den Ausschlag gebe.[143] Bei der Gestaltung des Gemäldes *Judenfriedhof in Randegg* war dem Maler nach übereinstimmender Auffassung der Interpreten gegenüber den Vorzeichnungen die klassische Zentralperspektive in überaus starkem Maße wichtig[144], die Zuordnung aller Landschaftselemente auf »diese Bildmitte, die auch farbig betont wird«[145]. Alle Aufmerksamkeit des Betrachters lenkte er auf den Berg im Hintergrund, der in den Vorzeichnungen zunächst gar nicht vorhanden war.[146] Hier findet ein sorgfältig inszeniertes Hervorbrechen der Sonne aus düsterer Wolkendecke statt, ein Lichtschauspiel wie in dem Bild *Aufbrechendes Eis mit Regenbogen bei Steckborn*: »Genau in der Mittelachse des Bildes, an der Grenze zum oberen Bilddrittel, dringt die Sonne aus den Wolkenwänden in fahlem Ocker, tönt die Wolken darunter zu zartem Purpur und läßt die Bergspitze hellblau aufleuchten. Das Licht fließt breit in den Mittelgrund, der somit weiß gehöht wird – eine freie Schneefläche, in die hinein der Maler den Blick zwingend führt.«[147] Schon in den Vorzeichnungen interessierte sich Dix vorrangig für die »dramatische Wolkenbildung, die die Friedhofsszene in eine Art von Weltuntergangsstimmung taucht«[148]. Er stellt durch seine Komposition einen Gegensatz zwischen dem winterlich dunklen, im Wolkenschatten liegenden Friedhof und dem von ihm so betonten tröstlich besonnten Berg her, dessen Licht indirekt sogar im Vordergrund noch widerscheint. Auch die Wahl der lebensfeindlichen, harten Jahreszeit für das Gemälde, die im Gegensatz zu den Zeichnungen erfolgt, könnte als der Aussageabsicht dienend verstanden werden.[149] Es gibt nämlich durchaus den sommerlichen *Friedhof mit Regenbogen und Blick auf Konstanz* von 1939 oder den frühlingshaften *Friedhof Hemmenhofen* von 1948. Das Bild *Judenfriedhof in Randegg* wirkt aber trotz »winterlicher Stimmung« »überaus farbig«[150]. Ein Indiz für Dix' Absicht, die Passion der deutschen Juden verdeckt zu thematisieren, kann man überdies darin sehen, daß er in einer Vorzeichnung von 1935 dem »Baum auf der Höhe des Friedhofhügels ... die Form eines Kreuzes« gab.[151] Dieser im Rahmen des jüdischen Themas scheinbar unpassende Zug hätte in einem allegorisch-politischen Zusammenhang seinen unbestreitbaren Sinn. Vor allem der Befund zum Arrangement des Gemäldes legt es aber nahe, darin den Versuch eines Trostes für die Juden in ihrer bedrängten Lage zu entdecken. Der Berg als »Interessenzentrum in diesem Bilde«[152] läßt bezogen auf das Judentum an die zentrale Bedeutung der auf dem Sinai von Mose empfangenen ewigen göttlichen Gesetze denken: »Die Herrlichkeit des Herrn aber war für die Augen der Israeliten anzusehen wie ein verzehrendes Feuer auf dem Gipfel des Berges«[153]. Die nationalsozialistischen Pressionen und Gesetze, die die deutschen Juden schon zu diesem frühen Zeitpunkt entrechteten, würden durch eine solche Anspielung auf das gottgegebene mosaische Gesetz als vorübergehend und irrelevant eingestuft.

Bei der Darlegung der geheimen politischen Botschaft von Dix' Figurenkompositionen und Landschaften aus der NS-Zeit konnten wir uns nicht auf Selbstaussagen berufen, die über die wiederholte Charakterisierung der damals entstandenen Landschaftsmalerei als »eine Art Emigration« hinausgegangen wären.[154] Dix' harsches Verdikt von 1961: »... ich äußere nichts über Kunst«[155] entsprach seiner Überzeugung, daß ein Gemälde und sein

Sinn rational nicht in Worte zu fassen seien: »Denn das, was am Kunstwerk erklärbar ist, ist wenig, das Wesentliche an ihm ist nicht erklärbar, sondern allein schaubar«[156]. Trotzdem ging es dem Maler, wie er selbst feststellte, in seinen Bildern primär um die Aussage, und zwar eine Aussage, die sich auf die aktuelle Verfassung der Welt beziehen sollte: »Ich bin bemüht, mit meinen Bildern zur Sinngebung unserer Zeit zu gelangen, denn ich glaube, ein Bild muß vor allem einen Inhalt, ein Thema aussprechen. Malen ist ein Versuch, Ordnung zu schaffen. Kunst ist für mich Bannung.«[157] Die hier bald nach dem Ende des »Dritten Reiches« betonte Absicht, durch Gemälde eine »erschlagend zeitnahe«[158] Aussage zu machen, galt nach Dix' eigenem Bekunden auch für seine Anti-Kriegsbilder aus den zwanziger Jahren: »Ich wollte ... Wissen um die Furchtbarkeit eines Krieges vermitteln und damit Kräfte der Abwehr wecken«[159]. Als er in seinem großen Fresko *Krieg und Frieden* für das Rathaus in Singen 1960 das Thema wieder aufnahm, hatte er nach eigener Aussage über die Stellungnahme gegen den Krieg hinaus auch eine Stellungnahme gegen den Faschismus im Sinne: »Das selbstgewählte Thema verkörpert für mich eine Synthese für das, um was ich mich ein Leben lang in meiner künstlerischen Arbeit bemühte. Ich mußte einfach ein aktuelles Thema wählen. Mit tanzenden Mädchen oder einem abstrakten Ornament ist es heute nicht mehr getan. Gerade bei uns muß man sagen, was einmal war und bereits wieder ist. Ich wollte mit meinem Werk den unverbesserlichen Nazis, die heute überall wieder dran sind, die nackte Wahrheit um die Ohren hauen«[160]. Allein von dieser Selbstaussage her, die das Dixsche Werk wegen seiner aktuellen Problematik, seiner politischen Warnungen und moralischen Entlarvungen als Kontinuität begreift, scheint es nicht nur erlaubt, sondern geradezu geboten, die Gemälde zwischen 1933 und 1945 als Ausdruck getarnter Kritik zu interpretieren.

---

1 Otto Dix zu Hans Kinkel, 1961/1967. In: Diether Schmidt: *Otto Dix im Selbstbildnis*. Berlin ²1981, S. 253. Vgl. ebd.: O. Dix zu Fritz Löffler, August 1957, S. 225 und O. Dix zu Maria Wetzel, 1965, S. 271. — 2 Michael Kicherer: »Landschaften der ›Inneren Emigration‹. Landschaftsbilder von 1933 bis 1945«. In: Bernd Wiedmann (Hg.): *Otto Dix. Landschaften*. Reihe Kunst am See 13. Friedrichshafen 1984, S. 60 f. — 3 Zit. nach: Kicherer, a.a.O., S. 36, 66. Der Zeitungsausschnitt entstammt nach Kicherer dem Lenk-Archiv in Schwäbisch-Hall. Seine Datierung auf 1938 ist insofern merkwürdig, als die Ausstellung in Pittsburgh, die Dix' Gemälde zeigte, 1935 stattfand (Fritz Löffler: *Otto Dix. Leben und Werk*. Wiesbaden ²1989 (Dresden ⁶1960), S. 375). Dieses Datum würde auch besser mit der Gemeinschaftsausstellung von Otto Dix und Franz Lenk Anfang 1935 in Berlin übereinstimmen. — 4 Kicherer, a.a.O., S. 61. — 5 Dietrich Schubert: *Otto Dix in Selbstzeugnissen und Bilddokumenten dargestellt*. Reinbek b. Hamburg ³1991, S. 113 f., 120. — 6 Löffler,

²1989, a.a.O., S. 105–107. — **7** Richard Hiepe: *Gewissen und Gestaltung. Deutsche Kunst im Widerstand.* Frankfurt/M. 1960, S. 32. — **8** Neben der Ausstellung bei Nierendorf in Berlin, die mit zahlreichen Silberstift- und Federzeichnungen und neun Ölbildern einen gewissen Überblick über Dix' aktuelles Schaffen bot, verzeichnet Fritz Löffler noch einige Ausstellungen in Deutschland, an denen sich der Maler nur mit wenigen Werken, meist nur einem einzigen, beteiligte. Es sind im August 1933 die Ausstellung der »Neuen Dresdner Secession«, ebenfalls 1933 die Ausstellung im Stadtmuseum Stettin und 1936 die nach 10 Tagen geschlossene Ausstellung »Malerei und Plastik in Deutschland« im »Hamburger Kunstverein« (Löffler, ²1989, a.a.O., S. 375. Schubert, ³1991, a.a.O., S. 110). — **9** W. G.: »Gewagte Begegnung. Otto Dix und Franz Lenk in der Galerie Nierendorf«. In: *Deutsche Allgemeine Zeitung*, 30. 1. 1935. — **10** Vgl. dazu: Faltblatt »Sonder-Ausstellung Otto Dix« des Kunstsalons Wolfsberg vom März 1938 mit der Aufzählung der dort gezeigten 64 Ölbilder, Aquarelle und Zeichnungen. — **11** Zu Oto Bihalji-Merin vgl.: Wilhelm Sternfeld, Eva Tiedemann: *Deutsche Exil-Literatur 1933–1945. Eine Bio-Bibliographie.* Heidelberg ²1970, S. 58. Peter Thoene (Ps. für Oto Bihalji-Merin): »Bemerkungen über die deutsche Malerei der Gegenwart. Zu den Ausstellungen von Otto Dix und Max Beckmann«. In: *Das Werk* 25 (1938), S. 348, S. 346, S. 347. — **12** Paul Westheim an Georg Schmidt (Kunstmuseum Basel), 19. 7. 1939, zit. nach: Dietrich Schubert: »Politische Metaphorik bei Otto Dix 1933–1939«. In: Maria Rüger (Hg.): *Kunst und Kunstkritik der dreißiger Jahre.* Dresden 1990, S. 154, 322. Paul Westheim, der Gründer und Herausgeber der Zeitschrift *Das Kunstblatt* (Wilhelm Sternfeld und Eva Tiedemann, a.a.O., S. 542), hatte sich 1924 für Dix' Gemälde *Der Schützengraben* eingesetzt und war deshalb von der *Frankfurter Zeitung* entlassen worden (Schubert, 1990, a.a.O., S. 149. Vgl. dazu auch: Ders., ³1991, a.a.O., S. 66 f.). — **13** Ludwig Hoffmann u. a.: *Kunst und Literatur im antifaschistischen Exil 1933–1945, Bd. 5, Exil in der Tschechoslowakei, in Großbritannien, Skandinavien und in Palästina.* Frankfurt/M. 1981, S. 139–143. — **14** Johannes Wüsten: »›Guernica‹ von Pablo Picasso«. In: *Das Wort. Literarische Monatsschrift* (Februar 1938) H. 2, S. 157. — **15** Paul Ortwin Rave: *Kunstdiktatur im Dritten Reich.* Frankfurt/M., Olten, Wien (1949) o. D., S. 97. Joseph Wulf: *Die bildenden Künste im Dritten Reich. Eine Dokumentation.* Frankfurt/M., Berlin, Wien 1983, S. 366. O. Dix an eine Zeitung, 1948. In: Schmidt, ²1981, a.a.O., S. 220. — **16** Wulf, a.a.O., S. 353, 390. — **17** Schubert, 1990, a.a.O., S. 148 ff. — **18** O. Dix zu Horst Jähner, Dezember 1966. In: Schmidt, ²1981, a.a.O., S. 274 f. Vgl. auch: Löffler, ²1989, a.a.O., S. 66. Schubert, 1990, a.a.O., S. 149 f. Schubert, ³1991, a.a.O., S. 66 ff. — **19** Schubert, ³1991, a.a.O., S. 52 ff. — **20** Bettina Feistel-Rohmeder: *Im Terror des Kunstbolschewismus.* Karlsruhe 1938, S. 163. — **21** Wulf, a.a.O., S. 36, 41. — **22** Manfred von Killinger an O. Dix, 13. 4. 1933. In: Ludwig Veit u. a. (Hg.): *Dokumente zu Leben und Werk des Malers Otto Dix 1891–1969.* Archiv für Bildende Kunst, Germanisches Nationalmuseum Nürnberg, 1977, S. 71. Zu Manfred von Killinger vgl.: Wulf, a.a.O., S. 36, Anm. 1. — **23** Wie Dietrich Schubert richtig feststellte (³1991, a.a.O., S. 107, 143. Ders., 1990, a.a.O., S. 319, Anm. 7), trug die Dresdener Ausstellung von 1933 nicht, wie früher angenommen, den Titel »Spiegelbilder des Verfalls in der Kunst« (nach einem Zeitungsartikel Richard Müllers im *Dresdner Anzeiger* vom 23. 9. 1933, Nr. 264), sondern schon – wie später die Münchener Ausstellung von 1937 – den Titel »Entartete Kunst«. In Artikeln über die Dresdener Ausstellung wird dieser Titel explizit genannt (F.Z.: »Ausstellung ›Entartete Kunst‹. Lichthof des Neuen Rathauses«. In: *Dresdner Nachrichten* 77, Nr. 447, 22. 9. 1933, S. 3 f.; Rudolf Paulsen: »Der Verrat an der Kunst«. In: *Illustrierter Beobachter* 8 (16. 12. 1933) Folge 50, S. 1713). — **24** Peter-Klaus Schuster (Hg.): *Die ›Kunststadt‹ München 1937. Nationalsozialismus und ›Entartete Kunst‹.* München 1987, S. 131, 132, 161, 164, 167. — **25** Vgl. dazu: Rave, a.a.O., S. 124. Dix nahm an, daß sein Gemälde *Der Schützengraben* 1939 im Hof der Berliner Hauptfeuerwache verbrannt worden sei (O. Dix an Maria Wetzel, 1965. In: Schmidt, ²1981, a.a.O., S. 268). Es wurde aber im Januar 1940 von dem Kunsthändler Bernhard A. Böhmer (Güstrow) erworben. Der von diesem geplante Verkauf des Bildes an das Baseler Kunstmuseum kam nicht zustande. Seitdem ist es verschollen (Schubert, 1990, a.a.O., S. 150, 319 f., Anm. 8). — **26** Rave, a.a.O., S. 164 f. Wulf, a.a.O., S. 382. — **27** Löffler, ²1989, a.a.O., S. 99. Schmidt, ²1981, a.a.O., S. 128. — **28** Wulf, a.a.O., S. 353. —

29 Lothar Fischer: *Otto Dix. Ein Malerleben in Deutschland.* Berlin 1981, S. 106. — 30 Kicherer, a.a.O., S. 58–60. — 31 Fritz Hellwag: »Otto Dix, Bilder aus dem Hegau. Zur Ausstellung in der Galerie Nierendorf in Berlin«. In: *Die Kunst für Alle* 50 (Juni 1935) H. 9, S. 222. Vgl. auch: F. Paul (= Paul Ferdinand Schmidt): »Dix und Lenk. Gemeinschafts-Ausstellung in Berlin bei Nierendorf«. In: *Kunst der Nation* 3 (1935) H. 3, S. 3. W. G.: »Gewagte Begegnung. Otto Dix und Franz Lenk in der Galerie Nierendorf«. In: *Deutsche Allgemeine Zeitung*, 30. 1. 1935. Der Verfasser des zweiten Artikels, Paul Ferdinand Schmidt, der von 1919 bis 1923 Direktor der modernen Sammlung des Dresdener Stadtmuseums, dann Kunstkorrespondent der *Dresdner Nachrichten* in Berlin war, hatte sich für Dix und sein umstrittenes Gemälde *Der Schützengraben* eingesetzt (Rave, a.a.O., S. 53). Er war von Dix 1921 porträtiert worden (Löffler, ²1989, a.a.O., S. 29). Vgl. dazu auch: Schubert, ³1991, a.a.O., S. 67. — 32 O. Dix an Ernst Bursche, 27. 12. 1941. In: Schmidt, ²1981, a.a.O., S. 209. — 33 F. Lenk an F. H., 25. 9. 1942. In: Wilko und Ursula von Abercron: *Franz Lenk 1898–1968. Retrospektive und Dokumentationen.* Köln 1976, S. 23. Fischer, a.a.O., S. 118. — 34 Löffler, ²1989, a.a.O., S. 98. — 35 Otto Conzelmann: *Otto Dix.* Hannover 1959, S. 53. Wulf, a.a.O., S. 36. Schubert, 1990, a.a.O., S. 149. — 36 Eva Karcher: *Otto Dix 1891–1969. Leben und Werk.* Köln 1988, S. 219 f. — 37 O. Dix an H. Pickhardt, ohne Datum. In: Schmidt, ²1981, a.a.O., S. 271. — 38 Fritz Löffler: *Otto Dix. Bilder zur Bibel und zu Legenden, zu Vergänglichkeit und Tod.* Stuttgart, Zürich 1987, S. 21 f. — 39 Ebd. — 40 Dix ließ die Todsündentafel zwischen 1948 und 1950 von Dresden nach Hemmenhofen am Bodensee bringen. Er ergänzte das schwarze Hitler-Bärtchen gleich nach Eintreffen des Werkes (Birgit Schwarz: *Werke von Otto Dix.* Bildhefte der Staatlichen Kunsthalle Karlsruhe, Nr. 11. Karlsruhe 1986, S. 42, 49). Ein bei Fritz Löffler (²1989, a.a.O., S. 387) abgebildetes, um 1950 aufgenommenes Foto vom Hemmenhofener Atelier zeigt *Die sieben Todsünden* mit dem eingefügten schwarzen Bärtchen. — 41 Vgl. dagegen Schwarz, a.a.O., S. 25: »Den psychologischen Brennpunkt des Gemäldes bildet das Maskengesicht des Wichtes mit den irritierenden schielenden Augen. Seine Physiognomie, insbesondere das schwarze Oberlippenbärtchen, erinnert an Adolf Hitler. Die Frage, ob Dix mit dem Gnom Hitler meinte, ist entscheidend für die Interpretation.« — 42 René Kende: »Die schwarzen Plejaden oder vom Bild der Sieben Todsünden«. In: *Die Waage. Zeitschrift der Chemie Grünenthal.* Bd. 9 (1970) H. 1, S. 2–4. Vgl. auch: Schwarz, a.a.O., S. 26. — 43 Schwarz, a.a.O., S. 26–28. — 44 Kende, a.a.O., S. 4. — 45 Schwarz, a.a.O., S. 25. — 46 Der folgende Abschnitt über die Beziehungen der *Sieben Todsünden* zur Tradition geht zurück auf Birgit Schwarz' Kapitel »Das Vorbild der alten Meister« (a.a.O., S. 30–39), Schubert, ³1991, a.a.O., S. 109 und Horst Vey: »Staatliche Kunsthalle Karlsruhe. Neuerwerbungen 1977«. In: *Jahrbuch der Staatlichen Kunstsammlungen in Baden-Württemberg.* Bd. 15. München, Berlin 1978, S. 104–107. — 47 Schwarz, a.a.O., S. 30. — 48 Vey, a.a.O., S. 104. — 49 Schwarz, a.a.O., S. 20. — 50 Postkarte im Dix-Kabinett, Städtische Museen Gera, zit. nach: Fischer, a.a.O., S. 20. — 51 Schwarz, a.a.O., S. 21. — 52 O. Dix: »Das Malen einer figürlichen Komposition in Tempera und Öl«. In: Schmidt, ²1981, a.a.O., S. 243–250. Ursus Dix: »Die Maltechnik«. In: *Otto Dix 1891–1969.* Ausstellungskatalog Museum Villa Stuck. München 1985, S. 259 f. — 53 Kicherer, a.a.O., S. 23. — 54 Hiepe, a.a.O., S. 32. — 55 Schubert, ³1991, a.a.O., S. 80. — 56 O. Dix zu Maria Wetzel, 1965. In: Schmidt, ²1981, a.a.O., S. 266. — 57 Löffler, ²1989, a.a.O., S. 96. — 58 Schubert, ³1991, a.a.O., S. 109. — 59 Nach Birgit Schwarz haben »die retrospektiven Bildmittel« der *Sieben Todsünden* nichts mit Tarnung zu tun. Sie signalisieren vielmehr Dix' Anspruch, »ein Klassiker von bleibender Aussagekraft« zu sein (a.a.O., S. 45). — 60 O. Dix zu Hans Kinkel, 1961/1967. In: Schmidt, ²1981, a.a.O., S. 252. — 61 O. Dix, Gespräch im Wartezimmer, 1958. In: Schmidt, ²1981, a.a.O., S. 226. — 62 Vey, a.a.O., S. 104. Schwarz, a.a.O., S. 30. — 63 Robert Ley (Hg.): *Organisationsbuch der NSDAP.* München 1937, S. 432 f.: Anzugsordnung der SS. — 64 Michael Behnen: »Schutzstaffeln der NSDAP (SS)«. In: Gerhard Taddey (Hg.): *Lexikon der deutschen Geschichte.* Stuttgart ²1983, S. 1124. Die SS ging aus dem »Stoßtrupp Adolf Hitler« und der »Stabswache« von 1923 hervor. — 65 Schubert, ³1991, a.a.O., S. 109. Kende, a.a.O., S. 14. — 66 Schwarz, a.a.O., S. 29. — 67 Heinz-Egon Kleine-Natrop und Fritz Löffler: »Die Medizin im Werk von Otto Dix«. In:

Personal- und Vorlesungsverzeichnis der Medizinischen Akademie ›Carl Gustav Carus‹. Dresden 1968, S. 29. — **68** Schwarz, a.a.O., S. 31. — **69** Joachim Fest, Heinrich Hoffmann und Jochen von Lang: *Hitler. Gesichter eines Diktators.* München 1980, S. 53; ebd., S. 42. — **70** Ebd., S. 84, 54, 79. — **71** Ebd., S. 114; ebd., S. 42; ebd., S. 74. — **72** Ebd., S. 60. — **73** Friedrich Nietzsche: *Götzendämmerung. Der Antichrist, Ecce Homo, Gedichte.* Stuttgart 1964, S. 538. — **74** O. Dix zu Maria Wetzel, 1965. In: Schmidt, ²1981, a.a.O., S. 266 f. — **75** Schwarz, a.a.O., S. 43. Ebd., S. 40. — **76** Ebd., S. 32. Ebd., S. 25. — **77** O. Dix zu Maria Wetzel, 1965. In: Schmidt, ²1981, a.a.O., S. 267. — **78** Richard Müller verleugnete seine Zugehörigkeit zur NSDAP auf eine entsprechende Frage von Otto Dix zunächst. Erst 1931, als Paul Schulze-Naumburg in Dresden einen Vortrag über »Rasse und Kunst« hielt, bekannte er sich öffentlich dazu (Christa Bächler: »Die Akademie für Bildende Künste zwischen Novemberrevolution und faschistischer Machtübernahme«. In: Manfred Altner u. a. (Hg.): *Dresden. Von der Königlichen Kunstakademie zur Hochschule für Bildende Künste [1764–1989].* Dresden 1990, S. 305). Zu Richard Müller vgl. auch Gertrud Thiele: »Die Akademie unter der Herrschaft des deutschen Faschismus«. In: Altner u. a. (Hg.), a.a.O., S. 321 ff. — **79** Schubert, ³1991, a.a.O., S. 107. — **80** Rave, a.a.O., S. 53. — **81** Löffler, ²1989, a.a.O., S. 79. — **82** Richard Müller deutete sein Gefühl, daß er als Künstler unter ungerechter Zurücksetzung zu leiden habe, mit dem Gemälde *Die Neidischen* von 1924 an (heute Regensburg, Ostdeutsche Galerie). Es zeigt »Kröten, die die brave Schildkröte anspeien« (Schubert, 1990, a.a.O., S. 150). — **83** Schubert, ³1991, a.a.O., S. 106. — **84** Richard Müller: »Die Ausstellung ›Spiegelbilder des Verfalls in der Kunst‹«. In: *Dresdner Anzeiger,* Nr. 264, 23. 9. 1933. — **85** Thiele, a.a.O., S. 322, 612 f. — **86** Schwarz, a.a.O., S. 43 f. Ferdinand Dorschs Nickelbrille und Oberlippenbart, die in der karikierenden Zeichnung von 1930 und dem Karton zu den *Sieben Todsünden* deutlich zu erkennen sind, fehlen im Gemälde. Ferdinand Dorsch scheint wirklich ein besonderer Hang zum Reden eigen gewesen zu sein, wie Dix ihn in den *Sieben Todsünden* vermittels der großen Kopfmaske der »Hoffart« andeutete. 1931 porträtierte Max Feldbauer seinen Freund Dorsch und versah die Lithographie mit folgender humoristischen Widmung in Spiegelschrift: »Ferdinand, der Katholische mit der großen Klappe, sonst Dorsch bezeichnet. 4. XII. 1931 Dresden« (zit. nach: Ursula und Wilko von Abercron: *Ferdinand Dorsch 1875–1938, ein Künstlerleben in Dresden.* Köln 1976, S. 26). — **87** Thiele, a.a.O., S. 326 f., Bächler, a.a.O., S. 275 f., 283 f., 303. Vgl. dazu auch: Wilko von Abercron: »Ferdinand Dorsch«. In: von Abercron, 1976, a.a.O., S. 13. — **88** Hiepe, a.a.O., S. 32. — **89** Reinhold Schneider: »Nun baut der Wahn«. In: *Die Waffen des Lichts.* Kolmar: Alsatia o.J. [1944], zit. nach: Christoph Perels (Hg.): *Reinhold Schneider. Gedichte.* Frankfurt/M. 1987, S. 109. — **90** Reinhold Schneider: »Der Getriebene«. In: *Die Waffen des Lichts.* Kolmar: Alsatia o.J. [1944], zit. nach: Perels (Hg.), a.a.O., S. 110. In Schneiders Sonetten aus der NS-Zeit spielen »Dämonenheer« oder »-krieg« eine große Rolle. Vgl. dazu: Perels (Hg.), a.a.O., S. 22 f., 36. — **91** Carl Zuckmayer: *Des Teufels General.* Drama in drei Akten. Berlin ²1948, S. 99. — **92** Ebd., S. 97 f. — **93** Kende, a.a.O., S. 14. — **94** Vey, a.a.O., S. 105. — **95** Man denke dagegen an Percy Bysshe Shelleys Ballade *Der Maskenzug der Anarchie* (1819), in der zeitgenössische englische Politiker namentlich angeprangert werden. — **96** Vgl. dazu: O. Dix an Diether Schmidt, 17. 11. 1961. In: Schmidt, ²1981, a.a.O., S. 252. O. Dix zu Horst Jähner, Dezember 1966, ebd., S. 275. — **97** Kende, a.a.O., S. 14. — **98** Ebd. — **99** Kicherer, a.a.O., S. 19. — **100** Karcher, 1988, a.a.O., S. 198 f. — **101** Kicherer, a.a.O., S. 50. — **102** Löffler, 1987, a.a.O., S. 23. — **103** Vgl. Schmidt, ²1981, a.a.O., S. 214, 216. — **104** Karcher, 1988, a.a.O., S. 198. — **105** Löffler, ²1989, a.a.O., S. 93. — **106** Hiepe, a.a.O., S. 33. — **107** Feistel-Rohmeder, a.a.O., S. 205. Zum Vorwurf, daß die moderne Kunst, insbesondere Otto Dix, »die Götzen der Häßlichkeit und des Ekelhaften anbete«, »das Schöne und Edle« aber »verekele«, vgl. Paulsen, a.a.O., S. 1713. — **108** Schwarz, a.a.O., S. 47, Anm. 32. — **109** O. Dix an Martha Dix, etwa 1935. In: Schmidt, ²1981, a.a.O., S. 207. — **110** Hiepe, a.a.O., S. 33. — **111** Thoene (Ps. für Oto Bihalji-Merin), a.a.O., S. 347. – **112** Reinhold Schneider: »Die Versuchung des heiligen Antonius«. In: *Die Waffen des Lichts.* Kolmar: Alsatia o.J. [1944], zit. nach: Perels (Hg.), a.a.O., S. 111. — **113** Löffler, 1987, a.a.O., S. 24. Vgl. auch: Löffler, ²1989, a.a.O., S. 106. — **114** O. Dix zu Sonja Kätsch, 1950. In:

Schmidt, ²1981, a.a.O., S. 221. — **115** Ludwig Justi an O. Dix, 1933, zit. nach: Karcher, 1988, a.a.O., S. 195 und Kicherer, a.a.O., S. 59, 67. — **116** Löffler, 1987, a.a.O., S. 24, 57. — **117** Vgl. Schwarz, a.a.O., S. 38 f. — **118** Löffler, ²1989, a.a.O., S. 107. — **119** Löffler, ²1989, a.a.O., S. 107. Schubert, ³1991, a.a.O., S. 118 ff. — **120** Schmidt, ²1981, a.a.O., S. 129 f. — **121** In seinem Sonett *An den heiligen Franz von Assisi* (1942) hebt auch Reinhold Schneider die »unerhörte Macht« des armen demütigen Bettlers hervor, die den Sieg über den »Dämon« davonträgt. (In: *Jetzt ist des Heiligen Zeit.* Kolmar: Alsatia o.J. [1943], zit. nach: Perels (Hg.), a.a.O., S. 94). — **122** Nach Birgit Schwarz (a.a.O., S. 45) gehörten zu den Darstellungen des *Heiligen Christophorus* traditionellerweise Dämonenzüge. Auch darin bestätigte sich also die enge Beziehung des Themas zu den *Sieben Todsünden* und den *Antonius-Versuchungen*. — **123** Werner Schmidt: *Würdigung des Preisträgers. Gedenkschrift zur Verleihung des Rembrandt-Preises 1968 der Johann-Wolfgang-von-Goethe-Stiftung an Otto Dix.* Salzburg 1969, S. 17. — **124** Kicherer, a.a.O., S. 55, 63. Vgl. dazu auch: Schubert, ³1991, a.a.O., S. 113 f. — **125** Kicherer, a.a.O., S. 50. — **126** Karcher, 1988, a.a.O., S. 216. Kicherer, a.a.O., S. 36, 44. — **127** Kicherer, a.a.O., S. 34, 48. — **128** Karcher, 1988, a.a.O., S. 206. Kicherer, a.a.O., S. 58. — **129** Löffler, ²1989, a.a.O., S. 101. — **130** Ebd.; Kicherer, a.a.O., S. 36, 48, 64. — **131** Löffler, ²1989, a.a.O., S. 103. — **132** Karcher, 1988, a.a.O., S. 214. — **133** Schmidt, ²1981, a.a.O., S. 138. — **134** Eva Karcher: »Landschaft«. In: *Otto Dix 1891–1969*. Ausstellungskatalog Museum Villa Stuck. München 1985, S. 204. — **135** Kicherer, a.a.O., S. 34, 36, 48. — **136** Ebd., S. 25. — **137** Ebd., S. 41. — **138** Wolfgang Götz: »Eine Landschaft von Otto Dix im Saarlandmuseum«. In: *Saarheimat 7* (1963) H. 12, S. 372. — **139** Schubert, ³1991, a.a.O., S. 113 f. — **140** Kicherer, a.a.O., S. 30, 41. Schwarz, a.a.O., S. 16. — **141** In Dix' Öl-Collage *Prager Straße* von 1920 ist deutlich ein aufgeklebtes Flugblatt mit der Überschrift »Juden raus!« zu erkennen. Es richtet sich gegen den Antisemitismus (vgl. dazu auch: Löffler, ²1989, a.a.O., S. 37) und belegt, daß der Maler die Probleme der deutschen Juden bereits in dieser frühen Phase wahrgenommen hat. Bezeichnenderweise trägt das Gemälde den Zusatz: »Meinen Zeitgenossen gewidmet«. — **142** Kicherer, a.a.O., S. 40 f. — **143** O. Dix an Ernst Bursche, 23. 6. 1939. In: Schmidt, ²1981, a.a.O., S. 208. — **144** Kicherer, a.a.O., S. 41. — **145** Götz, a.a.O., S. 373. — **146** Kicherer, a.a.O., S. 43. Schwarz, a.a.O., S. 15 f. — **147** Götz, a.a.O., S. 373. — **148** Kicherer, a.a.O., S. 40. — **149** Schubert, ³1991, a.a.O., S. 114. — **150** Löffler, ²1989, a.a.O., S. 102. — **151** Kicherer, a.a.O., S. 41. — **152** Otto Dix: »Malerei und Komposition«. Washington School of Art. Lektion 19, 1958. In: Schmidt, ²1981, a.a.O., S. 237. — **153** 2. Mose 24, 17. — **154** O. Dix zu Fritz Löffler, August 1957. In: Schmidt, ²1981, a.a.O., S. 225. — **155** O. Dix an Diether Schmidt, Poststempel 10. 11. 1961. In: Schmidt, ²1981, a.a.O., S. 251. — **156** O. Dix an das Kulturamt Gera, 1947. In: Schmidt, ²1981, a.a.O., S. 219. — **157** O. Dix in *Tägliche Rundschau*, 16. 11. 1947. In: Schmidt, ²1981, a.a.O., S. 219. — **158** Ebd. — **159** O. Dix zu Karl-Heinz Hagen, Dezember 1964. In: Schmidt, ²1981, a.a.O., S. 262. — **160** O. Dix zu Horst Jähner, Dezember 1966. In: Schmidt, ²1981, a.a.O., S. 275.

Hanns-Werner Heister

Karl Amadeus Hartmanns ›innere Emigration‹ vor und nach 1945

Die *Symphonische Ouvertüre* »China kämpft«

I

Karl Amadeus Hartmann, der bei weitem bedeutendste, integre Komponist der »inneren Emigration«[1], der nach 1933 grundsätzlich seine Werke nur im Ausland aufführen ließ[2] und nur im Jahr 1935 von der Verwertungsgesellschaft STAGMA 0,04 RM erhielt[3] (und das war noch ein Versehen), bediente sich in seinen Kompositionen aus der Zeit von 1933 bis 1945, die er teils eben fürs Ausland (bis 1940) teils (und überwiegend) für die Schublade schrieb, zwar ansatzweise einer Art »verdeckter Schreibweise« (Dolf Sternberger)[4], ließ aber doch in Material, Ton, Dramaturgie sowie an exponierten Stellen für alle, die Ohren hatten zu hören und ein Minimum an musikalisch-politischen Vorkenntnissen, eigentlich an Deutlichkeit wenig zu wünschen übrig. Charakteristisch ist dabei ein Wechselspiel von Offensive in der kompositorischen Praxis und Rückzug – aus der Musikkultur des NS, nicht gänzlich aus der clandestinen oppositionellen Praxis. So hatte er Kontakte zu Widerstandsgruppen, etwa zu *Neu Beginnen*, an der auch Robert Havemann beteiligt war[5]; seine Frau Elisabeth[6] und er besorgten vor allem im Bereich ihres Wohnorts München etwa Lebensmittel für Untergetauchte oder auch Kriegsgefangene, und wurden dabei einige Male nur zufällig nicht entdeckt. Hartmann erwähnt dergleichen gelegentlich in späteren Briefen, so etwa in einer eidesstattlichen Erklärung für P. Wagner (9. 4. 1946) oder in einem Brief an französische Behörden (20. 4. 1946), in dem er, um einen ihm bekannten Musiker aus der Kriegsgefangenschaft herauszuholen, auf solche Aktivitäten verweist (unter anderem auch für den mit ihm befreundeten Pianisten Jean Vigué) und dabei, wahrscheinlich dem guten Zweck zuliebe etwas übertreibend, sogar ein von ihm als Tarnung der antifaschistischen Aktivitäten geleitetes Privatorchester erwähnt.

Seine Produktion war angesichts der gezwungenermaßen selbstgewählten Isolation und der Tendenzen zu Depressionen, von denen auch Hartmann nicht verschont blieb, qualitativ gewichtig wie auch quantitativ erstaunlich umfangreich. So komponierte er 1940 die *Sinfonia Tragica*, 1944 die Symphonie *Klagegesang*, die Hartmann dann Robert Havemann gewidmet hat. Eines der weiteren, auch für die Dialektik von aktueller realer Unterdrückung und großem Entwurf für die Zukunft bezeichnenden Werke aus der Kriegszeit ist die *Symphonische Ouvertüre »China kämpft«*.

II

Hartmann konzipierte sie als I. Teil des Zyklus der *Sinfoniae Dramaticae* mit dem Untertitel *Triptychon für Orchester*. Die Komposition von »*China kämpft*« beendet er am 20. 11. 1942, die Reinschrift am 13. 12. 1942, wie er ausdrücklich am Ende des Autographs vermerkte. – Den II. Teil bilden die *Symphonischen Hymnen*, bereits etwas früher, 1941/42 entstanden und 1943 wahrscheinlich revidiert.[7] Das Autograph hat der australische Musikologe Andrew McCredie 1970 wiederentdeckt; 1975 wurde das Werk uraufgeführt: ein Hinweis mehr auf die zögerliche und verspätete Rezeption der Musik der »inneren Emigration« und des Widerstands. – Der III. Teil war die *Symphonische Suite* »*Vita Nova*«, wahrscheinlich 1943 entstanden. Teile daraus sind verschollen; andere arbeitete Hartmann, wie fast durchweg, nach 1945 in seine dann nicht mehr programmusikalisch signierten Symphonien ein.[8]

Dieser ganze Zyklus ist »das größte Projekt im Bereich der Orchestermusik«, das Hartmann je realisierte[9] – gerade in Gegenbewegung zur realen Situation der Entstehungszeit, in der an eine Aufführung nicht zu denken war, und damit ein psychisch-produktiver Kompensationsvorgang, der wohl nicht nur für Hartmanns Umgang mit dem Problem einer »inneren Emigration« bezeichnend ist. Die Realisierung solcher Vorhaben wurde freilich durch seine weitergespannte politische Perspektive begünstigt, die sich nicht wie bei der Mehrheit der inneren Emigranten mit einer bloß religiösen, liberalen oder konservativen Teilnegation des »Nationalsozialismus« begnügte, sondern dem Faschismus ideell eine sozialistische Alternative entgegensetzte. Wenn es ein Zufall wäre, dann ein sprechender, daß Hartmann das Datum für das Kompositionsende genau auf den Tag nach dem Beginn der sowjetischen Gegenoffensive an der Wolga setzte, die am 23. 11. 1942 zur Einschließung der Wehrmachtstruppen in Stalingrad führte.

Die Werkkonzeption reicht allerdings in eine Zeit zurück, als, nach dem zunächst überaus erfolgreichen Überfall auf die Sowjetunion, der Nazismus an fast allen Fronten fast unaufhaltsam zu siegen schien – von der inneren Front ganz abgesehen. Das dominant Kompensatorische wird, so Hell/Jaschinski, daran deutlich, daß Hartmann nun »gegenüber den anklagenden Werken vor Ausbruch des Krieges« eine Musik komponierte, »die in ihrer Gegenposition zu den äußeren Verhältnissen einen Sieg beschwört. Es ist ein Sieg gegen menschenverachtende Unterdrückung, ein Triumph, den Hartmann damals auch als Durchbruch der kommunistisch geprägten Befreiungsbewegungen verstanden haben mag.«[10]

Hartmann widmete das Werk »*China kämpft*«, dem Sujet und der Programmatik entsprechend, Sergej Tretjakov, und zwar, wie es scheint, bereits in der Ausgangskonzeption des *Triptychons*[11]; zu einem anderen Zeitpunkt möglicherweise auch alternativ-komplementär Den Chi-Hua (oder Den Schi-hua)[12], jenem chinesischen Revolutionär, dessen Leben Tretjakov als sogenanntes *Bio-Interview*[13] beschrieben bzw. nacherzählt hatte (1930 auf russisch, 1932 in deutscher Übersetzung im Malik-Verlag veröffentlicht).[14]

Tretjakov unterrichtete 1924/25 in Peking russische Literatur, und Den Schi-hua war damals sein Schüler. Tretjakov läßt ihn »sein Leben erzählen. Es umfaßt im wesentlichen die fünfzehn Jahre von der bürgerlich-demokratischen Revolution unter Sun Jat-sen in den Jahren 1911 bis 1913 bis zum Ende des Ersten Revolutionären Bürgerkriegs 1927, der durch den Verrat des rechten Flügels der Guomindang zu einer zeitweiligen Niederlage der revolutionären Bewegung führte. Den Schi-hua ist kein Kommunist. Er ist, wie sein Vater, Anhänger Sun Jat-sens und wird vom Verrat Tschiang Kai-scheks nach dem Tode Suns tief erschüttert. (...) Tretjakov gibt die Geschichte (...) in kurzen (...) Erinnerungsbildern wieder, insgesamt sechsundsechzig mit einem Abschlußkapitel und einem Postskriptum. Er folgt dem Weg des Sechsundzwanzigjährigen von den Erinnerungen an den älteren Onkel, die Großmutter und den Schulbeginn in einem Dorf der Provinz Setschuan über die Beobachtungen der illegalen Arbeit seines Vaters [den Tod der Mutter, eine breit geschilderte Hinrichtung] und die aufgezwungene Heirat bis zum Bericht über das Studium in Peking, (...) über den Tod Suns.«[15] Es fällt, neben der stofflichen Spannung der Vorgänge, eine besonders detaillierte und häufige Darstellung akustischer Phänomene vom Naturlaut bis zu Telephonklingeln und Musik auf – ein Grund mehr für einen Komponisten, das *Bio-Interview* als Sujet zu wählen.

Tretjakov, Jahrgang 1892, Wahlverwandter von Piscator, Heartfield, Brecht, war 1937 verhaftet und 1939 erschossen worden und wurde erst nach dem 20. Parteitag der KPdSU von 1956 »rehabilitiert«. »*China kämpft*« wird so, ausgehend von einem national-revolutionären Befreiungskampf in internationaler Perspektive, schon von der Widmung her zum musikalischen Denkmal (auch als »Denk mal!« gedacht) eines antifaschistischen und zugleich antistalinistischen sozialistischen Humanismus.

III

Diesen Charakter behielt »*China kämpft*« auch nach 1945, als es aus der Schublade an die Öffentlichkeit gelangte, objektiv wie auch, wenngleich abgedämpft, abgedunkelt oder bereits (wieder) bekämpft, in der Rezeption. 1947 wurde das Werk unter eben dem Titel *Symphonische Ouvertüre »China kämpft«* bei den Darmstädter Ferienkursen zusammen mit Werken von Rolf Liebermann, Wolfgang Fortner und Hans Werner Henze uraufgeführt. Dirigent war Hermann Scherchen. Dieser, Mentor, Förderer und, nicht ohne

Spannungen, Freund Hartmanns sowie eine seiner entscheidenden künstlerischen Bezugspersonen vor allem zwischen 1933 und 1940, war, wie häufig, etwa bei der *Simplicissimus*-Kammeroper, auch hier möglicherweise für Hartmann der Vermittler des Stoffs. Scherchen[16], selbst ein dezidierter Linker zwischen SPD und KPD, kannte Rußland als Internierter im Ersten Weltkrieg, war einigemale auf Konzertreisen in der Sowjetunion gewesen und hatte schließlich 1936 in Peking Xiao Shusien geheiratet. In einem Brief an Hartmann vom 6. 1. 1946 erwähnt Scherchen zum Beispiel als orchestrale Komposition von Hsiao *Chinesische Traumbilder* von 1941, die er in einem seiner Radio-Konzerte bringe.

Allerdings hatte (oder hätte) Hartmann auch selbst darauf kommen können, da er über seinen Vater bereits Beziehungen zur russischen Literatur hatte und sich in seiner eigenen Bibliothek, per Umschlag camoufliert, aus der Zeit vor 1933 mindestens ein Sammelband mit sowjetischer Literatur sowie ein Band des Malik-Verlags befindet – speziell der von Tretjakov allerdings nicht: Hartmann mußte während der NS-Zeit durchaus Hausdurchsuchungen fürchten.

Nun, nach 1945/47, mußte er die zwar nicht das Leben, aber doch die berufliche Existenz bedrohende Ideologie der »absoluten« Musik fürchten samt durchaus praktischen Folgen für den, der ihr mit progressiver politischer Musik opponierte. Der relative Erfolg von Hartmanns *»China kämpft«* – die erste Aufführung eines größeren Orchesterwerks von ihm in Nachkriegsdeutschland – verdankt sich nicht zuletzt dem Triumph, den die Rückkehr des »roten Kapellmeisters« Scherchen nach 15 Jahren Exil bedeutete. Neben Zustimmung gab es einige Vorbehalte bis hin zur Ablehnung, abgesehen vom zeithistorischen Kontext auch deshalb, weil Hartmann hier stellenweise unverhohlen »tonal« komponiert, indem er im Schlußteil Variationen über ein pentatonisches Lied schreibt – eine Melodie, die durchaus chinesisch klingt und insofern zum Stoff paßt. Vereinfachend, doch durchaus einigermaßen adäquat und zustimmend schreibt nach der Uraufführung Erwin Kroll im West-Berliner *Tagesspiegel* Anfang August 1947: »Bei Hartmann schildern breit ausgeführte, folkloristisch gebundene Tonmalereien nach langer melodischer Ruhe den wild losbrechenden Kampf und die Siege des revolutionären Chinas.« Ablehnend, doch immerhin argumentierend meint H. H. Stuckenschmidt in der *Neuen Zeitung* (8. 8. 1947): »Das größte Problem des Abends war das Werk des Münchners Karl Amadeus Hartmann, die *Symphonische Ouvertüre ›China kämpft‹*. Mit dem plakathaft wirkungsvollen Schluß eines fünftönigen chinesischen Siegesmarsches werden – etwa auf die Art Schostakowitsch' – die stilleren Werte des Beginns überdröhnt, Werte, die etwa aus der Sphäre Alban Bergs stammen und deren artistisch verfeinerter Klangstil zu solcher agitatorischen Bekenntnismusik einen paradoxen Reim bildet.« Das blieben bereits damals die einzigen auf das Programm und den Gehalt genauer eingehende Rezensionen. Lobend meint h.st. in *Melos* (14. Jg. 1947, S. 341), daß Hartmann »alle Mächte einer konzessionslos modernen, streng konstruierten und doch überaus anschaulichen Programmatik entfesselt«. Doch, gewissermaßen vorgreifend-warnend, wird auf der vorausgehenden Seite Scherchen kritisiert, weil er in seinen Kursen »mitunter hermeneutische Deutungen gab und außermusikalische Beziehungen in absoluten Kunstwerken fand« – was er offensichtlich nicht hätte tun sollen. h.st. hütet sich denn auch, über den Gehalt des Programms auch nur eine Andeutung fallen zu lassen.

Dieser ist offensichtlich einer der Gründe für die Kritik in der *Frankfurter Neuen Presse* (1. 8. 1947), deren Untertitel *Begeisterung für Hermann Scherchen* lautet: sie lobt »eine nicht alltäglich kühne Klangphantasie«; »die wenig bündige rhapsodische Formung und die lärmende, heroisierende Gebärde ergaben jedoch kein positives Gesamtresultat.« In der *Süddeutschen Zeitung* vom September 1947 heißt für V.L. L.-sch. Karl Amadeus »Karl Ludwig« sowie »Tondichter« und »ist eine heißblütige Musikernatur von Format«, an deren »*China kämpft*« nur »die klanglich schweifende Phantastik des mit orchestralem Pomp sich gebenden Melos« erwähnt wird.

Anläßlich der Münchener Erstaufführung meint im *Münchner Mittag* (28. 11. 1947) der nicht NS-unbelastete Helmut Schmidt-Garre vorsichtshalber bloß abstrakt beschreibend: »Es ist ein glänzend instrumentiertes Werk von starker Ausdruckskraft. Hartmanns Tonsprache hat sich hier zu höchst persönlicher Eigenart entwickelt, sie besitzt starke rhythmische Energien, ausgesprochen dramatische Impulse und zeichnet sich durch eine seltsam ornamentale Melodik aus.« Es ist, beiläufig bemerkt, jene für Hartmanns Musiksprache charakteristische Melodik hauptsächlich in den den Variationen vorausgehenden langsamen Satzteilen, die unter anderem Schmidt-Garre noch zweieinhalb Jahre vorher – und dabei hier nicht unzutreffend – als jüdisch-orientalisch denunziert hätte. »Überaus reich und differenziert wird das Schlagzeug behandelt, das der Musik eine besonders charakteristische Färbung verleiht.« Daß dies mit dem Chinesischen zu tun haben könnte, bleibt unerwähnt, und das Werk heißt nurmehr *Symphonische Ouvertüre*.

Deutlich verschärft ist der Tonfall, der fortgeschrittenen Jahreszahl wie des genius loci der »Frontstadt« wegen, anläßlich einer weiteren Aufführung in West-Berlin bei den *Berliner Musiktagen 1948*. Kritisch beschreibend Lothar Band in der *Neuen Zeit* vom 12. Mai 1948: »Die *Sinfonische Ouvertüre* von Karl Amadeus Hartmann wurde unter dem jetzt fortgelassenen Titel ›*China kämpft*‹ im westlichen Deutschland bereits aufgeführt. Sie jetzt in Berlin ein zweites Mal zur Diskussion zu stellen, lag kein ausreichender Grund vor. . . . Die einleitende und später wiederaufgenommene Bläserfanfare täuscht nicht über die breite Reizlosigkeit dieser Musik hinweg, die auch mit den fernöstlichen folkloristischen Mitteln im Schlagzeug und in der pentatonischen Melodik wie in der angelernten Satztechnik nur zu einer agglutinierenden Schreibweise kommt, ohne die Bestandteile organisch verarbeiten zu können.«

In der Zeitschrift *Musica* (2. Jg. 1948, S. 181 a) bringt Werner Bollert eine antiplebejische Ansicht herein: »ein technisch sehr gekonntes, aber inhaltlich reichlich leeres, zähes und langatmiges Stück, das Robert Heger, der Dirigent des Abends (zum Vorteil oder zum Schaden für die Komposition?) ins Vornehme abzumildern bemüht war.« *Der Morgen* (12. 5. 1948) macht's kurz und bündig: »einfallslos, verworren«. Eine Ausnahme bildet Ilse Schütt in *Die Tribüne* (12. 5. 1948): »Die Musik setzt in Disharmonie ein, der ein langsames, lang verweilendes Flötensolo folgt, bis die Trompeten diese Stimmung aufreißen und zu Themen von grellem Licht und Schatten überleiten. Eine gewissermaßen vertikal angelegte Musik, die vom Hörer intensives Mitgehen fordert und erreicht; das interessanteste Werk des Konzerts.«

Hartmann selbst resümiert in einem Brief an Alois Hába vom 10. 8. 1947: »Es war für mich ein bedeutendes Erlebnis, ein Werk zu hören, das ich in der *Isolationszeit* [Hervorh. H.-W.H.] geschrieben habe. Leider wollen weite Kreise Deutschlands keine Bekenntnismusik hören. Scherchen (...) deutete den Charakter der Musik vollständig unmissverständlich.«[17]

IV

Daß Hartmann das Werk »*China kämpft*« nach diesen ersten Rezeptionserfahrungen »später zurückgezogen«[18] hat, wird üblicherweise und voreilig als Absage ans offene linke Engagement interpretiert, könnte aber vielmehr gerade als Versuch gelten, dieses durch Zurücknahme seiner allzu plakativen Formulierung und Ausstellung zu retten – wo dies bei einem Einzelwerk schwierig bis unmöglich schien, dann wenigstens für die Gesamtproduktion. So betont Hartmann zum Beispiel im Brief an Kurt Driesch am 27. 3. 1950: »dass ich durch meine Kunst Politik machen möchte. Ich habe dies doch schon in vielen Werken bewiesen...«[19] Ebenfalls mit Rücksicht auf durch das Dogma der »absoluten« Musik vermittelte Rezeptionshindernisse meint er etwas später, leicht selbstironisch und fast zynisch, im Brief vom 26. 1. 1956 an Ludwig Strecker, den Inhaber des Schott-Verlags: »lassen Sie die beiden ›schönen Worte‹ Ausdrucks- und Bekenntnismusik weg«[20].

Schon anläßlich der Münchner Erstaufführung 1947 reagierte Hartmann auf eine Kritik des Gymnasiasten Reinhold Kreile in der Schülerzeitschrift *Das Steckenpferd* ungehalten und bemühte sich, anscheinend auch aus Angst, geradezu um eine formelle Gegendarstellung – überdies informierte er, sich quasi entschuldigend-richtigstellend, das Kultusministerium über die Sache. In einem Brief vom 27. 12. 1947 schreibt er an Kreile: »In Ihrer Kritik heißt es einmal: ›Das Hauptthema von ›*China kämpft*‹ ist frei bearbeitetes Thema eines sozialistischen Songs aus dem chinesischen Bürgerkrieg.‹ (...) Tatsache ist, dass ich eine von mir frei bearbeitete 8taktige (pentatonische) chinesische Melodie als Thema nahm. Von einem sozialistischen Song kann keine Rede sein.«[21]

Also auch nach 1945 eine Fortsetzung des Zwangs zur schon erwähnten »verdeckten Schreibweise«, wenigstens auf der Ebene der verbalen Kommentare? Es könnte so sein. Denn Hartmanns vorsichtige Verwahrung geschieht nicht ohne Grund: als wichtiges Teilmoment seiner musikalischen Sprache des Widerstands zitiert er in Werken zwischen 1933 und 1945 häufig eben »sozialistische Songs«, also Lieder oder Hymnen der Arbeiterbewegung, so etwa *Unsterbliche Opfer* im *Concerto funebre* für Violine und Streichorchester (1939)[22], und in der Klaviersonate Nr. 2 *27. April 1945* gleich drei, darunter die *Internationale*[23], die er bereits im III. Teil des *Triptychons*, in der Symphonischen Suite »*Vita Nova*« (1943) verwendet hatte.[24] Also in jedem Fall zuviel für jemanden, der nun, immerhin schon über vierzigjährig, nach zwölf Jahren Schweigen endlich der Öffentlichkeit etwas von seinen »Gedanken und Gesinnungen« in der Musik (um eine Formulierung Mozarts zu verwenden) mitteilen und nicht wieder zum Verstummen gezwungen sein wollte – oft genug klagt er in Briefen nach 1945 über die Ewiggestrigen und Unbelehrbaren, die ihm und seinesgleichen zu schaffen machen.

Diesmal aber sagt Hartmann die Wahrheit. Tatsächlich findet sich die Melodie als Lied während der Schiffahrt bei einem großen Fest, sogar in Notenform, in Tretjakovs Buch wiedergegeben: »In den Händen unserer Musikanten zirpen und wimmern die Chu-Zin, und mit feinen, feinen Stimmchen, wie auf dem Theater, singt man das alte Lieblingslied:«[25] (Kein Musikforscher hat sich anscheinend bislang die Mühe gemacht, das Buch einfach einmal zu lesen – die herrschende musikologische Meinung liebt die »Realien« in der Musik nicht.) Es ist also tatsächlich kein »sozialistisches ...«

Notenbeispiel 1: Tretjakow, S. 179

Hartmann macht die schlichte Melodie zum Thema von drei ausgreifenden Variationen. Bereits in der Themen-Exposition beginnt er, wie im Notenbeispiel 2 ersichtlich, mit thematisch-motivischer Verarbeitung beziehungsweise, in der Sprache der Schönberg-Schule, »entwickelnder Variation«:

Notenbeispiel 2:
Hartmann, *Symphonische Ouvertüre* »*China kämpft*«, T. 143–154

er erweitert schon bei der ersten variierten Wiederholung des Themas T. 153 die chinesische Pentatonik des Themas durch Hinzufügung des h in Richtung auf »europäische« Heptatonik. Und bald kommt er über die Siebentönigkeit auch (wieder) zur – nicht reihentechnisch konsequent behandelten – Zwölftönigkeit des chromatischen Totals. Überdies behandelt er das Thema in der Art eines Fugen-Subjekts, indem er die Grundgestalt als Dux durch die Beantwortung auf der Oberquint mit einer Comes-Gestalt (ab T. 153) weiterführt und außerdem sofort mit einer Art Kontrasubjekt als Gegenmelodie versieht; dazu bereichert er stufenweise das Begleitsystem sowie dann den Hauptstimmen-Apparat.

Die Variationen münden nach einer großangelegten, schroffe Dissonanzen nicht scheuenden Steigerungsanlage in eine Coda mit einem schmetternden *Trionfale* des vollen Orchesters, jener der realen Revolution vorgreifende und heftig lärmend Vulgäres nicht meidende musikalische Jubel auf strahlender C-Dur-Basis, der den konformistisch-feinsinnigen Ohren nicht ohne Grund dissonant geklungen hatte. Diese überhörten freilich aus Ekel – mehr vor dem konkret damit Plakatierten als vor dem Plakativen schlechthin – den letzten Schluß, der die scheinbar fast ungebrochene Feier etwas ambivalent beendet: mit einer nahezu harmonisch regulär tonalen Kadenz (die Konturen bzw. Grundtöne von Dominante mit großer Sept, neapolitanischem Sextakkord als Subdominante, Dominante und Tonika), die aber durch den Gestus und die forcierte Dynamik doch etwas fast Brüchiges erhält.

So offenkundig die Programmatik schon durch die Widmung, das entsprechende musikalische Zitat als Sujet beziehungsweise soggetto der Variationen und schließlich durch den häufig pentatonisch beziehungsweise noch vager orientalisierend-exotisch gefärbten Tonfall einschließlich der ausgiebigen Verwendung von spezifischer auf China verweisendem Schlagwerk ist, so schwierig, möglicherweise sogar problematisch ist es, sie genauer mit einzelnen Vorgängen von Tretjakovs *Bio-Interview* zu korrelieren. Eine Nachbildung der Biographie kann jedenfalls nicht gemeint sein.

Denn Tretjakov schließt, wo nicht pessimistisch, so doch skeptisch und mit einem offenen Ende in seiner *Nachschrift*: »Jahre sind seitdem [1927] vergangen. Den Schi-Chua ist in China untergetaucht und verschwunden. ... Ich weiß nicht, wo und mit wem er lebt. Vielleicht gibt er literarische Flugblätter heraus. Vielleicht sitzt er als Schreiber ... oder als Lehrer in Setschuan.

Aber vielleicht ist er auch, nachdem er der zerschlagenen Kuomintang ins Gesicht geblickt hat, Kommunist geworden und kämpft – wie sein Vater, der einst mit seinen aufständischen Abteilungen von Dorf zu Dorf zog – als Freischärler ...

Oder er ist in diesem Kampf für ein freies China der Arbeiter und Bauern

Karl Amadeus Hartmanns ›innere Emigration‹ vor und nach 1945   165

Notenbeispiel 3:
Hartmann, *Symphonische Ouvertüre* »*China kämpft*«, T. 401–404

dem Henker in die Hände gefallen, und sein Kopf mit den wenigen Haaren und den stillen Augen blickt durch die Bambusstangen eines Käfigs auf einem der Marktplätze Chinas.«[26]

Hartmann jedenfalls will hier auf eine durchaus, wiewohl bei ihm nicht ungebrochene, traditionelle Dramaturgie des »Durch Kampf zum Sieg« hinaus. Die Variationen nehmen mit etwa acht Minuten Dauer fast die Hälfte des etwa zwanzigminütigen Werks ein. Dieses beginnt mit einem fanfarenhaft einleitenden, gut einminütigen *Allegro con fuoco*, dessen Hauptgedanke »alle Töne der chromatischen Skala verwendet, ohne die Funktion einer Reihe«[27]. Diese Tendenz zum chromatischen Total organisiert Hartmann allerdings so, daß als generative Tiefenstruktur bereits pentatonische Konfigurationen durchschimmern, als Tonleitern oder in ineinander verschachtelte Vierklänge auseinandergelegt. Untergründig stellt Hartmann so bereits Bezüge zum Lied-Zitat her, das so nicht nur als dramaturgischer Zielpunkt, sondern auch als ein materialer Ausgangspunkt des Werks erscheint.

Über einem langdauernden Orgelpunkt auf C entfaltet sich dann ein *Adagio*, zuerst mit einer von Hartmanns charakteristischen Melodien, deren engschrittige, nicht zuletzt durch Kodály und Bartók vermittelte Melismatik Jüdisch-Orientalisches meint und ein wesentlicher Bestandteil seiner antifaschistischen Musiksprache ist. Speziell die vorliegende Formulierung mit ihrem besonderen rhythmischen Duktus und der Intervallstruktur +2+3–1–4–2--1 (Halbton = 1) ist ein sehr häufig vorkommender Topos.

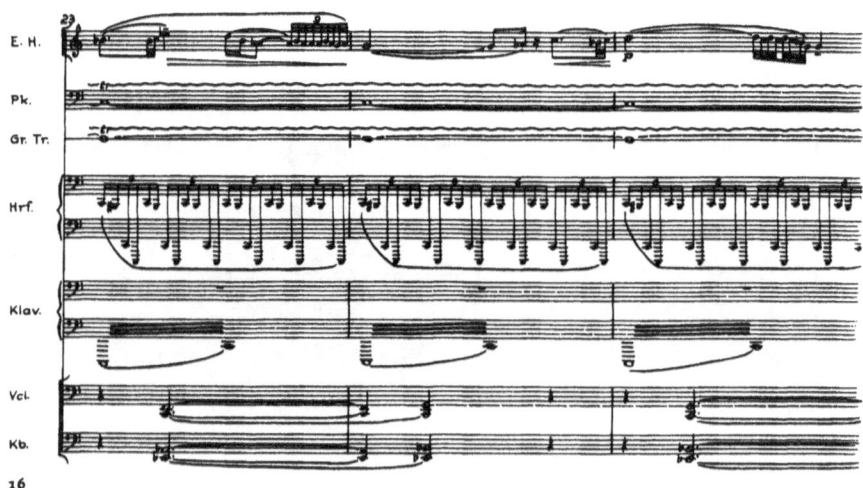

Notenbeispiel 4:
Hartmann: *Symphonische Ouvertüre »China kämpft«*, T. 23 ff.

Ausdruck der Klage, entwickelt sich doch diese unendliche Melodie aus der c-Moll-Sphäre allmählich zu lichterem Dur hin. Ein Orgelpunkt auf dem traditionellen Todes-Ton h bricht aber diese Entwicklung nach etwa viereinhalb Minuten ab und leitet zur düsteren *Marcia funebre* über, die ihrerseits in einer etwa zweiminütigen Steigerungsanlage in eine *Largamente, con forza* einmündet (mit dem Topos T. 98 f., T. 103 f.) – die Rückleitung zum variiert wiederkehrenden *Adagio*, nun mit dem Zusatz *Cadenz*. – Bei seiner Wiederkehr fungiert dann schließlich das kurze *Allegro con fuoco* als *Introduktion* zu den folgenden *Variationen*. Ein stofflicher Ausgangspunkt für das *Adagio* könnten der Tod der Mutter als Einzelfall und die im *Bio-Interview* als *cantus firmus* wirkende Klage über die Verhältnisse sein, und für den Trauermarsch (der stellenweise makabre Züge zeigt) die mitleidig-sachlich geschilderte Hinrichtung sowie die Zwangs-Hochzeit. Wie schon Tretjakov den Einzelfall als Fallbeispiel faßt, so verallgemeinert Hartmann das konkrete Geschehen noch stärker.

Eine zusätzliche Vermittlung für die Werk-Dramaturgie und zumal den auffälligen Schluß könnte Tretjakovs Stück *Brülle, China!* (1926) sein, das, von dem Wanxian-Zwischenfall im Juni 1924 ausgehend, die Kolonialpolitik gegen China thematisiert. In deutscher Übersetzung wurde das Stück 1930 in acht deutschen Städten gegeben; dazu kamen Aufführungen durch das Meyerhold-Theater in Berlin, Breslau, Düsseldorf, Stuttgart, Frankfurt und Darmstadt, beides mit großer Resonanz. Ein Bericht über den Schluß der deutschen Uraufführung im Schauspielhaus Frankfurt am Main am Gedenktag, dem 9. November 1929, mutet fast wie eine Vorlage für Hartmann an: »grandios gesteigert in der über den [britischen] Kapitän hinwegfegenden Revolutionsszene, endend in einem fahnenschwingenden, ohrenbetäubenden ›Brülle, China!‹ Man konnte kaum stillsitzen. Leidenschaftliche Rufe gellten aus dem Zuschauerraum. Schwachnervige verließen scharenweise das Theater. Die Szene ward zum Tribunal.«[28]

Sieghafter Durchbruch jedenfalls, Befreiung, nicht Rückzug ins Innere und in rein musikalische Strukturen sind in »*China kämpft*« gemeint. So hat Hartmann zwar faktisch recht, wenn er die Unterstellung mit dem »sozialistischen Song« ablehnt, sagt aber nicht die volle Wahrheit. Selbstverständlich ist der politische Gesamtzusammenhang eben der, den Kreile stofflich irrtümlich vermutete. Hartmann ist also auch in der Zeit des Kalten Kriegs und des Adenauer-Regimes, sosehr er das in mancher Hinsicht spiegelsymmetrische Ulbrichts degoutierte, sich und seinem sozialistisch getönten Humanismus treu geblieben. In einem Brief an Kurt Driesch vom 27. 3. 1950 rechtfertigt er sich, daß er die ihm von Robert Havemann angetragene Mitgliedschaft an der Ost-Berliner Akademie der Wissenschaft abgelehnt hatte: »Ich kann nicht beschreiben, wie schwer mir dieser Entschluß gefallen ist, denn nach wie vor stehe ich politisch zu meiner alten Idee«[29].

V

Tendenzen zu einer »verdeckten Schreibweise« im engeren Sinn – die ja eigentlich Veröffentlichung voraussetzt – zeigte dann, angesichts der Ideologie totaler Liberalität scheinbar paradox, Hartmann weiterhin gerade nach 1945.

1962 tilgte er auch in der Partitur den verfänglichen Untertitel und die Widmung[30]. Ohne am Werk bzw. am Notentext selber irgendetwas zu ändern, widmete Hartmann das Manuskript – allerdings eben nicht das Werk, wie Hell / Jaschinski gegen McCredie zu Recht hervorheben[31] – 1962 um: einem Münchner Musikkritiker, »Meinem verehrten und lieben Professor Antonio Mingotti herzlich zugeeignet. 11-IV-1962«[32]. »Hartmann hat vor der Übergabe an Mingotti lediglich das erste Blatt abgetrennt und auf den Stumpf ein neues Blatt mit dem ›unverfänglichen‹ Titel *Symphonische Ouvertüre* geklebt.«[33] Ausdruck eines gewissen Unbehagens ob dieser kaschierenden Veränderung, die denn doch etwas von Verleugung hat, mögen die beiden Rechtschreib-Fehlleistungen sein: »Meinem verehrter ...« und, semantisch signifikanter, »herzlist ...«[34].

In dieser Version wurde »*China kämpft*«, wie schon nach Darmstadt 1947/48 zur bloßen *Symphonischen Ouvertüre* neutralisiert, 1975 dann wieder entdeckt und vom Städtischen Orchester Nürnberg unter Hans Gierster wieder aufgeführt – nun sorgen weniger die neue Widmung oder die neualte Ideologie des Antisozialismus – fast schon ein Antikommunismus ohne Kommunisten – für Verdeckung des mit dem Geschriebenen Gemeinten. Im wesentlichen genügt die Ideologie der »absoluten« Musik.

So rückt die Rezension der Wiederaufführung in der *Nürnberger Zeitung* (1. 12. 1975) nur musikhistorische Bezüge ins Rampenlicht: zu Bruckner und Mahler, zu Webern und zur Schönberg-Schule; Gierster »bestand ... nicht darauf, nur aus der Perspektive des radikalen Fortschritts zu interpretieren« und »plädierte für den Ausdrucksmusiker Hartmann, dessen Tonsprache mit Expressionismus nichts gemein hat« – so abschließend ohne nähere Begründung und gegen Hartmanns Selbsteinschätzung als Expressionisten. Einigermaßen abstrakten Expressionismus betreibt auch Fritz Schleichers fast hymnische Besprechung in den *Nürnberger Nachrichten* (1. 12. 1975): »unerhört dramatisch«, »formale Ordnung im exzessiven Chaos«. »Das gewaltige Auf und Ab der Klangwogen, die raschen Stimmungswechsel, erregende Steigerungen, die plötzlich wieder in die Stille fallen, die emotional aufwühlende Urkraft und der geistige Höhenflug offenbaren eine Summe sinfonischer Kunst seit Mozart.« Auf die »wie immer bei Hartmann leidenschaftliche humanitäre Aussage« verweist, ohne sie politisch näher zu konkretisieren, immerhin K. H. Ruppel, Bekannter des Komponisten und Kenner seiner Kompositionen, in der *Süddeutschen Zei-*

tung (1. 12. 1975). Er interpretiert überdies in seiner ausführlichen Werkbeschreibung, wiewohl er dabei einer falschen Spur folgt, historisch präzisierend »Beziehungen zu Mahler, was sehr wohl als Bekenntnis zu dem von den Nazis geächteten Komponisten aufgefaßt werden kann – man erkennt sie in den marschartigen Episoden, vor allem aber in dem pentatonischen Thema der drei Variationen, bei dem man« an das *Lied von der Erde* denken mag, nur daß sich bei Hartmann ein weit stürmischerer Affekt entlädt.«

VI

Eine vom Notentext her scheinbar eindeutige, vom historischen Kontext her freilich doppeldeutige »Verdeckung« der ursprünglich ziemlich unverhohlen artikulierten Revolution- / Sieg-Dramaturgie in einem radikaleren und ins Werk selber eingreifenden Sinn hatte Hartmann freilich bereits mehr als zwei Jahrzehnte früher vorgenommen.

A. Jaschinski[35] hat darauf aufmerksam gemacht, daß mehrere Partien von »*China kämpft*« »äußerst ähnlich den letzten Teilen der *Toccata* der 6. Symphonie (1951/53) sind, so zum Beispiel die folgenden:

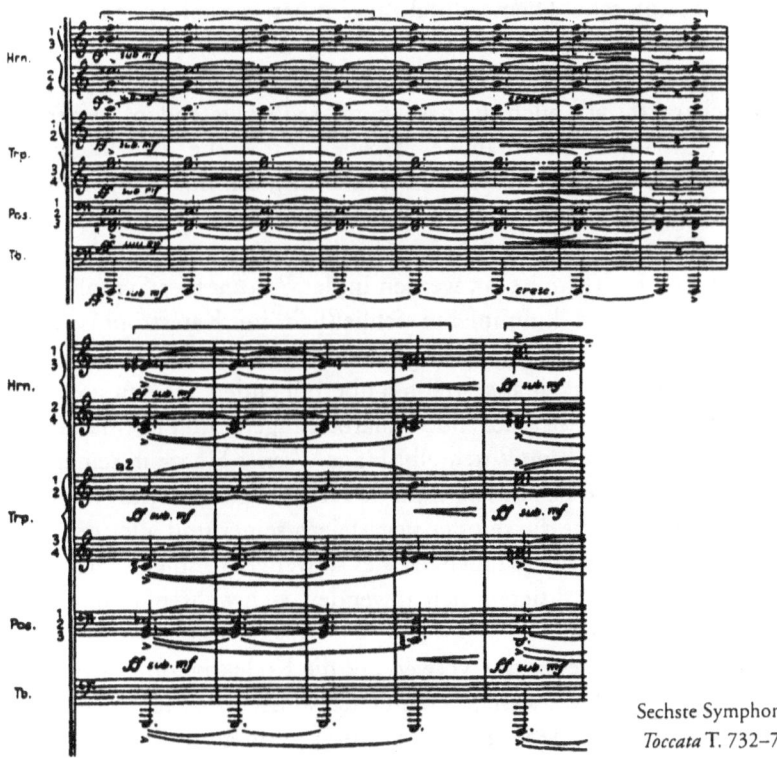

Sechste Symphonie,
Toccata T. 732–744

Symphonische Ouvertüre T. 393–396

Notenbeispiel 5:
Jaschinski: *Tradition*, a.a.O., S. 132

Die »Ähnlichkeit der Formulierungen« verweist jedoch auf »gravierende Unterschiede in der Stellung« innerhalb der Formdramaturgie und damit auch der Bedeutung. In »*China kämpft*« setzt sich, entsprechend dem »Kampf-Sieg-Schema« des per aspera ad astra, »zum Ende hin das ›chinesische‹ pentatonische Thema durch gegenüber verschiedenen hemmenden und trübenden Stellen vorher (T. 369 ff., 393 ff.), deutlich den revolutionären Sieg beschwörend. Gerade aber dieser positiv beschwörende Ausdruckscharakter wie auch die das Thema sequenzierenden Steigerungspartien (T. 377–392) fallen in der *Sechsten* fort.« Die im Notenbeispiel 5 angedeuteten »langgestreckten Bläserakkorde«, die »in die Symphonie zum Teil notengetreu übernommen werden und dort wie in der Ouvertüre einen Ausdrucksbereich von krisenhafter Zuspitzung verkörpern, als steuere der Satz auf eine Katastrophe zu, werden in der *Toccata* [der Symphonie] noch weitergeführt« und kulminieren schließlich im Katastrophischen. »Der Charakter der Übersteigerung birgt so in sich auch die Idee des Scheiterns, des Nicht-Einlösens der angestrebten überhöhenden Erfüllung.«

Unter Bezug auf entsprechende Umarbeitungen und Hartmanns Zurücknahme von »*China kämpft*« schreibt Hans Werner Henze in seiner *Laudatio* von 1980: »er hatte sich so lange auf den frieden gefreut. nun war der friede gekommen, nun war die zeit der siegesfeiern seiner und aller neuen musik, er konnte einfach nicht glauben, dass es so wenig grund gab, sich zu freuen. er musste sich neutralisieren, sich abwenden, sich wehren. er brauchte seine zeit für die sinfonien.«[36]

Aber, so Henze weiter mit Verweis auf die Kollektivkomposition *Jüdische Chronik* von 1960, die sich gegen eine der antisemitischen Wellen richtete, sein Komponieren blieb durchaus politisch, humanistisch orientiert. »und dass es änderungen und neuschriften gegeben hat, heisst nicht, dass stücke, die in die späten dreissiger jahre zurückgehen, nun nicht mehr von den dingen sprechen, die ihr ursprünglicher titel andeutet.«[37]

VII

Nun hat Hartmann für seine 6. Symphonie vor allem seine Symphonie L'Œuvre von 1937/38 nach Zolas gleichnamigem Künstlerroman umgearbeitet und dabei die Reihenfolge von langsamem und schnellem Satz (der Toccata) umgekehrt. Der besagte Schluß der 6. Symphonie bezeichnete als Programmusik, soweit er sich auf L'Œuvre bezieht, möglicherweise den verzweifelten Liebes-Rausch und den unmittelbar daran sich anschließenden Suizid des Malers sowie die etwas später folgende Zerstörung des unvollendeten großen Werks. Scheitern des Künstlers und der Revolution haben Parallelen, sind aber nicht dasselbe. Hartmann hat allerdings die von Jaschinski diskutierten verfinsternden Passagen aus L'Œuvre nicht in »China kämpft« übernommen.[38] Ein noch undiskutiertes und eigentlich unerhelltes Problem in diesem Zusammenhang sind freilich die Kompositionsdaten selber. Hartmann signalisierte nämlich telegraphisch am 14. 11. 1942 seine Rückkehr von einem Einzel-Unterricht bei Anton Webern in Wien, der, begonnen im Oktober 1942[39], zwei Isolierte zusammen-, wenn auch kaum zueinandergeführt hatte. Für die Vollendung der Komposition blieben dann nach Hartmanns bereits zitierten Angaben (19. 11. 1942) im Autograph nicht einmal eine Woche, für die Reinschrift immerhin ein knapper Monat.

Die Stellungnahme als »China kämpft« bleibt jedenfalls dann von der Werksubstanz her unverändert erhalten, wird freilich nach 1947/48 von Hartmann aus der Öffentlichkeit zurückgenommen.

In beiden Fällen jedoch erscheint nicht so sehr Hartmanns Grundhaltung und Engagement verändert; vielmehr wirkt seine Stellungnahme zur Realität nach 1945 beziehungsweise genereller zur Restaurationszeit der fünfziger Jahre um so unversöhnlicher und erhält, gesehen gerade vom Standpunkt und in der Perspektive der heroischen Illusionen des Anti-Nazismus mitten im Krieg, eine sinistre Färbung. Denn für ihn rücken die neue bundesrepublikanische Gegenwart und die alte nazistische Vergangenheit in der musikalischen Vermittlung als beidemale »finstere Zeiten« für das »Schreiben der Wahrheit« in enge Parallele und, schlimmer noch, die reale sozialistische Perspektive erscheint so verdunkelt, daß Siegeszuversicht kaum mehr offen artikulierbar ist.

Um so mehr hatte Hartmann auch nach 1945 beziehungsweise nach 1949 Grund, die »verdeckte Schreibweise« seiner »inneren Emigration« auf der Ebene der verbalen Kommentare zu seiner im wesentlichen bewahrten oder in veränderter Werkgestalt aufgehobenen Sprache des musikalischen Widerstands beizubehalten, in der Hoffnung, damit den Gehalt der Botschaft zu bewahren sowie deren Verbreitung zu fördern in der – weitgehend denn doch trügerischen – Hoffnung, daß die Musik für sich selbst sprechen würde: er sei, so im bereits erwähnten Brief an seinen Verleger vom 26. 1. 1956, »davon abgekommen, die politische Hintergründigkeit augenfällig zu plakatieren, das müssen die Hörer erspüren.«[40]

Es ist selbst hier keine Rede davon, daß er von der einschlägigen »politischen Hintergründigkeit« seiner Musik zwischen Zitierung der *Internationale* und Verwendung revolutionärer Befreiungskämpfe als Sujet wie in *China kämpft* abgekommen sei.

Neben Elisabeth Hartmann gilt mein herzlicher Dank für freundliche Beratung und Unterstützung der Recherchen Renata Wagner von der Musikabteilung sowie Sigrid von Moissy und Liselotte Renner von der Handschriftenabteilung der Bayerischen Staatsbibliothek in München, schließlich auch Andreas Jaschinski für die Klärung der quellenmäßigen Bezüge bzw. des Nichtbezugs von *L'Œuvre*– Symphonie und *»China kämpft«*.

1 Vgl. u. a. Hanns-Werner Heister: »Elend und Befreiung. Karl Amadeus Hartmanns musikalischer Widerstand«. In: Ders. u. Hans-Günter Klein (Hg.): *Musik und Musikpolitik im faschistischen Deutschland*. Frankfurt/M. 1984, S. 273–288. — 2 Vgl. Andrew McCredie: *Karl Amadeus Hartmann. Sein Leben und Werk*. Aus dem Englischen übersetzt und mit einem Briefanhang, einer Zeittafel, Werkverzeichnis, Diskographie, Bibliographie, Register und Bildteil ergänzt von Ken Bartlett. (Taschenbücher zur Musikwissenschaft, 74) Wilhelmshaven 1980, bes. S. 38 f.; vgl. u. a. Hanns-Werner Heister: »Elend und Befreiung. Karl Amadeus Hartmanns musikalischer Widerstand«, a.a.O., bes. S. 274 f. — 3 S. Andreas Jaschinski: *Karl Amadeus Hartmann – Symphonische Tradition und ihre Auflösung*. München u. Salzburg 1982, S. 11. — 4 Vgl. vor allem Erwin Rotermund: »Herbert Küsels ›Dietrich-Eckart‹-Artikel vom 23. März 1943. Ein Beitrag zur Hermeneutik und Poetik der ›verdeckten Schreibweise‹ im ›Dritten Reich‹«. In: Dieter Borchmeyer (Hg.): *Poetik und Geschichte. Viktor Žmegač zum 60. Geburtstag*. Tübingen 1989, S. 150–162; ders.: »Tarnung und Absicherung in Rudolf Pechels Aufsatz ›Sibirien‹ (1937). Eine Studie zur ›verdeckten Schreibweise‹ im ›Dritten Reich‹«. In: Heimo Reinitzer (Hg.): *Textkritik und Interpretation. Festschrift für Karl Konrad Polheim zum 60. Geburtstag*. Bern u. a. 1987, S. 417–438. — 5 Vgl. Jaschinski, a.a.O., S. 18 f. — 6 Ihr ist an dieser Stelle einmal mehr für ihre vielen, ergiebigen und stets bereitwillig gegebenen Informationen zu danken, gerade zur NS-Zeit, für die im Hinblick auf solche Aktivitäten oral history notwendigerweise unentbehrlich ist. — 7 Vgl. Andrew

McCredie: »Vorwort zur Studien-Partitur« (aus dem Programmheft der Münchner Uraufführung vom 9. Okt. 1975) (Edition Schott 6650). — 8 Ausführlich dazu Helmut Hell / Andreas Jaschinski: »Karl Amadeus Hartmann: ›Sinfonische Suite Vita Nova‹. Mit Ergänzungen zu Andrew D. McCredies Thematischem Kataloge«. In: *Melos. Vierteljahresschrift für zeitgenössische Musik.* 1988, H. 4, bes. S. 2 und 17; vgl. Andrew D. McCredie: *Karl Amadeus Hartmann,* a.a.O., S. 61 f.; ders.: *Karl Amadeus Hartmann. Thematic Catalogue of his Works* (Catalogues of Musical Sources, 18). Wilhelmshaven und New York 1982, S. 123–128. — 9 Hell/Jaschinski, a.a.O., S. 2. — 10 Ebd., S. 3. — 11 In der autographen Reinschrift der *Symphonischen Hymnen,* die am Ende der Partitur mit »8. März 1942 2 Uhr!!« datiert ist, heißt es auf dem zweiten Blatt: »... I. Teil: Symphonische Ouvertüre ›China kämpft‹ / (in memoriam Sergej Tretjakow) ...« (Bayerische Staatsbibliothek, Mus. ms. 12993). — 12 McCredie: *Leben,* a.a.O., S. 62, geht davon aus, daß die Widmung erst Den Schi-hua und dann erst Tretjakov zugedacht war: »Auf einer zu einem späteren Zeitpunkt entworfenen Titelseite des Werkes erscheint eine geänderte Widmung, die nun zu einer Gedächtnisinschrift für Sergei Tretjakov (sic) geworden ist.« Für den politisch-ästhetischen Gehalt wäre ein Unterschied der Widmungsträger oder die Chronologie der Umwidmung nur erheblich, wenn sich der »spätere Zeitpunkt« etwa auf die Zeit 1949/50 datieren ließe und damit zu einem weiteren Indiz einer nach der vorläufigen Niederlage des Nazismus sachlich, im Kalten Krieg freilich zugleich auch politisch-klimatisch gebotenen, deutlicheren Differenzierung Hartmanns zwischen Stalinismus und Sozialismus würde. Hartmanns Grundintention bliebe dadurch unberührt. — 13 Ausführlich dazu: Fritz Mierau: »Tatsache und Tendenz. Der ›operierende Schriftsteller‹ Sergej Tretjakow«. In: Sergej Tretjakow: *Lyrik Dramatik Prosa.* Frankfurt/M. 1972, S. 423–537. — 14 Sergej Tretjakov: *Den Shi-Chua. Ein junger Chinese erzählt sein Leben. Bio-Interview.* Berlin 1932. — 15 Mierau: »Tatsache«, a.a.O., S. 473. — 16 Vgl. Hermann Scherchen: *Aus meinem Leben. Rußland in jenen Jahren. Erinnerungen.* Hg. von Eberhardt Klemm. Berlin (DDR) 1984; Scherchen: *»... alles hörbar machen«. Briefe eines Dirigenten 1920–1939.* Berlin (DDR) 1976; Scherchen: *Werke und Briefe in 8 Bänden.* Hg. von Joachim Lucchesi. Bd. I: *Schriften 1.* Berlin, Bern u. a. 1991; Hansjörg Pauli / Dagmar Wünsche (Hg.): *Hermann Scherchen 1891–1966. Ein Lesebuch.* Berlin (West) 1986. — 17 In: Renata Wagner (Mitarb. Margot Attenkofer, Helmut Hell) (Ausstellung und Katalog): *Karl Amadeus Hartmann und die Musica Viva. Essays. Bisher unveröffentlichte Briefe an Hartmann.* Katalog (Bayerische Staatsbibliothek. Ausstellungs-Kataloge 21). München / Mainz 1980, S. 271. — 18 Karl Amadeus Hartmann: *Kleine Schriften,* Mainz 1965, S. 107. — 19 In: McCredie: *Leben,* a.a.O., S. 80. — 20 In: McCredie: »Karl Amadeus Hartmann. Seine künstlerische Entwicklung im Lichte neuerer Quellen und Dokumente«. In: *Neue Zeitschrift für Musik* 134 (1973), S. 766 a. — 21 In: Renata Wagner: *Musica Viva,* a.a.O., S. 272. — 22 Ausführlich dazu H.-W. Heister: »Zur musikalischen Sprache des Widerstands: K. A. Hartmanns *Concerto funebre für Solo-Violine und Streichorchester«.* Kongreßbericht Bayreuth 1981. Beilage zu *Die Musikforschung* 1983/1984, S. 482–490. — 23 Ausführlich dazu H.-W. Heister: »Voller Angst vor dem Nazi-Terror. Wort und Sinn in Karl Amadeus Hartmanns Instrumentalmusik: Die Klaviersonate *27. April 1945«* [I., II. und IV. Satz]. In: *Musik-Texte* (Okt. 1985) H. 11, S. 9–15; ders.: »Wort und Sinn in Karl Amadeus Hartmanns Instrumentalmusik: Die Klaviersonate *27. April 1945«.* In: *Musik, Deutung, Bedeutung. Festschrift für Harry Goldschmidt zum 75. Geburtstag.* Dortmund 1986, S. 112–122. — 24 Vgl. Hell/Jaschinski: *Symphonische Suite,* a.a.O., bes. S. 8–11. — 25 Tretjakov: *Den Chi-hua,* S. 179. — 26 Tretjakow: *Den Schi-Chua,* a.a.O., S. 509. — 27 McCredie: »Vorwort der Studien-Partitur«, a.a.O. — 28 Mierau: »Tatsache«, a.a.O., S. 471; ausf. S. 467–476. — 29 In: McCredie: *Leben,* a.a.O., S. 80. — 30 Ebd., S. 73. — 31 A.a.O., S. 17. — 32 McCredie, *Katalog,* S. 123. — 33 Hell / Jaschinski, a.a.O., S. 17. — 34 So in den der Karteikarte der Bayerischen Staatsbibliothek zur autographen Reinschrift Mus. ms. 16999, dort bereits mit gebührendem [!] versehen. — 35 *Tradition,* a.a.O., S. 132 f. — 36 Hans Werner Henze: »Laudatio«. In: Renata Wagner: *Musica Viva,* a.a.O., S. 13. — 37 Ebd. — 38 Brief von A. Jaschinski an den Verf. im Juli 1994. — 39 Vgl. Wagner: *Musica Viva,* a.a.O., S. 250. — 40 In: McCredie: »Künstlerische Entwicklung«, a.a.O., S. 766 a.

Hubert van den Berg

Die Ermordung Erich Mühsams
Stellungnahmen und Diskussionen deutscher Emigranten 1934 bis 1935

Einen Tag bevor er ins Exil, in die Tschechoslowakei, fahren wollte, wurde der anarchistische Schriftsteller Erich Mühsam (1878–1934) in der Nacht des Reichstagsbrandes von der SA verhaftet und danach in verschiedenen Gefängnissen und Konzentrationslagern gefangen gehalten. Für die Nazis war er eine Symbolfigur, die das von ihnen Verhaßte in vielerlei Hinsicht verkörperte: Jude, Linker und Teilnehmer an der Münchner Räterepublik.[1] In der nationalsozialistischen Presse war Mühsam wiederholt beschuldigt worden, 1919 für die Hinrichtung einiger Mitglieder der antisemitischen *Thule-Gesellschaft* durch bayrische Rotarmisten verantwortlich gewesen zu sein, obwohl Mühsam während dieser sogenannten »Münchner Geiselmorde« bereits von weißen Truppen eingesperrt worden war.[2]

Neben Informationen über unmenschliche Haftbedingungen, denen politische Gefangene in Deutschland im allgemeinen ausgesetzt waren, verbreiteten sich auch schon bald Nachrichten über die extremen Schikanen und Quälereien, die Mühsam als prominentem Haßobjekt widerfuhren.[3] So wurde er für die Opposition gegen die Nazis ebenfalls zur Symbolfigur. Des öfteren wurde er – wenn von der Verfolgung und Vernichtung der deutschen kritischen Intelligenz die Rede war – in einem Atemzug mit Carl von Ossietzky, Ludwig Renn und Kurt Hiller erwähnt. Das Interesse der Exilöffentlichkeit und der Hilfsorganisationen für den Fall Mühsam blieb indessen eher mäßig[4], bis das nazifizierte Deutsche Nachrichtenbüro am 11. Juli 1934 die »späte Selbsthinrichtung«[5] Mühsams im Konzentrationslager Oranienburg in der vorangegangenen Nacht meldete: »Selbstmord von Erich Mühsam. Ein Anarchist richtet sich selbst. Der durch seine Teilnahme am Münchner Geiselmord bekannte sozialdemokratische Schriftsteller Erich Mühsam, der sich in Schutzhaft befand, hat seinem Leben durch Erhängen ein Ende gemacht.«[6]

Diese Nachricht löste in deutschen Emigrantenkreisen eine Welle von Aufmerksamkeit für Mühsam aus, die – in geschriebener Form – auf das erste Jahr nach seinem Tod beschränkt war. In diesem Zeitraum erschienen ein Buch, ein paar Gedichte, einige Broschüren sowie etwa dreißig Nachrufe und Betrachtungen, verfaßt von Vertretern anarchistischer, kommunistischer, sozialdemokratischer und liberaler Exilkreise.[7] Gedichte und Aufsätze von Mühsam wurden in Exilzeitschriften nachgedruckt. Der Verleger Leon

Hirsch ließ eine limitierte Auflage einer Mappe mit Handzeichnungen und Gedichten drucken, die Mühsam für ihn während seiner Haft in Bayern 1919 bis 1924 gezeichnet und gedichtet hatte.[8] Alexander Granach plante einen Film über Mühsam.[9] John Heartfield besorgte den Einband einer Broschüre der *Internationalen Roten Hilfe* (IRH) über Mühsam, George Grosz fertigte fünfzehn Radierungen unter dem Titel *Er war Schriftsteller* an, Carl Meffert und Johannes Wüsten stellten einen Kupferschnitt bzw. eine Zeichnung her.[10]

Außerdem fanden in mehreren Ländern von Exilkreisen organisierte Gedenkveranstaltungen statt. Eine Trauerfeier des *Schutzverbandes Deutscher Schriftsteller* (Sektion Frankreich) in Paris zog dabei so viele Menschen an, daß die Veranstaltung von der Straße aus mitverfolgt werden mußte.[11] Weitere Kundgebungen gab es in New York, organisiert vom *German Jewish Club*[12], und in Amsterdam, veranstaltet von einem niederländischen *Carl-von-Ossietzky-Comité*. In Amsterdam sollte auch Ernst Busch, der früher bereits Lieder Mühsams vertont hatte, auftreten, was ihm jedoch von der niederländischen Polizei untersagt wurde.[13] In der Sowjetunion trat Mühsams Ehefrau Kreszentia in mehreren größeren Veranstaltungen über die Situation in Deutschland auf und informierte über Mühsams Schicksal.[14] Darüber hinaus kam es in Paris zur Gründung eines »Mühsam-Fonds«[15], wurde in den Vereinigten Staaten ein *Mühsam-Committee* ins Leben gerufen[16], organisierten deutsche Anarchisten in den Niederlanden im Juni 1936 eine »Mühsam-Woche« für die deutschen politischen Gefangenen[17] und bildeten weitere deutsche Anarchisten nach dem faschistischen Militärputsch am 17. Juli 1936 in Barcelona eine *Erich-Mühsam-Gruppe*, die in den Milizen der anarchosyndikalistischen CNT / FAI gegen die Faschisten mitkämpfte.[18]

Betrachtet man diese posthume Wirkung Erich Mühsams im deutschen Exil, insbesondere die Nachrufe und Betrachtungen, dann fällt zunächst auf, daß neben dem Martyrium in nationalsozialistischer Haft immer auch Mühsams Lebensgeschichte vor 1933 thematisiert wird. Dies hatte zur Folge, daß in allen Texten eine teils recht unterschiedliche Einordnung und somit eine gewisse Funktionalisierung Mühsams durch die Nachwelt, den jeweiligen Interessen entsprechend, stattfand. Da es sich hier um Nekrologe auf einen Menschen handelte, der sich – wie manche anfänglich annahmen – zum Freitod gezwungen sah oder als ermordet galt, wird nicht nur – wie in Nachrufen üblich – ehrend über den Toten gesprochen, sondern es überwiegen Abscheu und Wut. Die meisten Nekrologe wurden sofort nach Bekanntwerden von Mühsams Tod abgefaßt, als noch keine genauen Daten, weder zu den Ereignissen im Konzentrationslager noch zu Mühsams Lebensgang, vorhanden waren. Folglich spielte die eigene Einschätzung der Verfasser in den Texten eine entscheidende Rolle. Um diese eigenen Urteile geht es hier. Als Beitrag zur Beschreibung von Mühsams Wirkungsgeschichte wird im folgenden untersucht, wie im deutschen Exil nach der Todesmeldung Mühsams Vorgeschichte aktualisiert wurde, in welcher Weise man sich Mühsams Leben und Werk aneignete und inwiefern er als Vehikel für die Propagierung der eigenen politischen Sicht diente.

Mord oder Selbstmord?

Vorweg sei bemerkt, daß erst einige Wochen nach der offiziellen Todesmeldung Berichte anderer KZ-Insassen den wirklichen Tatverlauf aufklärten: SS-Wärter hatten Mühsam aufgefordert, sich selbst zu töten. Nachdem er dies verweigerte, wurde er zum »Verhör« mitgenommen und am nächsten Morgen hängend im Abort aufgefunden. Da der Strick zu klein und in einer Weise geknotet war, wie es der ungeschickte Mühsam, dessen Finger zudem gebrochen und aufgequollen waren, bestimmt nicht vermochte, war es höchst unwahrscheinlich, daß er sich selbst aufgehängt hatte. Äußere Verletzungen deuteten außerdem auf Erwürgen, nicht auf Erhängen hin. Neben diesen Zeugenaussagen, die unter anderem in *Die Neue Weltbühne* und auffälligerweise auch in der von Otto Strasser, einem nationalsozialistischen Gegner Hitlers, herausgegebenen Zeitschrift *Deutsche Revolution* erschienen[19], war es in erster Linie einer Pressekonferenz der nach Prag ausgewichenen Witwe Mühsams am 21. Juli 1934 zu verdanken, daß bekannt wurde, was wirklich mit Mühsam passiert war.[20]

Schon unmittelbar nach der offiziellen »Selbstmord«-Version gingen aber die meisten Verfasser von Nachrufen davon aus, daß Mühsam sich nicht selbst getötet habe, sondern umgebracht worden war. Manche hielten sich jedoch zurück, sprachen von »ist gestorben«, einige übernahmen indes die offizielle Darstellung, wenn auch zögernd, oder hielten diese jedenfalls für möglich. Diese unterschiedlichen Einschätzungen zeitigten zunächst auch unterschiedliche Schlußfolgerungen aus dem Fall Mühsam. Während diejenigen, die annahmen, Mühsam habe sich selbst getötet – sei es auch als Ausweg aus seiner aussichtslosen Situation –, meinten, Mühsam sei ein Mahnmal, das zur Besinnung über die deutschen Entwicklungen, über die Nazis führen sollte, gingen jene Autoren, die gleich von Mord sprachen, noch einen Schritt weiter: Sie forderten Rache. Je nach Standpunkt wurde der Mord an Mühsam auch in unterschiedlichen Zusammenhang mit der »Nacht der langen Messer« gebracht. Diese blutige Säuberung des NS-Herrschaftsapparats und Abrechnung mit politischen Opponenten am 30. Juni 1934 bestimmte eine Woche danach noch stark die Berichterstattung und Kommentare über Deutschland. In verschiedenen Todesmeldungen und Nachrufen zu Mühsam wurde daher eine Verbindung zu dieser »deutschen Bartholomäusnacht« hergestellt. So besprach die saarländische Zeitung

Westland Mühsams Tod im Bericht »Die Liste der Toten (vom 30. Juni)«[21]. In den spanischen und französischen Ausgaben des von deutschen Anarchosyndikalisten redigierten *IAA-Pressedienst* werden Mühsam-Nekrologe begleitet von Berichten über die »Blutnacht«. Es spricht für sich, daß, wenn Mord angenommen wird, Mühsams Tod als weitere Abrechnung in den Rahmen des 30. Juni zu passen scheint, während bei vermuteter Selbsttötung keine Verbindung zwischen beiden Ereignissen hergestellt werden kann. Die Nachrufe von Klaus Mann in *Die Sammlung* und Georg Bernhard im *Pariser Tageblatt* bestätigen das: »Erich Mühsam«, so Mann, »hat sich in einem deutschen Konzentrationslager erhängt. (...) Während diese Führer-Garnitur sich gegenseitig an die Gurgel springt, findet man immer noch Zeit, die Gefangenen in den Lagern weiter zu quälen.«[22] Bernhard bemerkte hingegen: »Er ist umgebracht worden wie viele andere in Deutschland, die mit dem angeblichen Komplott Schleicher-Röhm nicht das mindeste zu tun hatten. Die Mordgier Hitlers und Görings hatte angesteckt: die Unterführer haben die günstigste Gelegenheit genutzt, von der Messerfreiheit des Tages Gebrauch zu machen.«[23]

Menschlichkeit und Kultur

Erich Mühsam †

Nun, Unsseidank! Sie ist befreit,
Die Menschheit von der Menschlichkeit!
Der unsrer spottet dreist
Der waffenlose Geist
Ist der Gewalt
Selbstmörderisch erlegen.
Es brannt, weil es Euch Allen galt,
Sein Herz – drum machten wir es kalt.
Kyrioleis!
Um solchen Preis
Ward Unser des Führers Segen.

Wir schlugen, daß ans Heil er glaub,
Wir schlugen ihn in Güte taub –
Er aber wollt nicht hörn
Dem Wahne abzuschwörn,
Daß Menschenrecht
Zu Recht besteht vor Rache!
Hat gegen Herrn sich erfrecht –

Und heimgezahlt hats ihm der Knecht,
Kyrioleis!
Dem Führer Preis,
Daß Deutschland auf Gräbern erwache![24]

Wenn Walter Mehring in diesem Gedicht dem »waffenlosen Geist« Erich Mühsams die Eigenschaft »Menschlichkeit« zuschreibt, ferner auf sein »Herz« verweist, das »allen galt« und nicht »dem Wahn abschwören« wollte, daß »Menschenrecht zu Recht besteht vor Rache«, so zeigt sich in dieser Projektion von humanitären Werten auf die Person Mühsams weniger ein Urteil über diesen selbst als vielmehr über den Charakter des Nationalsozialismus, der als Barbarei des »Un-Geistes« kenntlich wird. Mehrings Gedicht ist in diesem Sinne repräsentativ für die Art und Weise, wie in den Nekrologen Mühsams Ermordung und der Verlust von Menschlichkeit immer wieder miteinander verbunden wurden. Dabei wurde nicht nur auf die erhabene menschliche Verhaltensweise Mühsams einerseits und die Barbarei der Nazis andererseits verwiesen, sondern Mühsam zugleich als Vertreter wirklicher Kultur hervorgehoben (bei Mehring: »waffenloser Geist«). Da Mühsam seit Anfang 1933 zu den prominenten eingesperrten kritischen Schriftstellern gehörte und damit die Parallele zwischen seiner Vernichtung und dem Verstummenlassen des Weimarer Kulturbetriebs auf der Hand lag, wurde sein Leidensweg zur Metapher des Antagonismus Kultur – Faschismus.

Die Betonung von Menschlichkeit und Kultur war in den Nachrufen jedoch mehr als ein Stilmittel: es war der Versuch, für alle NS-Gegner oder Emigranten einen gemeinsamen Nenner zu formulieren, wie er zum Beispiel aus *Westland* hervorgeht: »Ist der Tod Erich Mühsams nicht Anlaß genug, daß die Stimme dieser Welt, die sich zivilisiert nennt, die von Menschenrechten und Kultur spricht, sich zu einem schrillen grellen Schrei erhebe?«[25] Dieser Fragestellung entsprach eine allgemeine Tendenz im deutschen Exil, auf die unter anderen Günther Heeg hingewiesen hat: »Das gemeinsame Bekenntnis zum Humanismus schien für die Schriftsteller, die von ihrer materiellen Basis, dem Markt und ihrem Publikum getrennt waren, das einzige organisierende Element zu sein.«[26]

In diesen Zusammenhang passen auch Nachrufe von Fritz Erpenbeck und anderen Kommunisten, die die Frage aufwarfen, ob Mühsam Dichter oder Politiker war, wobei die Antwort dahin tendierte, ihm zwar eine politische Bedeutung nicht vollständig abzusprechen, ihn jedoch zunächst als Dichter zu betrachten: als einen, der literarisch am meisten bzw. überhaupt etwas geleistet hatte, während er politisch unbedeutend gewesen sei. So schreibt Erpenbeck: »[Er] pflegte voller Stolz von sich zu sagen: er sei in erster Linie Politiker, in zweiter erst ein Versemacher. Und das war einer seiner

Irrtümer. Mühsam war kein Versemacher, sondern ein Dichter. (...) Aber er war kein Politiker, sondern ein idealistischer Schwärmer.«[27]

Diese offensichtliche Entpolitisierung, die gewiß auch mit der Kontroverse Marxismus – Anarchismus zu tun hatte, paßte allerdings in eine durchaus politische Strategie. »Die fehlgeschlagenen Versuche, zu einer Einheitsfront des Proletariats zu kommen, führten«, so Günther Heeg, »zur allmählichen Preisgabe des Hegemonieanspruchs des Proletariats (nicht der Partei) in der Bündnispolitik zugunsten jener klassenanalytisch nicht genauer bestimmten ›Opposition gegen das Hitlerregime‹, die ›in allen Schichten des Volkes aufwächst‹«[28]. Indem Erpenbeck Mühsam als »idealistischen Schwärmer« einstuft, gesteht er ihm gleichwohl die positiven Ziele zu, eine emanzipierte und humane Gesellschaft angestrebt zu haben. Dergestalt konnte auch der Anarchist Mühsam dem modifizierten Volksfrontgedanken subsumiert werden, wonach »der Kampf gegen den Faschismus die proletarisch-revolutionären Kräfte mit all denen verbindet, ›die der Menschheit und der Kultur dienen wollen‹«.[29] Eine Auffassung, die im Sommer 1934 auf dem Moskauer Schriftstellerkongreß als neuer Ansatz antifaschistischer Einheit formuliert wurde.

Ausblendung seiner politischen Tätigkeiten und Betonung von Menschlichkeit und Kultur bei Mühsam sind jedoch nicht nur den Kommunisten eigen. So ist Mühsam in Klaus Manns Nekrolog lediglich »ein deutscher Schriftsteller«, »einer der besten Intellektuellen«[30], und gilt er in Ferdinand Hardekopfs Nachruf als Vertreter eines »realen Christentums«[31]. Dies ist gleichfalls nicht per se als Entpolitisierung zu verstehen, denn zum Beispiel bei Klaus Mann erhält »die Literatur in Zeiten des vollendeten ›Antihumanismus‹ eine politische Sendung. (...) Die Träger [der] Vernunft, die Intellektuellen, sind in Wahrheit die Erbauer der neuen gesellschaftlichen Ordnung, [und sind] daher die genuinen Feinde des Faschismus«[32].

In Anbetracht der Tatsache, daß in fast allen Nachrufen Mühsams schriftstellerische Aktivität hervorgehoben wird, ist es bemerkenswert, daß kaum besprochen wurde, was er geschrieben hat. Es mag sein, daß – wie der Anarchist Rudolf Rocker für sich einräumt – man »augenblicklich nicht das Material zur Hand« hatte, »um seinen ganzen literarischen Werdegang zu verfolgen«[33]. Ein weiterer Grund hierfür ist wohl dem Umstand zuzuschreiben, daß Mühsams Ermordung Folge seiner politischen Gegnerschaft zum Nationalsozialismus war, so daß das Augenmerk primär auf seine politischen statt auf seine schriftstellerischen Aktivitäten gelenkt wurde. Für jene hingegen, die in Mühsam den Kämpfer für Kultur und Zivilisation ausmachten, war es primäres Anliegen, den Gegensatz von Kunst und Barbarei zu behaupten, so daß ihnen der Verweis auf den Schriftsteller genügte, ohne dies im einzelnen am Werk nachzuweisen. Da auch seine Dichtung hauptsächlich eine politische war, hätte eine genauere inhaltliche Beschreibung seiner

Werke die Ausblendung des Politischen zudem erschwert. Es sei denn, man beschreibt – wie Curt Geyer[34] oder Ferdinand Hardekopf – ausschließlich Mühsams eher unpolitisches expressionistisches Frühwerk. Während Hardekopf Mühsam gerade aus der Zeit des Frühexpressionismus kannte und sein Nachruf auf ihn teils eine Wiederholung früherer würdigender Rezensionen war, hatte der Rückgriff von Curt Geyer auf Mühsams unpolitisches Frühwerk vermutlich einen anderen Hintergrund. Für den Sozialdemokraten Geyer wäre es schwierig gewesen, Mühsams politische Literatur zu würdigen, denn gerade die Sozialdemokratie wurde darin immer wieder angegriffen und verspottet, wie zum Beispiel in Mühsams berühmtem »der deutschen Sozialdemokratie gewidmeten« Bänkellied *Der Revoluzzer*. Wahrscheinlich ging deshalb die Entpolitisierung Mühsams in der sozialdemokratischen Presse in eine andere Richtung. Mit der Betonung von Mühsams aus der Zeit vor dem Ersten Weltkrieg stammendem Ruf als Bohemien konnte man den Anarchisten Mühsam als weltfremden Bürgerschreck darstellen. Mühsams politische Aktivitäten verloren damit aber nicht nur ihren politischen Gehalt, sondern sie waren gleichzeitig zum Fehlschlag verdammt. Mühsam wurde zum tragischen Narren, der dem Untergang geweiht war, wie im Nachruf der sozialdemokratischen *Deutsche Freiheit* aus dem Saarland: »Ein Edelbohemièn und Edelanarchist, radikal und revolutionär, oft in Konflikt mit Polizei und Gerichten. Er besaß das Herz eines guten Jungen, der es eigentlich gar nicht so schlimm meinte, und mit dem man am Wirtschaftsstubentisch über Gott und die Welt plaudern konnte. (...) Im Grunde war er ein unpolitischer Mann. Er lebte im Bezirk der Literatur.«[35]

Als Motto seinem Nachruf vorangestellt, nimmt Erich Weinert diese Bemerkungen als Ausgangspunkt seiner Kritik an der hier dargestellten Tendenz zur Entpolitisierung in bürgerlich-liberalen und sozialdemokratischen Exilkreisen. Mit Beispielen aus Mühsams Leben kommt er zum gegenteiligen Schluß, Mühsam habe es »sehr schlimm gemeint. (...) Und du hast es so gemeint, wie du gesprochen und geschrieben hast: Krieg den Herrschenden, gewaltsame Zertrümmerung der bestehenden Ordnung, Aufrichtung der Diktatur der Entrechteten!«[36] Diese Kritik des Kommunisten Erich Weinert, dem sich Egon Erwin Kisch kurze Zeit später anschloß[37], läßt sich aber auch als implizite Kritik an der Entpolitisierung Mühsams durch Genossen wie Erpenbeck lesen, also im Zusammenhang mit den Auseinandersetzungen in Kreisen der KPD über Bündnispolitik und die Klärung der Frage, inwieweit der Hegemonieanspruch des Proletariats preisgegeben werden dürfte.

Mühsams Anarchismus

Neben der Tendenz zur vollständigen Entpolitisierung gab es namentlich in liberalen und kommunistischen Exilkreisen noch die Neigung, Mühsam zwar nicht gänzlich zu entpolitisieren, wohl aber seinen spezifischen politischen Standort, seinen Anarchismus, auszublenden. So wurde Mühsam nicht als unpolitisch, sondern als erhaben über ideologische Differenzen auf einer für jeden akzeptablen Abstraktionsebene dargestellt, als »ehrlicher Rebell« (Johannes R. Becher)[38] oder als »einer der wenigen echten Revolutionäre (...) aus wirklichem inneren Freiheitsdrang« (Georg Bernhard)[39]. Eine Parallele zur Betonung allgemein menschlicher Qualitäten zwecks Kreierung einer Gemeinsamkeit mit Mühsam kann hier nicht verkannt werden. Indem auf die Diskussion von Mühsams Anarchismus verzichtet wurde, konnte an ihm gezeigt werden, daß eine Übereinstimmung von NS-Gegnern jenseits politischer Differenzen möglich sei.

Diese Funktionalisierung Mühsams auf Kosten politischer Inhalte ging anscheinend der anarchistischen Nachwelt ebenso wie einigen Kommunisten zu weit, denn Mühsams politische Bestrebungen wurden in ihren Nekrologen gerade in den Vordergrund gerückt. Indem sie sein linksradikales Engagement betonten, hoben sie Mühsam als einen der ihren hervor, wobei die anarchistischen Nachrufe Mühsams Anarchismus selbstverständlich würdigten, die kommunistischen Nachrufe diesen hingegen sehr kritisch darstellten. Übereinstimmung zwischen Anarchisten und Kommunisten in ihrem Urteil über Mühsams politische Auffassungen und Aktivitäten gibt es nur in drei Punkten. Unumstritten ist zunächst die Popularität von Mühsams politischer Dichtung in der Arbeiterbewegung. »Seine Gedichte wurden in Arbeiterversammlungen oft und gerne rezitiert«, schreibt der Kommunist F. C. Weiskopf[40], und bei Rocker heißt es: »Viele seiner sturmbrausenden Lieder wurden von der revolutionären Jugend mit Begeisterung gesungen und auf ihren Festen vorgetragen.«[41] Ferner wird Mühsams unermüdliche Hilfsbereitschaft für politische Gefangene nach seiner eigenen Freilassung aus fünfjähriger Festungshaft im Dezember 1924, insbesondere sein Eintreten für Max Hoelz und die amerikanischen Anarchisten Sacco und Vanzetti, von Kommunisten wie Anarchisten gewürdigt. Schließlich teilten beide seine Kritik an dem zunehmend reformistischen Kurs der Sozialdemokratie, wobei seine Hinwendung zum Anarchismus von letzteren als logische Konsequenz, von den Kommunisten jedoch als Verirrung betrachtet wurde. So konstatierte Kisch: »Die Sozialdemokratie seiner Zeit plätscherte kleinbürgerlich der Ministerfähigkeit und dem Kriege zu. Er, einer, der im Stoßtempo schwimmen wollte, verabscheute das. [Nur:] Daß der Reformismus kein Marxismus war, daß er Verfälschung und Verwässerung, das Gegenteil von Marxismus war, wem war das damals sichtbar in Deutschland? Nur wenige kannten Lenin. Mühsam hatte Gustav Landauer getroffen und wurde Anarchist.«[42]

Ansonsten fällt auf, daß in den kommunistischen Nachrufen entweder von Anarchisten gewürdigte Auffassungen und Tätigkeiten Mühsams kritisiert werden oder auf ganz andere Dinge hingewiesen wird. So heben Anarchisten aus Mühsams politischer Literatur die Zeitschrift *Kain* hervor, laut Rocker »eine der bestgeschriebenen Zeitschriften des freiheitlichen Sozialismus in Deutschland«[43], die Lieder *Der Revoluzzer*, mit dem er die »actitud inicua y ridícula« der Sozialdemokratie durch sein »genio poético creador« enttarnte (Augustin Souchy)[44] und dem »Spießer in der deutschen Arbeiterbewegung ein Denkmal« setzte (Helmut Rüdiger)[45], und *Generalstreiksmarseillaise*, nach Souchy sein wichtigstes Gedicht – »la canción que perdurará siempre y séra como un manifiesto ardiente en pro de la huelga general«[46] –, sowie sein Drama *Staatsräson* über den amerikanischen Justizmord an den italienischen Anarchisten Sacco und Vanzetti. Demgegenüber zählen kommunistische Autoren Verse, »die er dem toten Lenin zum Gedächtnis schrieb, (...) zum dauernden Bestand der deutschen proletarisch-revolutionären Literatur«[47] und betont Franz Leschnitzer die Bedeutung eines weiteren Dramas, *Judas:* »In (...) *Juda[s]*, the only worthwhile play he wrote, he sharply settles accounts with social democratic leaders of the Ebert, Noske, Scheidemann ilk, branding them as betrayers of the cause of the toilers.«[48]

Während die Kommunisten Mühsams Antifaschismus hervorhoben – mehrmals erinnerten sie an Mühsams Beteiligung an der aktiven Bekämpfung der Nazis sowie an seine letzte öffentliche Rede auf der letzten Berliner Kundgebung des SDS kurz vor seiner Verhaftung, in der Mühsam »seinen abgrundtiefen Haß gegen den Faschismus und den Krieg in den Saal brüllte«[49] –, wird Mühsams Antifaschismus in den anarchistischen Nachrufen überhaupt nicht erwähnt. Das ist um so bemerkenswerter, als der Anarchosyndikalist Souchy, der »unmittelbar nach Bekanntwerden von Mühsams Ermordung als Streitschrift« eine Biographie, *Erich Mühsam, su vida, su obra, su martirio,* schrieb, nachträglich im Vorwort zur deutschen überarbeiteten Fassung 1984 erklärte, das »Hauptziel hätte 1934 darin bestanden, die Nazis anzuprangern«[50]. Diese Aussage ist insofern richtig, als sich etwa zehn von 100 Seiten der ersten Ausgabe mit Mühsams Martyrium in faschistischer Haft befassen. Antifaschistische Tätigkeiten bleiben aber unerwähnt. Dagegen sind die übrigen neunzig Seiten im Grunde eine Beschreibung von Mühsams anarchistischen Auffassungen und seiner herausragenden Stellung in der deutschen anarchistischen Bewegung, und das Buch ist in diesem Sinne vielmehr eine Streitschrift für die Anerkennung von Mühsam seitens seiner spanischen Genossen als einen der wichtigen deutschen Anarchisten. Allgemein charakterisieren sich die anarchistischen Nachrufe durch eine ausführliche Darstellung von Mühsams anarchistischen Ideen und spezifisch anarchistischen Aktivitäten, zum Teil in scharfer Abgrenzung zum Kommunismus (siehe unten), wobei ihre Darstellung in vielen Punkten auf eine entgegengesetzte Beurteilung von kommunistischer Seite stößt. So bewertete Souchy Mühsams politische Arbeit im »Lumpenproletariat« als Erfolg[51], während Erpenbeck dazu schrieb: »Mehr als einmal waren wir Zeugen, wie lumpenproletarische Elemente, entlassene Kriminelle, deren er sich mit fast noch größerer Liebe annahm als seiner ›Politischen‹, ihn schnöde belogen und bestahlen, (...) er konnte (...) nicht ahnen, daß er einmal sein Leben unter Fußtritten und Hieben vertierter Lumpenproletarier im Faschistenhemd aushauchen würde.«[52]

Stärker noch trat die gegensätzliche Einschätzung in der Beurteilung von Mühsams Beteiligung an der Revolution 1918/1919 in München hervor. Bei den Anarchosyndikalisten galt seine Tätigkeit im Rahmen der bayrischen Rätebewegung als seine wichtigste und erfolgreichste. Souchy erwähnt beispielsweise, daß es Mühsam zusammen mit anderen Anarchisten gelang, die Arbeitermassen anfänglich in libertären Strukturen zu organisieren.[53] Für den Zusammenbruch der Räterepublik seien, nach Souchy, zum einen die Sozialdemokraten, insbesondere der mit der militärischen Niederschlagung der Revolution beauftragte Noske, und zum anderen die Kommunisten verantwortlich. Letztere hätten die Revolution sabotiert, weil sie sich nur um ihre eigenen Machtinteressen gekümmert hätten. Nach Meinung der Kommunisten hätten sich die Anarchisten, darunter Mühsam, geirrt bei der Annahme, eine revolutionäre Situation sei vorhanden gewesen, und sie seien deshalb für den Fehlschlag selbst verantwortlich. Franz Leschnitzer formulierte dies am klarsten: »It must be admitted that in the collapse of the Munich Soviet Republic, of whose ›independent‹ Social Democratic and Anarchist coalition government he was a member with Gustav Landauer and Ernst Toller, he bears, although not alone, much of the blame for the catastrophe.«[54]

Ähnlich kontrovers verläuft die Beurteilung seiner typisch anarchistischen Vorstellungen in den kommunistischen und anarchistischen Nekrologen. Während Souchy die freie Willensentscheidung in Mühsams Revolutionstheorie würdigte, wurde dieser Voluntarismus von Erpenbeck als »kindlicher Glaube an die Spontaneität der Massen« kritisiert.[55] Wo die Anarchisten Mühsams Ablehnung des »ökonomischen Fatalismus« des Marxismus hervorheben[56], meinten die Kommunisten, »das Gesamt war nicht seine Sache«[57]. War Mühsams Ablehnung von autoritären Parteistrukturen nach Souchy mit einem Bekenntnis zum dezentralen Föderalismus von unten verbunden, der sich in libertären Organisationen auswirke[58], so gab es in den kommunistischen Nachrufen keinen Hinweis auf Ansätze anarchistischer Organisierung, und es heißt statt dessen, Mühsam habe »sozusagen einen Partisanenkrieg auf eigene Faust« geführt.[59]

Mühsams Verhältnis zur Dritten Internationale

Die Differenz zwischen kommunistischen und anarchistischen Urteilen, die schon in bezug auf Mühsams Anarchismus zum Ausdruck kam, mündete in einen offenen Konflikt angesichts der Beurteilung von Mühsams Kontakten zur Dritten Internationale auf der Pariser Gedenkveranstaltung des SDS, die »eine große und starke Anklage gegen das Mörderregime des ›dritten Reiches‹« werden sollte.[60] Während Kommunisten wie Weinert, Kisch, Seghers und Ruest, aber auch der Anarchist Souchy, Vorträge hielten mit der »Mahnung, alles Trennende zurückzustellen, um sich gradliniger gegen den Faschismus abgrenzen zu können«[61], wurde »die Kundgebung«, so *Der Gegenangriff,* »von einigen anarchistischen Parteigängern zu störenden Zwischenrufen mißbraucht«[62]. »Die gegensätzlichen Auffassungen prallten in einer Form aufeinander, die zu einer Trauerfeier nur wenig paßte«, hieß es im *Pariser Tageblatt.* »Der Gedanke der Einheitsfront scheint sich jedenfalls in gewissen Pariser deutschen antifaschistischen Kreisen noch nicht herumgesprochen zu haben.«[63] Obwohl der Tumult zum Teil auf die ziemlich dreiste Unterstellung Egon Erwin Kischs zurückging, daß »die unmenschlichen Folterungen des jetzt Ermordeten durch beauftragte Weißgardisten verübt worden« seien[64], war das anarchistische Ärgernis vor allem die Behauptung in kommunistischen Nekrologen, Mühsam habe immer an ihrer Seite gekämpft. Zwar wurde eingeräumt, er habe »als Anarchist die Kommunisten bekämpft und manches harte und bittere Wort (...) gegen sie geschrieben, er hat in mancher Versammlung (...) gegen diese seine ›mißratenen Kinder, zu denen er dennoch eine unglückliche Liebe‹ hatte, gewettert«[65], trotzdem sei er »uns (...) ein guter Kamerad [gewesen], und über alle politischen Gegensätze hinweg verband ihn mit uns eine ehrliche Freundschaft«[66]. Er sei mit ihnen verbunden, weil sie sich in bezug auf »proletarische Solidarität« und gemeinsame Gegner, »Spießertum und Profitwirtschaft, Reformismus und Faschismus, die kapitalistische Welt in allen ihren Repräsentanten«, einig waren[67], »und wirklich marschierten wenige außerhalb der Partei Stehende so treu an der Seite der Partei wie Erich Mühsam«[68]. Dies habe sich an seiner guten Beziehung zum *Bund Proletarisch-Revolutionärer Schriftsteller* (BPRS) und vor allem an Mühsams kontinuierlicher Beteiligung an der Solidaritätsarbeit für politische Gefangene im Rahmen der *Internationalen Roten Hilfe* gezeigt.[69]

Die Betonung politischer Nähe trotz aller prinzipiellen Differenzen gehörte in den Rahmen der damaligen offiziellen Bündnispolitik der Komintern, den Bestrebungen zur Schaffung einer »antifaschistischen Einheitsfront«, die in einigen Nekrologen durch Mühsam quasi personifiziert wurde. Es ging den Kommunisten darum, so *Der Gegenangriff,* »daß jeder seine besondere Stellungnahme zu dem Phänomen Mühsam vorbringen konnte, um die Einheit der antifaschistischen Kampffront zum Ausdruck zu bringen«[70]. Eine Absicht, die auch aus Werner Hirschs Vorwort der von der IRH herausgegebenen Broschüre *Der Leidensweg Erich Mühsams* spricht:

»Erich Mühsam (...) war bis zu seinem Tode Anarchist. Zwischen seinen politischen Anschauungen und denen seiner Mitgefangenen in den Konzentrationslagern Hitlerdeutschlands – Kommunisten, Sozialdemokraten, Parteilosen – klafft ein weiter Abstand. Aber Mühsam verstand (...), daß es in dieser Situation nur eines geben dürfte: die unverbrüchliche Einheit aller Gefangenen der faschistischen Henker. (...) Überall erwies sich Mühsam als der vorbildliche Kamerad, der alles Trennende zurückstellte, der diszipliniert und unerschütterlich mit allen übrigen zusammenhielt gegen den gemeinsamen Feind.«[71]

In gleichem Sinne heißt es in dem laut Titelblatt von Kreszentia Mühsam, wahrscheinlich aber nicht (selbständig) von ihr verfaßten Haupttext: »Überall sprach [Mühsam] für die Einigung des Proletariats gegen den Faschismus, zeigte die Gefahr in allen Einzelheiten auf, feuerte an zum Zusammenschluß in gemeinsamer Front.«[72]

Die suggerierte kontinuierliche Verbundenheit Mühsams mit der Politik der KPD war es, die schärfste Kritik unter Anarchisten auslöste. Der Anarchosyndikalist Arthur Müller-Lehning bezeichnete diese Darstellung der »Münzenbergpresse« als verlogenen Vereinnahmungsversuch. Ihn störte vor allem Egon Erwin Kischs Behauptung, »als nach dem Krieg die marxistische Wahrheit für die Massen klar zutage trat, kam Erich Mühsam zu einer Erkenntnis, die er mannhaft aussprach: ›... die Räterepublik, wie sie die Bolschewiki in Rußland aufgebaut haben, ist die Form der künftigen Gesellschaft...‹«[73]. Mühsam habe, so Müller-Lehning, die von Kisch zitierte Bemerkung nach kurzer Zeit »als Irrtum« zurückgenommen. Zudem habe Mühsam 1929 die Zusammenarbeit mit der IRH beendet, »als es immer deutlicher wurde, daß die Rote Hilfe keine überparteiliche Organisation war, sondern nur eine der vielen, schließlich kaum noch getarnten Hilfsorganisationen der Kommunistischen Partei«[74]. In diesem Zusammenhang erfolgte auch scharfe Kritik an Kreszentia Mühsam aus anarchistischen Kreisen, als ihre Beteiligung an der IRH-Ausgabe über Mühsam bekannt wurde. »Manche glaubten, wie immer in solchen Fällen, bereits das Schlimmste zu befürchten«, schrieb Rocker 1949, »daß Zensl sich von Agenten Moskaus hatte mißbrauchen lassen, um mit ihrem Namen ein kommunistisches Machwerk zu decken, das Erichs Andenken zu einem Zerrbild entstellen müßte.«[75]

Wie Müller-Lehning nahm auch Souchy in seiner Mühsam-Biographie, in der übrigens alle Auffassungen und Tätigkeiten Mühsams und anderer Anarchisten gegen angeblich marxistische Bestrebungen abgegrenzt werden,

Stellung zu Kischs Behauptung im besonderen und den kommunistischen Nachrufen im allgemeinen, indem er ein ganzes Kapitel über Mühsam und die Sowjetunion aufnahm, in dem er einleitend festhielt: »Las afirmaciones de los comunistas de que Mühsam habría estado muy próximo a la Rusia sovietista, son, como se deduce de sus manifestaciones proprias, sólo mistificationes. Mühsam era, como todo los anarquistas, adversario del Estado bolchevista, pero era defensor de la revolución rusa.«[76]

Obwohl der Anarchosyndikalist Helmut Rüdiger auch Mühsams Differenz zum Kommunismus erwähnt, allerdings nicht in derselben polemischen Weise wie Müller-Lehning und Souchy, nimmt er eine vermittelnde Position ein, indem er betont, Mühsam habe sich nach seiner Freilassung 1924 »für eine *Einigung aller revolutionären Arbeiter unter gemeinsamem Banner*« eingesetzt. »Mag er dabei in der Wahl seiner Mittel oft unverständlich erschienen sein, so wird man andererseits gerade heute begreifen müssen, daß sein Ruf nach Einigkeit grundsätzlich bitter notwendig war: Mühsam ahnte, daß eine zersplitterte Arbeiterbewegung wie die deutsche vor dem Ansturm des Faschismus nicht standhalten würde.«[77]

Ergebnisse

Zunächst ist festzuhalten, daß das Interesse für Mühsam nach seiner Ermordung verhältnismäßig groß gewesen ist angesichts der vielfältigen Ereignisse in Deutschland, die von weit größerer politischer Tragweite waren als die Ermordung eines einzelnen politischen Gegners. Zu nennen sind insbesondere die große politische Säuberung vom 30. Juni 1934 und der Tod des Reichspräsidenten Hindenburg. Außerdem gab es im gleichen Zeitraum den »Anschluß«-Versuch in Österreich, bei dem Dollfuß getötet und von Mussolini mit militärischem Eingreifen gedroht wurde, sowie größere Streiks und Aufstände der arbeitenden und arbeitslosen Bevölkerung in den Niederlanden, Spanien und den Vereinigten Staaten.

Sieht man sich die Nachrufe aus dem deutschen Exil an, dann fällt auf, daß in den Nekrologen insgesamt Bestrebungen in Richtung einer Vereinheitlichung antifaschistischer Kräfte unverkennbar sind, sei es in der Tendenz, Menschlichkeit und Kultur als gemeinsame Basis hervorzuheben, sei es – wie in vielen kommunistischen Beiträgen – in der Darstellung des »vorbildlichen Kameraden« Mühsam, der trotz politischer Differenzen bereit war, mit Kommunisten zusammenzuarbeiten, um zur Bildung einer antifaschistischen Einheitsfront beizutragen. Daß ideologische Gegensätze keine Rolle mehr spielten, wie Chris Hirte in seiner Mühsam-Biographie behauptet[78], trifft jedoch nicht zu. Während einzelne Kommunisten sich über die versuchte Entpolitisierung in manchem sozialdemokratischen Nachruf empörten, ärgerten sich Anarchisten über die vermeintliche kommunistische Fälschung von Mühsams anarchistischer Identität, und sie bestanden auf der Hervorhebung von Mühsams Anarchismus, verbunden mit einer klaren Abgrenzung gegenüber Kommunisten und Sozialdemokraten. Daraus und aus der Tatsache, daß ihre ausführliche Darstellung von Mühsams politischen Bestrebungen jeglichen Hinweises auf seinen Antifaschismus entbehrt, bei dem er übrigens tatsächlich ziemlich eng mit Organisationen aus dem KPD-Spektrum kooperierte, spricht eine deutliche Tendenz zur Festschreibung ideologischer Gegensätze (an der sich aber auch kommunistische und sozialdemokratische Nachrufe mit ihrer zum Teil harten Kritik an Mühsams Anarchismus beteiligten) sowie eine fehlende Bereitschaft zur antifaschistischen Zusammenarbeit in anarchistischen Kreisen.

Abschließend sollte noch hingewiesen werden auf eine Divergenz zwischen den deutschen Nachrufen aus der Periode 1934 bis 1935 und neueren Beiträgen zu Mühsam aus der Zeit nach 1945, vor allem solchen, die an Jahrestagen seiner Ermordung erschienen sind. Obwohl seine Ermordung durch die Nazis propagandistisch von der Behauptung, Mühsam sei einer der wichtigsten Vertreter des deutschen Judentums, begleitet wurde, blieb seine jüdische Herkunft in den meisten Nachrufen und Betrachtungen deutscher Emigranten der dreißiger Jahre unerwähnt und wurde der Fall Mühsam in der jüdischen (Exil-)Presse ignoriert. Nur gelegentlich, wenn von seinem Elternhaus oder auch von der NS-Hetze gegen Mühsam die Rede ist, wird beiläufig bemerkt, daß er bzw. seine Eltern jüdisch waren.[79] Anscheinend galt Mühsams jüdische Abstammung nicht als Grund für seine Ermordung, möglicherweise deshalb, weil er sich schon längst von seiner jüdischen Herkunft entfernt hatte – er verstand sich selbst nicht als Jude –, vielleicht aber auch, weil die politische Repression der Nazis ihren Antisemitismus noch zu übertreffen schien bzw. der Antisemitismus als relativ unwichtige Nebenerscheinung galt. Jedenfalls wird erst nach 1945 aus begreiflichen Gründen Mühsams jüdischer Herkunft eine viel größere Bedeutung beigemessen und gibt es heutzutage fast keinen Beitrag, in dem nicht darauf hingewiesen wird. Bezeichnend ist, daß Augustin Souchy erst in der 1984 erschienenen deutschen Fassung seines spanischen Mühsam-Buches hinzufügte, daß Mühsam Jude war. In diesem Zusammenhang zeugten einige ausländische Nachrufe von einer größeren Hellsichtigkeit. So betonten insbesondere die niederländische Schriftstellerin Henriëtte Roland Holst[80] und der dänische Autor Martin Andersen Nexö[81] gerade Mühsams jüdischen Hintergrund, und zwar nicht nur als Rahmen seines Denkens, sondern auch als Grund für seine Ermordung.

1 Heinz Hug: *Erich Mühsam. Untersuchungen zu Leben und Werk*. Gütersloh 1974, S. 74; Julius Petersen: »Die Sehnsucht nach dem Dritten Reich«. In: *Euphorion (Dichtung und Volkstum)* 35 (1934) H. 2, S. 174; Hans Diebow: *Der ewige Jude. 265 Bilddokumente*. München / Berlin 1938, S. 39 und 112 f. — 2 Kreszentia Mühsam: *Der Leidensweg Erich Mühsams*. Paris / Zürich 1935, S. 9 f. In mehreren Nachrufen auf Mühsam wurde die Beteiligung Mühsams am »Geiselmord« dementiert. — 3 Vgl. Herbert Strauß: »Vor dem Tode habe ich keine Angst, aber dieses langsame Hinmorden....«. Wie sie Erich Mühsam zu Tode quälen«. In: *Der Gegenangriff (Paris)* 2 (1934) Nr. 23, S. 6; *Braunbuch über Reichstagsbrand und Hitlerterror*. Basel 1933, S. 276 und 286 f.; »Um das Leben Erich Mühsams«. In: *Pressedienst der IAA* (1933) Nr. 170, S. 1; »Die Lage Erich Mühsams«. In: *Pressedienst der IAA* (1934) Nr. 179, S. 4; Bund proletarisch-revolutionärer Schriftsteller: »Hirne hinter Stacheldraht (1934)«. In: *Zur Tradition der sozialistischen Literatur in Deutschland. Eine Auswahl von Dokumenten*. Berlin / Weimar 1967, S. 669 ff. — 4 Hug, a.a.O., S. 76. — 5 *Völkischer Beobachter*, zit. nach Hug, a.a.O., S. 222, Anm. 658. — 6 *Nachtausgabe* (Berlin) v. 11. Juli 1934. — 7 Nicht nur in der deutschen Emigration, auch von ausländischen Intellektuellen und in der ausländischen Tagespresse wurde der Fall Mühsam aufgegriffen. Vgl. Henri Barbusse: »Brief«. In: *Ossietzky-Mühsam, zij die sterven*, hg. vom Carl von Ossietzky-Comité. Amsterdam 1934, S. 28; Louis Aragon: »Brief«. In: ebd., S. 30.; Henriëtte Roland Holst: »Erich Mühsam«. In: ebd., S. 17–20; Martin Andersen Nexö: »Die braune Bestie. In memoriam Erich Mühsam.« In: Martin Andersen Nexö: *Kultur und Barbarei*. Berlin 1957, S. 190–200; »Erich Mühsam overleden. Revolutionair Duitsch schrijver«. In: *Algemeen Handelsblad* v. 13. Juli 1934; »Erich Mühsam«. In: *Nieuwe Rotterdamsche Courant* v. 13. Juli 1934; »De dood van Erich Mühsam«. In: *Nieuwe Rotterdamsche Courant* v. 22. Juli 1934; »Tot zelfmoord getergd. Erich Mühsam kwam niet door eenzame opsluiting alleen tot wanhoopsdaad. Invloedrijke letterkundige«. In: *Het Volk* (Amsterdam) v. 12. Juli 1934. »German Anarchist Writer Dead. Suicide in Concentration Camp«. In: *The Times* v. 12. Juli 1934. — 8 Wolfgang U. Schütte: »Léon Hirsch. Verleger ohne Verlagshaus«. In: Erich Mühsam: *Handzeichnungen und Gedichte*. Leipzig 1984, S. 18 ff. — 9 Rudolf Rocker: *Der Leidensweg von Zensl Mühsam*. Frankfurt/M. 1949, S. 28. Ein Projekt, das den Beteiligten während der stalinistischen Säuberung noch große Schwierigkeiten bereitete, vgl. *Die Säuberung. Moskau 1936: Stenogramm einer geschlossenen Parteiversammlung*. Hg. von Reinhard Müller. Reinbek 1991, S. 343 f. — 10 Vgl. Hug, a.a.O., S. 77; *Kunst und Literatur im antifaschistischen Exil 1933–1945*. Bd. 5. Hg. von der Deutschen Akademie der Künste zu Berlin, Frankfurt/M. 1979–1981, S. 142; Mühsam, a.a.O., Einband. — 11 »Gedächtnisfeier für Erich Mühsam«. In: *Pariser Tageblatt* 2 (1934) Nr. 225, S. 4; die schriftlichen Beiträge sind enthalten in: *Ossietzky-Mühsam*, a.a.O., passim. — 12 *Kunst und Literatur*, Bd. 3, a.a.O., S. 128. — 13 Albert de Jong: »Vreemdelingen buiten de wet?« In: *De Syndicalist* 12 (1934) Nr. 21, S. 1. Ebenso wurde es der niederländischen sozialdemokratischen Rundfunkgesellschaft VARA verboten, Ernst Busch Mühsams Lied *Der Revoluzzer* vor dem Mikrophon singen zu lassen, vgl. *Kunst und Literatur*, Bd. 6, a.a.O., S. 269, und Jacques Klöters: »Dora Gerson en het eerste emigrantencabaret Ping Pong«. In: *Nederland en het Duitse Exil 1933–1940*. Hg. von Kathinka Dittrich und Hans Würzner. Amsterdam 1982, S. 213. — 14 Rocker, a.a.O., S. 28. — 15 »Erich Mühsam-Fond«. In: *Pariser Tageblatt* 2 (1934) Nr. 260, S. 4. — 16 Hug, a.a.O., S. 76. — 17 »Erich-Mühsamweek«. In: *De Syndicalist* 13 (1936) Nr. 52, S. 2. — 18 Wolfgang Haug: »Deutsche Anarchisten im Spanischen Bürgerkrieg«. In: *Schwarzer Faden* (1983), Nr. 11, S. 43; Patrik von zur Mühlen: *Spanien war ihre Hoffnung. Die deutsche Linke im Spanischen Bürgerkrieg 1936–1939*. Bonn 1983, S. 91. — 19 Vgl. »Wie Mühsam ermordet wurde«. In: *Die Internationale, Neue Folge* 1 (1934) Nr. 2, S. 58. — 20 Vgl. »De dood van Erich Mühsam«, a.a.O.; Thomas Mann: *Tagebücher 1933–1934*. Frankfurt/M. 1977, Eintragung v. 23. Juli 1934. — 21 *Westland* v. 14. Juli 1934. — 22 Klaus Mann: »Erich Mühsam«. In: *Die Sammlung* 1 (1934) H. 12, S. 676. — 23 Georg Bernhard: »Mühsam«. In: *Pariser Tageblatt* 2 (1934) Nr. 213, S. 1. — 24 Walter Mehring: »Erich Mühsam †«. In: *Das Neue Tage-Buch* 2 (1934) Nr. 30, S. 717. — 25 »Die Liste der Toten«, a.a.O. — 26 Günther Heeg: *Die Wendung zur Geschichte. Konstitutionsprobleme antifaschistischer Literatur im Exil*. Stuttgart 1977, S. 15. — 27 Fritz Erpenbeck: »Erich Mühsam«.

In: *Neue Deutsche Blätter* 1 (1934) Nr. 11, S. 656. — **28** Heeg, a.a.O., S. 30. — **29** Werner Herden: *Wege zur Volksfront. Schriftsteller im antifaschistischen Bündnis*. Berlin 1978, S. 58. — **30** Klaus Mann, a.a.O., S. 676. — **31** Ferdinand Hardekopf: »Der Dichter und Märtyrer des Mitleids«. In: *Pariser Tageblatt* 2 (1934) Nr. 180, S. 3. — **32** Heeg, a.a.O., S. 14. — **33** Rudolf Rocker: »Erich Mühsam, zijn dood, zijn leven, zijn werk«. In: *De Syndicalist* 12 (1934) Nr. 6, S. 1. Zitiert nach der deutschen Übersetzung in: *Pressedienst der IAA* (1934) Nr. 181, S. 10. — **34** Curt Geyer: »Erich Mühsam – Opfer des Terrors«. In: *Neuer Vorwärts* v. 22. Juli 1934. — **35** »Erich Mühsams Tod«. In: *Deutsche Freiheit* v. 13. Juli 1934. — **36** Erich Weinert: »Erich Mühsam, der Kämpfer«. In: *Die Neue Weltbühne* 3 (1934) Nr. 29, S. 907. — **37** Egon Erwin Kisch: »Erich Mühsam unseren letzten Gruß!« In: *Der Gegenangriff* (Prag) 2 (1934) Nr. 29, S. 3. — **38** Johannes R. Becher: »Erich Mühsam«. In: *Die Neue Weltbühne* 3 (1934) Nr. 30, S. 955. — **39** Bernhard, a.a.O., S. 1. — **40** Franz Carl Weiskopf: »Kamerad Mühsam«. In: *Internationale Literatur* 4 (1934) Nr. 39, S. 158. — **41** Rocker 1934, a.a.O., S. 10. — **42** Kisch, a.a.O., S. 3. — **43** Rocker 1934, a.a.O., S. 11. — **44** Augustin Souchy: *Erich Mühsam, su vida, su obra, su martirio*. Barcelona 1934, S. 20. — **45** Helmut Rüdiger: »Erich Mühsam«. In: *Die Internationale, Neue Folge* 1 (1934) H. 1, S. 16. — **46** Souchy, a.a.O., S. 26. — **47** Weiskopf, a.a.O., S. 159. — **48** Franz Leschnitzer: »Erich Mühsam«. In: *International Literature* 5 (1935) 4, S. 95. — **49** Erpenbeck, a.a.O., S. 656. — **50** Wolfgang Haug: »50 Jahre danach«. In: Augustin Souchy: *Erich Mühsam, sein Leben, sein Werk, sein Martyrium*. Reutlingen 1984, S. 5. — **51** Souchy 1934, a.a.O., S. 17 f. — **52** Erpenbeck, a.a.O., S. 658. — **53** Souchy 1934, a.a.O., S. 33. — **54** Leschnitzer, a.a.O., S. 95. — **55** Erpenbeck, a.a.O., S. 657. — **56** Rocker 1934, a.a.O., S. 10. — **57** Andersen Nexö, a.a.O., S. 194. — **58** Souchy 1934, a.a.O., S. 84 ff. — **59** Weiskopf, a.a.O., S. 158. — **60** »Zum Gedächtnis Erich Mühsams«. In: *Der Gegenangriff* (Paris) 2 (1934) Nr. 30, S. 3. — **61** »Gedächtnisfeier«, a.a.O. — **62** »Zum Gedächtnis«, a.a.O. — **63** »Gedächtnisfeier«, a.a.O. — **64** »Anklage gegen Erich Mühsams Mörder. Die Pariser Kundgebung«. In: *Deutsche Freiheit* v. 25. Juli 1934. — **65** Erpenbeck, a.a.O., S. 657. — **66** Weiskopf, a.a.O., S. 158. — **67** Ebd., S. 158. — **68** Kisch, a.a.O., S. 3. — **69** Mühsam, a.a.O., S. 11 f.; Weiskopf, a.a.O., S. 158; Leschnitzer, a.a.O., S. 95. — **70** »Zum Gedächtnis«, a.a.O., S. 3. — **71** Werner Hirsch: »Vorwort«. In: Mühsam, a.a.O., S. 3. — **72** Mühsam, a.a.O., S. 12. Vgl. a. Anm. 75. — **73** Kisch, a.a.O., S. 3. — **74** Vorbemerkung Arthur Müller-Lehnings zu: Erich Mühsam: »Die Diktatur des Proletariats und die Räte«. In: *Die Internationale, Neue Folge* 1 (1934) H. 2, S. 37. — **75** Rocker 1949, a.a.O., S. 21. Die Befürchtungen hätten – so Rocker – nicht zugetroffen: »Vor allem aber hatte Zensl bewiesen, daß sie sich nicht mißbrauchen ließ. Sogar das kurze Vorwort von Werner Hirsch (...) machte keinen Versuch, das Lebensbild Mühsams zu entstellen.« Ebd., S. 22. Diese Bemerkung, die zur Rehabilitierung Kreszentia Mühsams beitragen sollte, als 1948–1949 sowohl Rocker als die Mühsams in den *Mitteilungen deutscher Anarchisten* (London) einer weitgehenden Untreue der anarchistischen Lehre gegenüber beschuldigt wurden, in Erich und Kreszentia Mühsams Fall, weil sie eng mit Kommunisten zusammengearbeitet hätten (vgl. Günter Bartsch: *Anarchismus in Deutschland*, Bd. 1. Hannover 1972, S. 117 ff.), ist m. E. unrichtig, da sowohl im Vorwort von Hirsch als auch in dem von Kreszentia Mühsam signierten Text die umstrittene Behauptung auftaucht, Mühsam sei kontinuierlicher Mitarbeiter der IRH gewesen. In diesem Zusammenhang kommt aber die Frage auf, ob Kreszentia Mühsam selbst ihren Text für die Broschüre geschrieben hat. Nicht nur war sie keine erfahrene Autorin – es gibt lediglich vereinzelte eingesandte Briefe von ihr –, sondern auch in bezug auf die IRH ist die Ähnlichkeit ihrer Worte mit den Formulierungen anderer kommunistischer Nachrufe bestechend, so daß anzunehmen ist, daß sie, wie es nicht ungebräuchlich war, auf jeden Fall Schreibhilfe bekommen hatte. Eine Annahme, die gerade durch die Bemerkung über Mühsams IRH-Mitarbeit noch bestärkt wird, denn kurz vor der Veröffentlichung der Broschüre hatte sie noch öffentlich heftige Kritik an der Hilfsorganisation geübt: »Die Angehörigen der politischen Gefangenen leiden entsetzlich unter bitterster Not. (...) Die ›Rote Hilfe‹ scheint überhaupt nicht zu existieren. Ich kenne neben vielen anderen Arbeiterfrauen Frauen von führenden kommunistischen Funktionären, die buchstäblich nicht einen Pfennig von der ›Roten

Hilfe‹ bekommen haben, die ihr letztes Hab und Gut verpfänden und verkaufen müssen, um wenigstens einige Liebesgaben ihren Gefangenen zukommen zu lassen.« Kreszentia Mühsam: »Erich Mühsams Vermächtnis. Rettet die Opfer des Faschismus«. In: *Aufruf. Zeitschrift für Menschlichkeit* 4 (1934) Nr. 21, S. 545. — 76 Souchy 1934, a.a.O., S. 57. — 77 Rüdiger, a.a.O., S. 17. — **78** Chris Hirte: *Erich Mühsam. »Ihr seht mich nicht feige«.* Berlin 1985, S. 448. Zu Unrecht führt er diese Konstatierung auf die Pariser Trauerfeier des SDS zurück. — **79** Mühsams jüdischer Hintergrund wird lediglich kurz angedeutet in: Mühsam 1935, a.a.O., S. 5; Rocker 1934, a.a.O., S. 10; Leschnitzer, a.a.O., S. 95; Bernhard, a.a.O., S. 1, und Becher, a.a.O., S. 955. — **80** Roland Holst, a.a.O., S. 17. — **81** Andersen Nexö, a.a.O., S. 190 ff. —

Jutta Held

Das Exil der deutschen Künstler in den dreißiger und vierziger Jahren
Zur Exilforschung

Die kunsthistorische Exilforschung hat in den letzten beiden Jahrzehnten eindrucksvolle Einzelergebnisse erzielt, die in einer Reihe von Ausstellungskatalogen, in Monographien, in Dissertationen sowie zu allererst in den sieben Exilbänden der Ostberliner Akademien vorgelegt worden sind.[1] In der Regel sind in diesen Arbeiten alternativ die sogenannte ›rassische‹ oder die politische Verfolgung untersucht worden. Lokale Zusammenhänge im Herkunfts- oder im Exilland oder die Fluchtgründe bildeten den Ausgangspunkt dieser Forschungen, die sich zunächst auf die Rekonstruktion von Biographien und von Exilorganisationen konzentrierten.

Es fehlt dieser Exilforschung bis heute eine starke institutionelle Absicherung, die zum Beispiel ein Museum bieten könnte, dessen Gründung man sich bei dem Museumsboom der letzten Jahrzehnte durchaus hätte vorstellen können. Ein solches Dokumentationszentrum, das es in bescheidener Form für die Literaturwissenschaften immerhin gibt[2], wäre in der Lage, Forschungen gezielt anzuregen, zu bündeln und längerfristig zu tragen. Es blieb statt dessen einer privaten Institution vorbehalten, der Guernica-Gesellschaft, eine umfassende Dokumentation des Exils, der inneren Emigration sowie des Widerstandes der bildenden Künstler gegen den Nationalsozialismus und den europäischen Faschismus aufzubauen, in der die Ergebnisse aller Einzeluntersuchungen gesammelt werden sollen. Obwohl diese Arbeit noch immer am Anfang steht und sich die Dokumentation zur Zeit auf die Auswirkungen des Nationalsozialismus beschränkt, also nicht den europäischen Faschismus insgesamt berücksichtigt, sind bereits Informationen über mehrere hundert KünstlerInnen in diese Dokumentation eingegangen. Sie ist so angelegt, daß sie den Ansprüchen einer Basisdokumentation genügen kann, deren Funktion es ist, nach möglichst vielen unterschiedlichen Gesichtspunkten auswertbar zu sein und weiteren Forschungen zum Ausgangspunkt dienen zu können. Deshalb werden sämtliche Gründe der Verfolgung oder Behinderung berücksichtigt, sei es, daß ein Künstler politisch verfolgt war und politische Kunst machte, sei es, daß er ›rassisch‹ verfolgt war und möglicherweise ganz traditionell arbeitete, oder aber, daß er oder sie aufgrund der Ästhetik seiner oder ihrer Werke in der Arbeit beeinträchtigt wurde. Ferner geht es nicht allein um das Exil, sondern auch um die »innere Emigration« bzw. den Widerstand im eigenen Lande.

Diese fast als Felduntersuchung angelegte empirische Exilforschung hat bisher das offizielle westliche Bild der Avantgarde in den dreißiger und vierziger Jahren kaum irritiert. In Haftmanns aufwendiger und ambitionierter Publikation *Verfemte Kunst* von 1986 ist das Exil nur eine der Leidensgeschichten des modernen Künstlers, über die er triumphiert, um unangefochten seine reine Kunst zu schaffen, der ihre Entstehungsbedingungen äußerlich bleiben.[3] Letztlich hat nach dieser Konzeption das Exil entscheidend dazu beigetragen, die europäische Avantgarde in die Welt hinauszutragen und die Sprache der modernen Kunst zu einem Weltidiom zu machen, in dem sich die Eliten über die Ländergrenzen hinweg verständigen. Das Exil hätte demnach – einer »List der Vernunft« zufolge – den Siegeszug der modernen Kunst entscheidend befördert.[4]

Auch in anderen Disziplinen, so in der Wissenschaftsgeschichte, ist in der ersten Phase der Exilforschung die Geschichte des Exils ähnlich konzipiert worden, nämlich als eine Geschichte des Intelligenztransfers. Die Reaktionen gegen dieses Konzept, die namentlich in den USA früh artikuliert wurden, sind – jedenfalls in der Kunstgeschichte – nicht zur Kenntnis genommen oder aber bagatellisiert worden.[5]

Dieses noch jüngst von Haftmann unreflektiert übernommene Modell der Exilgeschichte ist sicher dem Selbstverständnis vieler Künstler, vor allem der erfolgreichen, adäquat gewesen. So äußerte Thomas Mann 1941: »Das Exil ist etwas ganz anderes geworden... Es ist kein Wartezustand, den man auf Heimkehr abstellt, sondern spielt schon auf eine Auflösung der Nation an und auf die Vereinheitlichung der Welt.«[6]

Einer solchen Interpretation des Exils auf eine mögliche Weltkunst hin schienen Tendenzen in der bildenden Kunst selbst entgegenzukommen, so die Neigung zur Abstraktion und zu mythisierenden Darstellungen, die sowohl bei den Künstlern des Exils als auch bei denen der inneren Emigration zu beobachten sind. Max Beckmann beginnt sich für antike Mythologie zu interessieren und arbeitet an seinen großen Triptychen, bei denen es ihm um die Repräsentation archetypischer Konstellationen geht. Grosz greift im amerikanischen Exil den biblischen Mythos von Kain und Abel auf. Baumeister beginnt mit seinen Gilgameschbildern. Hanna Nagel, die in den zwanziger Jahren mit sozialkritischen Graphiken hervorgetreten war, zeichnet nun in ihren sogenannten *Dunklen Blättern* rätselhafte, allegorische Gestalten und Szenerien. Max Ernst malt seine Horden, Barbaren und Ungeheuer, seine Städte versinken in chaotischer Wildnis. Hans Grundig, der nur heimlich zwischen seinen Verhaftungen arbeiten konnte, malt seine apokalyptischen Visionen.[7] Es wäre zu fragen, ob diese auffällige Präferenz für klassische und frühhistorische Mythen oder die Erfindung ungeheurer

Naturwesen nicht primär in der Isolierung der Künstler begründet war. Auf ihre zunehmende Ausgrenzung antworten sie mit einer Motivik, in der ihre eigene Situation entgrenzt erscheint, verallgemeinert und enthistorisiert. Kaum einer dieser Künstler zeigt noch Interesse an lokalen und zeitlichen Bezügen und Besonderheiten, die in den zwanziger Jahren so präzise beobachtet worden waren. Grosz' Zeichnungen der New Yorker Straßenszenerie – die er ohnehin eher beiläufig anfertigt – muten im Vergleich zu seinen Berliner Szenen fast archetypisch verallgemeinert an. Die Überlegenheit und Handlungsfähigkeit, die die scharfe Sozialkritik der zwanziger Jahre bezeugte – etwa bei Grosz, Dix, Hanna Nagel und den Asso-Künstlern – ist im Exil Bildern des mythischen Schreckens und des Fatalismus, der Ohnmacht gegenüber mächtigeren Instanzen und Gewalten gewichen.

Die westliche Kunstgeschichte hat, wie gesagt, aus dieser Ängste und Ohnmacht demonstrierenden Exilkunst die Grundlegung einer künstlerischen Weltsprache destilliert, deren Mythen und Abstraktionen aufgrund des Mangels an Lokalkolorit verallgemeinerbar zu sein schienen. Vor allem die amerikanische Malerei verdankt nach dieser Interpretation der Exilkunst ihre Überwindung des Regionalismus und ihre globale Wirkungskraft, die sie seit den vierziger und fünfziger Jahren erreichte.[8]

Dieser westlichen Position ist die marxistische Exilforschung, also im wesentlichen die der DDR, wie wir heute erkennen können, in manchen Punkten komplementär gewesen. Die Emigranten wurden hier als Vorboten eines Weltbürgertums gesehen, das eine humanistische, tendenziell proletarische internationale Kultur vertrat, in die Welt trug und sie über Ländergrenzen hinweg gegen den Faschismus verteidigte. Die Exilforschung der DDR arbeitete vor allem heraus, wie diese linken oder linksbürgerlichen Künstler ihre Kunst als Gegenkraft gegen den Nationalsozialismus verstanden und konkrete gesellschaftliche Ziele ins Auge faßten, nämlich durch ihre Arbeit zur Organisation und Festigung einer weltweiten Anti-Hitler-Koalition beizutragen und den friedlichen und demokratischen Wiederaufbau Deutschlands nach dem Kriege vorzubereiten. Erst aus dieser Perspektive wurden Aspekte der Exilkunst erkennbar, die der westlichen Forschung entgangen waren oder der sie geringe Bedeutung beigemessen hatte. Daß zum Beispiel Max Ernst und Kokoschka den politischen Exilorganisationen angehörten und sich nicht scheuen, mit kommunistischen Kollegen zusammenzuarbeiten, daß sie den Volksfrontgedanken bejahten – eine Kooperationsbereitschaft, die heute schon wieder undenkbar zu sein scheint –, wurde durch diese marxistische Forschung überhaupt erst dokumentiert.[9] Nicht die verallgemeinerte Kunstsprache ist nach dieser Forschungskonzeption das entscheidende Merkmal der Exilkunst, sondern ihre politische Frontstellung gegen den Faschismus oder doch die künstlerische Reaktion auf ihn. In diesem Sinne ist auch die mythische Motivik vieler Bilder gedeutet worden.[10]

Es ist zweifellos richtig, daß eine Reihe von Exilkünstlern, denen dies zunächst fernlag, begann, die faschistische Bedrohung in ihren Werken zu reflektieren oder aber bereit war, ihre Gemälde politischen Zielen zur Verfügung zu stellen.[11] Insofern ist der westlichen Exilforschung zu Recht widersprochen worden. Genauso richtig ist es andererseits aber auch, daß die Mehrzahl der Künstler, auch der politisch eindeutig engagierten, darauf bedacht war, künstlerisch autonom zu handeln, das heißt in ästhetischen Fragen sich keinen politischen Vorgaben zu unterwerfen. In der Expressionismusdebatte, die zwischen linken Exilkünstlern und -theoretikern ausgefochten wurde, unterstützte außer Vogeler keiner der bildenden Künstler die These von Kurella und Lukács, daß die Avantgardekunst nichts als ein Zeugnis des untergehenden, dekadenten Bürgertums und folglich für die Ausarbeitung einer fortschrittlichen Kunst gänzlich unbrauchbar sei.[12] In Frankreich und England haben sich die kommunistischen Künstler Wüsten, Lohmar und Graetz an Picassos Gemälde *Guernica* orientiert, das doch ein Beispiel dieser problematisierten Avantgardekunst war.[13] Im englischen Exil waren für den jungen Bildhauer Theo Balden, der ebenfalls ein politischer Flüchtling war, die Arbeiten von Henry Moore richtungsweisend.[14] Obwohl diese engagierten Künstler die Politik der Kommunistischen Partei vertraten, gingen sie doch künstlerisch eigene Wege. Sie orientierten sich ästhetisch an der Kunst der Avantgarde, auch wenn deren Intentionen, Genese und Funktion sie – aus damaliger marxistischer Sicht – nicht als eindeutig fortschrittlich auswiesen. Diese Haltung haben die westlichen Emigranten, die nach dem Krieg in die DDR gingen, wie zum Beispiel Theo Balden, durchweg beibehalten und damit auch gegen Widerstände eine differenzierte künstlerische Entwicklung in der DDR ermöglicht.[15]

Für die Mehrzahl der Exilkünstler stellte sich die Entscheidung zwischen einer selbstbestimmten Kunst oder ihrer Unterordnung unter politische Ziele nicht als radikale Alternative. George Grosz, der zwischen diesen extremen Positionen hin und her schwankte, scheiterte im amerikanischen Exil an dieser antithetischen Bestimmung seiner künstlerischen Praxis oder litt zumindest unter ihr.[16] Die meisten Exilkünstler vermieden jedoch diese Polarisierung und versuchten statt dessen, künstlerische und politische Reflexion partiell zu entkoppeln. Politisch unterstützten sie kollektive Ziele, auch mit ihrer Kunst; doch ästhetisch, also in Formfragen, entschieden sie selbständig. So ist denn im Exil eine Kunst geschaffen worden, die selten von der politischen Klarheit und leicht zu entschlüsselnden Eindeutigkeit ist wie die der zwanziger Jahre. Sie gibt dafür viel von den subjektiven Ängsten und Ohnmachtsgefühlen und der Isolation in der Emigration zu erkennen. Ästhetische und politische Bestimmung der Kunst sind von den Künstlern im Exil nicht als absolute Gegensätze gehandhabt worden, sondern als zwei gleichermaßen gültige Prinzipien der Modernität, die einander wechselseitig begrenzen und korrigieren können und sollen. Einseitigkeiten der marxistischen Forschung müssen hier sicher korrigiert werden.

Nun ist in den letzten Jahren sowohl die westliche als auch die östliche (marxistische) Sicht des Exils in Frage gestellt worden. Der geschichtstheoretische Universalismus, der dieser ersten Phase der Exilforschung zugrunde lag, sowohl der westlichen wie der östlichen, die Überzeugung vom Siegeszug einer ästhetisch-formalen oder auf der anderen Seite einer humanistischen Weltkultur, sind gleichermaßen suspekt geworden.

Jüngere Versuche, für die Exilgeschichte einen kategorialen Rahmen zu finden, gehen vom Scheitern des Exils aus.[17] Weder konnten die Exilkünstler und -intellektuellen den Wiederaufbau in Westdeutschland nach dem Krieg maßgeblich mitbestimmen (von einer entscheidenden Beeinflussung des Anti-Hitler-Krieges ganz abgesehen), noch erwies sich die antifaschistische Kultur in der DDR als stabil. Die Intellektuellen und Künstler, die in der ersten Phase der Exilforschung als Avantgarde einer zu realisierenden weltweiten Kultur galten, sehen sich nun einer »Soziologie der Peripherie« subsumiert. Damit ist über die prätendierte Weltkultur schon vom Ansatz her das Urteil gesprochen. Sahen sie selbst sich oft in den Zentren kulturellen Geschehens, so werden sie nun auf eine marginale Rolle verwiesen. Das Verhältnis zwischen der Kultur des Herkunfts- und des Exillandes wird nicht länger als unproblematisch unterstellt, wie es im Konzept des Intelligenztransfers erschien. Das betrifft vor allem das Verhältnis der Exilkünstler zu den USA.

Schon früh hatten die amerikanischen Künstler, so die Minimal- und Pop-Künstler, ansatzweise auch schon die amerikanischen *action painters*, auf die europäische künstlerische Prädominanz seit den Exiljahren mit einer nationalistischen, antieuropäischen Bestimmung ihrer eigenen Kunst reagiert.[18] Die beherrschende Position europäischer Exilkünstler in den vierziger Jahren, die den Abbruch oder die Marginalisierung amerikanischer realistischer Traditionen im eigenen Lande zur Folge hatte, wird inzwischen als problematisch erkannt.[19] Das Exil wird von den USA aus nicht mehr als die Geschichte eines Zivilisationsschubes verstanden, sondern als die Geschichte einer Verdrängung eigener, auch linker amerikanischer Traditionen. Statt eine dauerhafte Synthese zwischen der Kultur der Exilkünstler und der des Gastlandes anzunehmen, wird nun von Überlagerungen gesprochen. Die lange verdrängten Konflikte und Blindheiten bei dem Versuch einer Implantation europäischer Kultur werden inzwischen kritisch wahrgenommen.[20] Die Zähigkeit und Folgerichtigkeit, mit der die europäischen Künstler – zumindest einige, meist die erfolgreichen unter ihnen – die Prinzipien ihrer eigenen Kunst als Norm setzten, wird nun auch als ein Problem ihrer Exilsituation, die mit Realitätsverlusten verbunden war, interpretierbar. Gerade weil sie die Basis ihrer Existenz verloren hatten und allein ihre Kunst ihnen Identität sicherte, hielten sie unbeirrt an ihr fest, ohne die veränderten Lebensbedingungen im Gastland künstlerisch zu reflektieren. Weder in ihrer Ästhetik noch in ihrer Motivik läßt sich eine Offenheit gegenüber der Kultur ihres Gastlandes entdecken, untersucht man das amerikanische Œuvre etwa von Max Ernst, Hofmann, Albers oder auch von Chagall, Dali oder Léger. Gerade in dem, was als Bedingung ihrer Größe galt und gilt, in der ungebrochenen Identität ihrer künstlerischen Position, werden nun auch ihre Grenzen sichtbar.[21]

In dieser neuen, skeptischen Phase der Exilforschung können erst die zahlreichen empirischen Forschungsanstrengungen zur Geltung kommen und produktiv werden, die sich auf die sogenannten »kleinen« Künstler beziehen. Die Künstler im britischen Exil, die in einer Berliner Ausstellung vorgestellt wurden, Horst Strempel, über den in Kürze eine Monographie erscheinen wird, die vielen Künstler, die in der Dokumentation der Guernica-Gesellschaft erfaßt wurden, hatten kaum je das Glück gehabt, Protektionen zu finden. Ihr Œuvre ist von Brüchen, geteilten Loyalitäten, von scheiternden Versuchen, sich zu assimilieren, oder auch von künstlerischem Verstummen gekennzeichnet.

Haftmanns Exilgeschichte war eingestandenermaßen nur von den Ausnahmen ausgegangen, denen er die Unterstützung, die sie fanden, so daß sie die Härten des Exils weniger erfuhren, als eigenes Genie gutschrieb. Von dieser Erfolgsgeschichte her erscheint das Exil als ein fast bruchloser Übergang zur Expansionsphase der europäischen Kultur. Als eigenständiges historisches Phänomen wird es dagegen erst erkennbar, wenn seine Niederlagen gesehen werden, wenn die Erfahrungen der Mehrzahl der Künstler berücksichtigt werden, die es als eine Zeit erlebten, in der sie gleichermaßen distanziert und isoliert von ihrem Herkunftsland wie in ihrem Gastland lebten. Diese neue Thematisierung des Exils als einer geschichtlichen Erfahrung der Peripherie ist zweifellos durch die Diskussionen um die multikulturellen Gesellschaften und die Migrationen angeregt worden. Hier geht es ganz wesentlich darum, den Missionsdrang einer Kultur, ihr Dominanzstreben, theoretisch zu unterminieren und ihren Geltungsanspruch im Verhältnis zu anderen Kulturen zu relativieren. Die kulturelle Segregation, die theoretisch legitimiert wird, hat dabei in der heutigen Situation zugleich die problematische politische Funktion, die nicht gelingende Integration von Immigranten abzufedern. Ihnen wird von gutmeinenden Theoretikern und Politikern gern ihre exotische kulturelle Identität zugestanden – selbstverständlich nur so weit, wie sich diese in der Marginalität entfaltet –, weil sich damit das Problem ihrer gleichberechtigten Teilhabe am gesellschaftlichen und politischen Leben des Gastlandes nicht oder weniger scharf stellt.[22]

In historischer Perspektive, also auf die Kunst des Exils bezogen, ist die Konsequenz dieses multikulturellen Ansatzes, daß die Kunst der Exilanten nur in ihrer individuellen Funktion, als Medium subjektiver Identitätsfindung und Ich-Stabilisierung anerkannt wird, daß ihre weiterreichenden politischen oder künstlerischen Ambitionen jedoch als unrealistisch oder anmaßend gewertet werden. Der kulturpolitische Anspruch vieler Exilkünstler findet entweder kein Interesse mehr oder wird als irrelevant, wenn nicht als suspekt, zurückgewiesen. Die Helden und geheimen, das heißt moralischen Sieger von einst sind zu Scheiternden geworden, deren politischer, utopischer Auftrag, der ihr Selbstverständnis entscheidend prägte, auf Unverständnis stößt. In Parenthese sei gesagt, daß diese Revision des Exils selbstverständlich vor allem die antifaschistisch, das heißt politisch engagierten Künstler und Intellektuellen trifft. Die Funktion dieses Teils der Debatte ist nur allzu offensichtlich, darf aber nicht zum Leitziel der Forschung werden, der es um historische Gerechtigkeit gehen muß. Die Übertragung der Multikulturendebatte auf die Exilforschung hat zweifellos auf Defizite und auf unreflektiert aus dem Selbstverständnis der Künstler übernomme Ansprüche aufmerksam gemacht, deren Kehrseite, das durch sie Verdrängte, in der Tat mit in die wissenschaftliche Reflexion aufgenommen werden muß. Insofern ist der postmoderne Relativismus von Nutzen, der allerdings die Relativität seiner eigenen Geltung auch bedenken sollte. Die heftige Reaktion, etwa von Finkielkraut[23], auf die postmoderne Tendenz, Differenzen in einer Gesellschaft nur noch kulturell, nicht aber als soziale Ungleichheit zu definieren und sie infolgedessen nicht zu bewerten, geschweige denn abbauen zu wollen, deutet bereits eine Korrektur des Multikulturenrelativismus an. So ist auch mit dieser Debatte nicht das letzte Wort über das Exil gesprochen. Selbst wenn wir zu dem Weltkulturenkonzept nicht zurückkehren können, so bleibt in der Exilkunst und -kultur doch genügend zu entdecken, das der Bewahrung wert ist und eine »transkulturelle« Bedeutung und Aktualität gewinnen kann. Dazu gehört sicher der heute eher herabgesetzte Widerstandswille gegen den Faschismus. Dessen Entstehungsbedingungen und historische Bedeutung zu erforschen, gibt es weiterhin dringliche Gründe. Dazu gehört gewiß auch die Zurückweisung politischer Totalisierungsansprüche, genauso aber auch die Bereitschaft, Grenzen der künstlerischen Autonomie anzuerkennen. Gerade für das heute unabweisbare Erfordernis, widersprüchliche Bestimmungen anzuerkennen und sie subjektiv zu synthetisieren, sind in den individuellen Versuchen der Exilanten, künstlerische und politische Praxis und Reflexion zu koordinieren, aktuelle Ansatzpunkte zu finden.

1 Vgl. u. a. die folgenden Ausstellungskataloge, die das Exil und die innere Emigration dokumentieren: *Die dreißiger Jahre. Schauplatz Deutschland.* München, Essen, Zürich 1977. *Zwischen Widerstand und Anpassung.* Berlin 1978. *Weggefährten – Zeitgenossen.* Berlin / DDR 1979. *Widerstand statt Anpassung.* Karlsruhe 1980. *Verfolgt – verführt. Kunst unterm Hakenkreuz.* Hamburg 1983. *Verboten – verfolgt. Kunstdiktatur im 3. Reich.* Duisburg 1983. *Skulptur und Macht.* Berlin 1983. *Aus Berlin emigriert.* Berlin 1983. *Abstrakte Maler der inneren Emigration.* Mainz und Bonn 1984. *Kunst im Exil in Großbritannien.* Berlin 1986. *Die Axt hat geblüht.* Düsseldorf 1987. *Kunst und Literatur im antifaschistischen Exil, 1933–1945 in sieben Bänden.* Leipzig 1978 ff. Mit diesen zuletzt genannten Bänden ist die Exilforschung als interdisziplinäres Projekt eingeleitet worden. Für die weitere Forschung stellten diese Bände die ersten Grundlagen bereit. Das gilt auch für die Kunstgeschichte, obwohl sie in diesem Projekt eine Nebenrolle gespielt hat. — 2 Vgl. die Arbeitsstelle für deutsche Exilliteratur, die der Hamburger Universität angegliedert ist. — 3 Werner Haftmann: *Verfemte Kunst. Bildende Künstler der inneren und äußeren Emigration in der Zeit des Nationalsozialismus.* Köln 1986, S. 10 ff. S. 19 mahnt Haftmann die Exilforschung, »vor dem politischen und soziologischen Drumherum nicht das eigentliche Anliegen zu vergessen – die selbständige Leistung des autonomen Künstlers, der im Unmaß der Zerstörung die zeitgenössische Kunst über die grauenhaften Abgründe der Zeit bewahrend und vorantreibend rettete«. — 4 Haftmann, a.a.O., S. 44: »Die Kunst des Exils wird sich stets an dem zu messen haben, was sie der kommenden Kunst nach dem Ende von Verfolgung und Krieg hilfreich anzubieten hatte. Sie stellt heute, nach einem halben Jahrhundert, selbst den Traditions- und Wachstumsgrund der sich stetig entwickelnden bildenden Kunst«. — 5 Vgl. die Zitate in: W. Spies (Hg.): *Max Ernst, Retrospektive.* München 1979, S. 120, Anm. 6. Vgl. auch S. Hunter: *American Art of the 20th Century.* New York 1973, S. 145 f. Nach Hunter hat der europäische Surrealismus die amerikanische Kunstgeschichte kaum tangiert. Dennoch geht auch Hunter im wesentlichen von der Annahme eines Kulturtransfers aus (vgl. S. 164 f.). — 6 Zitiert bei: Sven Papcke: »Fragen an die Exilforschung heute«. In: *Exilforschung* 6 (1988), S. 23. — 7 Vgl. von Beckmann u. a.: *Hölle der Vögel* (1938); *Der Tod* (1938, beide Berlin, Nationalgalerie); *Perseus und Andromeda* (1941, Essen, Folkwang Museum). Zu Grosz' *Kain und Abel* von 1936 vgl. M. K. Flavell: *George Grosz, A Biography.* New Haven, London 1988, S. 171 f. Hanna Nagels Dunkle Blätter in: Hanna Nagel: *Ich zeichne, weil es mein Leben ist.* Karlsruhe 1977. Von Max Ernst vgl. u. a.: *Forêt* (1935); *La ville entière* (1935–1936); *La joie de vivre* (1935); *L'Ange du foyer* (1937). Max Ernst und die Surrealisten begannen mit diesen Sujets bekanntlich bereits in den zwanziger Jahren. Dennoch scheint es mir aufschlußreich zu sein, daß erst in den dreißiger Jahren das surrealistische »Paradigma« Leitfunktion in der Avantgarde gewann, so daß sich ihm z. B. auch Picasso annäherte. Von Hans Grundig vgl. sein Gemälde *Das tausendjährige Reich* (1935–1938) und seine Grafikserie *Tiere und Menschen* (ca. 1934–1938). Von Baumeister u. a. *Gilgamesch und Enkidu* (1943). — 8 E. Lucie-Smith: *Art of the 1930s. The Age of Anxiety.* London 1985, S. 226 ff. Vgl. zu dem Problem auch H. Rosenberg: »International Art and the New Globalism«. In: Ders.: *The Anxious Object.* London 1964, S. 205 ff. — 9 Zu Max Ernst und Kokoschka im Exil vgl. Jutta Held: »Widerstand der bildenden Künstler gegen den Faschismus«. In: *Exil* (1985), H. 2, S. 46 ff. und die in Anm. 1 genannte Literatur. — 10 Zu diesen Deutungen Jutta Held: »Faschismus und Krieg. Positionen der Avantgarde in den dreißiger Jahren«. In: Dies. (Hg.): *Der Spanische Bürgerkrieg und die bildenden Künste.* Hamburg 1989, S. 53 ff. — 11 Max Ernst stellte gemeinsam mit linken Exilkünstlern aus. Selbst Kandinsky läßt es zu, daß seine Kunst in den Kontext der Résistance gerückt wird, indem er gleich nach dem Krieg bei Jeanne Bucher ausstellte, einer Galerie, die der Résistance nahestand und nach Abzug der Deutschen die »befreite« Kunst ausstellte. Vgl. Jutta Held: »Widerstand der bildenden Künstler gegen den Faschismus«, a.a.O., S. 46–59. — 12 Hans Jürgen Schmitt (Hg.): *Die Expressionismusdebatte.* Frankfurt/M. 1973. — 13 Vgl. Jutta Held: »How Do the Political Effects of Pictures Come About? The Case of Picasso's Guernica«. In: *Oxford Art Journal* 11 (1988), No. 1, S. 33 ff. Dies.: »Widerstand der bildenden Künstler«, a.a.O., S. 47 f. — 14 U. Feist: *Theo Balden.* Dresden 1983, S. 48. — 15 Ein Beispiel ist der Bildhauer Theo Balden, für den die Orientierung an der Kunst Henry Moores (u. a.), von der er nicht abrückte, so etwas wie ein

offener Horizont war, den er in der DDR nicht verlieren wollte (Interview mit Theo Balden, Dezember 1991). — 16 Uwe Schneede: *George Grosz.* Köln 1975, S. 187 ff. — 17 Vgl. Papcke, a.a.O. Hermann Haarmann: »In der Fremde schreiben«. In: *Exilforschung* 7 (1989), S. 11–20. — 18 Jutta Held: »Minimal Art – eine amerikanische Ideologie«. In: *Neue Rundschau* 81 (1972), H. 4, S. 660 ff. Dies.: »Pop Art und Werbung in den USA«. In: *Kritische Berichte* 4 (1976), H. 5/6, S. 27 ff. — 19 Vgl. Serge Guilbaut: *How New York Stole the Idea of Modern Art. Abstract Expressionism, Freedom and the Cold War.* Chicago, London 1983, S. 42 ff., S. 49 ff., S. 172 ff. — 20 Vgl. Papcke, a.a.O. Dort Literaturangaben. — 21 Vgl. hierzu auch Erich Kleinschmidt: »Schreibpositionen. Ästhetikdebatten im Exil zwischen Selbstbehauptung und Verweigerung«. In: *Exilforschung* 6 (1988), S. 191–213. — 22 Vgl. hierzu: Center of Contemporary Cultural Studies (Hg.): *The Empire Strikes Back.* Birmingham 1982. — 23 Alain Finkielkraut: *Die Niederlage des Denkens.* Reinbek 1989.

Michael Philipp

Auswahlbibliographie Innere Emigration

Die vorliegende Auswahl-Bibliographie gilt der nicht-nationalsozialistischen Literatur innerhalb Deutschlands in den Jahren 1933 bis 1945, der *Inneren Emigration*, darunter auch der camouflierten Systemkritik der publizistischen Opposition, und ihrer wissenschaftlichen Erforschung. Nicht berücksichtigt werden – mit einer Ausnahme, dem Gedichtband Gertrud Kolmars – die Veröffentlichungen in jüdischen Verlagen in den Jahren 1933 bis 1943, die spezifischen Bedingungen und Einschränkungen unterworfen waren; hier wird auf die Bibliographie Henry Wassermanns (siehe unter I.) verwiesen.

Neben den einschlägigen Bibliographien findet sich eine Auswahl von rund 100 Titeln der Primärliteratur, die unter verschiedenen Gesichtspunkten dem Spektrum der *Inneren Emigration* zuzuordnen ist. Auswahlkriterien waren zum einen die Absicht, die in der Sekundärliteratur mehr oder weniger häufig genannten Texte nachzuweisen und zusammenzustellen, zum anderen die Bandbreite der »nicht-nationalsozialistischen« innerdeutschen Literatur der Jahre 1933 bis 1945 zu dokumentieren. Während bei einigen Texten ihre politischen Implikationen ausschlaggebend waren, wurden andere gerade wegen ihres Eskapismus' aufgenommen, weil sie als Zeugnisse einer erzwungenen oder gewollten Flucht aus einer ideologisierten Lebenswelt ihre Bedeutung für die Problematik der *Inneren Emigration* haben. Die Aufstellung der Primärtexte kann in ihrer Vielfalt vielleicht den Anspruch der Repräsentativität erheben, keineswegs aber den einer auch nur annähernden Vollständigkeit. Die mutmaßliche literaturgeschichtliche Bedeutung der Texte und ihr jeweiliges literarisches Niveau wurden nicht berücksichtigt. Grundsätzlich ist die Erstausgabe notiert, Hinweise auf spätere Auflagen, die oft erläuternde Vor- und Nachworte enthalten, mußten unterbleiben.

Die Aufstellung der Primärtexte umfaßt neben einigen essayistischen Arbeiten vor allem fiktionale Prosa und Lyrik. Die Publikationen sind mit einer Genrebezeichnung versehen, sofern die jeweilige Gattung nicht aus dem Titel ersichtlich ist; die Angabe der Seitenzahl ermöglicht eine Vorstellung vom Umfang der Werke. Bei den angegebenen Verlagen dominieren die großen Häuser Insel und Fischer, es sind allerdings auch Unternehmen wie Langen-Müller und die Hanseatische Verlags-Anstalt vertreten. Daß insbesondere auch kleine Verlage wie die Rabenpresse oder Heinrich Ellermann relativ häufig im Zusammenhang mit nicht-nationalsozialistischer Literatur im »Dritten Reich« genannt werden, würde nur aus einer weit umfangreicheren Aufstellung deutlich.

Die sehr disparaten Texte haben im wesentlichen nur die Gemeinsamkeiten, in den Jahren zwischen 1933 und 1945 geschrieben worden zu sein und von Autorinnen und Autoren zu stammen, die weder emigriert sind – mit Ausnahme Peter Gans – noch zu den explizit nationalsozialistischen Schriftstellern gehören (vgl. etwa Jürgen Hillesheim / Elisabeth Michael: *Lexikon nationalsozialistischer Dichter*, Würzburg 1993). Damit ist keine Aussage über die mitunter wechselnde, gelegentlich durchaus ambivalente persönliche Einstellung der Verfasser zum Nationalsozialismus verbunden. Unter den Autorinnen und Autoren der Primärtexte finden sich mit Gottfried Benn, Oskar Loerke, Walter von Molo und Ina Seidel auch vier von insgesamt 88 Unterzeichnern des »Treuegelöbnisses« deutscher Schriftsteller vom Oktober 1933. Die Aufstellung der Primärliteratur umfaßt Texte von etwa 60 Autorinnen und Autoren. Zahlreiche weitere wären vielleicht mit gleicher Berechtigung zu ergänzen, etwa Richard Billinger, Friedrich Bischoff, Kasimir Edschmid, Anton Schnack, Friedrich Schnack, W. E. Süskind.

Die meisten der angeführten Primärtexte erschienen zur Zeit der nationalsozialistischen Herrschaft innerhalb Deutschlands, einige wie Ernst Wiecherts *Der weiße Büffel* oder Werner Krauss' im Zuchthaus geschriebener Roman *PLN* konnten erst nach 1945 veröffentlicht werden. Einige Autoren lebten in Deutschland, veröffentlichten aber zumindest teilweise im Ausland, wie Ricarda Huch in der Schweiz oder Erich Ebermayer bis 1938 bei Zsolnay in Wien. Eine Besonderheit ist Werner Bergengruens Gedichtsammlung *Der ewige Kaiser*, die er 1937 anonym in Graz publizierte. Andere Autoren, etwa Henry Benrath (d. i. Albert H. Rausch) und Stefan Andres, hielten sich über einen längeren Zeitraum nicht in Deutschland auf, während ihre Bücher dort gedruckt wurden. Beide Autoren werden gemeinhin nicht als Emigranten bezeichnet, anders dagegen Werner Helwig, der deshalb nicht in dieser Bibliographie vertreten ist, obwohl seine Reiseromane 1939 bis 1941 bei Asmus in Leipzig herauskamen. Mit den ersten beiden Büchern Peter Gans (d. i. Richard Moering) sind in der Bibliographie die noch im »Dritten Reich« erschienenen Werke eines ›Spät‹emigranten berücksichtigt.

Dem nur schwer eingrenzbaren, vielschichtigen Phänomen der *Inneren Emigration* entsprechend, erschien eine Flexibilität der Kriterien angemessener als eine ausschließliche Fixierung auf Veröffentlichungsdatum und -ort oder politisch eindeutig anti-nationalsozialistische Tendenz. Trotz dieses weiten Rahmens bleiben einige Optionen im Handlungsspektrum der *Inneren Emigration* weitgehend unberücksichtigt: das Ausweichen in die Medien Film und Rundfunk, die Wendung zum Zeitungsfeuilleton oder zu Kinderbüchern, die Möglichkeit bibliophiler Privatdrucke oder der gänzliche Verzicht auf Veröffentlichungen. Auch andere Kategorien nicht-nationalsozialistischer Publizistik wurden nicht aufgenommen: Übersetzungen zeitgenössischer Autoren oder antiker Dichter, wie sie etwa Thassilo von Scheffer oder Rudolf Alexander Schröder auch zwischen 1933 und 1945 veröffentlicht haben. Ebenso fehlen Klassiker-Editionen, bei denen es neben Beispielen der nationalsozialistischen Inanspruchnahme auch solche einer Distanzierung gibt. Lediglich die vielzitierte Anthologie *Deutscher Geist*, herausgegeben von Oskar Loerke und Peter Suhrkamp, vertritt diesen Bereich. Auf die Aufnahme nicht-nationalsozialistischer Periodika wie *Corona*, *Deutsche Rundschau* oder *Neue Rundschau* wurde verzichtet.

Die »Texte von Zeitzeugen« umfassen eine Auswahl nach 1945 erschienener Tagebücher, Autobiographien und expliziter Stellungnahmen der innerhalb des Deutschen Reiches Verbliebenen sowie Äußerungen und Darstellungen von Exilanten aus der Zeit vor und nach 1945. Die Auseinandersetzungen in der Exilpresse über die innerdeutsche Literatur sowie die Diskussion um die Literatur der BRD und DDR nach 1945 konnten aus Gründen der Quantität nur ansatzweise berücksichtigt werden. Die angeführten Texte beschränken sich nahezu ausschließlich auf Probleme der Literatur; Fragen etwa der Wissenschaftsgeschichte im Nationalsozialismus blieben ausgeklammert. Zur nonkonformen Lebenserfahrung im Nationalsozialismus bieten etwa auch die Tagebücher und Briefeditionen von Aktivisten des Widerstands Aufschlüsse. Diese konnten aus Gründen der Umfangsbeschränkung ebensowenig aufgenommen werden wie die zeitgenössischen Darstellungen der Gegenwartsliteratur aus nationalsozialistischer Sicht, etwa der dritte Band von Albrecht Soergels Literaturgeschichte oder insbesondere die ersten Auflagen von Franz Lennartz: *Die Dichter unserer Zeit* (Stuttgart 1938 ff.).

Der Bereich der (wissenschaftlichen) Darstellungen nennt Monographien und Aufsätze zu den verschiedensten Aspekten der *Inneren Emigration*, zum Teil bereits aus den fünfziger, vor allem aber aus den siebziger Jahren und danach. Neben autorenspezifischen Aufsätzen und Werkanalysen sind insbesondere auch Untersuchungen über die gesellschaftlichen Lebensbedingungen innerhalb des »Dritten Reiches« berücksichtigt. Die breite monographische Sekundärliteratur zu einzelnen prominenten Autoren wie Benn, Jünger oder Hauptmann wurde grundsätzlich nicht aufgenommen; sie ist in Biographien und Personalbibliographien jeweils leicht zu recherchieren. Selbstverständlich enthalten viele biographische Monographien auch grundsätzliche Kapitel über die *Innere Emigration* bzw. Literatur im Nationalsozialismus. Darstellungen über NS-Ideologie, NS-Institutionen, NS-Kulturpolitik, nationalsozialistische und völkische Literatur, Widerstand im allgemeinen sowie über Bücherverbrennung und Exil etc. wurden nur berücksichtigt, wenn sie relevante Kapitel zum Thema *Innere Emigration* enthalten.

Sammelwerke, die im folgenden nur mit der jeweiligen Ziffer angegeben werden, sind am Schluß der Bibliographie verzeichnet.

I. Bibliographien

Deutsche Bücher 1933–1945. Eine kritische Auswahl. Mit einer Vorrede von Wilhelm Hoffmann, Stuttgart 1949.
Deutsche Bücher 1939–1945. Eine Auswahl, Hg. Hanns W. Eppelsheimer, Frankfurt/M. 1947.
Deutsche Nationalbibliographie. Ergänzung I. Verzeichnis der Schriften, die 1933–1945 nicht angezeigt werden durften. Bearbeitet und hg. von der Deutschen Bücherei Leipzig, Leipzig 1949 [Reprint Leipzig 1978].
Faschismus und Widerstand 1933–1945. Ein Literaturverzeichnis, Hg. Ursel Hochmuth, Frankfurt/M. 1973.
Hopster, Norbert / Josting, Petra: Literaturlenkung im »Dritten Reich«. Eine Bibliographie, 2 Bde., Hildesheim 1993 f.
Liste der auszusondernden Literatur, Hg. Deutsche Verwaltung für Volksbildung in der sowjetischen Besatzungszone, Berlin 1946.
Liste des schädlichen und unerwünschten Schrifttums. Stand vom 31. Dezember 1938 und Jahreslisten 1939–1941, Leipzig 1938 ff. [Reprint Vaduz 1979].
Mohler, Armin: Die Konservative Revolution in Deutschland 1918–1933. Mit einem Ergänzungsband, Darmstadt ³1989.
Pickar, Gertrud B.: Deutsches Schrifttum zwischen den beiden Weltkriegen (1918–1945), Bern / München 1974.
Richards, Donald Ray: The German Bestseller in the 20th Century. A Complete Bibliography and Analysis 1915–1940, Bern 1968.
Wassermann, Henry: Bibliographie des Jüdischen Schrifttums in Deutschland 1933–1943, München u. a. 1989.
Wende-Hohenberger, Waltraud: Auswahlbibliographie: Kulturpolitische Ansprachen, Reden und Vorträge der Jahre 1945 bis 1949, in: dies.: Ein neuer Anfang? Schriftsteller-Reden zwischen 1945 und 1949, Stuttgart 1990, S. 315–328.

II. Primärtexte (Literatur, Essayistik)

Akerman, Achim von: Die Stunde vor Tag, [Gedichte, 86 S.], Leipzig: Insel 1938.
Andres, Stefan: El Greco malt den Großinquisitor, [Erzählung, 59 S.], Leipzig: List 1936.
ders.: Das Grab des Neides, [Novellen, 267 S.], Berlin: Riemerschmidt 1939.
ders.: Wir sind Utopia, [Erzählung, 91 S.], Berlin: Riemerschmidt 1943.
Barlach, Ernst: Fragmente aus sehr früher Zeit, [175 S.], Berlin: Riemerschmidt 1939.
Benn, Gottfried: Ausgewählte Gedichte 1911–1936, [104 S.], Stuttgart: Deutsche Verlags-Anstalt 1936.
ders.: Zweiundzwanzig Gedichte, [32 S.], Privatdruck 1943.
Benrath, Henry: Welt in Bläue, [165 S.], Stuttgart: Deutsche Verlags-Anstalt 1938.
Bergengruen, Werner: Der ewige Kaiser, [Gedichte, 76 S.], Graz 1937 [erschien anonym].
ders.: Der Großtyrann und das Gericht, [Erzählung, 306 S.], Hamburg: Hanseatische Verlags-Anstalt 1940.
ders.: Am Himmel wie auf Erden, [Roman, 623 S.], Hamburg: Hanseatische Verlags-Anstalt 1940.
ders.: Dies Irae, [Gedichte, 30 S.], Zürich: Arche 1945.
Britting, Georg: Das gerettete Bild, [Erzählungen, 103 S.], München: Langen-Müller 1938.
ders.: Rabe, Roß und Hahn, [Gedichte, 89 S.], München: Langen-Müller 1939.
Brück, Max von: Im Laufe der Zeit. Gesammelte Feuilletons aus der Frankfurter Zei-

tung, [400 S.], Frankfurt/M.: Societät 1940.
Carossa, Hans: Führung und Geleit. Ein Lebensgedenkbuch, [190 S.], Leipzig: Insel 1933.
ders.: Geheimnisse des reifen Lebens. Aus den Aufzeichnungen Angermanns, [Roman, 237 S.], Leipzig: Insel 1936.
ders.: Wirkungen Goethes in der Gegenwart, [Rede, 33 S.], Leipzig: Insel 1938.
ders.: Das Jahr der schönen Täuschungen, [319 S.], Leipzig: Insel 1941.
Clemen, Paul: Lob der Stille, [66 S.], Düsseldorf: Schwann 1936.
Deutscher Geist. Ein Lesebuch aus zwei Jahrhunderten. Hg. Oskar Loerke / Peter Suhrkamp, 2 Bde. [764, 983 S.], Berlin: Fischer 1939.
Ebermayer, Erich: Unter anderem Himmel, [Roman, 424 S.], Wien / Berlin / Leipzig: Bischoff 1941.
Eich, Günther: Radium [Hörspiel, Ursendung 22. 9. 1937].
Fallada, Hans: Wolf unter Wölfen, [Roman, 2 Bde., 1155 S.], Berlin: Rowohlt 1937.
Finck, Werner: Das Kautschbrevier. Gefaßte Prosa und zerstreute Verse, [121 S.], Berlin: Herbig 1938.
Gan, Peter [d. i. Richard Moering]: Von Gott und der Welt. Ein Sammelsurium, [292 S.], Berlin: Atlantis 1935.
ders.: Die Windrose, [Gedichte, 171 S.], Berlin: Atlantis 1935.
Goes, Albrecht: Lob des Lebens. Betrachtungen und Gedichte, [170 S.], Stuttgart: Deutsche Verlags-Anstalt 1936.
Hagelstange, Rudolf: Venezianisches Credo, [Gedichte, 42 S.], Wiesbaden: Insel 1946.
Haushofer, Albrecht: Sulla. Ein Schauspiel in fünf Akten, [215 S.], Berlin: Propyläen 1938.
ders.: Moabiter Sonette, [Gedichte, 88 S.], Berlin: Blanvalet 1946.
ders.: Chinesische Legende. Eine dramatische Dichtung, [126 S.], Berlin: Blanvalet 1949.
Hausmann, Manfred: Abschied von der Jugend, [Roman, 295 S.], Bremen: Schünemann 1937.
Hesse, Max René: Jugend ohne Stern, [Roman, 474 S.], Berlin: Krüger 1943.
Huch, Ricarda: Quellen des Lebens. Umrisse einer Weltanschauung, [76 S.], Leipzig: Insel 1935.

Jünger, Ernst: Auf den Mamorklippen, [Roman, 156 S.], Hamburg: Hanseatische Verlags-Anstalt 1939.
ders.: Gärten und Straßen. Aus den Tagebüchern von 1939 und 1940, [218 S.], Berlin: Mittler 1942.
ders.: Der Friede. Ein Wort an die Jugend Europas und an die Jugend der Welt, [Essay, 54 S.], Amsterdam: Die Argonauten 1945.
Jünger, Friedrich Georg: Gedichte, [77 S.], Berlin: Widerstands-Verlag 1936.
ders.: Griechische Götter. Apollon – Pan – Dionysos, [86 S.], Frankfurt/M.: Klostermann 1943.
ders.: Der Taurus, [Gedichte, 114 S.], Hamburg: Hanseatische Verlags-Anstalt 1943.
Kasack, Hermann: Das Ewige Dasein, [Gedichte, 256 S.], Berlin / Frankfurt/M.: Suhrkamp 1943.
Kaschnitz, Marie Luise: Elissa, [Roman, 274 S.], Berlin: Universitas 1937.
dies.: Griechische Mythen, [159 S.], Hamburg: Claassen & Goverts 1943.
Kassner, Rudolf: Von der Einbildungskraft, [215 S.], Leipzig: Insel 1936.
ders.: Buch der Erinnerung, [365 S.], Leipzig: Insel 1938.
ders.: Der Gottmensch. Gespräch und Gleichnis, [100 S.], Leipzig: Insel 1938.
Klatt, Fritz: Schweigen und Reden, [Rundfunkvortrag, Reichssender Berlin 17. 5. 1935], in: ders.: Sprache und Verantwortung, Wien / Köln 1960, S. 101–119.
Klepper, Jochen: Der Vater. Roman des Soldatenkönigs, [600 S.], Stuttgart: Deutsche Verlags-Anstalt 1937.
ders.: Der Soldatenkönig und die Stillen im Lande. Begegnungen Friedrich Wilhelms I. mit August Hermann Francke, August Gotthold Francke, Johann Anastasius Freylingshausen, Nikolaus Ludwig Graf von Zinzendorf, [159 S.], Berlin: Eckart 1938.
Koeppen, Wolfgang: Die Mauer schwankt, [Roman, 380 S.], Berlin: Cassirer 1935.
Kolmar, Gertrud [d. i. Gertrud Chodziesner]: Die Frau und die Tiere, [Gedichte, 86 S.], Berlin: Jüdischer Buchverlag E. Löwe 1938.
Kommerell, Max: Der Lampenschirm aus den drei Taschentüchern. Eine Erzählung von gestern, [370 S.], Berlin: Fischer 1940.

ders.: Die Gefangenen. Trauerspiel in fünf Akten, [131 S.], Frankfurt/M.: Klostermann 1946.
ders.: Dichterische Welterfahrung, Hg. Hans Georg Gadamer, [Essays, 230 S.], Frankfurt/M.: Klostermann 1952.
Krauss, Werner: Corneille als politischer Dichter, Marburg 1936.
ders.: PLN. Die Passionen der halykonischen [sic] Seele, [Roman, 373 S.], Frankfurt/M.: Klostermann 1946.
Kreuder, Ernst: Die Nacht des Gefangenen, [Erzählungen, 191 S.], Darmstadt: Wittich 1939.
Kuckhoff, Adam: Der Deutsche von Bayencourt, [Roman, 416 S.], Berlin: Rowohlt 1937.
Kurz, Isolde: Die Pilgerfahrt nach dem Unerreichlichen. Lebensrückschau, [698 S.], Tübingen: Wunderlich 1938.
Lampe, Friedo: Am Rande der Nacht, [Roman, 167 S.], Berlin: Rowohlt 1934.
ders.: Septembergewitter, [139 S.], Berlin: Rowohlt 1937.
Lange, Horst: Schwarze Weide, [Roman, 540 S.], Hamburg: Claassen & Goverts 1937.
Langgässer, Elisabeth: Die Tierkreisgedichte, [60 S.], Leipzig: Hegner 1935.
dies.: Der Gang durch das Ried, [Roman, 310 S.], Leipzig: Hegner 1936.
dies.: Rettung am Rhein. Drei Schicksalsläufe, [126 S.], Leipzig: Müller 1938.
dies.: Das unauslöschliche Siegel, [Roman, 528 S.], Hamburg: Claassen & Goverts 1946.
Le Fort, Gertrud von: Die Magdeburgische Hochzeit, [Erzählung, 347 S.], Leipzig: Insel 1938.
Lehmann, Wilhelm: Antwort des Schweigens, [Gedichte, 45 S.], Berlin: Widerstands-Verlag 1935.
ders.: Der grüne Gott. Ein Versbuch, [71 S.], Salzburg: Müller 1942.
Leip, Hans: Kadenzen. Neue Gedichte, [79 S.], Stuttgart: Cotta 1942.
Loerke, Oskar: Der Silberdistelwald, [Gedichte, 255 S.], Berlin: Fischer 1934.
ders.: Der Wald der Welt, [Gedichte, 147 S.], Berlin: Fischer 1936.
ders.: Magische Verse, [Gedichte, 38 S.], Berlin: Fischer 1938.
Maaß, Edgar: Lessing, [Biographie, 95 S.], Stuttgart: Cotta 1938.

Molo, Walter von: Geschichte einer Seele, [628 S.], Berlin: Holle 1938.
ders.: Lyrisches Tagebuch, [94 S.], Hamburg: Toth 1943.
ders.: Sie sollen nur des Gesetzes spotten, [Erzählungen, 143 S.], Graz: Steirische Verlagsanstalt 1943.
Nebel, Gerhard: Von den Elementen, [Essays, 171 S.], Wuppertal: Marées 1947.
Niebelschütz, Wolf von: Verschneite Tiefen, [Erzählungen, 189 S.], Berlin: Fischer 1940.
ders.: Die Musik macht Gott allein. Gedichte 1935 bis 1942, [194 S.], Berlin: Suhrkamp 1942.
Oncken, Hermann: Cromwell. Vier Essays zur Führung einer Nation, [147 S.], Berlin: G. Grote 1935.
Penzoldt, Ernst: Korporal Mombour. Eine Soldatenromanze, [47 S.], Berlin: Suhrkamp 1941.
Petersen, Jan [d. i. Hans Schwalm]: Unsere Straße. Eine Chronik. Geschrieben im Herzen des faschistischen Deutschlands 1933/34, [Roman, 243 S.], Berlin: Dietz 1947.
Pauli, Gustav: Erinnerungen aus sieben Jahrzehnten, [399 S.], Tübingen: Wunderlich 1936.
Reck-Malleczewen, Fritz: Bockelson. Geschichte eines Massenwahns, [318 S.], Berlin: Schützen 1937.
ders.: Charlotte Corday. Geschichte eines Attentates, [324 S.], Berlin: Schützen 1937.
ders.: Das Ende der Termiten. Ein Versuch über die Biologie des Massenmenschen, [Fragment, 88 S.], Lorch / Stuttgart: Bürger 1947.
Rinser-Schnell, Luise: Die gläsernen Ringe, [Erzählung, 251 S.], Berlin: Fischer 1941.
Schaefer, Oda: Die Windharfe. Balladen und Gedichte, [61 S.], Berlin: Rabenpresse 1939.
Schnabel, Ernst: Nachtwind, [246 S.], Hamburg: Claassen & Goverts 1943.
Schneider, Reinhold: Philipp II. oder Religion und Macht, [343 S.], Leipzig: Hegner 1935.
ders.: Das Inselreich. Gesetz und Größe der britischen Macht, [574 S.], Leipzig: Insel 1936.
ders.: Las Casas vor Karl V. Szenen aus der Konquistadorenzeit, [Erzählung, 203 S.], Leipzig: Insel 1938.

ders.: Corneilles Ethos in der Ära Ludwigs XIV. Eine Studie, [100 S.], Leipzig: Insel 1939.
ders.: Sonette, [63 S.], Leipzig: Insel 1939.
Schröder, Rudolf Alexander: Die Aufsätze und Reden, [2 Bde., 958 S.], Berlin: Suhrkamp 1939.
Sternberger, Dolf: Figuren der Fabel, [Essays, 213 S.], Berlin / Frankfurt/M.: Suhrkamp 1950.
Stresau, Hermann: Adler über Gallien, [405 S.], Frankfurt/M.: Societät 1943.
Suhrkamp, Peter: Tagebuch eines Zuschauers, in: Neue Rundschau 54, 1943.
Thiess, Frank: Das Reich der Dämonen. Der Roman eines Jahrtausends, [693 S.], Berlin / Wien / Leipzig: Zsolnay 1941.
Usinger, Fritz: Geist und Gestalt, [Essays, 213 S.], Dessau: Rauch 1941 [erw. Neuaufl. von 1939].
Vom Schicksal des deutschen Geistes. Erste Folge: Die Begegnung mit der Antike. Reden um Mitternacht, Hg. Wolfgang Frommel, [Rundfunkreden, 141 S.], Berlin: Die Runde 1934.
Vring, Georg von der: Oktoberrose. Gesammelte Gedichte, [153 S.], München: Piper 1942.
Weisenborn, Günther: Die Furie. Roman aus der Wildnis, [398 S.], Berlin: Rowohlt 1937.
ders.: Die Neuberin. Komödiantenstück, [64 S.], Berlin: Henschel 1950 [als Bühnenmanuskript 1934].
Wiechert, Ernst: Der Dichter und die Jugend, [Rede, 14 Bl.], Mainz: Werkstatt für Buchdruck 1936.
ders.: Wälder und Menschen. Eine Jugend, [Autobiographie, 250 S.], München: Langen-Müller 1936.
ders.: »Eine Mauer um uns baue...«, [Rede, 6 Bl.], Mainz: Werkstatt für Buchdruck 1937.
ders.: Das einfache Leben, [Roman, 389 S.], München: Langen-Müller 1939.
ders.: Der Dichter und die Zeit. Rede, gehalten am 16. 4. 1935 im Auditorium Maximum der Universität München. Mit einem Vorwort des Herausgebers F. Witz, [29 S.], Zürich: Artemis 1945 [vgl. auch: Ernst Wiechert: Ansprache an die Münchener Studenten, in: Das Wort, Moskau, Nr. 4/1937, S. 5–10].
ders.: Der weiße Büffel oder Von der großen Gerechtigkeit, [Erzählung, 109 S.], München: Desch 1946.
Winkler, Eugen Gottlob: Gesammelte Schriften. Hg. H. Rinn / J. Heitzmann, [2 Bde., 300/324 S.], Dessau: Rauch 1937.

III. Texte von Zeitzeugen

Abusch, Alexander: Die Begegnung. Die innere und äußere Emigration in der deutschen Literatur, in: Aufbau, Nr. 10 / 1947, S. 223–226, wieder in: [1], Bd. I, S. 275–279.
Ahrens, Franz: Widerstandsliteratur. Ein Querschnitt durch die Literatur über die Verfolgungen und den Widerstand im Dritten Reich, Hamburg 1948.
Aicher, Otl: Innenseiten des Kriegs, Frankfurt/M. 1985.
An den Wind geschrieben. Lyrik der Freiheit 1933–1945, Hg. Manfred Schlösser, Darmstadt 1960.
Andersch, Alfred: Deutsche Literatur in der Entscheidung. Ein Beitrag zur Analyse der literarischen Situation, Karlsruhe 1948.
ders.: Die Kirschen der Freiheit. Ein Bericht, Frankfurt/M. 1952.
Andreas-Friedrich, Ruth: Der Schattenmann. Tagebuchaufzeichnungen 1939–1945, Berlin 1947.
Andres, Stefan: Innere Emigration, [1946], in: ders.: Der Dichter in dieser Zeit. Reden und Aufsätze, München 1974, S. 57–64.
Barth, Emil: Lemuria. Aufzeichnungen und Meditationen, Hamburg 1947.
Bauer, Arnold: Verbannte und verkannte Literatur, in: Aufbau, Nr. 3 / 1946, S. 315–318, wieder in: [1], Bd. I, S. 269–274.
Benn, Gottfried: Doppelleben. Zwei Selbstdarstellungen, Wiesbaden 1950.
ders.: Briefe an F. W. Oelze, Hg. H. Steinhagen / J. Schröder, Bd. 1: 1932–1945, Wiesbaden 1977.
Berendsohn, Walter A.: »Emigrantenliteratur«, in: Reallexikon der deutschen Literaturgeschichte, Bd. I, Berlin 1958, S. 336.
ders.: »Innere Emigration«, in: Germanistische Beiträge. Gert Mellbourn zum 60. Geburtstag am 21. 5. 1972 dargebracht von Kollegen und Schülern des Deutschen Instituts der Universität Stockholm,

Stockholm 1972, S. 1–5.
Bergengruen, Werner: Zum Geleit, in: Zwischen den Zeilen. Der Kampf einer Zeitschrift für Freiheit und Recht 1932–1942. Aufsätze von Rudolf Pechel mit einer Einführung von Werner Bergengruen, Wiesentheid/Ufr. 1948, S. 5–22.
ders.: Rückblick auf einen Roman, Akademie der Wissenschaften und der Literatur in Mainz, Abhandlungen der Klasse der Literatur, Jg. 1961, Nr. 2, Mainz 1961.
ders.: Schreibtischerinnerungen, München 1961.
ders.: Dichtergehäuse. Aus den autobiographischen Aufzeichnungen, Zürich 1966.
ders. / Reinhold Schneider: Briefwechsel, Hg. N. L. Hackelsberger-Bergengruen, Freiburg u. a. 1966.
Boveri, Margret: Wir lügen alle. Eine Hauptstadtzeitung unter Hitler, Olten / Freiburg 1965.
Brecht, Bertolt: Fünf Schwierigkeiten beim Schreiben der Wahrheit, in: ders.: Gesammelte Werke, Bd. 18, Frankfurt/M. 1967, S. 222–240.
Carossa, Hans: Ungleiche Welten, Wiesbaden 1951.
ders.: Aus tiefem Abend glänzt ein Stern. Tagebücher 1925 bis 1935, Frankfurt/M. 1993.
De profundis. Deutsche Lyrik in dieser Zeit. Eine Anthologie aus zwölf Jahren, Hg. Gunter Groll, München 1946.
Deutsche Innere Emigration. Anti-nationalsozialistische Zeugnisse aus Deutschland. Gesammelt und erläutert von Karl Otto Paetel, New York 1946.
Drews, Wolfgang: Die klirrende Kette. Nachträgliches Tagebuch, Baden-Baden 1947.
Ebermayer, Erich: Denn heute gehört uns Deutschland... Persönliches und politisches Tagebuch von der Machtergreifung bis zum 31. Dezember 1935, Hamburg / Wien 1959.
Frisch, Max: Stimmen eines anderen Deutschlands? Zu den Zeugnissen von Wiechert und Bergengruen, in: Neue Schweizer Rundschau 13, 1945/46, S. 545 f.
Frommel, Wolfgang: Mutua Fides, in: dass. Freundesgabe für Hans Boeglin, Hg. Hans Schottmann / Wolfgang Osthoff, München 1963, S. 107–130.
Gadamer, Hans-Georg: Philosophische Lehrjahre. Eine Rückschau, Frankfurt/M. 1977.
Gass, Karl Eugen: Pisaner Tagebuch. Aufzeichnungen / Briefe. Aus dem Nachlaß eines Frühvollendeten, Hg. Paul Egon Hübinger, Heidelberg 1961.
Göpfert, Herbert G.: Einführung, in: Deutsche Bücher 1933–1945. Eine kritische Auswahl. Mit einer Vorrede von Wilhelm Hoffmann, Stuttgart 1949, S. 8–12.
Die große Kontroverse. Ein Briefwechsel um Deutschland, Hg. J. F. G. Grosser, Hamburg 1963 [vgl. auch: Walter von Molo, Thomas Mann, Frank Thiess. Ein Streitgespräch über die äußere und innere Emigration, Dortmund 1946, wieder in: [1], Bd. I, S. 245–268].
Günther, Joachim: Das letzte Jahr. Mein Tagebuch 1944/45, Hamburg 1948.
Haag, Lina: Eine Handvoll Staub. Erlebnisbericht, Lauf bei Nürnberg 1947.
Haecker, Theodor: Tag- und Nachtbücher, München 1947.
Hartlaub, Felix: Von unten gesehen. Impressionen des Obergefreiten Felix Hartlaub, Hg. Geno Hartlaub, Stuttgart 1950.
Hassel, Ulrich von: Vom anderen Deutschland. Aus den nachgelassenen Tagebüchern 1938–1944, Zürich 1946.
Heidegger, Martin: Die Selbstbehauptung der deutschen Universität. Das Rektorat 1933/34, Frankfurt/M. 1983.
Hesse, Hermann: Neue deutsche Bücher. Literaturberichte für Bonniers Litterära Magasin 1935–1936, Hg. Bernhard Zeller, Marbach 1965.
[Huch, Ricarda] Ein undenkbarer Schritt. Briefwechsel zwischen Ricarda Huch und der Preußischen Akademie der Künste, in: Die Wandlung. Eine Monatsschrift, 4. Jg., Nr. 2/1949, S. 165–171.
Jünger, Ernst: Strahlungen, Tübingen 1949.
Jünger, Friedrich Georg: Spiegel der Jahre, München 1958.
Kahler, Erich: Das Problem Deutschland, [zuerst 1944, engl.], in: ders.: Die Verantwortung des Geistes. Gesammelte Aufsätze, Frankfurt/M. 1952, S. 92–116.
Kersten, Kurt: Fallada unter den Wölfen, in: Das Wort, Nr. 2/1938, S. 135–138.
ders.: Die Stillen im Lande, in: Das Wort, Nr. 1/1939, S. 92–96.
ders.: Die Opposition der »Einsamen«, in: Das Wort, Nr. 2/1939, S. 103–105.

ders.: Von den Methoden der Schriftsteller im Lande, in: Das Wort, Nr. 3/1939, S. 95–98.

Klemperer, Victor: LTI. Notizbuch eines Philologen, Leipzig 1946.

Klepper, Jochen: Unter dem Schatten deiner Flügel. Aus den Tagebüchern der Jahre 1932–1942, Hg. Hildegard Klepper, Stuttgart 1955.

Krauss, Werner: Tagebuch-Fragmente. Eingeleitet und ausgewählt von Rosemarie Heise, in: Sinn und Form, Nr. 35/1983, S. 917–940.

Langgässer, Elisabeth: Schriftsteller unter der Hitler-Diktatur, in: Ost und West, Nr. 4/1947, S. 36–41, wieder in: [1], Bd. I, S. 280–285.

Der lautlose Aufstand. Bericht über die Widerstandsbewegung des deutschen Volkes 1933–1945, Hg. Günter Weisenborn, Hamburg 1953.

Loerke, Oskar: Tagebücher 1903–1939, Hg. Hermann Kasack, [376 S.], Heidelberg / Darmstadt 1955.

Mann, Thomas: Die Entstehung des Doktor Faustus. Roman eines Romans, Amsterdam 1949.

Mayer, Hans: Konfrontation der inneren und äußeren Emigration, in: [2], S. 75–87.

Mendelsohn, Peter de: Der Geist in der Despotie. Versuche über die moralischen Möglichkeiten des Intellektuellen in der totalitären Gesellschaft, Berlin 1953.

Molo, Walter von: Zwischen Tag und Traum. Reden und Aufsätze [1930], Neuausgabe 1950.

Nebel, Gerhard: Bei den nördlichen Hesperiden. Tagebuch aus dem Jahre 1942, Wuppertal 1948.

Niekisch, Ernst: Das Reich der niederen Dämonen, Hamburg 1953.

Obermann, Karl: Vier Jahre nationalsozialistische Literatur, in: Das Wort, Nr. 4/1937, S. 12–17.

Pechel, Rudolf: Deutscher Widerstand, Erlenbach / Zürich 1947.

ders.: Zwischen den Zeilen. Der Kampf einer Zeitschrift für Freiheit und Recht 1932–1942. Aufsätze von Rudolf Pechel mit einer Einführung von Werner Bergengruen, Wiesentheid/Ufr. 1948.

Petersen, Jan [d. i. Hans Schwalm]: Deutschland ist nicht Hitler. Rede auf dem I. Internationalen Schriftstellerkongreß für die Verteidigung der Kultur, in: Neue Deutsche Blätter, 2. Jg., Nr. 6/1934/35, S. 344 f.

ders.: Die Bewährung. Eine Chronik, [Autobiographie], Berlin / Weimar 1970.

Reck-Malleczewen, Friedrich Percyval: Tagebuch eines Verzweifelten. Aus dem Nachlaß hg. von C. Thesing, Lorch / Stuttgart 1947.

Rein, Heinz: Die neue Literatur. Versuch eines ersten Querschnittes, Berlin 1950.

Schaefer, Oda: Auch wenn du träumst, gehen die Uhren. Erinnerungen bis 1945, München 1970.

Schneider, Reinhold: Verhüllter Tag, Köln / Olten 1954.

Schütz, W. W.: German Home Front. In collaboration with B. de Sevin, London 1943.

Sieker, Hugo: Kulturarbeit im Widerstandsgeist 1933–1944. Vorwort Erich Lüth, Hamburg 1973.

Stolten, Inge: Das alltägliche Exil. Leben zwischen Hakenkreuz und Währungsreform, Berlin / Bonn 1982.

Stresau, Hermann: Von Jahr zu Jahr. Tagebuch, Berlin 1948.

Thiess, Frank: Jahre des Unheils. Fragmente erlebter Geschichte, Wien 1972.

Verboten und verbrannt. Deutsche Literatur – 12 Jahre unterdrückt, Hg. Richard Drews / Alfred Kantorowicz, Berlin / München 1947.

War ich ein Nazi? Politik – Anfechtung des Gewissens. Mit Beiträgen von Joachim Günther u. a., Vorwort Ludwig Marcuse, München / Bern / Wien 1968.

Weisenborn, Günther: Memorial. Der gespaltene Horizont, Berlin / Weimar 1982.

Weiskopf, Franz Carl: In der Sackgasse [1939], in: ders.: Über Literatur und Sprache, Ges. Werke Bd. 8, Berlin 1960, S. 158–166.

Werner, Bruno E.: Die Galeere, Frankfurt/M. 1949.

Wiechert, Ernst: Jahre und Zeiten. Erinnerungen, Erlenbach / Zürich 1949.

X. Y.: Brief aus dem Dritten Reich [über Ernst Wiechert], in: Das Wort, Nr. 2/1938, S. 150–152.

IV. Darstellungen – Monographien und Aufsätze

Ackermann, Konrad: Der Widerstand der Monatsschrift »Hochland« gegen den Nationalsozialismus, München 1965.
Aigner, Dietrich: Die Indizierung ›schädlichen und unerwünschten Schrifttums‹ im Dritten Reich, Frankfurt/M. 1971.
André, Clement: Dichtung im Dritten Reich: Stefan Andres: Die Arche, Bonn 1960.
»Antwort des Schweigens«. Aus der »Inneren Emigration«, in: Das 20. Jahrhundert. Von Nietzsche bis zur Gruppe 47. Ständige Ausstellung des Schiller-Nationalmuseums und des Deutschen Literaturarchivs, [Katalog], Marbach 1980, S. 269–278.
Atkinson, Jeanette Lee: Josef Weinheber: Sänger des Austrofaschismus?, in: [5], S. 403–419.
Baier, Lothar: Literaturpfaffen. Tote Dichter vor dem moralischen Exekutionskommando, in: Freibeuter 57, Oktober 1993, S. 42–70.
Barck, Simone: Ein junger Schriftsteller im dritten Reich. Wolfgang Koeppen: »Die Mauer schwankt«, in: [4], S. 9–43.
Barker, Andres W.: Heimito von Doderer and National Socialism, in: German Life and Letters, Bd. 41, 1988, S. 145–157.
Berger, Walter: The ›unpolitical‹ outlook of Ernst Wiechert, in: German Life and Letters, Bd. 8, 1954/55, S. 142 f.
Berglund, Gisela: Deutsche Opposition gegen Hitler. Eine Darstellung und ein Vergleich mit der historischen Wirklichkeit, Stockholm 1972.
dies.: Einige Anmerkungen zum Begriff der Inneren Emigration, Stockholm 1974.
dies.: Der Kampf um den Leser im Dritten Reich. Die Literaturpolitik der »Neuen Literatur« (Will Vesper) und der »Nationalsozialistischen Monatshefte«, Worms 1980.
Best, Otto F.: »Widerspruch« oder »Entsprechen«. Überlegungen zu gemeinsamen Randmotiven, Nebenzügen und Klischees in der Literatur von Nationalsozialismus, »Innerer Emigration« und Exil, in: Deutschsprachige Exilliteratur. Studien zu ihrer Bestimmung im Kontext der Epoche 1930–1960, Hg. Wulf Koepke / Michael Winkler, Bonn 1984, S. 215–227.
Betz, Albrecht: Emigration und öffentliche Meinung, in: ders.: Exil und Engagement. Deutsche Schriftsteller im Frankreich der dreißiger Jahre, München 1986, S. 47–68.
Bluhm, Lothar: Das Tagebuch im Dritten Reich. Zeugnisse der Inneren Emigration von Jochen Klepper bis Ernst Jünger, Bonn 1991.
Boag, Hugh A.: The prose of Ernst Wiechert in relation to his life and time, in: Jahrbuch für internationale Germanistik, Reihe B, 7. Jg., Bd. 1, 1975, S. 232–234.
Bock, Sigrid: Arbeiterkorrespondenten und -schriftsteller bewähren sich. Jan Petersen: »Unsere Straße«, in: [4], S. 44–98.
dies.: Kämpfer vor dem Sieg. Adam Kuckhoff: »Der Deutsche von Bayencourt«, in: [4], S. 132–188.
dies.: Wer dem Teufel den kleinen Finger reicht... Georg von der Vring: »Der Goldhelm oder das Vermächtnis von Grandcœur«, in: [4], S. 335–383.
Brekle, Wolfgang: Das antifaschistische schriftstellerische Schaffen deutscher Erzähler in den Jahren 1933–1945, Phil. Diss. Berlin 1967, [masch.schr.].
ders.: Die antifaschistische Literatur in Deutschland (1933–1945), in: Weimarer Beiträge, 16, 1970, H. 6, S. 67–118.
ders.: Schriftsteller im antifaschistischen Widerstand 1933–1945 in Deutschland, Berlin / Weimar 1990.
Brenner, Hildegard: Ende einer bürgerlichen Kunst-Institution. Die politische Formierung der Preußischen Akademie der Künste ab 1933, Stuttgart 1972.
Broszat, Martin: Zur Sozialgeschichte des deutschen Widerstands, in: Vierteljahreshefte für Zeitgeschichte, 34. Jg., Nr. 3/1986, S. 293–309.
Chatellier, Hildegard: Ernst Wiechert im Urteil der deutschen Zeitschriftenpresse (1933–1945). Ein Beitrag zur nationalsozialistischen Literatur- und Pressepolitik, in: Recherches Germaniques, Bd. 3, 1973, S. 153–195.
Deußen, Christiane: Erinnerung als Rechtfertigung. Autobiographien nach 1945: Gottfried Benn – Hans Carossa – Arnolt Bronnen, Tübingen 1987.
Dickins, Eric: ›Gegenbild‹ and ›Schlüsselschrift‹. Wiechert's »Das einfache Leben«

and Bergengruen's »Der Großtyrann und das Gericht« reconsidered, in: German Life and Letters, Bd. 38, 1984/85, S. 97–109.

Diel, Helmut: Grenzen der Presselenkung und Pressefreiheit im Dritten Reich, untersucht am Beispiel der »Frankfurter Zeitung«, Phil. Diss. Freiburg 1960.

Denkler, Horst: Janusköpfig. Zur ideologischen Physiognomie der Zeitschrift »Das Innere Reich« (1934–1944), in: [3], S. 382–405.

Drewes, Rainer: Die Ambivalenz nichtfaschistischer Literatur im Dritten Reich – am Beispiel Kurt Kluges, Frankfurt/M. 1991.

Dybowski, Andreas: Endstation, Wartesaal oder Schatzkammer für die Zukunft. Die deutsche Exilliteratur und ihre Wirkung und Bewertung in der westdeutschen Nachkriegsrepublik, Frankfurt/M. u. a. 1989.

Eibl, Karl: Selbstbewahrung im Reiche Luzifers? Zu Stefan Andres' Novellen »El Greco malt den Großinquisitor« und »Wir sind Utopia«, in: [6], S. 21–46.

Elm, Theo: Aufklärung als Widerstand. Oskar Loerkes Gedicht »Das Auge des Todes« (1934), in: Oskar Loerke. Marbacher Kolloquium 1984, Hg. Reinhard Tgahrt, Mainz 1986, S. 89–105.

Emmerich, Wolfgang: Die Literatur des antifaschistischen Widerstandes in Deutschland, in: [3], S. 427–458.

Engler, Wolfgang: Jenseits des Machtprinzips [über Intellektuelle in der DDR], in: Die Zeit, 9. 4. 1993.

Fechter, Sabine: Paul Fechter. Wege und Formen der Opposition im Dritten Reich, in: Publizistik, 9. Jg., Nr. 1 / 1964, S. 17–39.

Fradkin, Ilja: Stimmen des anderen Deutschland, [zuerst 1972, russ.], in: Kunst und Literatur, Nr. 5/1973, S. 482–497; Nr. 6/1973, S. 634–647.

Frei, Norbert: Nationalsozialistische Presse und Propaganda, in: Das Dritte Reich, Hg. Martin Broszat / Horst Möller, München ²1986, S. 152–175.

Frei, Norbert / Schmitz, Johannes: Journalismus im Dritten Reich, München 1989.

Gebhard, Walter: »Was du verachtest, hüte dich zu hassen«. Innere Emigration, Haß und poetisch-politischer Widerstand beim späten Oskar Loerke, in: [6], S. 123–149.

Gillessen, Günther: Auf verlorenem Posten. Die Frankfurter Zeitung im Dritten Reich, Berlin 1986.

Gotto, Klaus: Johannes Maassen – oder der Entschluß, nicht zu emigrieren, in: [6], S. 168–185.

Grass, Günter: Kopfgeburten oder Die Deutschen sterben aus, Darmstadt / Neuwied 1980, S. 19–26.

Greiner, Ulrich: Ein Streit um Eich, in: Die Zeit, 16. 4. 1993.

Grimm, Reinhold: Innere Emigration als Lebensform, in: [2], S. 31–74.

ders.: Im Dickicht der inneren Emigration, in: [3], S. 406–426.

Gumbrecht, Hans-Ulrich: Karl Vosslers noble Einsamkeit. Über die Ambivalenzen der »Inneren Emigration«, in: Wissenschaft und Nationalsozialismus, Hg. Rainer Geißler / Wolfgang Popp, Essen 1988, S. 275–298.

Hahn, Manfred: Ein Linker im Widerstand. Günter Weisenborn: »Die Furie«, in: [4], S. 231–297.

Harpprecht, Klaus: Die Tragödie vom einfachen Anstand. Es gab sie, die »innere Emigration« – in Hans Carossas Tagebüchern, in: Die Zeit, 10. 9. 1993.

Heinrich, Claus / Münster-Holzlar, Jutta: Die Literatur zwischen 1933 und 1945, in: Illustrierte Geschichte der deutschen Literatur von Anselm Salzer und Eduard von Tunk, Neubearb. und Aktualisierung von Claus Heinrich / Jutta Münster-Holzlar, o. O., o. J., S. 7–117.

Hepp, Fred: Der geistige Widerstand im Kulturteil der »Frankfurter Zeitung« gegen die Diktatur des totalen Staates 1933–1943, Phil. Diss. München 1950 (masch.schr.).

Herd, E. W.: The ›unpolitical‹ outlook of Ernst Wiechert, in: German Life and Letters, Bd. 7, 1953/54, S. 266–271.

Hoffmann, Charles W.: Opposition Poetry in Nazi Germany, Berkeley / Los Angeles 1962.

ders.: Opposition und Innere Emigration. Zwei Aspekte des »Anderen Deutschland«, in: Exil und Innere Emigration II. Internationale Tagung in St. Louis, Hg. Peter Uwe Hohendahl / Egon Schwarz, Frankfurt/M. 1973, S. 119–140.

Hüttenberger, Peter: Vorüberlegungen zum ›Widerstandsbegriff‹ [mit Diskussionsbeiträgen von Jürgen Kocka u. a.], in: Theorien in der Praxis des Historikers. Forschungsbeispiele und ihre Diskussion, Hg. Jürgen Kocka, Göttingen 1977, S. 117–139.

Das »Innere Reich« 1934–1944. Eine »Zeitschrift für Dichtung, Kunst und deutsches Leben«, [Beiheft zur Ausstellung, Marbacher Magazin 26], Marbach 1983.

Jarka, Horst: Opposition zur ständestaatlichen Literaturpolitik und literarischer Widerstand, in: Österreichische Literatur der dreißiger Jahre: ideologische Verhältnisse, institutionelle Voraussetzungen, Fallstudien, Hg. Klaus Amann / Albert Berger, Wien 1985, S. 13–41.

Jauss, Hans Robert: Ein Kronzeuge unseres Jahrhunderts. Werner Krauss in seinen nachgelassenen Tagebüchern, in: Sinn und Form, Nr. 43/1991, S. 91–103.

Jens, Walter: Vom Geist der Zeit. Der Dichter unter dem Diktator. Kritik und Würdigung der Inneren Emigration im Dritten Reich, in: Die Zeit, 16. 11. 1979.

Kahle, Wilhelm: Dichtung unter der Diktatur, in: Geschichte der deutschen Dichtung, Münster ⁴1964, S. 414–425.

Kershaw, Ian: »Widerstand ohne Volk?«. Dissens und Widerstand im Dritten Reich, in: Der Widerstand gegen den Nationalsozialismus. Die deutsche Gesellschaft und der Widerstand gegen Hitler. Hg. Jürgen Schmädeke / Peter Steinbach, München / Zürich 1985, S. 779–798.

Ketelsen, Uwe-K.: Zur Literatur im Deutschland der dreißiger und vierziger Jahre, in: Tendenzen der deutschen Literatur zwischen 1918 und 1945, Hg. Theo Buck / Dietrich Steinbach, Stuttgart 1985, S. 48–72.

ders.: Literatur und Drittes Reich, Stuttgart 1992.

Kienecker, Friedrich: Distanz und Widerstand. Positionen christlicher Literatur von 1933 bis 1945, in: Christen im Widerstand gegen das Dritte Reich, Hg. Joel Pottier in Zusammenarbeit mit Peter André Bloch, Sachsenheim 1988, S. 289–296.

Kiesel, Helmuth: Ernst Jüngers Marmor-Klippen. »Renommier-« und »Problem«-buch der 12 Jahre, in: Internationales Archiv für Sozialgeschichte der deutschen Literatur, Nr. 14 / 1989, S. 126–164.

Kirshner, Sumner: Some Documents Relating to Ernst Wiechert's »Inward Emigration«, in: German Quarterly 38, 1965, S. 38–43.

Klassiker in finsteren Zeiten 1933–1945, [Ausstellungskatalog], 2 Bde., Marbach 1983.

Klein, Alfred: Die »innere« und die »äußere« Emigration, in: Sonntag, Nr. 29/1975.

Klieneberger, Hans R.: The »Innere Emigration«: A disputed Issue in Twentieth-Century German Literature, in: Monatshefte für deutschen Unterricht, deutsche Sprache und Literatur 57, 1965, S. 171–180.

ders.: The Christian Writers of the Inner Emigration, The Hague / Paris 1968.

Koebner, Thomas: Die Schuldfrage. Vergangenheitsverweigerung und Lebenslügen in der Diskussion 1945–1949, in: ders.: Unbehauste. Zur deutschen Literatur der Weimarer Republik, im Exil und in der Nachkriegszeit, München 1992, S. 320–351.

Köhler, Ernst: Die langsame Verspießerung der Zeitgeschichte. Martin Broszat und der Widerstand, in: Freibeuter 36, 1988, S. 53–72.

Köhler, Otto: Wir Schreibmaschinentäter. Journalisten unter Hitler und danach, Köln 1989.

Koenigswald, Harald von: Die Gewaltlosen. Dichtung im Widerstand gegen den Nationalsozialismus, Herborn 1962.

Krenzlin, Leonore: Zur ästhetischen Wertung der antifaschistischen Literatur, in: Weimarer Beiträge, Nr. 4/1975, S. 130–147.

dies.: Suche nach einer veränderten Lebenshaltung. Ernst Wiechert: »Das einfache Leben«, in: [4], S. 384–411.

Lämmert, Eberhard: Beherrschte Prosa. Poetische Lizenzen in Deutschland zwischen 1933 und 1945, in: Deutsche Rundschau, Nr. 86, 1975, S. 404–421.

Liersch, Werner: Die Chance der Distanz. Hans Fallada: »Wolf unter Wölfen«, in: [4], S. 99–131.

Lipp, Astrid: Die Verschwommenheit und Unverbindlichkeit der Aussage des nichtfaschistischen Romans der 30er Jahre – unter besonderer Berücksichtigung W. Koeppens »Die Mauer schwankt«, H. Carossas »Geheimnisse des reifen Lebens« und E. Wiecherts »Das einfache Leben«, Phil. Diss. Connecticut 1979.

Literatur und Dichtung im Dritten Reich. Eine Dokumentation, Hg. Joseph Wulf, Frankfurt/M. / Berlin 1989.

Lösche, Peter / Scholing, Michael: In den Nischen des Systems: Der sozialdemokratische Pressespiegel »Blick in die Zeit«, in: Der Widerstand gegen den Nationalsozialismus. Die deutsche Gesellschaft und der Widerstand gegen Hitler, Hg. Jürgen Schmädeke / Peter Steinbach, München / Zürich 1985, S. 207–224 [vgl. auch dies.: Einführung, in: Blick in die Zeit, 1. Jg. [Reprint] o.O. 1988, S. 5–14.].

Loewy, Ernst: Nachwort, in: ders.: Literatur unterm Hakenkreuz. Das Dritte Reich und seine Dichtung. Eine Dokumentation, mit einem Vorwort von Hans-Jochen Gamm, Frankfurt/M. 1966, S. 307–329 [gekürzt in der TB-Ausgabe Frankfurt/M. 1983: Exkurs über die Rechtfertigungsliteratur, S. 291–300].

Mallmann, Klaus-Michael / Paul, Gerhard: Resistenz oder loyale Widerwilligkeit?, in: Zeitschrift für Geschichtswissenschaft 41, 1993, S. 99–116.

Mallman, Marion: »Das Innere Reich«. Analyse einer konservativen Kulturzeitschrift im Dritten Reich, Bonn 1978.

Martini, Fritz: Das Schicksal der Emigration. Äußere und innere Emigration. Emigrationsliteratur, in: ders.: Deutsche Literaturgeschichte. Von den Anfängen bis zur Gegenwart, Stuttgart ⁹1958, S. 560–563, wieder in: [1], Bd. II, S. 72–74.

Meckel, Christoph: Suchbild. Über meinen Vater, Düsseldorf 1980.

Meier, Hans-Georg: Romane der Konservativen Revolution in der Nachfolge von Nietzsche und Spengler (1918–1941), Frankfurt/M. 1983.

Mendel, Kurt Hermann: ›Blick in die Zeit‹ 1933–1935, Berlin ²1986.

Mertz, Peter: Die geteilte Literatur oder Bekenntnis und Anpassung, Tarnung und Widerstand, in: ders.: Und das wurde nicht ihr Staat. Erfahrungen emigrierter Schriftsteller mit Westdeutschland, München 1985, S. 61–71.

Mirbt, Karl-Wolfgang: Methoden publizistischen Widerstandes im Dritten Reich. Nachgewiesen an der ›Deutschen Rundschau‹ Rudolf Pechels, Phil. Diss. Berlin 1958.

ders.: Theorie und Technik der Camouflage. Die ›Deutsche Rundschau‹ im Dritten Reich als Beispiel publizistischer Opposition unter totalitärer Gewalt, in: Publizistik, 9. Jg., Nr. 1/1964, S. 3–16.

Mittenzwei, Werner: Der Untergang einer Akademie oder Die Mentalität des ewigen Deutschen. Der Einfluß der nationalkonservativen Dichter an der Preußischen Akademie der Künste 1918 bis 1947, Berlin / Weimar 1992.

Muschg, Walter: Die Zerstörung der deutschen Literatur, Bern / München 1958.

Nyssen, Elke: Der historische Roman im »Dritten Reich«, in: dies.: Geschichtsbewußtsein und Emigration. Der historische Roman der deutschen Antifaschisten 1933–1945, München 1974, S. 95–108.

Oelze, Klaus-Dieter: Das Feuilleton der Kölnischen Zeitung im Dritten Reich, Frankfurt/M. u. a. 1990.

Oppermann, Michael: Bemerkungen zur Kontinuität der inneren Wirklichkeit im Vor- und Nachkriegswerk Günther Eichs, in: Wirkendes Wort, Nr. 2/1989, S. 252–261.

Pankau, Johannes G.: Innere Emigration – Kahlschlag – Exil. Die Rezeption der Exilliteratur in der frühen Nachkriegsperiode am Beispiel der Schriftstellerkongresse in Berlin und Frankfurt, in: Exil, Nr. 1/1992, S. 58–67.

Parker, Stephen: Collected-Recollected-Uncollected? Peter Huchel's ›Gesammelte Werke‹, in: German Life and Letters, Bd. 40, 1986, S. 49–70.

ders.: Visions, Revisions and Divisions: The critical legacy of Peter Huchel, in: German Life and Letters, Bd. 41, 1988, S. 184–212.

Peitsch, Helmut: Ästhetische Introversion und Nationalsozialismus. Die Erzähler Martin Raschke, Ernst Schnabel und Alfred Andersch, in: [5], S. 321–347.

ders.: »Deutschlands Gedächtnis an seine dunkelste Zeit«. Zur Funktion der Autobiographik in den Westzonen Deutschlands und den Westsektoren von Berlin 1945 bis 1949, Berlin 1990.

ders. / Reith, Hartmut: Keine »Innere Emigration« in die »Gefilde« der Literatur. Die literarisch-politische Publizistik der »Gruppe 47« zwischen 1947 und 1949, in: Nachkriegsliteratur in Westdeutschland, Hg. Jost Hermand u. a., Bd. 2: Auto-

ren, Sprache, Traditionen, Berlin 1983, S. 129–162.
Perels, Christoph: Vorbemerkung, in: Lyrik verlegen in dunkler Zeit. Aus Heinrich Ellermanns Reihe »Das Gedicht. Blätter für die Dichtung« 1934 bis 1944. Gedichte von 40 Autoren. Ausgewählt und eingeleitet von Christoph Perels, mit einem Gesamtverzeichnis der Jahrgänge 1–10, München 1984, S. 5–9.
ders.: Zum Problem der Kontinuität in der deutschen Lyrikgeschichte zwischen 1930 und 1950. Heinrich Ellermanns Reihe »Das Gedicht. Blätter für die Dichtung«, in: Jahrbuch des Freien Deutschen Hochstifts, 1985, S. 260–302.
Peschken, Bernd: Klassizistische und ästhetische Tendenzen in der Literatur der faschistischen Periode, in: [3], S. 207–223.
Philipp, Michael: »Vom Schicksal des deutschen Geistes«. Wolfgang Frommels oppositionelle Rundfunkarbeit in den Jahren 1933–1935, in: Castrum Peregrini 209–219, 1993, S. 124–140.
Rall, Marlene: Die Zweimonatsschrift »Corona« 1930–1943. Versuch einer Monographie, Phil. Diss. Tübingen 1972.
Reiner, Guido: Ernst Wiechert im Dritten Reich. Eine Dokumentation, [Selbstverlag], Paris 1974.
Riha, Karl: Massenliteratur im Dritten Reich, in: [3], S. 281–304.
Riley, Anthony W.: »Alles Außen ist Innen«. Zu Leben und Werk Elisabeth Langgässers unter der Hitler-Diktatur. Mit einem Erstdruck des frühen Aufsatzes »Die Welt vor den Toren der Kirche« (um 1925), in: [6], S. 186–224.
Ritchie, James M.: Inner Emigration; Resistance, in: ders.: German Literature under National Socialism, London / Canberra 1983, S. 111–157.
Roeder, Gustav: Inselzeit des Deutschen Geistes. De profundis; deutsche Lyrik aus der inneren Emigration, in: Tribüne, Nr. 65/1978, S. 134–136.
Rotermund, Erwin: Tarnung und Absicherung in Rudolf Pechels Aufsatz »Sibirien« (1937). Eine Studie zur »verdeckten Schreibweise« im ›Dritten Reich‹, in: Textkritik und Textinterpretation. Festschrift für Karl Konrad Polheim zum 60. Geburtstag, Hg. Heimo Reinitzer, Bern u. a. 1987, S. 417–438.

ders.: Herbert Küsels »Dietrich-Eckart«-Artikel vom 23. März 1943. Ein Beitrag zur Hermeneutik und Poetik der »verdeckten Schreibweise« im ›Dritten Reich‹, in: Poetik und Geschichte. Viktor Žmegač zum 60. Geburtstag, Hg. Dieter Borchmeyer, Tübingen 1989, S. 150–162.
ders. / Ehrke-Rotermund, Heidrun: Literarische Innere Emigration und literarischer Widerstand, in: Geschichte der deutschen Literatur vom 18. Jahrhundert bis zur Gegenwart, Hg. Viktor Žmegač, Bd. 3/1, 1918–1945, Königstein/Ts. 1984, S. 355–384.
S. Fischer Verlag. Von der Gründung bis zur Rückkehr aus dem Exil, Ausstellung und Katalog: Friedrich Pfäfflin / Ingrid Kussmaul, Marbach 1985.
Sarcowicz, Hans: Die literarischen Apologeten des Dritten Reiches. Zur Rezeption der vom Nationalsozialismus geförderten Autoren nach 1945, in: [5], S. 435–459.
Schäfer, Hans Dieter: Die nichtfaschistische Literatur der ›jungen Generation‹ im nationalsozialistischen Deutschland, in: [3], S. 459–503.
ders.: Das gespaltene Bewußtsein. Deutsche Kultur und Lebenswirklichkeit 1933–1945, [enth. auch eine Überarbeitung des Aufsatzes über die Literatur der ›jungen Generation‹, s. o.], München/Wien 1981.
ders.: »Am Rande der Nacht«. Moderne Klassik im Dritten Reich, Frankfurt/M. 1984.
Scheel, Heinrich: Der antifaschistische Widerstandskämpfer Werner Krauss, in: Sinn und Form, Nr. 6/1977, S. 1202.
ders.: Kampfbedingungen und Kunsterfahrungen »drinnen« und »draussen«. Erinnerungen an Mitstreiter im antifaschistischen Widerstand, in: Weimarer Beiträge, Nr. 6/1979, S. 5–14.
Schieder, Wolfgang: Schriftsteller im Dritten Reich, in: Schriftsteller und Politik in Deutschland, Hg. Werner Link, Düsseldorf 1979, S. 83–99.
Schiller, Dieter: Drama zwischen Gott und Satan. Auseinandersetzung mit dem Faschismus. Elisabeth Langgässer: »Das unauslöschliche Siegel«, in: [4], S. 412–465.
Schlingensiepen, Ferdinand: Dietrich Bonhoeffers Entscheidung gegen das Exil, in: [6], S. 150–159.
Schlobach, Jochen: Aufklärer in finsterer

Zeit: Werner Krauss und Herbert Dieckmann, in: Deutsche und österreichische Romanisten als Verfolgte des Nationalsozialismus, Hg. Hans Helmut Christmann u. a., Tübingen 1989, S. 115–144.

Schmitz, Walter: Entfremdete Heimat. Traditionsbruch und Traditionsbewahrung in der Literatur der »inneren Emigration«, in: Begegnung mit dem »Fremden«. Akten des VIII. Internationalen Germanistenkongresses Tokyo 1990, Bd. 8: Emigranten- und Immigrantenliteratur, München 1991, S. 119–127.

Schneider, Sigrid: Von der Verfügbarkeit des Geistes: Ernst Glaeser, in: Deutschsprachige Exilliteratur. Studien zu ihrer Bestimmung im Kontext der Epoche 1930 bis 1960, Hg. Wulf Koepke / Michael Winkler, Bonn 1984, S. 179–192.

Schnell, Ralf: Literarische Innere Emigration, Stuttgart 1976.

ders.: Innere Emigration und kulturelle Dissidenz, in: Widerstand und Verweigerung in Deutschland 1933–1945, Hg. Richard Löwenthal / Patrik von zur Mühlen, Berlin 1982, S. 211–225.

ders.: Zwischen Anpassung und Widerstand. Zur Literatur der Inneren Emigration im Dritten Reich, in: Europäische Literatur gegen den Faschismus 1922–1945, Hg. Thomas Bremer, München 1986, S. 15–32.

ders.: »Was ist nationalsozialistische Dichtung«?, in: [5], S. 28–45.

Schoeps, Karl-Heinz Joachim: Literatur im Dritten Reich, Bern u. a. 1992.

Scholdt, Günter: »Gescheitert an den Marmorklippen«. Zur Kritik an Ernst Jüngers Widerstandsroman, in: Zeitschrift für deutsche Philologie 98, 1979, S. 543–577.

Schonauer, Franz: Deutsche Literatur im Dritten Reich. Versuch einer Darstellung in polemisch-didaktischer Absicht, Olten/Freiburg 1961.

ders.: Der Schöngeist als Kollaborateur oder Wer war Friedrich Sieburg?, in: Intellektuelle im Bann des Nationalsozialismus, Hg. Karl Corino, Hamburg 1980, S. 107–119.

Schröder, Heinz: »Widerstand des Wortes«. Untersuchungen literarischer Dokumente von Verfolgten des deutschen Faschismus, [unveröffentl. Staatsexamensarbeit], Bremen 1974.

Schröder, Jürgen: Benn in den dreißiger Jahren, in: Intellektuelle im Bann des Nationalsozialismus, Hg. Karl Corino, Hamburg 1980, S. 48–60.

Schürer, Ernst: Verinnerlichung, Protest und Resignation. Georg Kaisers Exil, in: Die deutsche Exilliteratur 1933–1945, Hg. Manfred Durzak, Stuttgart 1973, S. 263–281.

Schütz, Erhard: »Innere Emigration«, in: ders. / Jochen Vogt u. a.: Einführung in die deutsche Literatur des 20. Jahrhunderts, Bd. 2: Weimarer Republik, Faschismus und Exil, Opladen 1977, S. 263–275.

Schwarz, Falk: Literarisches Zeitgespräch im Dritten Reich. Dargestellt an der Zeitschrift »Neue Rundschau«, in: Börsenblatt für den deutschen Buchhandel. Frankfurter Ausgabe, Jg. 27, Nr. 51/1971, S. 1407–1598.

ders.: Die gelenkte Literatur. Die »Neue Rundschau« im Konflikt mit den Kontrollstellen des NS-Staates und der nationalsozialistischen »Bewegung«, in: [3], S. 66–82.

Seier, Hellmut: Kollaborative und oppositionelle Momente der inneren Emigration Jochen Kleppers, in: Jahrbuch für die Geschichte Mittel- und Ostdeutschlands, Nr. 8/1959, S. 319–347.

Soergel, Albert / Hohoff, Curt: Dichtung und Dichter der Zeit, Bd. 2, Düsseldorf 1963, S. 807.

Sösemann, Bernd: Voraussetzungen und Wirkungen publizistischer Opposition im Dritten Reich, in: Publizistik, Nr. 2–3/1985, S. 195–215.

Stauffacher, Werner: Zwischen äußerer und innerer Emigration: Las Casas als Figur des Widerstandes bei Alfred Döblin und Reinhold Schneider, in: [6], S. 394–406.

Steinhagen, Harald: Gottfried Benn 1933, in: Literatur und Germanistik nach der ›Machtübernahme‹. Colloquium zur 50. Wiederkehr des 30. Januar 1933, Hg. Beda Allemann, Bonn 1983, S. 28–51.

Stephan, Inge: Literatur im Dritten Reich, in: Deutsche Literaturgeschichte von den Anfängen bis zur Gegenwart, Hg. Wolfgang Beutin u. a., Stuttgart ³1989, S. 344–426.

Stolzenberg, Herbert: Über die journalistische Darstellung oppositioneller Elemente

des gesellschaftlichen Zeitgesprächs im totalitären Staat, Phil. Diss. München 1957.
Strelka, Joseph P.: Der deutsche Roman 1930–1945, in: ders.: Exilliteratur. Grundprobleme der Theorie. Aspekte der Geschichte und Kritik, Bern u. a. 1983, S. 101–131.
Strothmann, Dietrich: Nationalsozialistische Literaturpolitik. Ein Beitrag zur Publizistik im Dritten Reich, Bonn ³1968.
Tenfelde, Klaus: Soziale Grundlagen von Resistenz und Widerstand, in: Der Widerstand gegen den Nationalsozialismus. Die deutsche Gesellschaft und der Widerstand gegen Hitler. Hg. Jürgen Schmädeke / Peter Steinbach, München / Zürich 1985, S. 799–812.
Thalmann, Rita: Bürgerlichkeit und Protestantismus in Leben und Werk Jochen Kleppers, in: [6], S. 160–167.
Thonelt, Klaus: Innere Emigration: Fiktion oder Wirklichkeit? Literarische Tradition und Nationalismus in den Werken Ernst Wiecherts, Hans Carossas und Hans Falladas (1933–1945), in: [5], S. 300–319.
Trommler, Frank: Emigration und Nachkriegsliteratur. Zum Problem der geschichtlichen Kontinuität, in: [2], S. 173–197.
Vaßen, Florian: »Das illegale Wort«. Literatur und Literaturverhältnisse des Bundes proletarisch-revolutionärer Schriftsteller nach 1933, in: Kunst und Kultur im deutschen Faschismus, Hg. Ralf Schnell, Stuttgart 1978, S. 285–327.
ders.: »Literatur unter dem Schafott«. Die antifaschistische Widerstandsliteratur in Deutschland«, in: Europäische Literatur gegen den Faschismus 1922–1945, Hg. Thomas Bremer, München 1986, S. 33–52.
Vieregg, Axel: The Truth about Peter Huchel?, in: German Life and Letters, Bd. 41, 1988, S. 159–183.
ders.: Der eigenen Fehlbarkeit begegnet – Günter Eichs Realitäten 1933–1945, Eggingen 1993.
ders.: Die Historie als Widersacherin der Poesie, in: Die Zeit, 26. 11. 1993.
Von der Machtübergabe an den Faschismus bis zur Befreiung Deutschlands (1933 bis 1945), in: Geschichte der deutschen Literatur 1917–1945. Von einem Autorenkollektiv unter Leitung von Hans Kaufmann in Zusammenarbeit mit Dieter Schiller, Berlin 1973, S. 407–654.
Wassermann, Henry: Einleitung, in: Bibliographie des Jüdischen Schrifttums in Deutschland 1933–1943, München u. a. 1989, S. XI–XXVII.
Wende-Hohenberger, Waltraud: Ein neuer Anfang? Schriftstellerreden zwischen 1945 und 1949, Stuttgart 1990.
Wenzelburger, Dietmar: Literatur unter dem Nationalsozialismus, in: Geschichte der deutschen Literatur. Von der Weimarer Republik bis 1945, Hg. Theo Buck u. a., Stuttgart 1985, S. 81–116.
Wiesner, Herbert: »Innere Emigration«. Die innerdeutsche Literatur im Widerstand 1933–1945, in: Handbuch der deutschen Gegenwartsliteratur, Hg. Hermann Kunisch, Bd. II, München ²1970, S. 383–408.
Wirth, Günther: Über politische Dimensionen der literarischen »inneren Emigration«, in: Weimarer Beiträge, Nr. 5/1982, S. 884–892.
ders.: Geschichte in metaphorischer Gestalt. Jochen Klepper: »Der Vater«, in: [4], S. 189–230.
ders.: Eine Stimme für die Gleichberechtigung der Völker. Reinhold Schneider: »Las Casas vor Karl V. Szenen aus der Konquistadorenzeit«, in: [4], S. 298–334.
ders.: Literatur der inneren Emigration, in: Börsenblatt (Leipzig), 1987: Teil I: Innere Emigration – neuerliche Versuche zu einem schwer zu fassenden Begriff, S. 572–576; Teil II: Werke der inneren Emigration in den Verlagen unseres Landes, S. 585–588; Teil III: Rezeption in den 70er und 80er Jahren, S. 601 f.
Wünnenberg, Inge: Das literarische Profil der Zeitschrift »Ost und West«. Eine Untersuchung unter besonderer Berücksichtigung der Rezeption der Literatur des Exils und der »Inneren Emigration«. [Unveröffentl. Magisterarbeit, 172 S.] Hamburg 1992.
Würzner, Hans: Exilliteratur und NS-Literatur, in: Akten des V. Internationalen Germanistenkongresses Cambridge 1975, Heft 4, Jahrbuch für Internationale Germanistik, Reihe A Kongreßberichte Bd. 2, Bern / Frankfurt/M. 1976, S. 258–262.
Ziolkowski, Theodore: Form als Protest. Das Sonett in der Literatur des Exils und der

Inneren Emigration, in: [2], S. 153–172.
Zimmermann, Peter: Literatur der ›Inneren Emigration‹. in: Jan Berg u. a.: Sozialgeschichte der deutschen Literatur von 1918 bis zur Gegenwart, Frankfurt/M. 1981, S. 395–406.

[1] = Deutsche Literatur im Exil 1933–1945, Hg. Heinz Ludwig Arnold, Bd. 1: Dokumente, Bd. 2: Materialien, Frankfurt/M. 1974.
[2] = Exil und innere Emigration. Dritter Wisconsin Workshop, Hg. Reinhold Grimm / Jost Hermand, Frankfurt/M. 1972.
[3] = Die deutsche Literatur im Dritten Reich. Themen, Traditionen, Wirkungen, Hg. Horst Denkler / Karl Prümm, Stuttgart 1976.
[4] = Erfahrung Nazideutschland. Romane in Deutschland 1933–1945, Hg. Sigrid Bock / Manfred Hahn, Berlin / Weimar 1987.
[5] = Leid der Worte. Panorama des literarischen Nationalsozialismus, Hg. Jörg Thunecke, Bonn 1987.
[6] = Christliches Exil und christlicher Widerstand. Ein Symposion an der Katholischen Universität Eichstätt 1945, Hg. Wolfgang Frühwald / Heinz Hürten, Regensburg 1987.

Rezensionen

Neue Dokumentationen
zur Exilforschung

Spalek, John M. and Sandra H. Hawrylchak: *Guide to the Archival Materials of the German-speaking Emigration to the United States after 1933*. Vol. 2. Bern (Francke) 1992, im Vertrieb Saur Verlag [München], 847 S., Ln.
Inventar zu den Nachlässen emigrierter deutschsprachiger Wissenschaftler in Archiven und Bibliotheken der Bundesrepublik Deutschland. Bearbeitet im Deutschen Exilarchiv der Deutschen Bibliothek, Frankfurt/M. 2 Bde. München u. a. (Saur) 1993, 1.327 S., Ln.
Quellen zur deutschen politischen Emigration. Inventar von Nachlässen, nichtstaatlichen Akten und Sammlungen in Archiven und Bibliotheken der Bundesrepublik Deutschland. Hg. im Auftrag der Herbert und Elsbeth Weichmann Stiftung von Heinz Boberach, Patrik von zur Mühlen, Werner Röder und Peter Steinbach. Bearb. von Ingrid Schulze-Bidlingmaier unter Mitwirkung von Ursula Adam, Volkmar Elstner und Mitarbeitern in den Archiven. München u. a. (Saur) 1994, 368 S., Ln.
Schicksale deutscher Emigranten. Auf der Suche nach den Quellen. Arbeitsergebnisse der Herbert und Elsbeth Weichmann Stiftung. Hg. von der Herbert und Elsbeth Weichmann Stiftung. München u. a. (Saur) 1993, 70 S., Ln.
Kampe, Norbert, Ed.: *Jewish Emigration from Germany 1933–1942. A Documentary History*. In: Herbert A. Strauss, General Ed.: *Jewish Immigrants of the Nazi Period in the USA*. Vol 4. 2 Bde. München u. a. (K. G. Saur) 1992, 726 S., Ln.
Memorial Book. The Gypsies at Auschwitz-Birkenau. Ed. by State Museum of Auschwitz-Birkenau in cooperation with the Documentary and Cultural Centre of German Sintis and Roms, Heidelberg. Editorial Director Jan Parcer [3sprachig: Engl./Poln./Dt.]. 2 Bde. München u. a. (Saur) 1993, 1.674 S., Ln.

Im Rückblick sieht es so aus, als ob das erst spät erwachte Interesse an der Exilforschung auch einige Vorteile mit sich gebracht habe. Das in den sechziger Jahren so plötzlich einsetzende Engagement einer jüngeren kritischen Generation, ihr Gegenstand, die Aneignung der einzigartigen aus Deutschland nach 1933 vertriebenen und nach 1945 verschwiegenen Kultur, sowie ihre Motive, Orientierungen in der intellektuellen Wüste des Kalten Krieges zu finden, führte von Anfang an zu neuen interdisziplinären Fragestellungen und internationalen Kooperationen. Methodisch beförderte der Nachholbedarf vor allem systematische Zugriffe, die ihresgleichen in der Historiographie zum 20. Jahrhundert suchen. Das beispielsweise zeigen schon die regelmäßigen Berichte und Rundschreiben der sogenannten Stockholmer Koordinationsstelle zur Erforschung der deutschsprachigen Exilliteratur, die nach einer ersten internationalen Konferenz dort von 1969 bis 1975 erschienen waren und an die auf breiterer und umfassenderer Grundlage die Projektübersichten in den Nachrichtenbriefen der 1983 gegründeten Gesellschaft für Exilforschung anknüpfen.
Einen ersten Höhepunkt der Grundlagenforschung stellte das von Werner Röder und Herbert A. Strauss herausgegebene *Biographische Handbuch der deutschsprachigen Emigration nach 1933* (BHb) dar, das nach mehr als zehnjähriger Erhebungszeit seit Anfang der acht-

ziger Jahre vorliegt. Es trug zugleich zur Erweiterung des Blickfeldes bei. Während in den frühen Jahren die vertriebenen Literaten und politischen Repräsentanten das Feld der Exilforschung bestimmten, also diejenigen Individuen oder Gruppen, die »mit dem Gesicht nach Deutschland« standen und nach Ende des Nationalsozialismus möglichst bald zurückzukehren hofften, wandte sich das Interesse seit den achtziger Jahren mehr und mehr solchen Milieus zu, die ihre Vertreibung als endgültigen Bruch mit der alten Heimat nahmen. Greifbar wird das insbesondere bei den Tausenden von Wissenschaftlern und Angehörigen akademischer Berufe. Da sie in den unterschiedlichen Disziplinen manchmal ganz neuartige Wissenschaftsparadigmen oder Berufsfelder mitbrachten, fanden sie in den verschiedenen Ländern, insbesondere in den USA, eine vergleichsweise geräuschlose Aufnahme. Eine Analyse dieses Bereichs wiederum führte zu neuen methodischen Ansätzen und anders orientierten Forschungsstrategien. Behandelten die Literaturhistoriker und Parteienforscher ihre Protagonisten im Exil etwa unter dem Aspekt des Verlusts von Sprache oder politischem Einfluß, also als Reflex auf die Entwicklung in Deutschland, so wurde hier nach den Akkulturationsbedingungen, nach den Wirkungen intellektueller Transfers oder den Diskursänderungen der Emigranten in ihren jeweiligen Zufluchtsländern gefragt. Dazu gehörte auch die vergleichende kollektivbiographische Analyse – anstelle der häufig von der Literaturwissenschaft gepflegten Beschäftigung mit individuellen Schicksalen – sowie das Studium des sozialen Umfelds, welches die Emigranten aufnahm. Diese Ausweitung der Analyse und der Fragestellungen erforderte zugleich neue Datenerhebungen, um überhaupt erst einmal die Reichweite der künftigen Arbeit abschätzen zu können.

Nicht von ungefähr hat deshalb die Deutsche Forschungsgemeinschaft Mitte der achtziger Jahre nach Ende ihres ersten Förderungsprogramms zur Exilforschung einen zweiten Schwerpunkt geschaffen, der sich gezielt mit der Wissenschaftsemigration beschäftigt. Die dort begonnenen Projekte zeigen, in welchem Ausmaß die Vertreibung der deutschen Akademiker nach 1933 zur Internationalisierung der Wissenschaften beigetragen hat. Daraus folgte wiederum eine Modifikation der Basisrecherchen, denn im Unterschied zu den Exilanten sind zahlreiche ehemalige Emigranten – vor allem solche, die zu Beginn ihrer Karriere geflohen waren – nicht ohne weiteres identifizierbar, sei es, daß ihre wissenschaftstheoretischen Positionen schnell die spezifischen Bezüge zur deutschen Wissenschaftskultur vor 1933 verloren oder daß sie sich durch Namensänderungen und sonstige Haltungen bewußt von ihrer Herkunft getrennt hatten. Daher ist es nicht erstaunlich, daß nach den bisher vorliegenden Untersuchungen zu einzelnen Disziplinen die Zahl der ermittelten Fachvertreter um rund dreißig Prozent höher liegt als der entsprechende Namenskorpus im BHb (einschließlich des nicht aufgenommenen Urmaterials).

Die immer detailreicher ausgreifende biographische Evaluation gehört so zu einer auffallenden Erscheinung der Exil- und Emigrationsforschung. Parallel zum BHb war ebenfalls im Rahmen des ersten Schwerpunktprogramms der DFG von John Spalek das Verzeichnis der *Quellen und Materialien der deutschsprachigen Emigration in den USA seit 1933* (University Press of Virginia, Charlottesville 1978) erarbeitet worden, das einen ersten Fundstellennachweis der bis dahin ermittelten Nachlässe lieferte. Den seitdem zu erkennenden Informationsgewinn wie auch die Perspektivenerweiterung zeigt der jetzt erschienene Folgeband dieses Verzeichnisses. Während der erste Band rund 300 Nachlässe vor allem von emigrierten Literaten, Künstlern sowie einigen wenigen Geisteswissenschaftlern nachwies, enthält der zweite weitere 420 Eintragungen, die nunmehr auch Gesellschafts- und Naturwissenschaftler einschließen. Das spezifizierte Kategorienschema auch dieses Bandes informiert nicht nur über die Fundstellen des Materials in Archiven, Bibliotheken oder in privater Hand (einschließlich der Adressen), sondern ebenso über dessen Umfang und Qualität, so zum Beispiel über gedruckte oder unpublizierte Schriften, persönliche Dokumente, Photographien und vor allem Korrespondenzen einschließlich der Namen von Briefpartnern und zeitlichen Zuordnung. Das mehr als 50seitige Register mit mehr als 5.000 Namen übertrifft das des ersten Bandes um fast das Doppelte. Es ermöglicht den schnellen Zugriff auf die biographischen Überlieferungen auch derjenigen Emigranten, die sich in den Briefwechseln finden und für die keine eigenen Nachlässe oder nur Nachlaßsplitter nachweisbar sind. Das Verzeichnis ist nicht nur eine unentbehrliche Informationsquelle, sondern es vermittelt auch einen umfassenden Einblick in die Vernetzungen der aus Deutschland Geflohenen mit ihren Schicksalsgenossen und in die Verbindungen zu Einheimischen, die die Emigranten in den USA nach ihrer Ankunft aufgebaut haben. Die Dynamik des Zugewinns an Informationen und von neuem Material, das die Nachkommen der in den letzten Jahren verstorbenen Emigranten der Forschung zur Verfügung gestellt haben, mag daran ablesbar sein, daß Spalek mit seinen periodischen Umfragen sowie durch Zuträge zu der von ihm begründeten »German Exile Collection« an der State University of New York in Albany inzwischen schon wieder so viele neue Nachlässe ermittelt hat, daß die Planung eines dritten Bandes in Aussicht genommen ist.

Die beiden Verzeichnisse Spaleks werden inzwischen vom K. G. Saur Verlag in München vertrieben. Dessen Engagement und Interesse ist es mitzuverdanken, daß die Exilforschung auf ein mittlerweile solides lexikalisches und dokumentarisches Material in leicht zugänglicher publizierter Form zurückgreifen kann. Nicht nur war dort bereits das BHb erschienen, erwähnt sei auch das von Michael Hepp aufbereitete Gesamtverzeichnis der *Ausbürgerung deutscher Staatsangehöriger 1933–45*. Wer jenseits der prominenten Namen aus den frühen, hinlänglich bekannten Ausbürgerungslisten prüfen wollte, wer von den Vertriebenen seiner Staatsangehörigkeit beraubt worden war, und dafür auf den deutschen »Reichsanzeiger« ohne Inhaltsverzeichnis und Register zurückgreifen mußte, weiß dieses Werk zu schätzen. Zwar war von Carl Misch 1939 in Paris schon einmal eine Gesamtübersicht zusammengestellt worden, sie umfaßte jedoch nur die Daten der ersten 84 bis zum Dezember 1938 veröffentlichten Listen. Das jedoch war nur ein Bruchteil der insgesamt 359 Listen bis April 1945, die seit 1937 in immer kürzeren Abständen und mit immer längeren Namensverzeichnissen erschienen waren.

Spaleks Arbeit wird jetzt durch die Nachlaßübersichten zur Wissenschafts- und zur politischen Emigration in deutschen Beständen ergänzt. Das im Exilarchiv der Deutschen Bibliothek Frankfurt bearbeitete *Inventar zu den Nachlässen emigrierter deutschsprachiger Wissenschaftler*, das als Teilprojekt des Schwerpunktprogramms Wissenschaftsemigration der DFG realisiert wurde, verzeichnet 425 Nachlässe in den deutschen Archiven und Bibliotheken, einschließlich der der neuen Bundesländer. Das Erschließungsschema folgt dem des Spalek-Verzeichnisses für die USA. Dieses einheitliche Vorgehen soll nicht allein die Chance einer künftigen datentechnischen Zusammenfassung ermöglichen – Pläne für eine umfassende biographische Datenbank zur deutschsprachigen Emigration wie auch für den Widerstand werden beispielsweise zur Zeit am Institut für Zeitgeschichte in München erwogen. Ausdrücklich versteht sich das Inventar auch als Modell für weitere Übersichten zu anderen wichtigen Emigrationsländern wie Großbritannien, Israel oder Schweden. Für die deutschen Verhältnisse ist das übernommene Schema außerdem sinnvoll, weil die Sammlungen in der Bundesrepublik nur selten komplette Nachlässe, in der Regel von Remigranten, enthalten, sondern meistens nur Nachlaßsplitter oder häufiger nur Einzeldokumente in anderen Papieren und Provenienzen.

Das Inventar dürfte nicht allein für einschlägig arbeitende Forscher zur Wissenschaftsemigration unverzichtbar sein, denn es gibt auch für andere Themen des Exils schon beim ersten Durchblättern zahlreiche weiterführende Hinweise, wo jenseits der bekannten archivalischen Sammlungen, dem Literaturarchiv in Marbach, dem Bundesarchiv in Koblenz mit seiner großen Nachlaßabteilung oder dem Exilarchiv der Deutschen Bibliothek noch bisher Unbekanntes zu finden ist. Es weist die Spur zu manchmal kuriosen Orten und Beständen. Dafür mag ein Beispiel aus dem Nahbereich meines eigenen Arbeitsgebiets, der Emigration von Sozial- und Wirtschaftswissenschaftlern, angeführt werden. Das Inventar vermittelte mir etwa die Existenz eines bisher unbekannten Nachlasses, außerdem an einem Ort, der Bundesfinanzakademie in Siegburg, der nicht vermuten ließ, daß dort derartiges Material aufbewahrt wurde. Zum anderen gab es Korrespondenzen einiger Emigranten in den Nachlässen fachfremder Kollegen an, die um so überraschender sind, als ich glaubte, deren Biographien und persönliche Beziehungen recht gut zu kennen. Einmal mehr mag das die disziplinübergreifende intellektuelle Breite vieler Repräsentanten der 1933 vertriebenen »Weimarer Kultur« andeuten.

Im Unterschied zu Spaleks Verzeichnis, das auch privat gehaltene Bestände von Emigranten angibt, welche vermutlich in der Zukunft von den Nachkommen an öffentliche Institutionen abgegeben werden, enthält das Inventar zur Wissenschaftsemigration – wie auch das zur politischen Emigration – solche Materialien nicht. Derzeit ist kaum absehbar, welche privaten Überlieferungen hierzulande noch existieren. Erst nach Abschluß der laufenden Forschungsprojekte zur Wissenschaftsemigration werden darüber von den Bearbeitern der einzelnen disziplingeschichtlichen Untersuchungen genauere Informationen zu erhalten sein. Immerhin zeigt aber das Inventar jetzt schon quantitativ, welche Breite in den letzten Jahren erreicht wurde. Von den 425 unter eigenem Namen aufgeführten Überlieferungen stammen rund zehn Prozent von Emigranten, die das BHb nicht erwähnt. Ebenso läßt sich das an den ebenfalls aufgenommenen Querverweisen auf die Spalek-Bände ablesen. Für mehr als ein Viertel (119) der 425 Entries gibt es auch entsprechende Bestände in den USA, von denen 69 in Spaleks erstem Band und 50 in seinem Folgeband verzeichnet sind. Nur am Rande sei erwähnt, daß jene Relationen einmal mehr belegen, welche Bedeutung die Vereinigten Staaten bei der

Aufnahme der deutschen Intellektuellen hatten.
Schließlich schärft das Inventar den Umgang mit dem BHb, denn es verzeichnet zu Recht zahlreiche Personen (insgesamt 66), die dort im Band I aufgeführt sind, der bekanntlich der nicht-wissenschaftlichen Emigration gewidmet ist. Die hier erkennbaren Zuordnungsprobleme verweisen auf Karrierebrüche, auf individuelle Schicksalsschläge, in anderen Fällen aber auch auf neue Lebensperspektiven durch die Emigration, die sich der eindeutigen Klassifizierung und Systematisierung nach den Maßstäben normaler Berufswege entziehen. Ob allerdings Parteipolitiker wie Max Brauer und Friedrich Stampfer oder Hubertus Prinz zu Löwenstein als Wissenschaftler einzuordnen sind, bleibt zweifelhaft.

Auf die gleichen Schwierigkeiten trifft man im Verzeichnis der *Quellen zur deutschen politischen Emigration 1933–1945,* das die Nachlässe auch für Gelehrte wie Arnold Bergstraesser, Siegfried Kracauer oder Alfred Vagts nachweist. Allerdings machen die Herausgeber in ihrer editorischen Vorbemerkung klar, nach welchen Kriterien sie ihre Auswahl getroffen haben.

Mit diesem Band legt die Elsbeth und Herbert Weichmann Stiftung ihr erstes Arbeitsergebnis vor. Sie war 1989 von der Witwe des ehemaligen persönlichen Referenten des preußischen Ministerpräsidenten Otto Braun und – nach der Rückkehr aus dem Exil – prominenten sozialdemokratischen Politikers in Hamburg (Bürgermeister von 1965 bis 1971) mit dem Ziel gegründet worden, »das Wirken der demokratischen Opposition gegen die totalitäre Herrschaft Hitlers ebenso dem Gedächtnis der Nachwelt zu bewahren wie seine Folgen im Nachkriegsdeutschland wissenschaftlich und publizistisch zu würdigen.« Darüber informiert ihre zuvor erschienene kleine Einführung *Schicksale deutscher Emigranten,* in der die wissenschaftlichen Beiratsmitglieder Werner Jochmann und Werner Röder denkbare Perspektiven der künftigen Arbeit skizzieren, angereichert um einige von Heinz Boberach zusammengestellte Quellen zum Exil-Schicksal der Familie Weichmann.

Der Quellenband verzeichnet die Nachlässe von 312 politischen Emigranten, daneben die Aktenbestände von 18 Partei- und Verbandsorganisationen sowie von 5 Redaktionsarchiven im Exil, schließlich 14 Sammlungen mit entsprechenden Materialien. Während die meisten der etwa im Bundesarchiv Koblenz, im Institut für Zeitgeschichte München, im Archiv der sozialen Demokratie Bonn oder an anderen Orten der alten Bundesrepublik gesammelten Überlieferungen den Fachleuten bekannt sein dürften, ist der neue Band bahnbrechend in der Aufbereitung der in den Archiven der ehemaligen DDR gehaltenen Bestände. Auf diese bisher unter Verschluß gehaltenen und daher vielfach unbekannten Materialien überhaupt erst einmal aufmerksam zu machen, war auch das ursprüngliche Ziel der Stiftung gewesen; die unerwartet eilige staatliche Vereinigung war dann allerdings der Anlaß, eine solche Begrenzung des Projekts aufzugeben.

Schon beim ersten Durchblättern des Bandes springt die unterschiedliche Qualität der Überlieferungen aus der alten DDR ins Auge, hauptsächlich aus den Archiven der SED und der Akademie der Künste in Berlin sowie aus dem ehemaligen Zentralen Staatsarchiv in Potsdam. Die ersten beiden Institutionen halten die persönlichen Papiere der kommunistischen Remigranten und späteren Funktionäre in Ostdeutschland ganz offensichtlich in bereinigter Form. Denn sie umfassen zumeist nur persönliche Dokumente, unterschiedlichste Manuskripte und gedrucktes Material, wohingegen Korrespondenzen die Ausnahme bilden. Und auch diese Ausnahmen wirken merkwürdig. Daß beispielsweise der Mitbegründer des Bundes proletarisch-revolutionärer Schriftsteller, Spanien-Kämpfer und Präsident des Nationalkomitee Freies Deutschland Erich Weinert in den ganzen Jahren des Exils mit Wilhelm Pieck oder Walter Ulbricht nur jeweils einen Brief gewechselt hat, erscheint ziemlich unwahrscheinlich.

Die spannenderen Überlieferungen dürften demgegenüber in Potsdam liegen. Vor allem sind das Materialien, die von der Gestapo und dem SD 1940 in Frankreich beschlagnahmt wurden. Sie waren während des Krieges in Schlesien ausgelagert, von der Roten Armee konfisziert und erst in den fünfziger Jahren der DDR übergeben worden. Hierzu gehören die Redaktionsarchive des *Neuen Tage-Buch*, der *Neuen Weltbühne*, der *Pariser Tageszeitung* und der *Deutschen Informationen* sowie viele persönliche Nachlässe, die bei der Flucht nach Südfrankreich in Paris zurückgelassen worden waren, unter anderem von Leopold Schwarzschild, Georg Bernhard, Grete Freund, Anselm Ruest, Wolf Franck oder Maximilian Scheer. Sie enthalten, wie das Quellenverzeichnis zeigt, jeweils auch umfangreiche Korrespondenzen. In dieser terra incognita wird künftige Forschung sicher noch ein ergiebiges Betätigungsfeld finden.

Gegenüber dem einheitlichen und spezifizierten Kategorienschema der Spalek-Bände und des Wissenschafts-Inventars gebrauchen die Quellen zur politischen Emigration nur ein vergleichsweise grobes Ordnungsraster. Sie verzeichnen darüber hinaus in der Regel nur einen Fundort, auch wenn, wie etwa für Hubertus Prinz zu Löwenstein oder Walther Schücking, Teilnachlässe an unterschiedlichen Plätzen vorhanden sind. Die Querverweise bei den einzelnen Namen auf die Nachlaßangaben im Inventar (sowie auf das BHb) erlauben zwar die schnelle Prüfung bei der weiteren Suche, zuweilen fehlen diese Hinweise jedoch auch, so etwa bei Ernst Jurkat, Alfred Meusel, Kurt Löwenstein, Hedwig Wachenheim und einigen anderen, die im Wissenschafts-Inventar durchaus mit eigenen Entries vertreten sind. Umgekehrt verzeichnen die Quellen einige Nachlässe von Wissenschaftlern, so Carl Misch oder Wladimir Woytinski, die merkwürdigerweise im Inventar nicht enthalten sind. Hier deuten sich Koordinationsaufgaben an, die von einer künftigen biographischen Datensicherung zu lösen sein werden.

Das gleiche gilt für die Standardisierung der kategorialen Aufbereitung des Materials. Einstweilen empfiehlt sich deshalb, unabhängig von der eigenen Spezialisierung, bei künftigen Recherchen die Nachlaßverzeichnisse nebeneinander heranzuziehen. Insbesondere Benutzer des Quellenverzeichnisses werden in den breiter angelegten Fundstellenverweisen des Inventars auf weitere Fährten stoßen. Gegenüber den dort nur erfaßten Hauptnachlässen zeigt dieses beispielsweise für Erika Mann 26, für Karl O. Paetel 19, Kurt Pinthus 64 oder Ernst Reuter 12 weitere Orte, an denen sich jeweils noch Überlieferungen dieser Personen finden lassen. Ein umfassendes Personen- und Institutionenregister – im Inventar auch noch eine Übersicht mit den Fachgebieten der einzelnen Wissenschaftler – sowie eine Adressenliste der Nachlaßverwalter schließt diese beiden vorzüglich handhabbaren Nachschlagewerke ab.

Im Unterschied zu diesen Materialverzeichnissen zur vertriebenen intellektuellen und politischen Elite will die von Norbert Kampe herausgegebene Dokumentensammlung zeigen, daß es auch noch andere Flüchtlinge gegeben hat. Erklärte Absicht der Dokumentation ist es, dem Schicksal der vielen namenlosen jüdischen Flüchtlinge nachzugehen. Sie schließt die von Herbert A. Strauss seit den siebziger Jahren edierte Reihe *Jewish Immigrants of the Nazi Period in the USA* ab, die mit ihren archivalischen Übersichten und kommentierten bibliographischen Nachweisen ebenso wie mit ihren Sammlungen mündlicher Interviews bisher schon wichtige Hilfen zur Erforschung dieses Personenkreises bereitgestellt hat.

Obwohl sich Kampes Edition an die amerikanische Öffentlichkeit richtet, dürfte sie in ihrer systematischen Zusammenschau wie durch ihre Quellenpräsentation auch für deutsche Leser von hohem Informationswert sein. Die mehr als 400 Dokumente, die jeweils mit kurzen erläuternden Einführungen übersichtlich in sieben Kapitel gruppiert sind, zeigen die strenge Kontinuität von der Entstehung der modernen rassenantisemitischen Ideologie in Deutschland im letzten Drittel des 19. Jahrhunderts mit ihrer immer aggressiveren verbalen Aufladung nach dem Ersten Weltkrieg, über deren administrative Umsetzung in politische und juristische Praxis durch die Nationalsozialisten bis hin zu den Deportationen in die Vernichtungslager ab 1941. Vor diesem Hintergrund werden sodann die jüdischen Reaktionen auf die Verfolgungen sowie die Haltung der Weltöffentlichkeit auf die beginnende Massenflucht seit Ende der dreißiger Jahre gezeigt. Viele der ins Englische übersetzten einzelnen deutschen Texte bzw. ihr historiographischer Kontext mögen hierzulande bekannt sein, da die Forschung zum Antisemitismus und zur NS-Herrschaft in Deutschland, der Bundesrepublik wie der ehemaligen DDR, dazu zahlreiche, auch für ein breiteres Publikum gedachte Dokumentationen vorgelegt hat. Diesen Publikationen sind auch eine Menge der von Kampe gesammelten Texte entnommen.

Darüber hinaus leuchtet Kampe in einige bisher eher marginal analysierte Bereiche hinein. Das gilt insbesondere für die innerjüdische Diskussion und die konkreten Maßnahmen der jüdischen Gemeinden, wobei die finanziellen Hilfen für die plötzlich aus dem öffentlichen Leben Verdrängten und dann die Vorbereitungen sowie die Durchführung der Emigration im Mittelpunkt stehen. Dazu werden kaum zugängliche Schlüsseltexte aus Archiven und zeitgenössischen Publikationen der jüdischen Organisationen wie der internationalen Hilfskomitees vorgelegt. Diese Dokumente dürften auch den meisten deutschen Lesern unbekannt sein. Das gleiche gilt für die zahlreichen Quellen zur internationalen Reaktion auf die Flucht aus Deutschland, unter anderem die immer pessimistischeren Verlautbarungen des Völkerbundkommissars für die Flüchtlinge in Lausanne, die internen Korrespondenzen der verschiedenen Staaten bei der Vorbereitung der Evian-Konferenz 1938 oder die halbherzigen diplomatischen Verhandlungen der westlichen Großmächte mit dem Nazi-Staat. Sie illustrieren den aussichtslosen Kampf der jüdischen Hilfskomitees unter dem Druck, der Ambivalenz oder den offenen antisemitischen Vorurteilen der internationalen Staatengemeinschaft, deren Appeasement wiederum die Häme der Nazis provozierte und sie zu noch weiter verschärften Repressionen motivierte. Deutlich wird die Perfidie etwa in der dramatischen Phase zwischen der Reichs-Pogromnacht und dem Beginn des Zweiten Weltkrieges, als das Reichssicherheitshauptamt, welches in dieser Zeit die Federführung für die »Judenpolitik« unter Leitung Adolf Eichmanns übernahm, die jüdische Dachorganisation bei der Suche nach illegalen Emigrationswegen, insbesondere nach Palästina, unterstützte. Dahinter stand das Kalkül, vor allem die Westmächte zu provozieren und ihre Einwanderungsrestriktionen als antisemitisch zu denunzieren.

Ein ausführliches kumulatives Sachregister, neben dem Namensverzeichnis, erlaubt den schnellen zielgerichteten Umgang mit diesen einen so breiten thematischen Bereich umfassenden Quellen. Der jeweils am Ende der einzelnen Dokumente angegebene Fundort bietet gerade für die vielen übersetzten deutschsprachigen Originale die Möglichkeit, auf die einschlägigen Publikationen hierzulande zurückzugreifen.

Abschließend sei auf das *Gedenkbuch* über die Sinti und Roma in Auschwitz-Birkenau hingewiesen, welches daran erinnert, daß nicht nur Juden dem industriellen Massenmord der Nationalsozialisten zum Opfer gefallen sind. Es enthält die Listen der rund 23.000 Männer und Frauen, die aus elf europäischen Ländern in das im Februar 1943 eingerichtete »Zigeunerlager« von Birkenau deportiert wurden. Diejenigen, die nicht durch Sklavenarbeit, Unterernährung oder Krankheiten umkamen, wurden in den Gaskammern getötet. Nur durch einen Zufall sind die Namenslisten mit persönlichen Lebens-, Herkunfts- und Todesdaten erhalten geblieben. Angesichts der bevorstehenden Vernichtung des Lagers beim Herannahen der Roten Armee Ende 1944 hatten die polnischen Rapportschreiber die sogenannten Evidenzbücher vor der Zerstörung bewahrt. Erst nach fünf Jahren konnten die vergrabenen und daher stark beschädigten Unterlagen von den Mitarbeitern der Gedenkstätte Auschwitz geborgen werden. Seit 1991 bilden sie die Grundlage für das vom Auschwitz-Archiv eingerichtete Datenarchiv.

Ergänzt werden die Namensverzeichnisse (getrennt nach Frauen und Männern) durch ein Kalendarium der Verfolgung von Sinti und Roma, durch Dokumente, durch Berichte von einigen der wenigen Überlebenden und eine Geschichte des Lagers. Bei den statistischen Übersichten, unter anderem zur Anzahl der Transporte, der nationalen Herkunft oder der Berufszugehörigkeit der Deportierten, springt eine besonders ins Auge. Sie enthält eine Aufstellung der im Lager geborenen Kinder und ihr erreichtes Lebensalter, gemessen in Tagen.

Claus-Dieter Krohn

Patrik von zur Mühlen: *Fluchtweg Spanien – Portugal. Die deutsche Emigration und der Exodus aus Europa 1933–1945.* Bonn (J. H. W. Dietz Nachf.) 1992, 223 S. (Forschungsinstitut der Friedrich-Ebert-Stiftung. Reihe: Politik- und Gesellschaftsgeschichte. Band 28).

Die vorliegende Publikation ist in gewisser Weise das geographische und chronologische Bindeglied zwischen den beiden vorherigen Büchern des Bonner Historikers. Während Patrik von zur Mühlen in seiner Monographie *Spanien war ihre Hoffnung. Die deutsche Linke im Spanischen Bürgerkrieg 1936 bis 1939* (Bonn 1983) das Engagement von rund 5.000 Deutschen im Spanischen Bürgerkrieg auf seiten der Republik dargestellt hatte, analysierte er in seiner Untersuchung *Fluchtziel Lateinamerika. Die deutsche Emigration 1933–1945: politische Aktivitäten und soziokulturelle Integration* (Bonn 1988) Migrationsbewegungen, Anpassungs- und Eingliederungsprozesse im lateinamerikanischen Exil.

Die Vorzüge dieser Quellenstudien gelten auch für das neue Buch: Ausschöpfen aller erreichbaren schriftlichen und mündlichen Quellen, anschauliche Darstellung von Alltagsgeschichte und Einzelschicksalen, zuverlässige Detailkenntnis, kriminalistischer Spürsinn und Einordnung in aktuelle Zusammenhänge. In den einzelnen Länderkapiteln ordnet der Verfasser sein Forschungsthema in größere Zusammenhänge ein, beleuchtet die oft rational kaum erklärbare Exilpolitik und steigt in die Geschichte von Institutionen und Fluchthelfer-Organisationen ein.

Zu Recht leitet diesen Band ein Kapitel über das Ausgangsland Frankreich ein, das für viele Emigranten nach 1940 zu einer Todesfalle zu werden drohte. Die Bücher von Varian Fry und Lisa Fittko haben in den letzten Jahren auch einem breiteren Publikum die dramatischen Umstände der Fluchtwege aus dem besetzten Frankreich vor Augen geführt. P. von zur Mühlen illustriert an weiteren Einzelbeispielen aus dem sehr heterogenen Personenkreis diese verzweifelte Situation.

Spanien und Portugal waren in erster Linie für die Flüchtlinge Transitländer, aber von zur Mühlen bringt auch Beispiele, wo diese Staaten als endgültige Exilländer gewählt wurden. Trotz der Neutralität der iberischen Staaten waren solche Entscheidungen allerdings nicht ungefährlich, da Behörden, Polizei und andere Staatsorgane mit den Amtsträgern und dem Spionagedienst des Deutschen Reichs gegen Bestechung leicht gemeinsame Sache machten. Der Verfasser weist auf die durchaus unterschiedliche Asylpolitik beider Länder hin, zeigt aber auch zahlreiche Widersprüche auf, die einzelne Fluchtwege oft nicht vorherberechenbar machten. In den größten Städten standen sich – wie auch in Lateinamerika – die »beiden Deutschlands« gegenüber, wobei das »linke Lager« in der Fremde wie in der Heimat oft zerstritten war und trotz der gemeinsamen Asylsituation keine Einheit bildete.

Am bedrückendsten sind die Einzelfälle der Verhaftungen aufgrund des langen Arms des »Dritten Reiches«, der bei prominenten Flüchtlingen große Fahndungskräfte mobilisieren konnte. So waren an der geplanten Beseitigung von Otto Strasser, des geflüchteten Chefs der »Schwarzen Front«, über 1.000 portugiesische Agenten mehrere Wochen lang im Einsatz; ähnliches galt für die mißlungene Entführung des Herzogs von Windsor und früheren Königs Edward VIII. im Jahre 1940.

Die widersprüchliche Asylpolitik der iberischen Länder zeigt sich vor allem in der Einstellung gegenüber jüdischen Emigranten. Obwohl Spanien heute oft als semitophiles Land während der Zeit des »Dritten Reichs« hingestellt wird, gibt es auch zahlreiche Gegenbeispiele. In einem gutdokumentierten Schlußteil hat der Verfasser ein kritisches Panorama der Hilfsorganisationen gezeichnet, die durchaus zur Zusammenarbeit miteinander bereit waren. Auch hier nimmt das Operationszentrum Lissabon einen zentralen Raum ein. Trotzdem teile ich das resignierte Resümee von zur Mühlens: »Die iberische Fluchtroute stellt sich dar als Weg der verpaßten Chancen. Tausende von Verfolgten in Frankreich, die über diesen Weg hätten entkommen können, wurden verfolgt, gefangen, in Konzentrations- bzw. Vernichtungslager deportiert« (S. 208).

Alle diese Zusammenhänge müßten auch durch Film und Fernsehen in das Bewußtsein einer breiteren Öffentlichkeit gehoben werden. Gerade in der heutigen Zeit, in der so viel über die einseitige Richtung des Asylantenstroms geklagt wird, ist es wichtig, sich vor Augen zu halten, daß über die Transitländer Spanien und Portugal fast 100.000 Deutsche in die »Dritte Welt« und in die USA emigrieren konnten, darunter Heinrich Mann, Franz Werfel, Erich Ollenhauer, Otto von Habsburg und viele andere. In diesem Sinne sollte der Inhalt dieses Buches nicht nur die Fachhistoriker erreichen, sondern ebenso wie die oben genannten Bücher in Taschenbuchform ein breiteres Publikum ansprechen.

Martin Franzbach

Peter Becher / Peter Heumos (Hg.): *Drehscheibe Prag. Zur deutschen Emigration in der Tschechoslowakei 1933–1939.* München (R. Oldenbourg) 1992, 206 S., (Veröffentlichungen des Collegium Carolinum, Bd. 75).

Von den großen Zentren der deutschen Emigration seit dem Beginn der NS-Herrschaft haben bisher vor allem Paris, London, dann New York vielfach im Mittelpunkt des Interesses der Exilforschung gestanden. Daß zwischen 1933 und 1938 daneben auch Prag – schon wegen seiner Nähe zu Deutschland – zu einem begehrten Exilort, schließlich, seit dem Ereignis von München 1938, für viele Flüchtlinge zum bedrückenden Durchgangs- und Ausgangsort für die Fortsetzung ihrer Emigration wurde, haftete zwar in der bitterwehmütigen Erinnerung der Prager Emigranten, entzog sich jedoch infolge der lange bestehenden Unzugänglichkeit der tschechoslowakischen Archive und wegen der politischen Verhältnisse in der ČSSR im allgemeinen der detaillierten Analyse. Um so erfreulicher ist es, daß sich Ende 1988 erstmals ein internationales Kolloquium – Veranstalter waren der Adalbert Stifter-Verein, das Collegium Carolinum, das Institut für Zeitgeschichte und die Stadtbibliothek München – der deutschsprachigen Emigration in der Tschechoslowakei und im besonderen der Funktion Prags als »Drehscheibe« dieser Emigration widmete und daß im Anschluß daran eine Ausstellung zum gleichen Thema organisiert werden konnte. Der vorliegende facettenreiche Sammelband faßt die Beiträge des Kolloquiums zusammen.

Einleitend stellt Werner Röder die Mehrfachbedeutung Prags als »Drehscheibe«, »Kampfposten« und »Fluchtstation« dar, wobei die politischen Voraussetzungen für die anfangs so günstigen Bedingungen der Tschechoslowakei als Exilland, besonders das verständnisvolle Wohlwollen seiner politischen Führung für dieses Exil zur Sprache gebracht werden; ein Wohlwollen, das sich in der Anwesenheit zahlreicher Mitglieder der deutschen und – seit 1934 – der österreichischen Linken und besonders des SOPADE-Vorstandes in der Tschechoslowakei äußerte. In ähnlicher Weise handelt Květa Hyršlová von den historisch-politischen Voraussetzungen der ČSR als Asylland. Sie weist dabei mit Nachdruck auf den öffentlichen und privaten Schutz hin, den weite Kreise der Bevölkerung des Landes den politischen Flüchtlingen gewährten und macht dies unter anderem an der Haltung der öffentlichen Meinung gegenüber emigrierten deutschsprachigen Künstlern deutlich, – am augenfälligsten ist hierfür die Erteilung des Bürgerrechts an Thomas Mann durch die Gemeinde Proseč. – Martin K. Bachstein widmet sich der »dialektischen Freundschaft«, die sich zwischen sudetendeutschen Sozialdemokraten und dem deutschen Exil entwickelte und mit der heftigen Diskussion um das Konzept des »Volkssozialismus« im Gefolge der umstrittenen Kontakte zwischen Wenzel Jaksch und Otto Strasser einen Höhepunkt erreichte. – Peter Becher würdigt Kurt R. Grossmanns Aktivitäten im Rahmen der von Grossmann mit unbestrittenem Organisationstalent aufgebauten und erfolgreich geleiteten »Demokratischen Flüchtlingsfürsorge«, mit deren Hilfe die Misere vieler mittelloser Emigranten wenigstens gelindert werden konnte. Dennoch wirkt die Darstellung Bechers ein wenig zu hagiographisch: Da er den im Archiv der Hoover-Institution, Stanford, lagernden Teilnachlaß Grossmanns nicht kennt, ist ihm das aus manchen Dokumenten dieses Archivbestandes rekonstruierbare Ausmaß des Zornes nicht hinreichend bewußt, den Grossmanns Prager Exilgefährten bei dessen von ihnen als »Verrat« und »Flucht« bezeichneten Übersiedlung nach Paris im Mai 1938 empfanden. Daß Grossmanns Bemühungen, in Paris Fuß zu fassen, nicht zuletzt deshalb an der nahezu einhelligen Ablehnung durch die dortige »Deutsche Liga für Menschenrechte im Exil« scheiterten, ist Becher ebenfalls entgangen. In seiner Darstellung vermißt man auch die Erwähnung des keineswegs ungeschmälert erfreulichen Eindruckes, den Grossmann bei einigen der von ihm in Obhut genommenen Flüchtlinge hinterließ, wie etwa bei Karl O. Paetel, der in seiner Autobiographie *Reise ohne Uhrzeit* ein wenig schmeichelhaftes Porträt Grossmanns (des »Herrn Hugo«) liefert. Es hätte das Bild Grossmanns schließlich komplettiert, hätte der Verfasser auf die herzliche Verachtung hingewiesen, die Kurt Hiller Grossmann gegenüber bereits in den Weimarer Jahren, später in Prag und noch bis in sein Exil in London und in seinen letzten Jahren in Hamburg an den Tag legte. – Jan M. Tomeš erinnert an die Prager Exiljahre John Heartfields und die verständnisvolle Förderung, die ihm der Künstlerverein *Mánes* zuteil werden ließ. – Gerhard Hirschfeld verfolgt an zahlreichen Beispielen der Wissenschaftsemigration den Weg, den deutschsprachige Prager Forscher nahmen, als sie seit 1938/39 zur Flucht nach Großbritannien gezwungen waren. – Dem Prager Aufenthalt Oskar Kokoschkas, der seinen Status nicht als den eines Emigranten, sondern als den eines Flüchtlings empfand, gelten die Betrachtungen von Heinz Spielmann. – Margarita Pazi beschäftigt sich kenntnisreich mit dem Verhältnis des »Prager Kreises« deutschsprachiger jüdischer Schriftsteller (E. E. Kisch, Max Brod, Louis Fürnberg, Ludwig Winder, Oskar Baum u. a.) zur deutschsprachigen Emigration, die von dem Prager Kreis vielfältige Hilfe erfuhr. – Hierzu liefert der Beitrag von Květa Hyršlová über die Zusammenarbeit tschechischer und deutscher Schriftsteller im Prag der dreißiger Jahre eine wertvolle Ergänzung. – Thomas Kraft berichtet über die Exilzeit von Oskar Maria Graf in Prag und Brünn 1934 bis 1938 und über Grafs von tiefer Sympathie für das Gastland bestimmte vielseitige und ihn beglückende Tätigkeit in jenen Jahren. – Johannes Urzidils vor mancherlei Rätsel stellende Tätigkeit als »Pressebeirat« der deutschen Gesandtschaft in Prag zwischen 1918 und 1934 ist der Gegenstand des fesselnden Beitrages von Gerhard Trapp. – Der Einwanderung tschechischer Gegner und Opfer des Nationalsozialismus nach Nordamerika, darunter als besonders bewegendes Beispiel die entbehrungsreiche und mühselige Einwanderung sudetendeutscher Sozialdemokraten nach Kanada im Jahre 1939, ist der Beitrag von Fred Hahn gewidmet. – Ausgehend von der 1944 in London unter dem Titel *Stimmen aus Böhmen* erschienenen Anthologie emigrierter deutschböhmischer Schriftsteller beschäftigt sich Jennifer A. Taylor mit dem Schicksal jener Exilgruppe. – Abschließend behandelt

Peter Heumos *Soziale Aspekte der Emigration aus der Tschechoslowakei 1938–1945*, eine durch die intensive Auswertung einer Fülle von Daten wichtige Untersuchung, bei der hinter den dürren Statistiken oft genug das Ausmaß individuellen Elends in der Emigration aufscheint.

Der Band ist eine willkommene Bereicherung unserer Kenntnis einer allzulange vernachlässigten Exilregion.

Karl Holl

Filmexil Heft 1/1992. Berlin (Edition Hentrich). [Einzelpreis 18,– DM (im Buchhandel), Abonnementspreis 14,– DM pro Heft plus Versandkosten. Bestellungen: Edition Hentrich, Albrechtstr. 111/112, 12167 Berlin.]

Im Oktober 1992 stellte die Stiftung Deutsche Kinemathek ein neues Periodikum vor, die Zeitschrift *Filmexil*, die in der Edition Hentrich zweimal jährlich erscheinen soll. Die neue Zeitschrift will »ein Forum sein, in dem die enge Verflechtung von Kunst und Gesellschaft, von Film und Politik dokumentiert und analysiert werden soll« heißt es im Editorial, dabei sollen neben dem Exil auch Innere Emigration, Remigration und Nationalsozialismus Beachtung finden. Die einzelnen Hefte werden einen Schwerpunkt haben, im ersten Heft steht Paul Kohner im Mittelpunkt, dessen Agenturarchiv die Stiftung Deutsche Kinemathek 1988 erwerben konnte und das als wohl umfangreichste Sammlung zur Filmemigration in den USA gelten darf.

Über das Archiv und die derzeit betriebene Erschließung für die Forschung (mit Unterstützung der Deutschen Forschungsgemeinschaft) berichtet Heike Klapdor, die auch noch mit einem längeren Beitrag über Felix Bressart *(They can't censor our memories)* vertreten ist. Zu Kohner selbst gibt es eine sehr knappe Hommage von Gero Gandert und den Nachdruck eines Berichts aus dem *Aufbau*. Die Aufsätze über Luis Trenker und die Trenker-Kohner-Korrespondenz (beide von Eric Rentschler) mitsamt zwei Briefen von Kohner und Trenker sowie ein Bericht über *Paul Kohner und der Werbefilm* ergänzen die Kohner-Beiträge, die sich jedoch nicht zu einem Porträt runden. Dazu sind die Darstellungen der Persönlichkeit und auch des Archivs allzu knapp, außerdem ist kritisch anzumerken, daß in der Beschreibung der Sammlung mal wieder nur die bekannten Namen auftauchen – der besondere Wert des Archivs liegt ja gerade darin, daß Kohner zahllose Emigranten vertreten hat, die eben unbekannt blieben und über die man nun, mit Hilfe dieses Archivs, endlich Genaueres in Erfahrung bringen kann. Eher der Kohner-Legende dienen Aussagen, daß Kohner »Unbekannte bekannt und Bekannte berühmt« gemacht habe (Gero Gandert), denn schon Bressarts Schicksal in Hollywood zeigt, daß auch Kohners Vermittlungsgeschick Grenzen gezogen waren, worauf Klapdor in ihrer Würdigung des Chargenspielers Bressart jedoch nicht näher eingeht. Der Beitrag Rentschlers ist mehr für Trenker und seine Bemühungen um eine amerikanische Karriere aufschlußreich als für Kohner. Die abgedruckte Korrespondenz belegt auch nicht die Behauptung, Kohner sei »Trenker's enthusiastic admirer and persevering defender« gewesen, »someone who perhaps knew him better than anyone else«; vielmehr wird deutlich, daß Kohner trotz seiner Anerkennung des Filmemachers Trenker sich auch sehr distanziert verhielt. Auch kann man Kohner wohl kaum als »Jewish exile« oder »Jewish emigrant« bezeichnen, denn Kohner war schon 1920 in die USA ausgewandert und seit 1925 amerikanischer Staatsbürger: obwohl er einer der wichtigsten Helfer der Emigranten wurde, war er selbst kein Exilant.

Das gilt auch für Fred Zinnemann, von dem zwei Briefe an Herbert Rappaport abgedruckt werden (einer davon übrigens bereits veröffentlicht in einem Buch über Zinnemann), der 1929 in die USA kam und 1936, also zwei Jahre vor dem Nazi-Einmarsch in Österreich, amerikanischer Staatsbürger wurde.

Ein Gedenkblatt für den nach London exilierten und 1992 verstorbenen Kritiker Hans Feld, ein Bericht über das Max-Ophüls-Symposium in Saarbrücken im Mai 1992, die Ankündigung des Filmkongresses in Hamburg »London Calling« im November 1992 und ein Bericht über die Bibliografie der Filmseite des *Pariser Tageblatts/Pariser Tageszeitung* 1933–1940 beschließen das erste Heft.

Trotz der kleinen Einwände erscheint das Konzept der Zeitschrift, Analyse und Dokumentation zum Filmexil zu verbinden, auch für die Zukunft tragfähig und ergiebig; *Filmexil* verspricht, zu einem Forum der Exilforschung zu werden, das hoffentlich viele interessierte Leser findet. (Inzwischen sind bereits die Hefte 2–4 erschienen.)

Helmut G. Asper

Cornelius Schnauber: *Spaziergänge durch das Hollywood der Emigranten*. Zürich (Arche) 1992, 165 S. mit zahlreichen Abb.

Das handliche Buch ist ein Reiseführer, der den Literatur- und Filminteressierten auf die Spuren der deutschen Emigration durch Los Angeles führt.

Sechs Routen (und dazu einige Vorschläge für Ausflüge) hat Cornelius Schnauber, seit 1968 in Los Angeles ansässig und mit zahlreichen Publikationen und Interviews zur Filmgeschichte hervorgetreten, sorgfältig zusammengestellt. Er behandelt dabei nicht nur die deutsche Emigration, bezieht vielmehr beispielsweise Musiker wie Strawinsky ein, weist auf wichtige Bauten von Frank Lloyd Wright hin und informiert – wie wäre das auch anders in Hollywood möglich – über die Filmindustrie von den Anfängen bis zu den fünfziger Jahren, auch deshalb sinnvoll, weil es eben diese Filmindustrie war, die zahlreichen Emigranten Brot und Lohn gab.

Freilich, *Spaziergänge* im eigentlichen Sinn sind die Routen nicht, in Los Angeles braucht man schon ein Auto, um Schnaubers interessante Touren durch Hollywood, Beverly Hills (mit den oft prächtigen ehemaligen Villen erfolgreicher Filmkünstler), Brentwood und Santa Monica, Pacific Palisades und Downtown Los Angeles nachzufahren, doch lohnt sich die Mühe. Denn Schnauber weiß nicht nur über die ehemaligen Besitzer (von Dietrich bis Veidt) zu berichten, sondern auch über Entwicklungen der Filmindustrie, über die Häuser, die Architekten, die Stadtentwicklung von Los Angeles seit den dreißiger Jahren (und nicht unerwähnt bleiben auch inzwischen abgerissene historische Bauten und Studios). Dabei vermischt er geschickt Informationen (z. B. über das Hays Office, das lange Jahre im Hollywood Equitable Building an der Kreuzung Hollywood Boulevard und Vine Street sein Hauptquartier hatte) mit amüsanten Geschichten (besonders hübsch über das Beauty Museum im Max Factor Building), so daß der Stadtführer sowohl für Literatur-, Film- und Exilforscher als auch für den interessierten Laien eine nützliche und angenehme Lektüre ist.

Dabei fällt besonders wohltuend auf, daß Schnauber an den sozialen Problemen im heutigen Los Angeles nicht vorbeigeht, auf die homeless people hinweist und auf die Unruhen im vergangenen Jahr, wie er überhaupt die Entwicklung, die die Stadt und die Filmindustrie seit den Tagen der Emigration genommen haben, stets berücksichtigt.

Natürlich konzentriert sich Schnauber auf die bekannten Emigranten, führt zu den Häusern von Thomas Mann, Feuchtwanger, Lubitsch, Reinhardt, Reisch, Werfel, Lang und vieler anderer, zur Agentur Paul Kohners, dem Haus Salka Viertels, den großen alten Kinopalästen am Hollywood Boulevard, den alten Treffpunkten der Emigranten (z. B. Farmers Market), und verständlicherweise kann ein solcher Führer keine Vollständigkeit anstreben. Dennoch vermißt man einige Hinweise; so dürften die Ausführungen über jüdische Massenemigration und das jüdische Viertel ausführlicher sein. In Downtown hätte man gut auf die alten Kinofassaden hinweisen können; in Beverly Hills fehlt mir der Abstecher zum (früheren) Haus und zur Werkstatt der Bildhauerin Anna Mahler und ihrem Hauptwerk *Tower of Mask* im Patio der Melnitz Hall von UCLA. Melnitz (Chmelnitzky), den Schnauber zu Recht erwähnt, und nach dem dieses Theater benannt ist, war übrigens in Deutschland vor 1933 nicht Theaterleiter gewesen, sondern Regisseur und Oberspielleiter an verschiedenen Bühnen. Rudi Feld ist nur im Zusammenhang mit Jeßners *Wilhelm Tell*-Aufführung genannt, es fehlt der Hinweis auf seine langjährige Arbeit als Theater- und Filmarchitekt in Hollywood. Bei Harry Horner hätte man hervorheben können, daß seine Bedeutung darin liegt, daß er als einer der ersten den Schritt vom Filmarchitekten zum production designer getan hat. Leider fehlen Oskar Fischinger und Fini Rudiger-Littlejohn und mit ihnen das Disney-Studio, für das beide gearbeitet haben, und die beiden großen Universitäten UCLA und USC hätten ausführlicher mit Lageplänen vorgestellt werden können. Schließlich sollte man – auch des reizvollen Baus wegen – die Margret Herricks Library der Motion Pictures Academy nicht unerwähnt lassen.

Vielleicht kann man diese (und der Autor hat sicherlich noch eine ganze Liste von weiteren Namen und Adressen) Informationen in einer nächsten Auflage einarbeiten und damit den ohnehin reichhaltigen Führer, in dem übrigens auch die zahlreichen Friedhöfe und Grabstätten genannt sind, noch abrunden.

Die gut und übersichtlich aufgegliederten *Spaziergänge* werden auch durch ein ausführliches Personenregister erschlossen, und ein Literatur- und Quellenverzeichnis gibt Hinweise für Forscher und Laien, in deren Tornister dieser Reiseführer unbedingt gehört, wenn sie Los Angeles besuchen.

Helmut G. Asper

Gabriele Kreis: »*Was man glaubt, gibt es*«. *Das Leben der Irmgard Keun.* Zürich (Arche) 1991, 301 S.

Das Buch von Gabriele Kreis, der engagierten Wiederentdeckerin Irmgard Keuns, lädt schon äußerlich zur Lektüre ein. Es ist großzügig gesetzt, mit vielen schönen, oft historischen Photographien versehen, die Einblicke in das Leben der Schriftstellerin geben, Stätten und Menschen zeigen, die sie gesehen und besucht hat. Die erste Biographie einer Autorin, die in den zwanziger Jahren große Erfolge erzielt hatte und erst Ende der siebziger Jahre eine Art Renaissance erlebte wie so viele Exilautoren.

Wie schon der Titel andeutet, läßt sich die Haltung der Schriftstellerin sehr viel schwieriger einordnen als ihre Romane, die einen – wenn auch personalisierten – beschreibenden Realismus pflegen, der dazu angetan war, ein Massenpublikum anzusprechen. Ihre Bücher wurden wirklich gelesen, wenn auch von der germanistischen Kritik zumeist als trivial abgelehnt.

Kreis überspringt die traditionelle Geringschätzung dieser Autorin, läßt sich nicht auf eine schulmäßige Auseinandersetzung mit der Rezeptionsgeschichte ihrer Werke ein, sondern setzt die produktive Phantasie der geborenen Kölnerin dagegen, welche jede schematische Einordnung sowieso verhindert. Es geht also nicht in erster Linie um die Werke von Irmgard Keun, um die Kenntnis der gesellschaftlichen und historischen Koordinaten, innerhalb derer sich ihr Schaffen konstituiert und entwickelt, sondern ihr Leben selbst wird zu einem Stoff, der einer Gestaltung bedarf: »Die Rekonstruktion ihres Lebens fällt schwer. Nur ein Datum scheint festzustehen: geboren 1910« (S. 19).

Diese Schwierigkeit bestimmt den Ansatz von Kreis, die das Ineinander und Durcheinander von gesicherten Angaben und Wunschdenken, von Verschränkung und willkürlicher Verknüpfung der kausalen und zeitlichen Ebenen, wie Keun sie vornimmt, akzeptiert und weitertreibt. Die Biographie ist in Abschnitte geteilt, welche eine Chronologie suggerieren, die offensichtlich herzustellen unmöglich ist bzw. als dem Leben der Figur unangemessen empfunden wird. Innerhalb dieser Abschnitte wird vor- und zurückgesprungen, werden Fakten und Zitate aus Romanen wiedergegeben, Probleme angerissen, später wieder aufgenommen und/oder weitergeführt. Wiederholungen lassen sich deshalb nicht vermeiden, sind sogar ein stilistisches Charakteristikum. Die Darstellung folgt über weite Strecken der Protagonistin, die Kreis in langen Interviews Auskunft gegeben hat, setzt schriftliche Selbstaussagen – etwa aus Briefen – daneben und ergänzt dann allgemeine Informationen um geschichtlichen und politischen Hintergrund. Dabei fällt auf, wie sehr Kreis vom Gegenstand ihrer Forschung fasziniert ist, tendiert sie doch bei ihrer Niederschrift stilistisch zu einer Imitation des offenbar äußerst sprunghaften Wesens der Keun. Aber auch die Suggestion von Film und Funk, die Technik von abrupten Unterbrechungen, von Schnitten läßt sich schwer leugnen und kennzeichneten schon das frühere Buch von Kreis über *Frauen im Exil* von 1984. Dort finden sich übrigens schon erste Angaben zu Keun, die den Ausgangspunkt zu der nun vorliegenden Biographie bilden.

Damit ist angedeutet, was die Lektüre dieses Buches erschwert, zugleich aber auch anregend macht. Allerdings ist eine solche Perspektive nicht gefahrlos, gerade für Keun als Schriftstellerin, denn sie betont eher den Aspekt weiblichen Lebens als den weiblicher Kreativität; genau die aber sollte zur Debatte stehen. Mir scheint, daß dieser Bereich kaum zur Sprache kommt. Über die Gründe, den Antrieb für das Schreiben von Keun erfahren wir kaum etwas. Es wird deutlich, daß Keun alles andere als ein theoretischer Kopf ist, daß sie Witz und Phantasie besitzt und daß diese Qualitäten Kreis bei der Lektüre ihrer Bücher angezogen hat. Wir erhalten ein ausführliches Portrait ihres widersprüchlichen, schwierigen und auch hilfsbedürftigen Charakters, erfahren aber verhältnismäßig wenig von ihrem Verhältnis zum Schreiben, zu Anregungen und Motiven ihrer Arbeit.

Die Biographie von Gabriele Kreis stellt ausreichend Material zur Verfügung und ist eine lesenswerte Anregung, um Irmgard Keun auch als Autorin ernstzunehmen, ihre trockene, sachliche, zuweilen ironische und komische Schilderung weiblichen Alltags in den zwanziger Jahren schätzen zu lernen und mit neuen Augen zu betrachten.

Ulrike Böhmel Fichera

Walter Huder: *Von Rilke bis Cocteau. 33 Texte zu Literatur und Theater im 20. Jahrhundert.* Berlin (Edition q) 1992, 432 S.

Walter Huder hat von 1956 bis 1986 das Archiv der Berliner Akademie der Künste aufgebaut. Zu seinem 70. Geburtstag (der Jubilar ist 1921 geboren worden) ist eine Sammlung mit Texten von Huder selbst erschienen. Werner Mittenzwei würdigt in seinem Nachwort den Forscher, den Archivar und den Mittler Walter Huder, die Leistung seiner bedeutenden Literaturausstellungen, seine Rolle als redlicher Makler zwischen den Wissenschaften der beiden deutschen Staaten. Dieser bewundernden Anerkennung, aus freundschaftlicher Perspektive formuliert, wird jeder, der Walter Huder näher kennengelernt hat, nachdrücklich zustimmen. Die für den Band ausgewählten Texte Huders sind, der Gattung nach, Charakteristiken von Autoren, von Autorengruppen, von literarischen Strömungen. Viele dieser Charakteristiken sind dem Lobpreis benachbart. Sie geben kund, daß Huder sich selten grimmig oder abwehrend über Personen und Werke äußern konnte – oder er hat es vorgezogen, sich da nicht schriftlich zu äußern. Das Spektrum ist weit gespannt. Es reicht von Rilke zu Kerr, zur Pop-Literatur. Natürlich gibt es einige Schwerpunkte. So enthält der Band insgesamt drei Studien zu Georg Kaiser und zwei zu Ödön von Horváth. Nicht zuletzt finden die Autoren, die nach 1933 ins Exil gehen mußten, bei Huder besondere Aufmerksamkeit. Die oft tragische Existenz der Flüchtlinge aus Hitler-Deutschland beschreibt er mit leidenschaftlicher Anteilnahme. Er sucht die Nähe zu geschilderten Personen, zitiert einfühlsam aus dem Werk, um Haltungen, auch Konfessionen zu verdeutlichen. Er ist durch die Kunst und durch die Künstler beeindruckbar, auch entflammbar, steht ihnen weder verlegen noch übertrieben skeptisch gegenüber.

Die sprühende Persönlichkeit Huders spiegelt sich in seinen Texten – aber nicht so vollständig wie in seiner mündlichen Rede (gilt dies nicht für viele?). Diese Neugier auf die Vielgestaltigkeit des Lebens, die lebendige Erzählung, die das Anekdotische einprägsam macht, der eilige und temperamentvolle Gestus, mit dem Huder stets anzufangen pflegt (ich erinnere mich an den fast stereotypen Einleitungssatz: Leider habe ich nicht viel Zeit, aber kommen Sie...), ein Bewegungstempo, das dann detailgenauer, feiner, pointenreicher Schilderung Platz gewährt: Diese pulsierende Lebendigkeit findet sich nur als Abglanz in seinen schriftlichen Texten. Nicht als schwacher Abglanz, aber doch als Abglanz. Dies ist, damit ich recht verstanden werde, keine Kritik, sondern der Ausdruck des Bedauerns darüber, daß die Fülle der Beredsamkeit, die Huder so auszeichnet, sich eben nur zum Teil in die schriftliche Paßform einzwängen lassen will.

Huder ist ein mitfühlender Beobachter der Literatur im gesellschaftlichen Konflikt der Zeit. Die hier versammelten Aufsätze legen Zeugnis ab für die leidenschaftliche Partnerschaft zur Literatur und, vor allem, zu den Autoren.

Thomas Koebner

Beatrice und Saul Bastomsky: *Peter Martin Lampel und das Exil. Ein gehemmter Kämpfer um die Freiheit.* London / Worms (The World of Books) 1991, 171 S.

Peter Martin Lampel ist allgemein bekannt als Verfasser erfolgreicher gesellschaftskritischer »Zeitstücke« in den späten zwanziger Jahren, und man weiß auch, daß zum Beispiel die *Revolte im Erziehungshaus* (1928, vom Verlag Lechte 1954 neu veröffentlicht) zu direkten politischen Konsequenzen geführt hat. Einige zeitgenössische Reaktionen sind bei Manfred Brauneck (*Die Rote Fahne. Kritik, Theorie, Feuilleton 1918–1933*, München 1973: Wolf, S. 363 ff. und Werner Hirsch, S. 374 ff., beide sehr positiv) oder Herbert Ihering (*Von Reinhardt bis Brecht. Vier Jahrzehnte Theater und Film*, Bd. II, Berlin 1959) leicht greifbar. Liest man die *Revolte im Erziehungshaus* heute nach, so wird Iherings Urteil vollkommen bestätigt: Dieses Drama »ist keine Dichtung im höheren, künstlerischen Sinne. Aber [es] stellt szenische Vorgänge aus den Erziehungsanstalten mit solcher Geschlossenheit und Wucht, mit solcher Überzeugungskraft und Ehrlichkeit dar, daß die Wirkung aufrührender und tiefer war als die der ›glanzvollsten‹ Theaterabende« (S. 367 f.).

Zu einem ganz entsprechenden Urteil käme man über Lampels Exildrama *Mensch ohne Paß*, 1936 in der Schweiz entstanden, das im vorliegenden Band verdienstvollerweise aus dem Nachlaß abgedruckt worden ist. Die autobiographischen Bezüge sind unübersehbar. Lampel alias Martin Henk, als Hitlergegner im Sommer 1936 in Zürich, steht in der Auseinandersetzung mit anderen Deutschen dort: dem jüdischen Regisseur Dahlheimer, dem linken, »marxistischen« Emigranten Langner, dem Nazi-Agenten Dr. Ringer und dem Arzt Dr. Müller, Parteimitglied, dem »ehrlichen« Nazi (»Ich will nach Deutschland und dem Führer reinen Wein einschenken«). Henks – Lampels – Dilemma: »Aber wohin? Ich bin kein Jude und ich bin kein Marxist« – »Es geht nicht um mein kümmerliches Einzelschicksal. Es geht darum, daß drüben Hunderttausende in meiner Lage sind und endlich ehrlich vor sich selber werden wollen« (S. 105 f.). Henk – Lampel –, der sich als »alter Frontsoldat« versteht, opponiert gegen den Hitlerismus als bloßes Surrogat einer »heldischen Lebensform« und weil er Treue, Familie, Recht und Religion den Jungen weggestohlen habe: »Der Rebell in uns soll auf immer zerbrechen« (S. 113). Doch rebellieren wogegen? Wenn nicht Hitler – Lampel war ja uraltes Parteimitglied –, was dann? Die gesellschaftlich-politische Alternative bleibt verschwommen, und mit einigem Recht bezeichnen die Bastomskys Lampel als »gehemmten Kämpfer für die Freiheit« (S. 12), und es ist plausibel, daß die DDR-*Geschichte der deutschen Literatur* (Bd. 10, Berlin 1973, S. 257) ihm »politische und weltanschauliche Unklarheit« vorwarf.

Das vorliegende Buch zeichnet in erfrischender Knappheit und Klarheit, mit dem »Mut zur Lücke« Lampels Exilzeit nach, auf rund 50 Seiten; insbesondere will es »die Gestalt Lampels daraufhin [...] betrachten, wie er als typischer Vertreter solcher Deutscher sich einstellte, die mit dem Nationalsozialismus gebrochen hatten und die der Ansicht waren, daß die nationalsozialistische Bewegung ihr Vaterland durch Verdrehungen und Unverständnis der nationalen und sozialistischen Ideale verraten hätte«. Lampels Einstellung blieb wesentlich »antidemokratisch und gegen das Internationale gerichtet« (S. 12). Diese These wird überzeugend belegt.

Kein Zweifel besteht für die Autoren daran, »daß Lampels Homosexualität, wie er ja selbst zugegeben hat, der eigentliche Grund für seine plötzliche Ausreise [im Frühjahr 1936] war« (S. 15); die bisherige (spärliche) Forschung hatte da eher die sozialkritische, »kulturbolschewistische« Tendenz seiner Stücke vermerkt (vgl. F. Trapp: *Deutsche Literatur im Exil*, Bern / Frankfurt / M./New York 1983, S. 236). Sie schildern Lampels Exilstationen (»Durch den Balkan nach Java«, »Aufenthalt in Batavia«, »Das australische Erlebnis«, »Lampels Bemühungen, Australien zu verlassen«, »Die Vereinigten Staaten von Amerika«), referieren seine in Sydney entstandene, bisher unveröffentlichte Autobiographie sowie seine »amerikanischen Schriften«, wozu insbesondere etliche Theaterstücke und Hörspiele zählen. »Lampels Ideale« illustrieren sie an einer größeren Rede (auch sie ist dankenswerterweise im Teil »Dokumente« abgedruckt), die er vor amerikanischen Studenten im November 1943 gehalten hat: *Warum ich nach dem Kriege nach Deutschland zurückgehe und was ich dort tun will*. Charakteristisch die Reaktion eines Zuhörenden (hier S. 49): »...aber daß seine Rede unzusammenhängend war. Ich weiß, er hatte [es] gut gemeint. Seine Ideen waren eine Vermischung von preußischer Treue und religiösem Gefühl. Ein Fehler, den Herr Lampel machte, war sehr merkwürdig. Er versuchte, die Ehre der deutschen Armee zu retten.« Knapp gehen die Bastomskys auf Lampels »Heimkehr aus dem Exil« ein (1949). Ihn trieben »dieselben Ideale«, »die ihn nach dem Ende des ersten Weltkriegs bestimmt hatten« – »die deutsche Jugend zu erziehen und sich besonders um jene zu bemühen, die, verlassen oder verwaist, zu Opfern des Krieges geworden waren« (S. 53). Die Autoren konstatieren Lampels politisch-gesellschaftliche »Naivität« und greifen resümierend ihr Wort »gehemmter Kämpfer für die Freiheit« wieder auf (S. 54, 56). Hellmut Schlien, Mitherausgeber der 1954er Ausgabe der *Revolte im Erziehungshaus*, war zu folgendem Schluß gekommen (S. 6): Lampels »leidenschaftliche[r] Versuch des freiwilligen Einsatzes einer gesamten deutschen Jugend zu geschlossenem Aufbau einer neuen Gemeinschaft, über Klassen und Parteien hinweg, ist genau so gescheitert wie die deutsche Jugendbewegung«. Dem Textteil angefügt sind Zeittafel, Literaturverzeichnisse und, vor allem, die Übersicht über Lampels in der Stadt- und Universitätsbibliothek Hamburg archivierten Nachlaß, der hier im Hinblick auf Lampels Exilstationen detailliert verzeichnet wird (Schweiz, Balkan, Java, Südsee, Amerika, S. 72–74); es sind insgesamt rund 50 schriftstellerische Werke bzw. Entwürfe. Dem Abdruck des Dramas *Mensch ohne Paß* folgen zehn instruktive Dokumente: Lampels Lebenslauf (1934/35), ein Gestapo-Gutachten (1937), ein Brief von W. Trenkelbach, Vertrauensmann der Schwarzen Front für Argentinien, an Lampel (1938), desgleichen ein Brief Otto Strassers (1940), Briefe Lampels an B. P. Strasser, an Ernst Toller und Hubertus Prinz zu Löwenstein (Lampel war in der Tat wendig und weltanschaulich nicht festgelegt!), die erwähnte Rede vor amerikanischen Studenten und zwei Nachkriegsdokumente, u. a. der Nachruf des »Tagesspiegels«.

Aufgrund dieser Materialien (ein Namenregister kommt noch hinzu) erlaubt das Buch einen differenzierten Blick auf den Autor Peter Martin Lampel, dessen Wirken und dessen Schriften eine ausführlichere Auseinandersetzung verdienen. Die Bastomskys haben erste Schritte dazu getan.

Gerhard Müller

Kurzbiographien der Autorinnen und Autoren

Hubert van den Berg, geb. 1963. Studium der Germanistik und Fennistik; wissenschaftlicher Mitarbeiter am Fachbereich Romanistik der Universität Amsterdam. Forschungsschwerpunkte: historische Avantgarde, Anarchismus und Literatur; Veröffentlichungen u. a. über Erich Mühsam, anarchistische Ästhetik, Dadaismus, Hugo Ball, Hans Arp.

Hans Manfred Bock, geb. 1940. Professor für Politikwissenschaft in Kassel. Nach dem Studium der Politikwissenschaft, Germanistik und Romanistik in Marburg und Paris Lektor und Ho. Professor in Paris 1968–1972 und Gastprofessor in den USA und Paris. Forschungsschwerpunkte: Politische Soziologie und Sozialgeschichte Deutschlands und Frankreichs sowie der deutsch-französischen Beziehungen im 20. Jahrhundert.

Heidrun Ehrke-Rotermund, geb. 1941. Studium der Germanistik, Anglistik und Kunstgeschichte in Bonn, Dr. phil.; Lehrtätigkeit an der Johannes-Gutenberg-Universität Mainz (1974–1980) und an der VHS Mainz. Veröffentlichungen über Adalbert Stifter, Goethe, Kriegs- und Antikriegsromane und die literarische Innere Emigration.

Elisabeth Fillmann, geb. 1959. Arbeitet als Doktorandin in Mainz über Werner Krauss' Biographie und sein literarisches Werk. (Die Dissertation über die antifaschistische Satire »PLN. Die Passionen der halykonischen Seele« wird bald erscheinen.) Daneben ist sie im Rahmen eines Modellprojektes zur Förderung der Lehre, das der rheinland-pfälzische Wissenschaftsminister aufgelegt hat, in der Einführung der Studierenden in die Techniken literaturwissenschaftlichen Arbeitens tätig.

Hanns-Werner Heister, geb. 1946. Studium der Musikwissenschaft, Germanistik und Linguistik in Tübingen, Frankfurt/M. und Berlin (TU), Dr. phil.; freiberufliche journalistische und wissenschaftliche Tätigkeit seit 1971. Ab 1992 Professor für Musikkommunikation, Musikgeschichte an der Musikhochschule Dresden. Hauptarbeitsgebiete: Neue Musik, Musik im Faschismus und im Exil, Musiksoziologie und Musikästhetik, Theorie und Geschichte der Oper.

Jutta Held, Professorin der Kunstgeschichte an der Universität Osnabrück. Schwerpunkte der wissenschaftlichen Arbeit: Kunst und Politik im 20. Jahrhundert, Geschichte der Malerei in der frühen Neuzeit, Kunsttheorie.

Christian Klotz, geb. 1943. Studium der Germanistik, Anglistik und der Allgemeinen und Vergleichenden Literaturwissenschaft in München, Würzburg und Mainz, Dr. phil.; seit 1983 wissenschaftlicher Angestellter am Deutschen Institut der Universität Mainz. Forschungsschwerpunkte: Literatur des 20. Jahrhunderts, insbesondere Trivialliteratur und Phantastik.

Wulf Koepke, geb. 1928. Dr. phil. 1955, Distinguished Professor, Texas A&M University, College Station, Texas. Bücher und Aufsätze zur Goethezeit, besonders Herder und Jean Paul, zur Exilliteratur, speziell Lion Feuchtwanger, Alfred Döblin, Heinrich Mann, zur Nachkriegsliteratur und zur Kulturkunde. Mitherausgeber des Jahrbuchs der Internationalen J. G. Herder-Gesellschaft und des Jahrbuchs Exilforschung.

Helmut Peitsch, geb. 1948. Professor für Europäische Studien an der Universität Cardiff (Wales). Schwerpunkte der Forschung: Literatur des 18. Jahrhunderts, Dichtung im »Dritten Reich«, Nachkriegs- und Gegenwartsliteratur.

Michael Philipp, geb. 1962. Studium der Sozial- und Wirtschaftsgeschichte, Neueren Geschichte und Literaturwissenschaft in Hamburg. Dr. phil.; wissenschaftlicher Mitarbeiter der Hamburger Arbeitsstelle für deutsche Exilliteratur.

Jürgen Schröder, geb. 1935. Studium der Germanistik, Geschichte, Philosophie und Sport an den Universitäten in Hamburg, Freiburg (Brsg.) und London. Promotion 1961, Habilitation 1970, seit 1974 Ordentlicher Professor für deutsche Sprache und Literatur an der Universität Tübingen. Arbeiten über Gotthold Ephraim Lessing, Georg Büchner, Gottfried Benn, Ödön von Horváth, über Geschichtsdramen und das deutschsprachige Drama und Theater nach 1945.

Exilforschung
Ein internationales Jahrbuch
Herausgegeben von Claus-Dieter Krohn, Erwin Rotermund, Lutz Winckler und Wulf Koepke

Band 1/1983
Stalin und die Intellektuellen und andere Themen
391 Seiten. DM 34,– / öS 265,– / sfr 35,–

». . . der erste Band gibt in der Tat mehr als nur eine Ahnung davon, was eine so interdisziplinär wie breit angelegte Exilforschung sein könnte.«
Neue Politische Literatur

Band 2/1984
Erinnerungen ans Exil – kritische Lektüre der Autobiographien nach 1933
415 Seiten. DM 36,– / öS 281,– / sfr 37,–

»Band 2 vermag mühelos das Niveau des ersten Bandes zu halten, in manchen Studien wird geradezu außergewöhnlicher Rang erreicht . . .«
Wissenschaftlicher Literaturanzeiger

Band 3/1985
Gedanken an Deutschland im Exil und andere Themen
400 Seiten. DM 38,– / öS 297,– / sfr 39,–

»Die Beiträge beschäftigen sich nicht nur mit Exilliteratur, sondern auch mit den Lebensbedingungen der Exilierten. Sie untersuchen Möglichkeiten und Grenzen der Mediennutzung, erläutern die Probleme der Verlagsarbeit und verfolgen ›Lebensläufe im Exil‹.«
Neue Zürcher Zeitung

Band 4/1986
Das jüdische Exil und andere Themen
310 Seiten. DM 38,– / öS 297,– / sfr 39,–

Hannah Arendt, Bruno Frei, Nelly Sachs, Armin T. Wegner, Paul Tillich, Hans Henny Jahnn und Sergej Tschachotin sind Beiträge dieses Bandes gewidmet. Ernst Loewy schreibt über den Widerspruch, als Jude, Israeli, Deutscher zu leben.

Band 5/1987
Fluchtpunkte des Exils und andere Themen
260 Seiten. DM 37,– / öS 289,– / sfr 38,–

Das Thema »Akkulturation und soziale Erfahrungen im Exil« stellt neben der individuellen Exilerfahrung die Integration verschiedener Berufsgruppen in den Aufnahmeländern in den Mittelpunkt. Bisher wenig bekannte Flüchtlingszentren in Lateinamerika und Ostasien kommen ins Blickfeld.

Band 6/1988
Vertreibung der Wissenschaften und andere Themen
243 Seiten. DM 38,– / öS 297,– / sfr 39,–

Der Blick wird auf einen Bereich gelenkt, der von der Exilforschung bisher kaum wahrgenommen wurde. Das gilt sowohl für den Transfer denkgeschichtlicher/theoretischer Traditionen und die Wirkung der vertriebenen Gelehrten auf die Wissenschaftsentwicklung in den Zufluchtsländern wie auch für die Frage nach dem »Emigrationsverlust«, den die Wissenschaftsemigration für die Forschung im NS-Staat bedeutete.

Band 7/1989
Publizistik im Exil und andere Themen
249 Seiten. DM 42,– / öS 328,– / sfr 43,–

Der Band stellt neben der Berufsgeschichte emigrierter Journalisten in den USA exemplarisch Persönlichkeiten und Periodika des Exils vor, vermittelt an deren Beispiel Einblick in politische und literarische Debatten, aber auch in die Alltagswirklichkeit der Exilierten.

Band 8/1990
Politische Aspekte des Exils
243 Seiten. DM 44,– / öS 343,– / sfr 45,–

Der Band wirft Schlaglichter auf ein umfassendes Thema, beschreibt Handlungsspielräume in verschiedenen Ländern, stellt Einzelschicksale vor. Der Akzent auf dem kommunistischen Exil, dem Spannungsverhältnis zwischen antifaschistischem Widerstand und politischem Dogmatismus, verleiht ihm angesichts der gegenwärtigen politischen Umwälzungen Aktualität.

Band 9/1991
Exil und Remigration
263 Seiten. DM 51,– / öS 398,– / sfr 52,–

Der Band lenkt den Blick auf die deutsche Nachkriegsgeschichte, untersucht, wie mit rückkehrwilligen Vertriebenen aus dem Nazi-Staat in diesem Land nach 1945 umgegangen wurde.

Band 10/1992
Künste im Exil
212 Seiten. Zahlr. Abb., DM 48,– / öS 375,– / sfr 49,–

Beiträge zur bildenden Kunst und Musik, zu Architektur und Film im Exil stehen im Mittelpunkt dieses Jahrbuchs. Fragen der kunst- und musikhistorischen Entwicklung werden diskutiert, die verschiedenen Wege der ästhetischen Auseinandersetzung mit dem Faschismus dargestellt, Lebens- und Arbeitsbedingungen der Künstler beschrieben.

Band 11/1993
Frauen im Exil
283 Seiten. DM 54,– / öS 421,– / sfr 55,–

Der Band trägt zur Erforschung der Bedingungen und künstlerischen wie biographischen Auswirkungen des Exils von Frauen bei. Literaturwissenschaftliche und biographische Auseinandersetzungen mit Lebensläufen und Texten ergänzen feministische Fragestellungen nach spezifisch »weiblichen Überlebensstrategien« im Exil.

Verlag edition text + kritik GmbH · Levelingstraße 6a · 81673 München

Dachauer Hefte

Studien und Dokumente zur Geschichte der nationalsozialistischen Konzentrationslager

Im Auftrag des Comité International de Dachau, Brüssel, herausgegeben von Wolfgang Benz und Barbara Distel

Umfang bis zu 250 Seiten. Eine Ausgabe jährlich. Im Abonnement DM 19,80 (Einzelpreis DM 22,-)

Verlag Dachauer Hefte
Alte Römerstraße 75
85221 Dachau

Jede Ausgabe ist einem Thema gewidmet oder hat einen thematischen Schwerpunkt:

Die Befreiung (1985)*
Sklavenarbeit im KZ (1986)*
Frauen – Verfolgung und Widerstand (1987)*
Medizin im NS-Staat (1988)*
Die vergessenen Lager (1989)
Erinnern oder Verweigern (1990)*
Solidarität und Widerstand (1991)
Überleben und Spätfolgen (1992)
Die Verfolgung von Kindern und Jugendlichen (1993)
Opfer und Täter (1994)
Orte der Erinnerung 1945-1995 (1995)
Das System der Konzentrationslager (1996)

*vergriffen

EXiL 1933-1945   **FORSCHUNG ERKENNTNISSE ERGEBNISSE**

Zur Ergänzung der deutschen Literaturgeschichte: EXIL, die Zeitschrift für deutsche Exilliteratur. Mit erstmals veröffentlichten Texten von: Sahl, Tucholsky, Weiß, Roth, Broch, Kisch, Kantorowicz u. a. sowie Forschungsberichten, Kommentaren und Rezensionen. EXIL, 1981 gegründet und in Zusammenarbeit mit dem Institut für Exilliteratur der Universität Hamburg herausgegeben, erscheint zweimal jährlich und kann im Abonnement bezogen werden.

BEZUGSADRESSE: E. KOCH, RHEINSTR. 20, 60325 FRANKFURT

FILMEXIL

Herausgegeben von der Stiftung Deutsche Kinemathek

Das Periodikum **FILM**EXIL will der Dokumentation und Analyse des Films unter den Bedingungen von Vertreibung und Akkulturation 1933–45 ein Forum geben und damit zu einer Sozialgeschichte des Exils beitragen.

Heft 1
widmet sich dem Filmagenten Paul Kohner, dessen Nachlaß die Stiftung Deutsche Kinemathek 1988 erworben hat. Außerdem: Fred Zinnemanns Ankunft in Amerika und eine Hommage an Felix Bressart.

Heft 2
beschreibt die Flucht des Regisseurs Max Ophüls aus Europa 1940/41, dokumentiert die Zusammenarbeit mit Paul Kohner. Abdruck des Drehbuchs zu Max Ophüls erstem, verschollenen Film „Dann schon lieber Lebertran" (1931) – Drehbuch: Erich Kästner und Emmerich Pressburger.

Heft 3
enthält Biografien deutscher Film-Remigranten und Einzelanalysen von Filmen, die sie im Nachkriegsdeutschland realisieren konnten. Remigration als Filmthema: Josef von Bakys „Der Ruf", Drehbuch von Fritz Kortner.

Heft 4
dokumentiert Briefwechsel im Exil von Alfred Polgar und Friedrich Torberg mit Paul Kohner. Im Zentrum: Meyer Shapiro über Siegfried Kracauers erstes Film-Buch. Außerdem: Filmemigration in Shanghai – Jakob und Luise Fleck.

Heft 5
befaßt sich mit dem Filmkritiker Joseph Roth. Stellt den Filmkritiker Manès Sperber vor und enthält dessen Essay „Der Film, die Kunst für die Massen". Außerdem: Zur Biographie des Filmjournalisten Ernst (EJOTT) Jäger.

FILMEXIL
Einzelheft im Buchhandel:
DM 18,– / sfr 19,– / öS 141,–
Abonnement über den Verlag
(2 Hefte im Jahr):
DM 28,– / sfr 29,– / öS 219,–

Klaus Völker

Fritz Kortner – Schauspieler und Regisseur

2. erweiterte Auflage

Das Buch steckt voller Zeitgeschichte und Theatergeschichte, das pralle Lebensbild eines großen deutschen Juden...
                    Friedrich Luft im RIAS

...dokumentiert es nicht nur den Mut und den aufklärerischen Geist eines großen Theaterkünstlers... ein vorzügliches Buch.
                    FAZ

DM 39,80 / sfr 40,80 / öS 311
442 Seiten, 300 Abb., Broschur
ISBN 3-89468-098-9

Barbara Felsmann / Karl Prümm

Kurt Gerron – Gefeiert und gejagt

Gerrons Künstler-Stationen werden in zahlreichen Bildern höchst lebendig in Erinnerung gebracht: Sein Weg von den Kabarettbühnen über Brecht- und Zuckmayer-Uraufführungen, Reinhardt-Premieren und Tonfilmhits mit Albers, Rühmann, Fritsch bis zu seinen Exilfilmen in Holland und dem makaberen Ende in Theresienstadt, wo er gezwungen wurde, den Film „Der Führer schenkt den Juden eine Stadt" zu drehen.
                    Theater heute

DM 36,– / sfr 37,– / öS 281
252 Seiten, 130 Abb., Broschur
ISBN 3-89468-027-X

EDITION HENTRICH Albrechtstraße 112 · D-12167 Berlin

www.ingramcontent.com/pod-product-compliance
Lightning Source LLC
Chambersburg PA
CBHW051220300426
44116CB00006B/647